21世纪财务会计系列教材

财务管理模拟实验教程

主　编　张晓雁

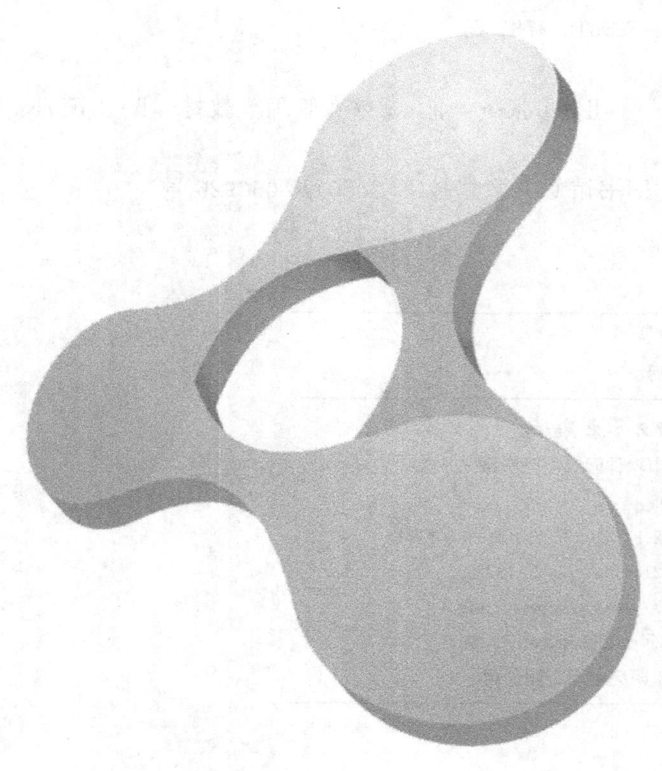

厦门大学出版社　国家一级出版社
XIAMEN UNIVERSITY PRESS　全国百佳图书出版单位

图书在版编目(CIP)数据

财务管理模拟实验教程/张晓雁主编.—厦门:厦门大学出版社,2020.5

21 世纪财务会计系列教材

ISBN 978-7-5615-7783-7

Ⅰ.①财… Ⅱ.①张… Ⅲ.①财务管理—教材 Ⅳ.①F275

中国版本图书馆 CIP 数据核字(2020)第 063926 号

出 版 人 郑文礼

责任编辑 许红兵

出版发行 厦门大学出版社

社　　址 厦门市软件园二期望海路 39 号

邮政编码 361008

总　　机 0592-2181111 0592-2181406(传真)

营销中心 0592-2184458 0592-2181365

网　　址 http://www.xmupress.com

邮　　箱 xmup@xmupress.com

印　　刷 厦门市明亮彩印有限公司

开本 787 mm×1 092 mm 1/16

印张 16.75

字数 398 千字

版次 2020 年 5 月第 1 版

印次 2020 年 5 月第 1 次印刷

定价 45.00 元

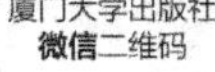

厦门大学出版社
微信二维码

厦门大学出版社
微博二维码

前　言

Excel软件是微软公司推出的一款著名的电子表格软件，是通用的办公软件之一。由于Excel软件具有财务上的普及性、标准性和兼容性，因此其在公司财务管理活动中的应用非常普遍。《财务管理模拟实验教程》以当今主流的Excel 2016为工具，利用软件自带的财务函数功能，模拟企业财务管理实务工作。学生在完成实验任务的过程中，掌握财务管理职业技能并提升创造性思维能力以及定量和定性分析相结合的科学决策能力。本教材具有以下特点：

第一，前沿性。以现代财务理论为依据，将当今财务人员普遍采用的软件工具与国际通用的财务管理理论有机结合起来。学生通过锻炼数据处理能力，培养财务关系的综合思维。

第二，简明性。本教材将Excel的运用直接融入财务管理基础教学过程中，选取财务管理典型业务，详细介绍每一步操作，学生容易操作和掌握。

第三，立体性。教材中每章包括实验基础知识和实验任务详解，每个实验任务均可扫码获取实验素材，充分激发学生的主观能动性。

本教材是国家民委"职业能力导向的西藏高校财务管理本科专业信息化教学改革与实践"（项目编号：17093）教学改革项目的成果之一。

教材借鉴、参考了大量国内外专业书籍，在此表示感谢！尽管极尽努力，本书可能存在疏漏和不足，恳请读者批评指正。

编者

2020年3月20日

本教材实验任务均提供实验素材，
请扫二维码获取

目 录

第 1 章 Excel 2016 简介

Excel 是美国微软公司研发的一款电子表格，是 Office 办公系列软件的重要组件之一，从 1985 年的 Excel 1.0 版到现在的 Excel 2016 版已经发展超过 30 年的时间，是目前世界上使用人数最多的商务办公软件，受到财务与会计人员的欢迎。Excel 目前已经推出了 2019 最新版本，但在实务中占主流的是 2010—2016 版本。凭借其强大的数据记录处理、统计和分析功能，Excel 2016 使财务管理工作更加便利，通过以图形、图表等多种形式展示的数据可视化效果，财务管理者可从多个角度直观分析数据。如今 Excel 2016 已经成为电子表格的行业标准，无论是在科学研究、财务与会计、医疗教育、商业活动还是在家庭生活中，Excel 2016 都能满足大多数人的数据处理需求。相比较于其他专业的财务软件，灵活性、易用性是其重要的特点。Excel 较好地把表格编制、数据处理和图形展示结合起来，非常适合于财务管理人员的使用。在财务管理实务中，Excel 的应用范围包括财务单据、筹资需要量模型、偿债本金及利息计算、资本结构决策模型、固定资产管理、项目投资财务可行性分析模型、财务估值、流动资产管理决策模型，同时在财务成本分析、管理会计、财务决策中也起到了重要作用。财务人员通过对财务数据进行提取、处理和分析，Excel 2016 能生成可以用于进行辅助决策的信息，为企业管理者提供决策支持。

1.1 Excel 2016 的功能及特点

本教材财务管理实验操作适用于 Windows 操作系统上的中文版 Excel 2016，绝大部分实验操作内容可以兼容其他 Excel 版本，如 Excel 2010/2013/2019 等，在不同 Excel 版本操作系统中，显示风格会有细微差异，但操作方法及函数语法格式基本相同。

1.1.1 丰富、方便的表格处理功能

Excel 是一个以表格处理方式处理数据的软件，又称电子表，制表过程非常简便、灵活、实用，对各种财务数据的分析与管理都十分明晰。Excel 在使用中许多功能是用表格代替的，除一些复杂的函数计算，其他功能都可以在表格中完成。其简洁的操作使得新接触的财务人员也可以轻松掌握使用技巧。

对于财务与会计数据处理而言，Excel 具有强大的数据处理功能，能够对多种格式的数据进行读取，从专业财务信息化软件中将数据引入 Excel 之中，大幅度减少数据输入的工作量，提高财务管理工作效率，也减低了出错的概率。因此，Excel 能够使日常工作自

动化,复杂工作简单化。在财务数据分析中,财务管理人员可以将文字、图片、表格数据融合在一起,为企业发展决策提供数据分析和战略预测,保障企业发展。另外 Excel 还利用软件的应用函数和专用模板,能够解决财务管理中的大部分问题,操作和维护十分简单。尤其是具有一些宏程序,可以有效提升会计工作效率,在更短时间内完成工作任务,使财务人员轻松应对各种财务管理工作。

1.1.2 丰富、实用的函数

Excel 2016 除了对表格信息的处理功能外,还具备一定的计算能力。Excel 2016 提供了大量函数,其中最常用的 10 类为:兼容性函数、多维数据集函数、数据库函数、日期和时间函数、工程函数、财务函数、信息函数、逻辑函数、查找和引用函数、数学和三角函数、统计函数、文本函数、与加载项一起安装的用户定义的函数和 Web 函数。涵盖了统计、财务、工程和数学等诸多领域。

在财务管理工作中的数据计算和分析中,通过调用函数可以花较短时间完成多种复杂运算,提高了财务管理工作效率与准确性。例如通过对数据的函数和公式计算,可以快速扩充完成一整列或一整行的计算;同时,财务数据表格中公式和函数的利用可以确定一组单元格之间的逻辑关系,可以根据数据之间的逻辑关系进行数据跟踪,这有利于对数据进行分解分析,也有利于发现数据异常的根源所在,分析数据背后的原因。因此,函数在财务管理工作中主要应用于复杂的数学计算、统计、财务分析等。大量财务函数涉及财务管理工作的多个方面,大大提高了财务管理的工作效率,这些财务函数如表 1-1 列示。

表 1-1　Excel 财务函数索引

序号	函数名称	说　明
1	ACCRINT 函数	返回定期支付利息的债券的应计利息
2	ACCRINTM 函数	返回在到期日支付利息的债券的应计利息
3	AMORDEGRC 函数	使用折旧系数返回每个记账期的折旧值
4	AMORLINC 函数	返回每个记账期的折旧值
5	COUPDAYBS 函数	返回从票息期开始到结算日之间的天数
6	COUPDAYS 函数	返回包含结算日的票息期天数
7	COUPDAYSNC 函数	返回从结算日到下一票息支付日之间的天数
8	COUPNCD 函数	返回结算日之后的下一个票息支付日
9	COUPNUM 函数	返回结算日与到期日之间可支付的票息数
10	COUPPCD 函数	返回结算日之前的上一票息支付日
11	CUMIPMT 函数	返回两个付款期之间累积支付的利息
12	CUMPRINC 函数	返回两个付款期之间为贷款累积支付的本金
13	DB 函数	使用固定余额递减法,返回一笔资产在给定期间内的折旧值

续表

序号	函数名称	说　明
14	DDB 函数	使用双倍余额递减法或其他指定方法，返回一笔资产在给定期间内的折旧值
15	DISC 函数	返回债券的贴现率
16	DOLLARDE 函数	将以分数表示的价格转换为以小数表示的价格
17	DOLLARFR 函数	将以小数表示的价格转换为以分数表示的价格
18	DURATION 函数	返回定期支付利息的债券的每年期限
19	EFFECT 函数	返回年有效利率
20	FV 函数	返回一笔投资的未来值
21	FVSCHEDULE 函数	返回应用一系列复利率计算的初始本金的未来值
22	INTRATE 函数	返回完全投资型债券的利率
23	IPMT 函数	返回一笔投资在给定期间内支付的利息
24	IRR 函数	返回一系列现金流的内部收益率
25	ISPMT 函数	计算特定投资期内要支付的利息
26	MDURATION 函数	返回假设面值为￥100 的有价证券的 Macauley 修正期限
27	MIRR 函数	返回正和负现金流以不同利率进行计算的内部收益率
28	NOMINAL 函数	返回年度的名义利率
29	NPER 函数	返回投资的期数
30	NPV 函数	返回基于一系列定期的现金流和贴现率计算的投资的净现值
31	ODDFPRICE 函数	返回每张票面为￥100 且第一期为奇数的债券的现价
32	ODDFYIELD 函数	返回第一期为奇数的债券的收益
33	ODDLPRICE 函数	返回每张票面为￥100 且最后一期为奇数的债券的现价
34	ODDLYIELD 函数	返回最后一期为奇数的债券的收益
35	PDURATION 函数	返回投资到达指定值所需的期数
36	PMT 函数	返回年金的定期支付金额
37	PPMT 函数	返回一笔投资在给定期间内偿还的本金
38	PRICE 函数	返回每张票面为￥100 且定期支付利息的债券的现价
39	PRICEDISC 函数	返回每张票面为￥100 的已贴现债券的现价
40	PRICEMAT 函数	返回每张票面为￥100 且在到期日支付利息的债券的现价
41	PV 函数	返回投资的现值
42	RATE 函数	返回年金的各期利率
43	RECEIVED 函数	返回完全投资型债券在到期日收回的金额
44	RRI 函数	返回某项投资增长的等效利率
45	SLN 函数	返回固定资产的每期线性折旧费
46	SYD 函数	返回某项固定资产按年限总和折旧法计算的每期折旧金额

续表

序号	函数名称	说　明
47	TBILLEQ 函数	返回国库券的等价债券收益
48	TBILLPRICE 函数	返回面值￥100 的国库券的价格
49	TBILLYIELD 函数	返回国库券的收益率
50	VDB 函数	使用余额递减法,返回一笔资产在给定期间或部分期间内的折旧值
51	XIRR 函数	返回一组现金流的内部收益率,这些现金流不一定定期发生
52	XNPV 函数	返回一组现金流的净现值,这些现金流不一定定期发生
53	YIELD 函数	返回定期支付利息的债券的收益
54	YIELDDISC 函数	返回已贴现债券的年收益;例如,短期国库券
55	YIELDMAT 函数	返回在到期日支付利息的债券的年收益

1.1.3 强大的绘图功能

Excel 2016 在财务数据分析中,可以嵌入图表和单独创建图表。在 Excel 2016 版中有 14 类图表种类供选择使用,图表功能的应用是数据信息收集整理后的进一步分析提升,能处理财务管理工作中所需表达的指标比率关系、财务趋势分析预测等信息内容。Excel 2016 提供的多类图表常用的有柱形图、折线图、条形图、饼图和骨架图等,除此以外,还可使用气泡图、同心图、锥形图生成图表。Excel 2016 强大的制图功能,实现了表、图、文三者的完美结合,并且制图程序简练,只需选择数据点击鼠标即可完成操作,将企业财务管理事项的各类数据以图表的形式呈现于管理者面前,使用者能快速从数据生成所需要的图表,节省大量时间。这种信息表达方式更为直观,更有利于扩展管理者的思维空间。

1.1.4 建立数据库与数学模型

随着信息化的发展,财务管理人员应具备更多的利用计算机进行数据处理的能力。企业财务管理活动都可蕴含在 Excel 数据处理、图表和文本载体之中,虽然专业的财务软件同时提供经营活动数据,但是 Excel 2016 在二次开发上具有简易、便捷、可操作性强等显著优势,可以对财务管理系统进行二次开发和二次数据处理和数据分析的能力。Excel 2016 通过其数据处理能力,能把表格编制、函数计算、数据分析和图形显示完美结合。财务人员通过建立数学模型可以更好实现对数据的分析,建立数据库与数学模型,通过数据库实现信息共享,为实现企业效益的提升贡献巨大的力量。

1.2　Excel 2016 界面简介

Excel 版本众多,了解、熟悉 Excel 2016 工作界面和自定义 Excel 工作表是财务管理实验的基础内容。工作簿是 Excel 操作的主要对象和载体,是指工作区中一个或多个工作表的集合，组成工作表的基础元素是单元格，单元格中可以是数值、公式或文本等类型的数据。工作簿创建完成后的效果如图 1-1 所示。

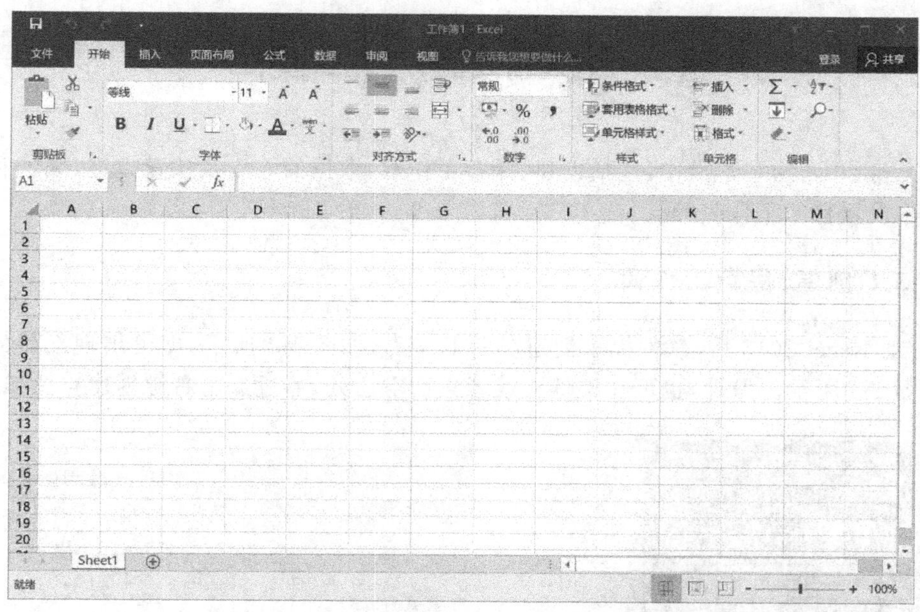

图 1-1　Excel 2016 窗口界面

Excel 2016 窗口界面主要元素构成如图 1-2 所示。

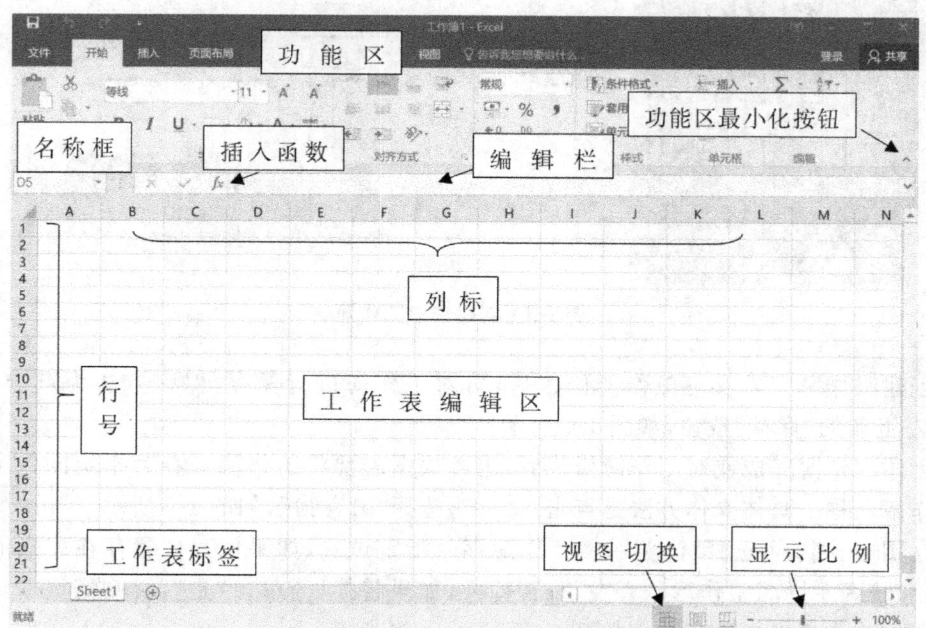

图 1-2　Excel 2016 窗口界面

由图 1-2 可知，Excel 2016 窗口界面主要包括标题栏、快速访问工具栏、编辑栏、功能区、工作表编辑区、状态栏以及滚动条等。

1.3 Excel 2016 基本操作

Excel 2016 的基本操作，包括创建、保存工作簿，数据的输入及快速填充，编辑和修饰工作表，设置打印工作表等。

1.3.1 创建、保存工作簿

启动 Excel 2016 后，软件提示创建空白工作簿，如图 1-3 所示，即可出现新建的工作簿，如图 1-1 所示。另外，也可在文件夹或者桌面空白处，通过点击右键创建空白工作簿。

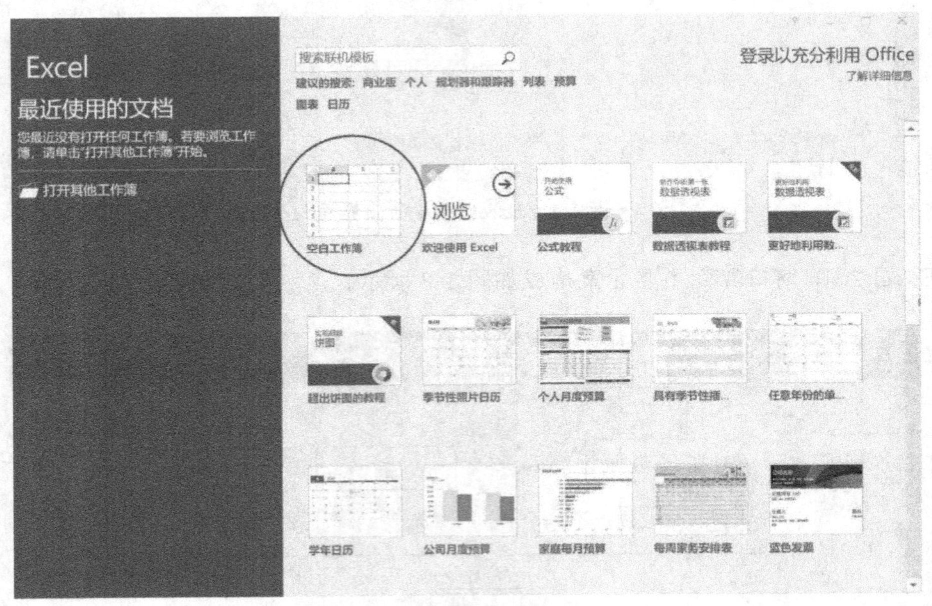

图 1-3　创建空白工作簿

创建工作簿完成或对工作簿修改后，可对工作簿进行保存，保存方法为点击 Excel 2016 左上角的"保存"按钮，如图 1-4 所示。

创建工作簿完成或对工作簿修改后，也可根据需要将工作簿另存为指定的保存位置和工作簿名称。具体操作方法是点击"文件"，选择"另存为"，如图 1-5 所示。

在图 1-5 中，可选择"浏览"，将工作簿存入指定位置，如果保存位置存在相同的工作簿，则系统提示同名工作簿已存在，是否替换，如果替换，需单击"是"，否则需重新选择保存位置或修改文件名称或文件类型。

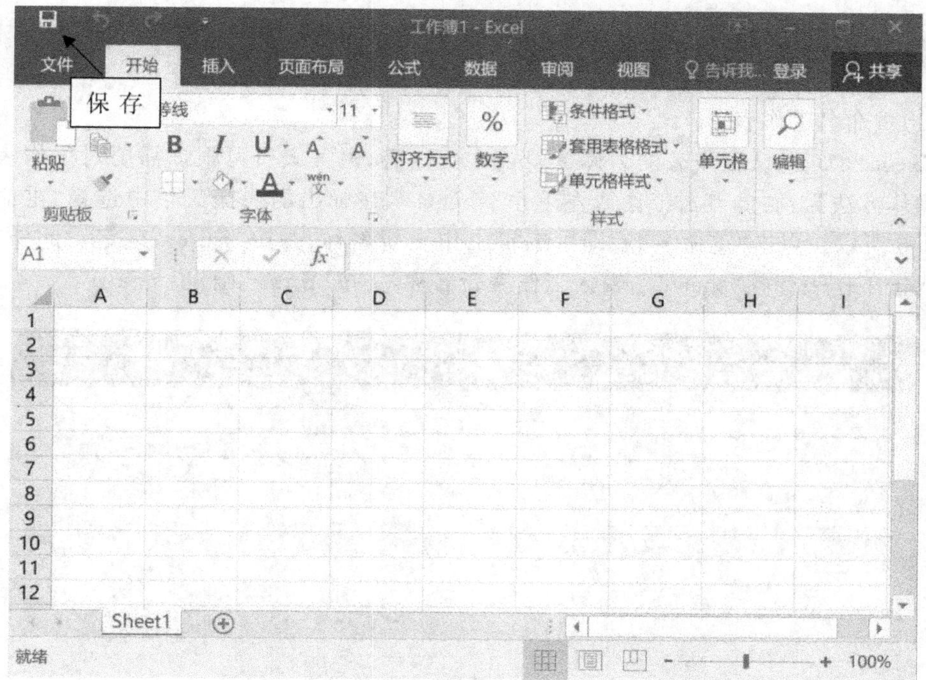

图 1-4　保存工作簿

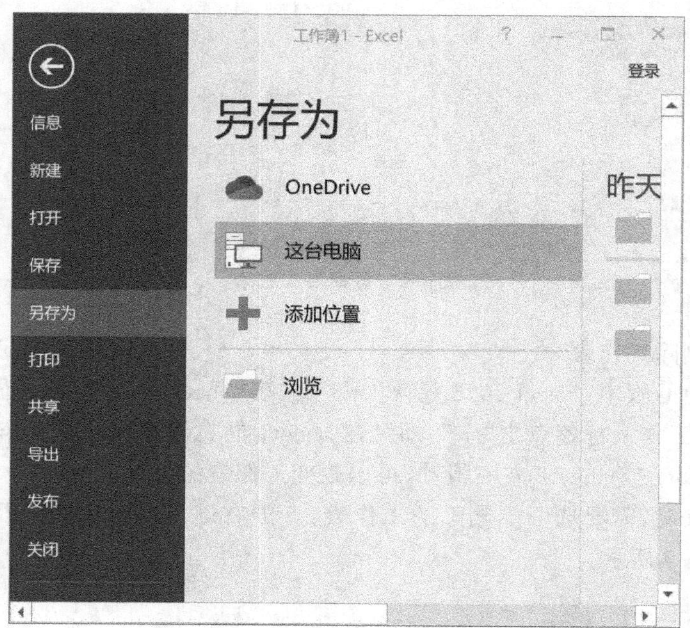

图 1-5　另存工作簿

1.3.2 重命名、插入/删除工作表

(1)重命名工作表

Excel 2016 默认工作表的名称是 sheet1/2/3 等，财务人员可根据需要对工作表重命名。操作方法为：右键点击工作簿左下角“sheet1”，在弹出的快捷菜单中选择“重命名”，如图 1-6 所示。点击“重命名”后即可编辑工作表新名称，并按“Enter”确定。此外，也可直接双击工作表标签“sheet1”，输入工作表新名称，并按“Enter”确定。

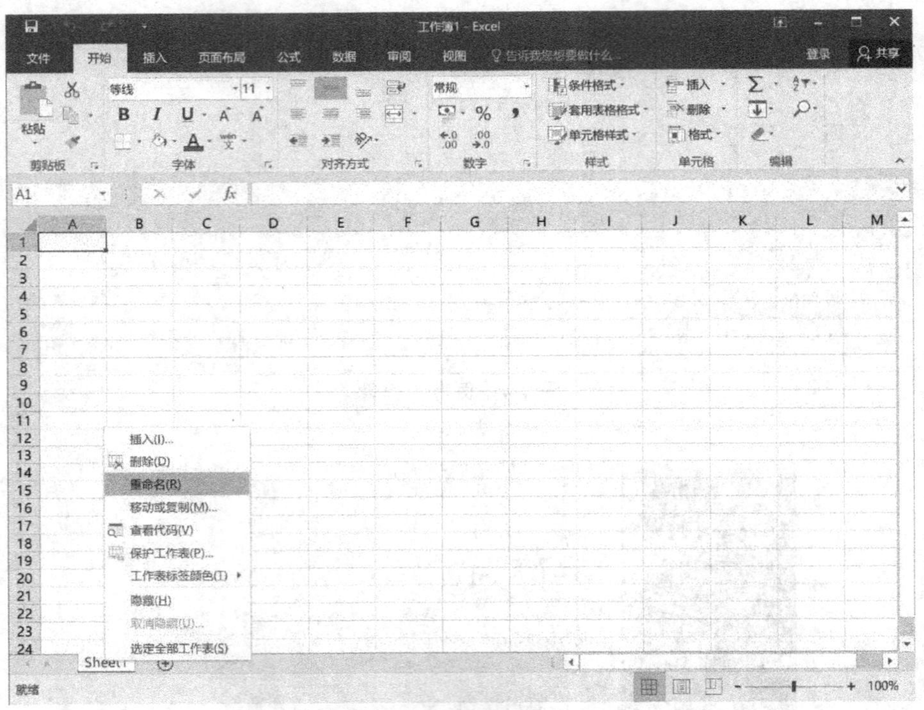

图 1-6　重命名工作表

(2)插入/删除工作表

相对于之前的版本，Excel 2016 默认 1 个工作表(sheet1)，当财务人员需要多个工作表时，可直接在工作表标签点击“+”，即可在 sheet1 的右侧增加一个工作表 sheet2，拖动工作表标签 sheet1 或 sheet2 左右滑动，可以改变工作表的位置。

删除工作表时，需要选中要删除的工作表，点击右键，在弹出的快捷菜单中选择“删除”命令，如图 1-7 所示。

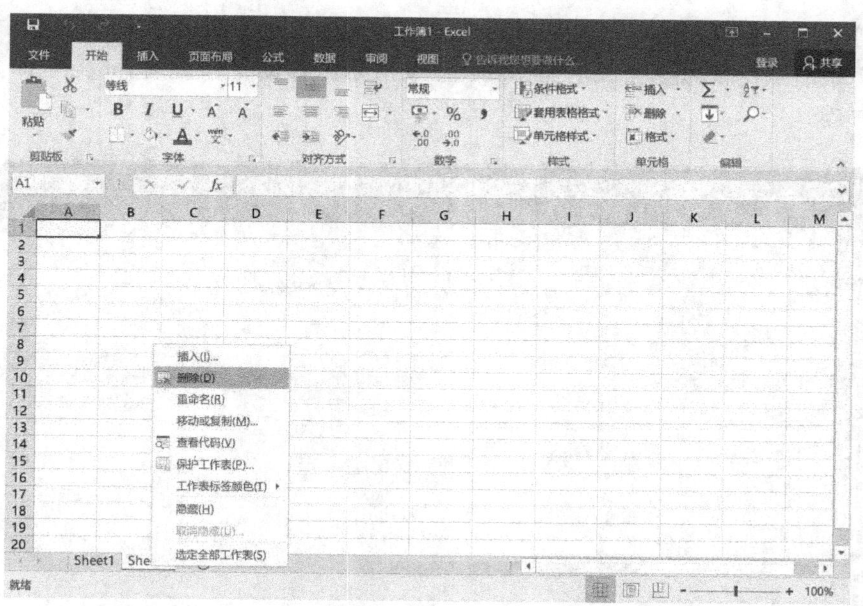

图 1-7　删除工作表

1.3.3 移动/复制工作表

在财务人员日常工作中，需要对工作簿中的工作表调整位置或复制。如在移动工作表 sheet1 至 sheet2 右侧时，除了 1.3.2 中的方法，还可使用右键，具体操作方法为：首先用右键选定工作表标签的 sheet1，如图 1-8 所示。

图 1-8　移动工作表

在弹出的“移动或复制工作表”对话框中，在“下列选定工作表之前”列表框中选择“移至最后”，最后点击“确定”。以上操作如图 1-9 所示。移动工作表后，sheet1 将会移动至 sheet2 右侧。

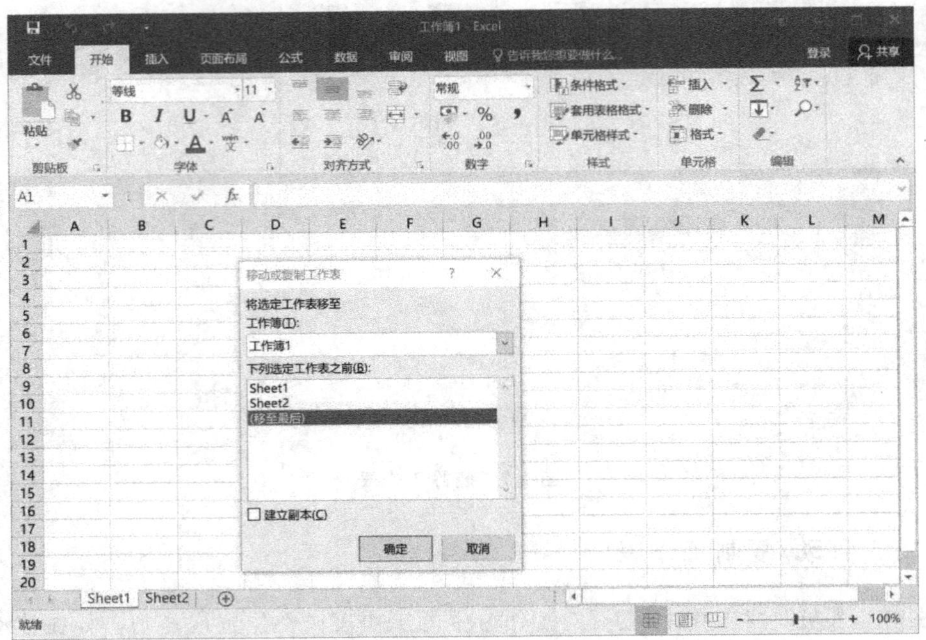

图 1-9　移动工作表至最后

在图 1-9 中，如果在“移动或复制工作表”对话框中勾选“建立副本”，可重新生成一个相同的工作表副本，原工作表依然存在，起到复制工作表的作用。

1.3.4 隐藏/显示工作表

在 Excel 2016 中，如果有需要保密的工作表，可使用隐藏工作表功能。以隐藏 sheet1 为例。具体操作如下：首先在工作表标签栏用右键弹出快捷菜单，选择“隐藏”，即可隐藏 sheet1，如图 1-10 所示。

隐藏 sheet1 后，只显示 sheet2 工作表，但是被隐藏的 sheet1 依然存在，可以在工作表标签栏点击右键，选择“取消隐藏”，选择“sheet1”，则 sheet1 就会重新显示出来，如图 1-11 所示。

另外，为了提高工作效率、提升观看效果，可以将一个工作簿中的多个工作表标签设置成不同颜色，方法是在工作表标签点击右键，弹出快捷菜单，选择“工作表标签颜色”，在弹出的颜色列表中选择需要的颜色。

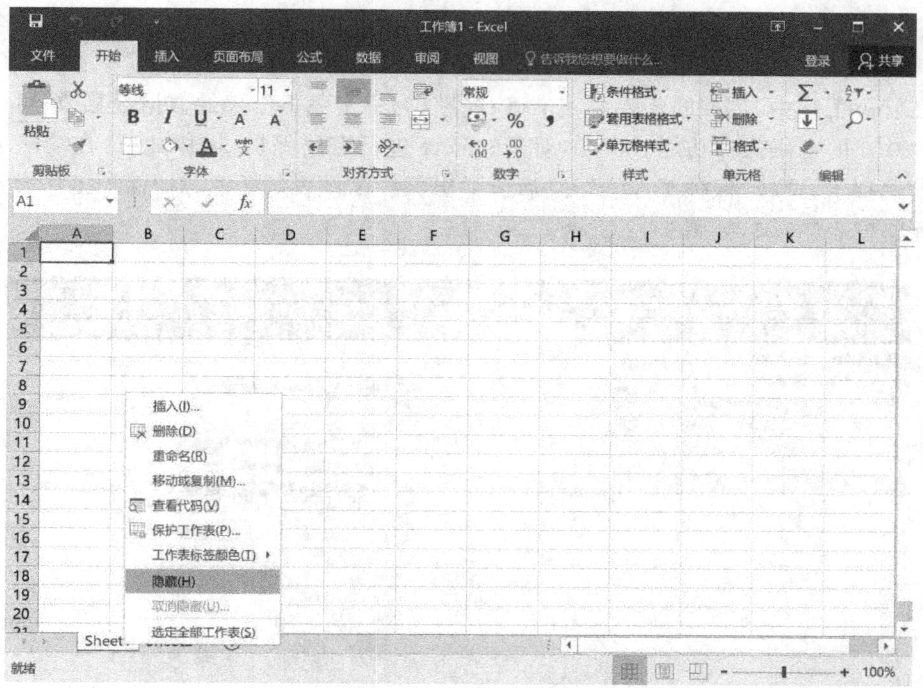

图 1-10　隐藏工作表

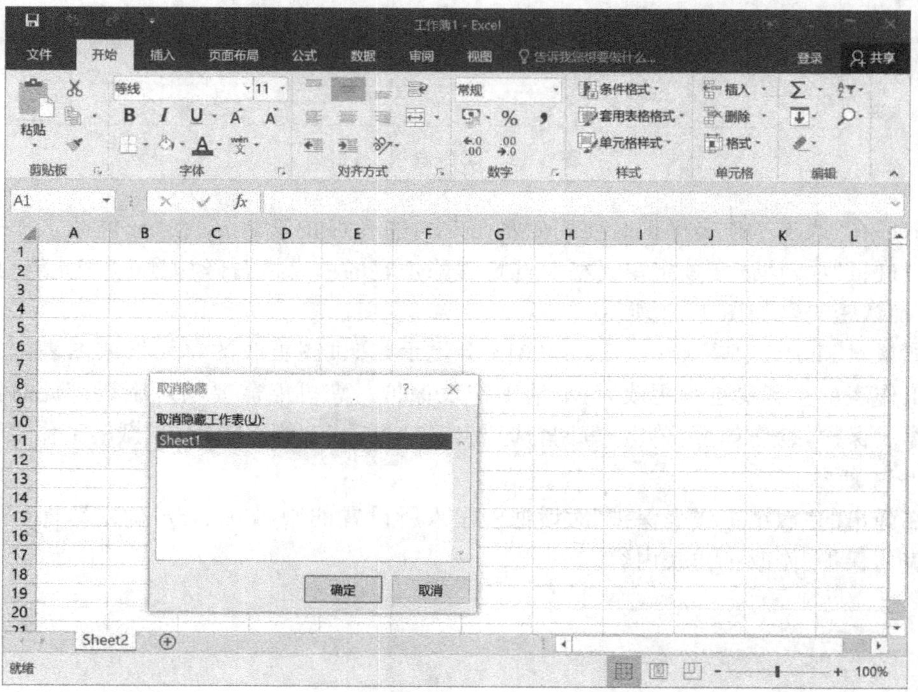

图 1-11　取消隐藏工作表

1.3.5 工作表的密码保护

在管理工作中,数据的传递要求准确、完整,为了避免工作表的数据被篡改,可以使用Excel 2016的密码保护功能。例如,对于sheet1进行密码保护,操作如下:在功能区点击"审阅"选项卡,选择"保护工作表",之后会弹出保护工作表对话框,对"保护工作表及锁定的单元格内容"打勾,如图1-12所示。

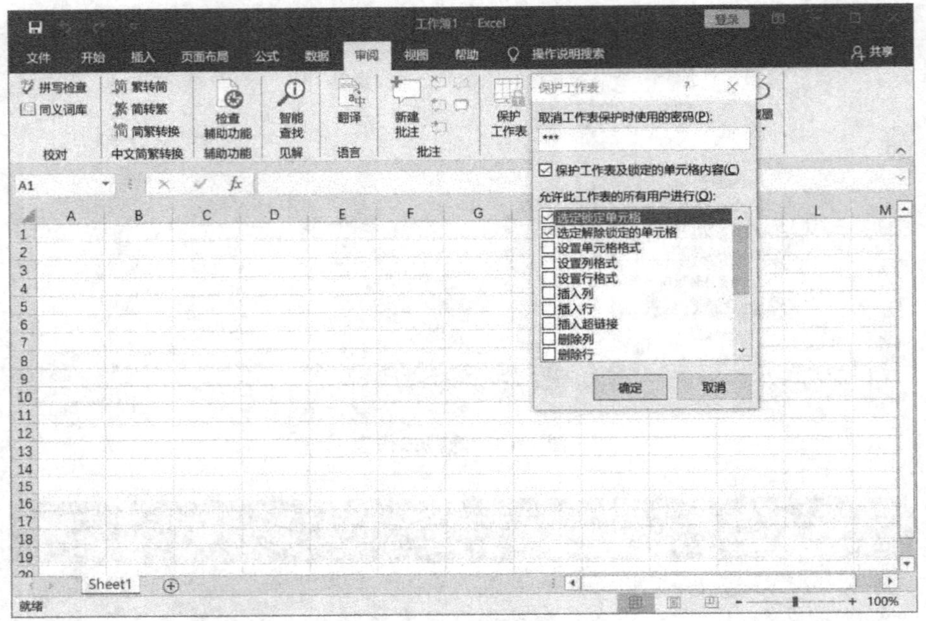

图1-12 工作表保护(1)

随后在"取消工作表保护时使用的密码"中,输入保护密码,并在"允许此工作表的所有用户进行"中对"选定锁定单元格""选定解除锁定的单元格"打勾,点击"确定"。此时会弹出"确认密码",如图1-13所示。

如果对sheet1进行修改,Excel 2016会提示"您试图更改的单元格或图表位于受保护的工作表中。若要进行更改,请取消工作表保护。您可能需要输入密码。"此时需要撤销工作表保护,操作如下:单击"审阅"选项卡,在"更改"功能组中点击"撤销工作表保护",如图1-14所示。

在弹出的"撤销工作表保护"对话框中输入所设置的密码并单击"确定",即可撤销对工作表的保护,修改工作表内容。

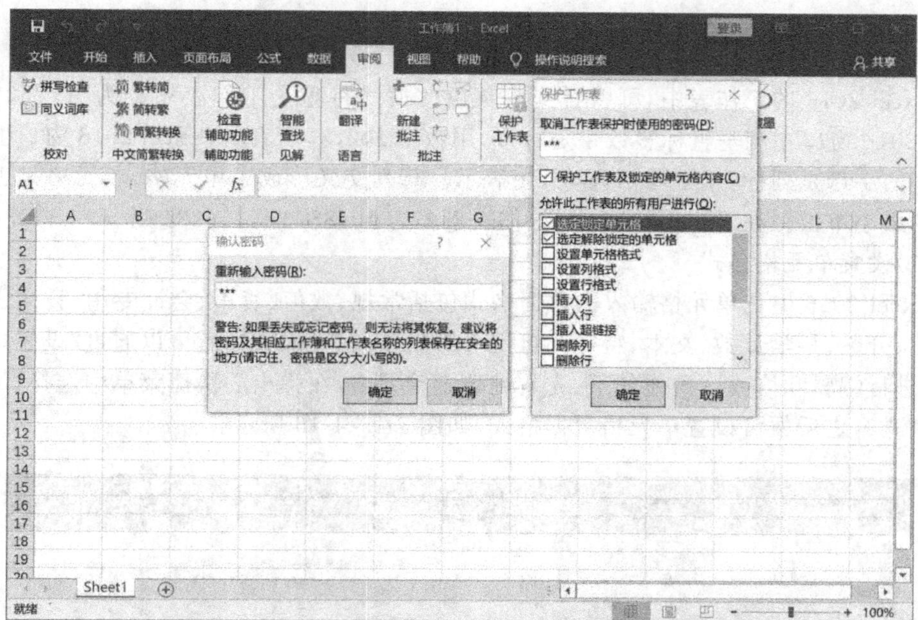

图 1-13 工作表保护(2)

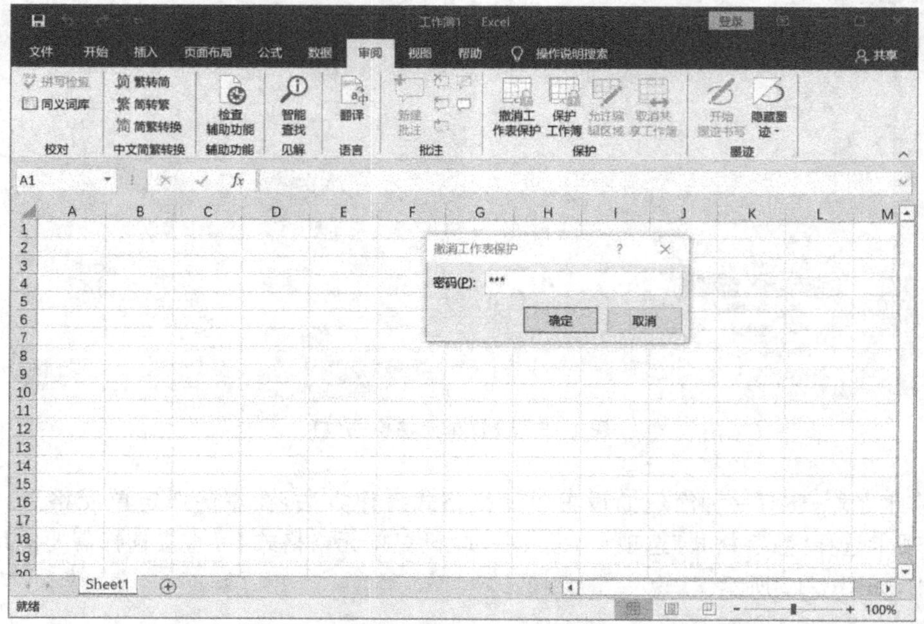

图 1-14 撤销工作表保护

1.3.6 工作表的单元格基本操作

Excel 2016 的工作表中,可以看到浅灰色的横线将整个工作表划分为“行”和“列”,Excel 2016 窗口左侧垂直标签数字是行号,用数字 1,2,3,…表示,Excel 2016 窗口上部水平标签的字母是列标,用字母 A,B,C,…表示。行列交叉形成了单元格,单元格是工作表内容的最小单位。在 Excel 2016 中,工作表最多为 1048576 行、16384 列。

(1)设置单元格格式

Excel 2016 中在单元格输入的数据格式包括常规、数值、货币、会计专用、日期、时间、百分比、分数、科学计数、文本、特殊和自定义等类型,在输入数据后可以通过“设置单元格格式”进行编辑和修改。操作如下:先右键选定单元格,在弹出的快捷菜单中选择“设置单元格格式”,之后便可设置单元格数据格式,如图 1-15、1-16 所示。

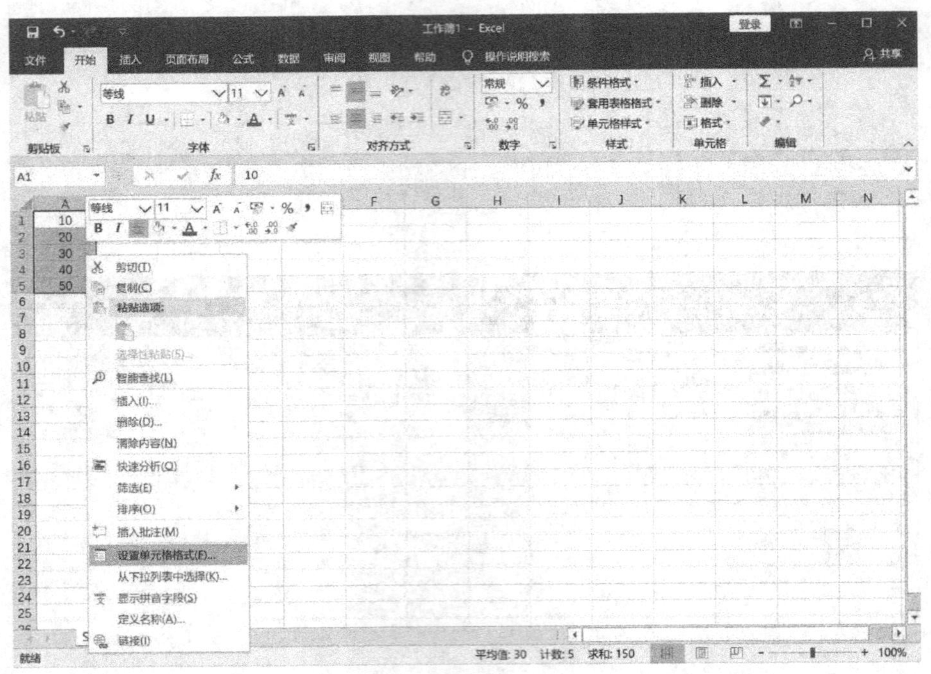

图 1-15 设置单元格格式(1)

除此之外,还有一种简便的设置单元格格式操作方法:在左键选定单元格后,在“开始”选项卡选择“数字格式”选项卡,最底一项“设置单元格格式”可直接选择需要应用的数字格式,如图 1-17 所示。

(2)合并、插入单元格

在单元格中输入数据时,可以先选中单元格,然后向单元格内输入数据,输入完毕按“Enter”键完成输入。如果对原有单元格数据进行修改,需要双击单元格,在单元格中对内容进行编辑或修改。在对工作表进行设计时,如果需要对工作表设置标题,为了美观或打印要求,需要对单元格进行合并。如图 1-18 所示,给该工作表增加标题“第一季度销售表”。

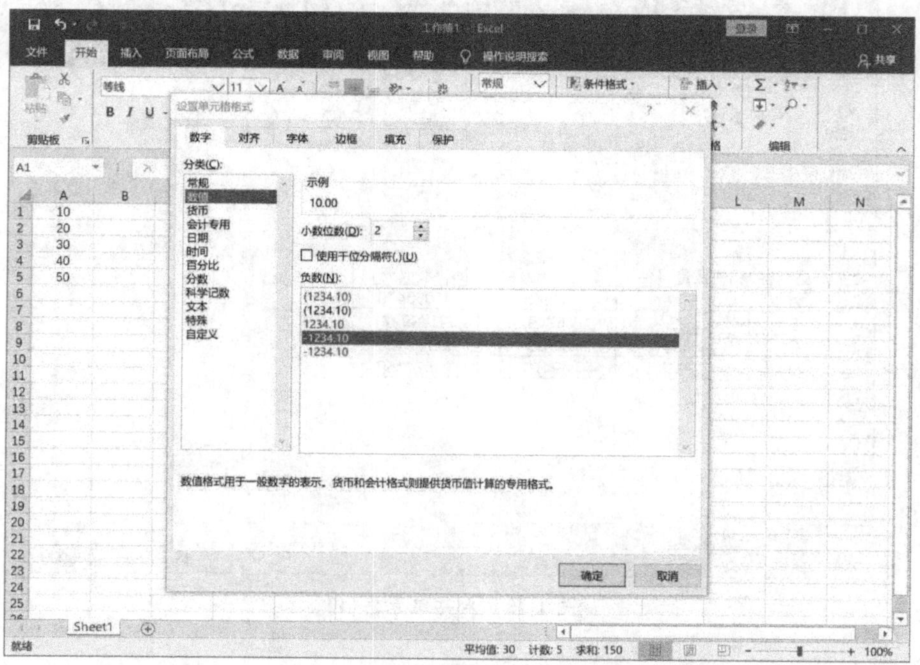

图 1-16　设置单元格格式(2)

图 1-17　设置单元格格式(3)

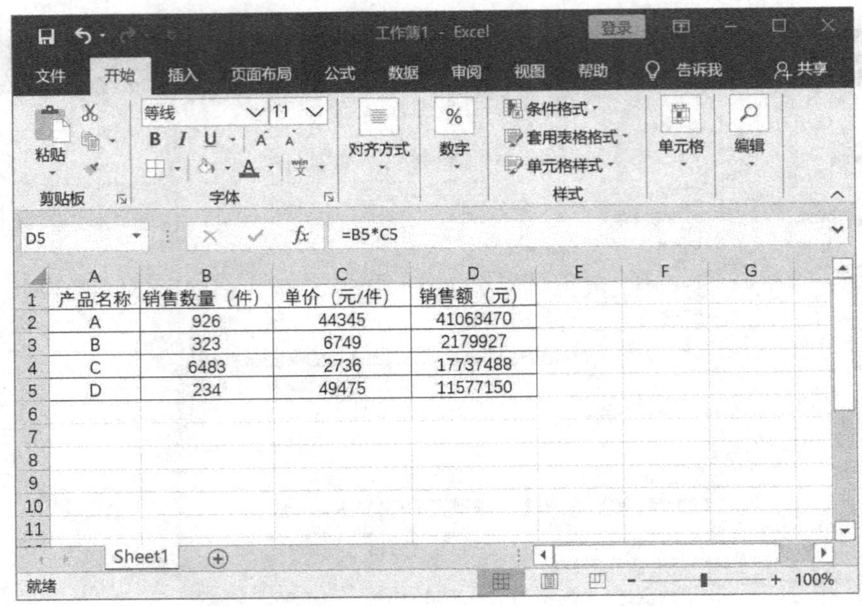

图 1-18　合并单元格(1)

扫码获取实验素材(见本书"前言"背面二维码)

将鼠标移动到第一行行标"1"上单击选中整行,然后点击右键弹出快捷菜单,选择"插入"如图 1-19 所示。

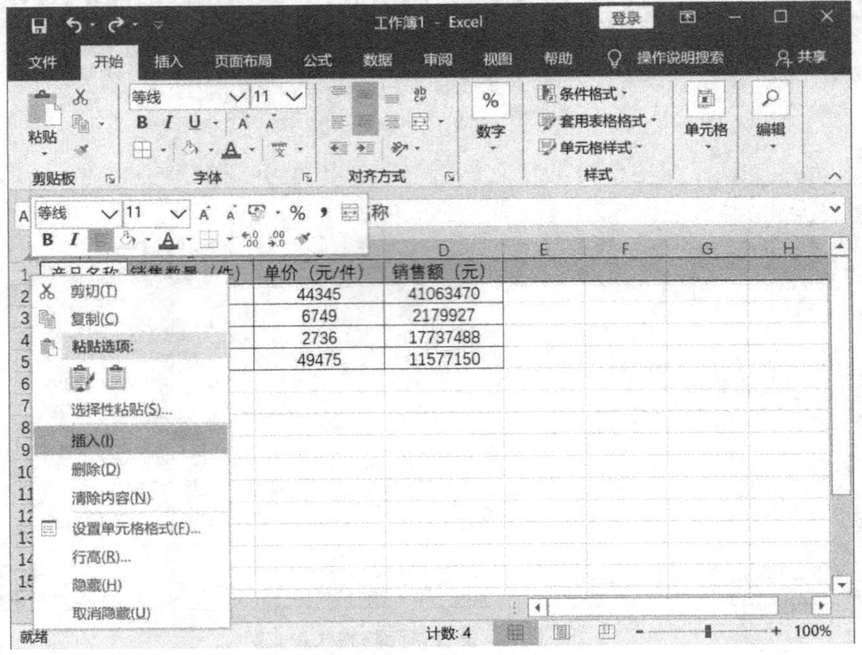

图 1-19　合并单元格(2)

插入空行后，原表格上方出现一空行，选择空行的前四列，在"开始"选项卡中"对齐方式"中选择"合并后居中"，如图 1-20 所示，A1：D1 的四个单元格就合并成一个单元格，在合并后的单元格中输入工作表标题即可，效果如图 1-21 所示。

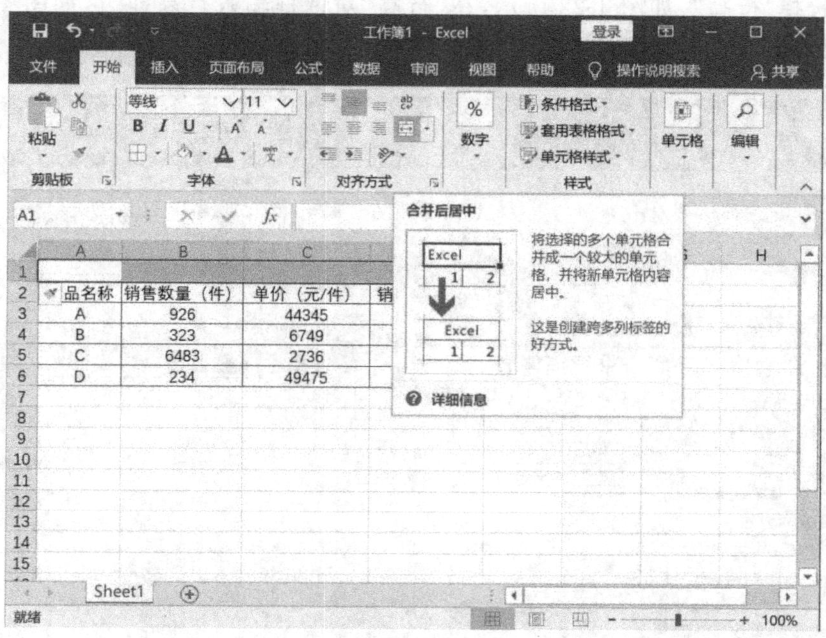

图 1-20　合并单元格(3)

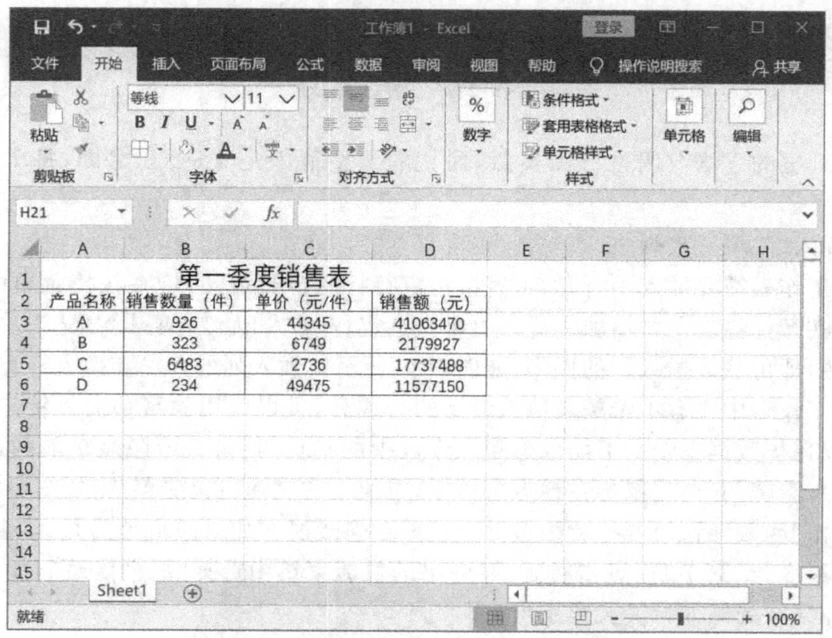

图 1-21　合并单元格(4)

(3)调整行高、列宽

用户可以根据需要,在一定范围内调整工作表的行高与列宽,以便表格美观,显示完整。具体操作如下:首先选中需要调整行距的单元格所在行标签,点击右键,在弹出的快捷菜单里选择“行高”,如图 1-22 所示,在“行高”对话框输入行高即可,如图 1-23 所示。此外,还可将光标直接在行标签拖曳,调整行高。

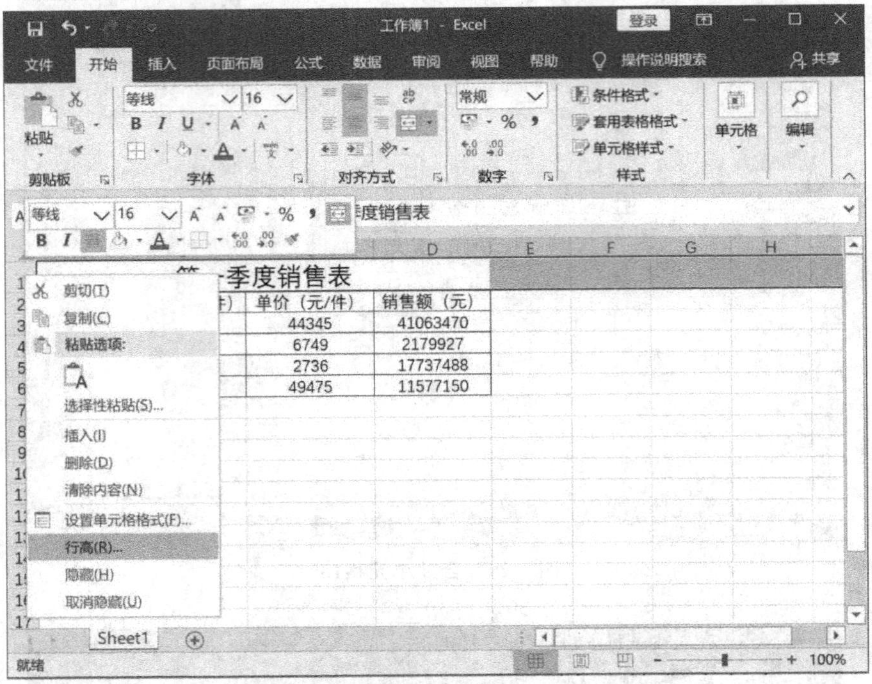

图 1-22 设置行高(1)

调整列宽的方法与调整行高类似,列宽的调整范围是 0～255 之间,每单位是 2.54 毫米。

(4)插入、隐藏行或列

如果工作表需要插入一行时,可直接选定行标签,用鼠标右键在快捷菜单中选择“插入”,则会在行标签的上方增加一行。也可先选定行,在“开始”选项卡“插入”—“插入工作表行”右侧,即可完成插入行的操作,如图 1-24 所示。插入列的方法和插入行类似。

如果工作表中含有不希望被他人看到的行或列,可以利用隐藏功能将特定行或列隐藏起来,以保护数据安全。下面以隐藏工作表中的某行为例,介绍隐藏功能的操作方法。首先选定拟隐藏的行,用鼠标左键点击行标,再使用右键弹出快捷菜单,如图 1-25 所示。

在点击“隐藏”后,第 6 行就隐藏并出现一条隐藏线。如果想取消隐藏,需要选定第 6 行前后的第 5 行、第 7 行,点击右键,在弹出的快捷菜单中选择“取消隐藏”,如图 1-26 所示,则原先隐藏的第 6 行又会显示出来。

本章主要介绍了 Excel 2016 的基本操作,对于数据的处理,如绝对引用与相对引用、数据填充、查找、排序等,将会在以后章节穿插讲述。

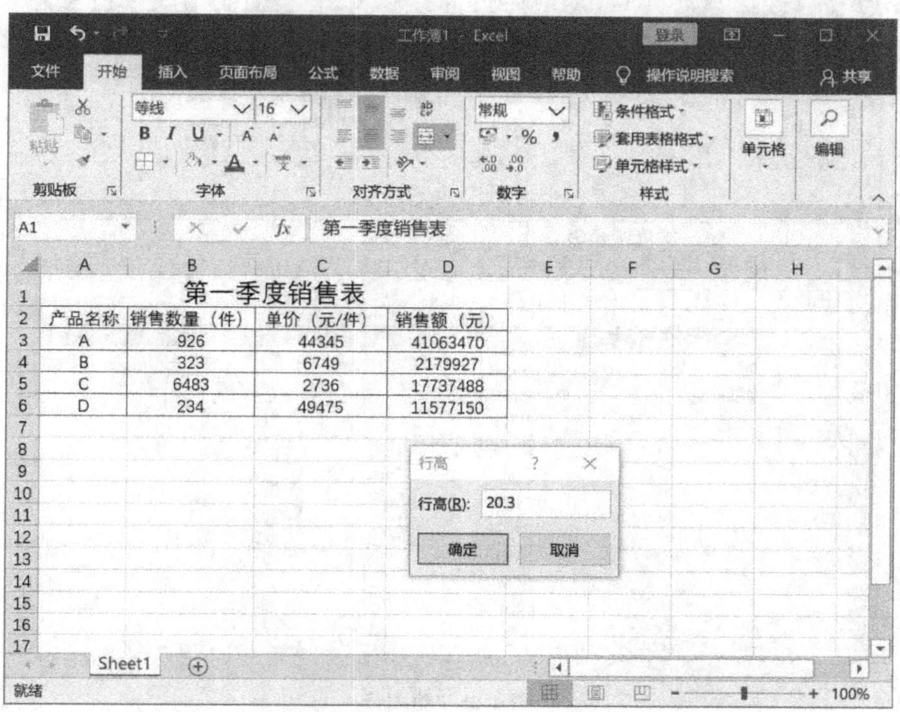

第一季度销售表			
产品名称	销售数量（件）	单价（元/件）	销售额（元）
A	926	44345	41063470
B	323	6749	2179927
C	6483	2736	17737488
D	234	49475	11577150

图 1-23　设置行高(2)

第一季度销售表			
产品名称	销售数量（件）	单价（元/件）	销售额（元）
A	926	44345	41063470
B	323	6749	2179927
C	6483	2736	17737488
D	234	49475	11577150

图 1-24　插入行

图 1-25　隐藏行

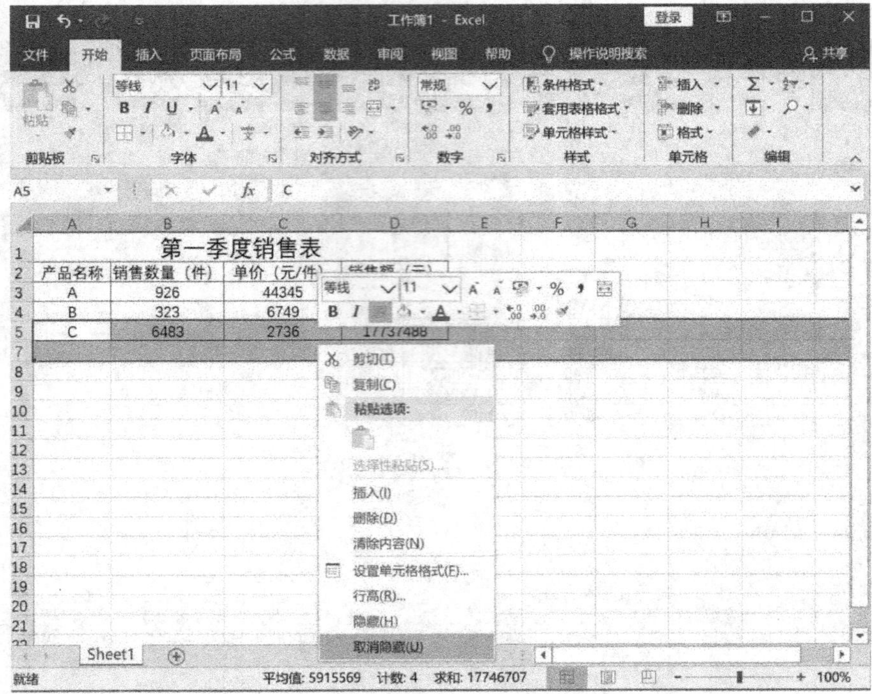

图 1-26　取消隐藏

第 2 章　货币时间价值实验

2.1　货币时间价值实验概述

财务管理是组织财务活动,处理财务关系的经济管理活动。财务活动包括筹资活动、投资活动、营运资本管理以及资金分配活动。在组织各种财务活动、处理财务管理的过程中,需要财务人员遵循基本的财务管理观念——货币时间价值。由于其几乎涉及所有的财务决策且非常重要,被称为“理财的第一原则”。本章主要内容是终值与现值的计算。

2.1.1 货币时间价值实验内容

根据财务管理课程教学要求,本章是财务管理实验的基础部分,计算货币时间价值实验。主要内容包括:复利及其计算、终值和现值计算、年金终值和年金现值计算。其目的从量的方面树立货币时间价值观念,也是为以后的学习奠定基础。根据财务管理基础实验的内容与能力要求,本章实验任务包括 9 项:

(1)复利终值模型的创建与应用;

(2)复利现值模型的创建与应用;

(3)年金终值的计算模型的创建与应用;

(4)年金现值的计算模型的创建与应用;

(5)终值模型、现值模型的进一步应用(1)——计算利率

(6)终值模型、现值模型的进一步应用(2)——名义利率与实际利率

(7)终值模型、现值模型的进一步应用(3)——计算期数

(8)终值模型、现值模型的进一步应用(4)——计算年金

(9)终值模型、现值模型的进一步应用(5)——不等额现金流量价值的计算。

2.1.2 货币时间价值实验基础知识

货币时间价值,又称资金时间价值,是指货币经历一定时间的投资和再投资所增加的价值。在商品经济中,存在这样一种现象:今天你将 100 元钱存入银行,假定利息率为 5%,一年后的今天,你将会得到 105 元。其中的 100 元是本金,5 元的利息就是这 100 元钱经过一年时间的投资所增加的价值,该利息就是货币时间价值。但并非所有货币都具有时间价值,货币具有时间价值的前提条件是货币只有当作资本投入生产和流通后才能

产生增值。货币时间价值是客观存在的经济范畴。任何企业的财务活动都是在特定的时空中进行的,离开了时间价值因素,就无法正确计算不同时期的财务收支,也无法正确评价企业盈亏。货币时间价值是企业进行财务决策的基础:它是企业筹资决策、投资决策、经营决策的重要依据。货币时间价值有单利、复利两种计息方式,通常情况下,在计算货币时间价值时都用复利计算。复利是指在规定期限内,每期都是以上期的本利和为本金计算利息的一种计息方法,俗称"利滚利",即不仅对本金计算利息,而且对以前时期产生的利息也要计算利息。具体来说,计算货币时间价值涉及复利终值计算模型的创建与应用和复利现值计算模型的创建与应用两方面的实验内容。

(1)复利终值

复利终值是指按照复利计算出来的本金和利息之和。或者说,终值是现在存入银行一笔特定金额的资金在将来某一特定时间从银行取回的本金和利息(即本利和)。复利终值的计算又可以分为1元复利终值计算和年金复利终值计算。复利终值是指现在的一定量资金按复利计算的未来价值。计算复利终值时,每期期末计算的利息应加入下期的本金形成新本金,再计算下期的利息,逐期滚算。

n 期复利终值的计算公式为:

$$F_n = P(1+i)^n$$

式中的$(1+\mathrm{i})^n$ 为"1元的复利终值系数",记为$(F/P,i,n)$,可查"1元的复利终值系数表"求得。上式也可以写为:$F_n = P(F/P,i,n)$。即:

复利终值=现值×复利终值系数

(2)复利现值

复利现值是指未来一定时间的特定资金按复利计算的现在价值。由 n 期复利终值计算公式 $F_n = P(1+i)^n$ 可推导求得:

$$P_n = \frac{F_n}{(1+i)^n} = F_n(1+i)^{-n}$$

式中的$(1+i)^{-n}$为"1元的复利现值系数",记为$(P/F,i,n)$,可查"1元的复利现值系数表"求得。

上式也可以写为:$P_n = F(P/F,i,n)$,即:

复利现值=终值×复利现值系数

年金是定期、等额的系列收支,复利的终值与现值计算还可应用于年金终值与现值中,解决生活中很多价值估算问题。

2.2 货币时间价值实验任务

[任务2-1]复利终值的计算

ABC公司从银行取得贷款300 000元,年利率为6%,贷款期限5年,第5年末一次偿还，贷款到期时公司应向银行偿还多少钱？

扫码获取实验素材（见本书“前言”背面二维码）

Excel 2016 工作表计算终值的函数为 FV，该函数用于返回复利情况下的投资终值，其语法格式为 FV(Rate，Nper，Pmt，Pv，Type)。

第 1 参数 Rate 表示利率；

第 2 参数 Nper 表示投资期(或付款期)；

第 3 参数 Pmt 为各期支付的金额，省略 Pmt 参数就不能省略 Pv 参数；

第 4 参数 Pv 参数为现值，省略 Pv 参数即假设其值为 0，也就是指贷款的现值为 0，此时不能省略 Pmt 参数；

第 5 参数 Type 值为 0 或 1，用以指定付款时间是在期初还是期末，如果省略 Type 则假设值为 0，即默认付款期在期末。

需要注意：在调用 FV 函数时要确保指定 Rate 和 Nper 所用的单位是一致的。如果贷款期为四年(年利率 12%)，每月还一次款，则 Rate 应为 12%/12，Nper 应为 4×12；如果对相同贷款每年还一次款，则 Rate 应为 12%，Nper 应为 4。对于所有参数、支出的款项，如银行存款，以负数表示；收入的款项，如股息支票，以正数表示。

[实验操作步骤]

第一步，建立复利终值计算模型并录入数据。

首先在 Excel 工作表中建立复利终值计算模型框架并将任务 2-1 的复利终值计算相关数据录入，如图 2-1 所示。

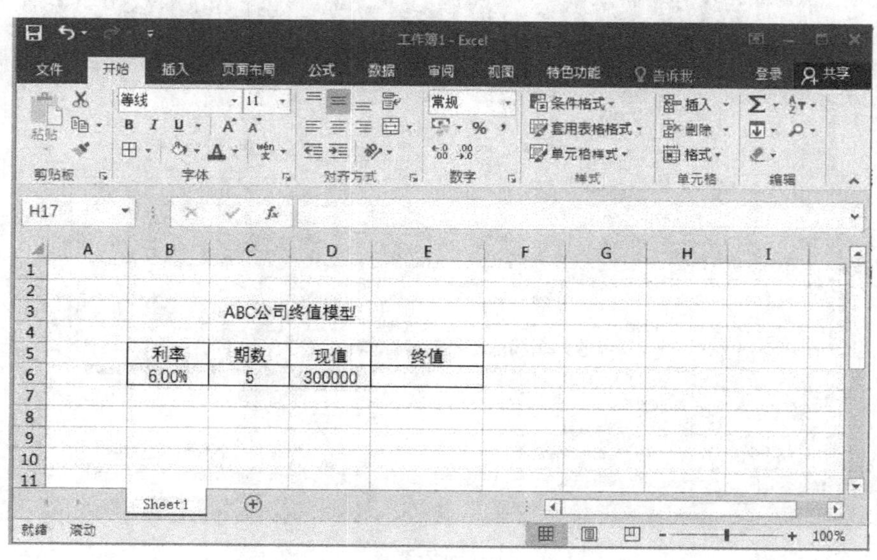

图 2-1

第二步，调用 FV 函数计算复利终值。

用鼠标选中 E6 单元格，单击公式编辑栏左侧的插入函数“f_x”按钮，弹出“插入函数”

对话框，单击“或选择类别(C)”栏选择“财务”类，在“选择函数(N)”栏选择“FV”函数名，如图 2-2 所示。

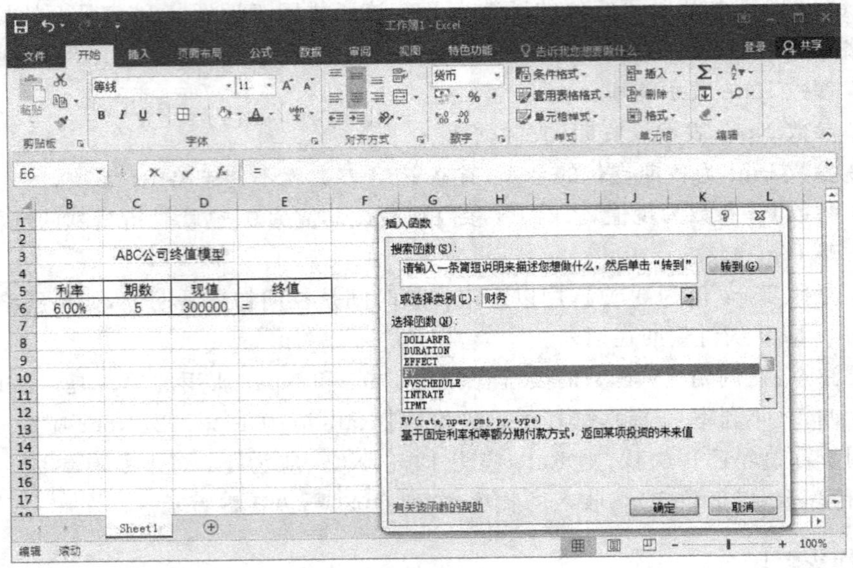

图 2-2

点击“确定”按钮，弹出计算复利终值的“函数参数”对话框。如图 2-3 所示。

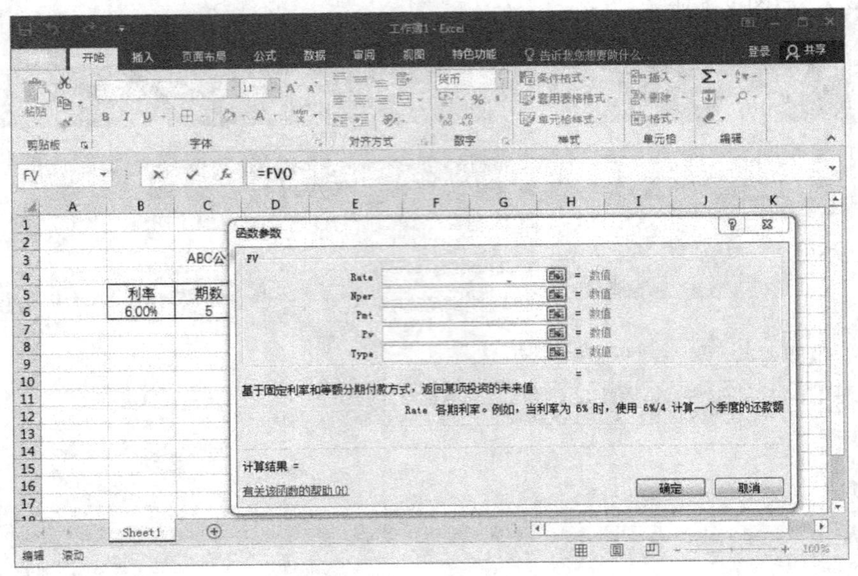

图 2-3

第三步，计算存款 5 年后的终值

单击“Rate”栏右边的“折叠对话框”按钮，用鼠标选择 B6 单元格。然后单击“Rate”栏右边的“折叠对话框”按钮，返回“函数参数”对话框。以此类推，将计算终值的参数选入

“函数参数”对话框中。如图 2-4 所示。

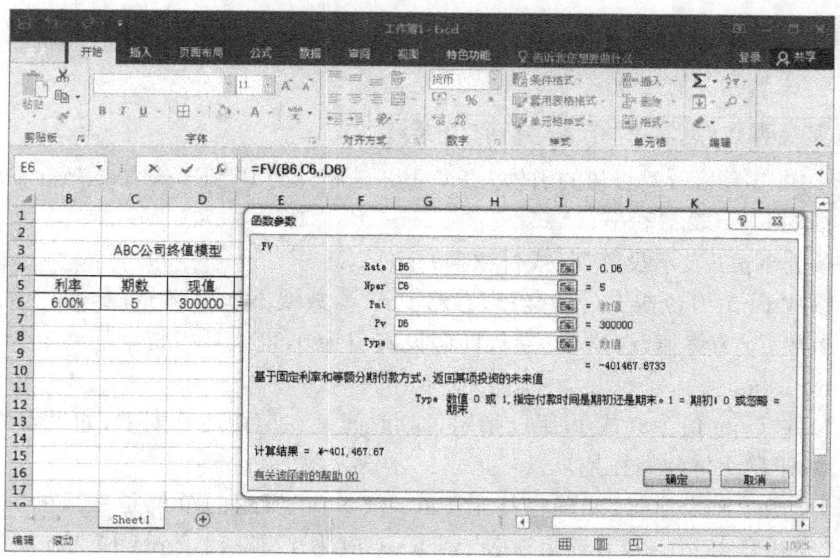

图 2-4

点击“确定”按钮，在 E6 单元格就显现出该笔存款的复利终值 401 467.67 元，如图 2-5 所示。

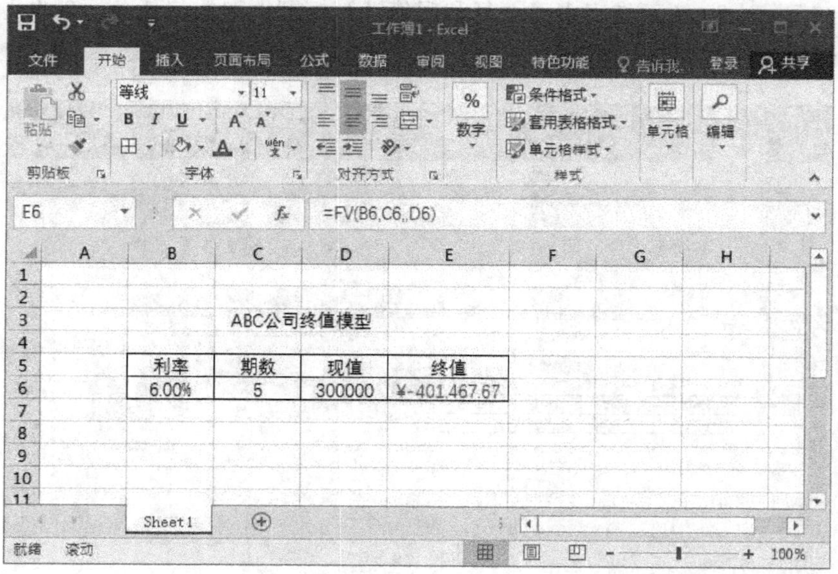

E6　=FV(B6,C6,,D6)

ABC公司终值模型

利率	期数	现值	终值
6.00%	5	300000	¥-401,467.67

图 2-5

注意：FV 函数计算出来的终值是负数，原因是取得贷款与还款方向相反。

[任务 2-2]复利现值的计算

ABC 公司欲投资 A 项目,预计 5 年后可获得 600 万元的收益,假定年利率(折现率)为 10%,问:该笔收益的现值是多少?

扫码获取实验素材(见本书"前言"背面二维码)

Excel 2016 工作表计算终值的函数为 PV,其语法格式为 PV(Rate,Nper,Pmt,Fv,Type)。

第 1 参数 Rate 表示利率;

第 2 参数 Nper 表示投资期(或付款期);

第 3 参数 Pmt 为各期支付的金额,省略 Pmt 参数就不能省略 Pv 参数;

第 4 参数 Fv 为终值,省略 Fv 参数即假设其值为 0,也就是指贷款的终值为 0,此时不能省略 Pmt 参数;

第 5 参数 Type 值为 0 或 1,用以指定付款时间是在期初还是期末,如果省略 Type 则假设值为 0,即默认付款期在期末。

调用 Pv 函数需要注意:要确保指定 Rate 和 Nper 所用的单位是一致的。如果贷款期为四年(年利率 12%),每月还一次款,则 Rate 应为 12%/12,Nper 应为 4×12;如果对相同贷款每年还一次款,则 Rate 应为 12%,Nper 应为 4。

[实验操作步骤]

第一步,建立复利现值计算模型框架并录入数据。

首先在 Excel 2016 工作表中建立复利现值计算模型框架并将任务 2-2 的复利现值计算相关数据录入。如图 2-6 所示。

图 2-6

第二步，调用 PV 函数计算复利现值用鼠标单击 E6 单元格，单击公式编辑栏左侧的插入函数“f_x”按钮，弹出“插入函数”对话框，单击“或选择类别(C)”栏选择“财务”类，在“选择函数(N)”栏选择“PV”函数名。如图 2-7 所示。

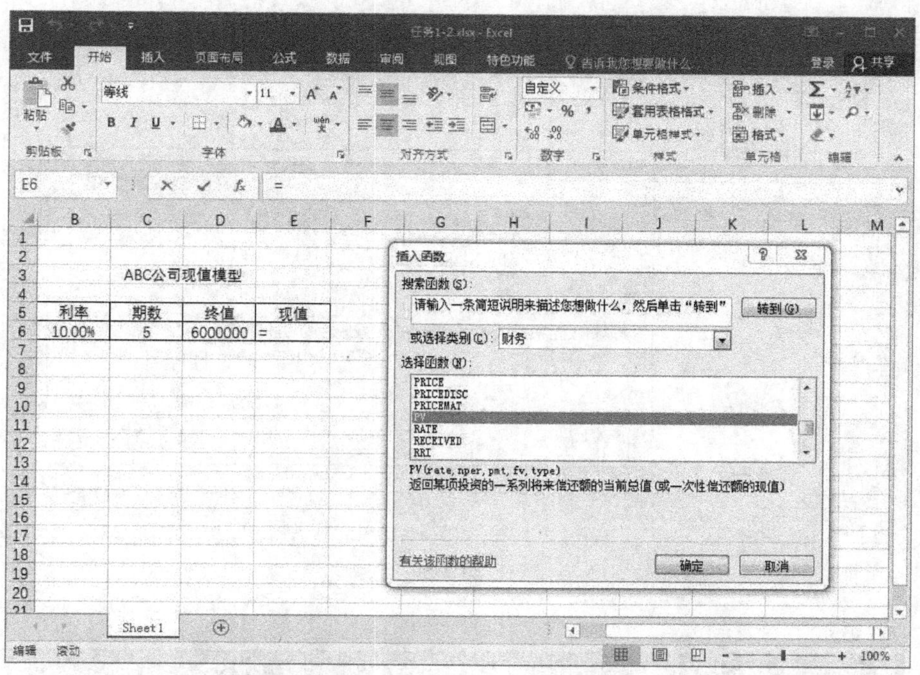

图 2-7

点击“确定”按钮，弹出计算复利现值的“函数参数”对话框。

第三步，计算该笔收益的现值。

单击“Rate”栏右边的“折叠对话框”按钮，用鼠标选择 B6 单元格。然后单击“Rate”栏右边的“折叠对话框”按钮，返回“函数参数”对话框。以此类推，将计算终值的参数选入“函数参数”对话框中。如图 2-8 所示。

点击“确定”按钮，在 E6 单元格就显现出该笔存款的复利现值3 725 527.94元，如图 2-9 所示。

任务1-2.xlsx - Excel
=PV(B6,C6,,D6)
ABC公司现值模型
利率
期数
终值
10.00%
5
6000000
函数参数
PV
Rate B6 = 0.1
Nper C6 = 5
Pmt = 数值
Fv D6 = 6000000
Type = 数值
= -3725527.938
返回某项投资的一系列将来偿还额的当前总值(或一次性偿还额的现值)
Fv 未来值，或在最后一次付款期后获得的一次性偿还额
计算结果 = ¥-3,725,527.94
有关该函数的帮助(H)
确定
取消

图 2-8

任务1-2.xlsx - Excel
=PV(B6,C6,,D6)
ABC公司现值模型
利率
期数
终值
现值
10.00%
5
6000000
¥-3,725,527.94

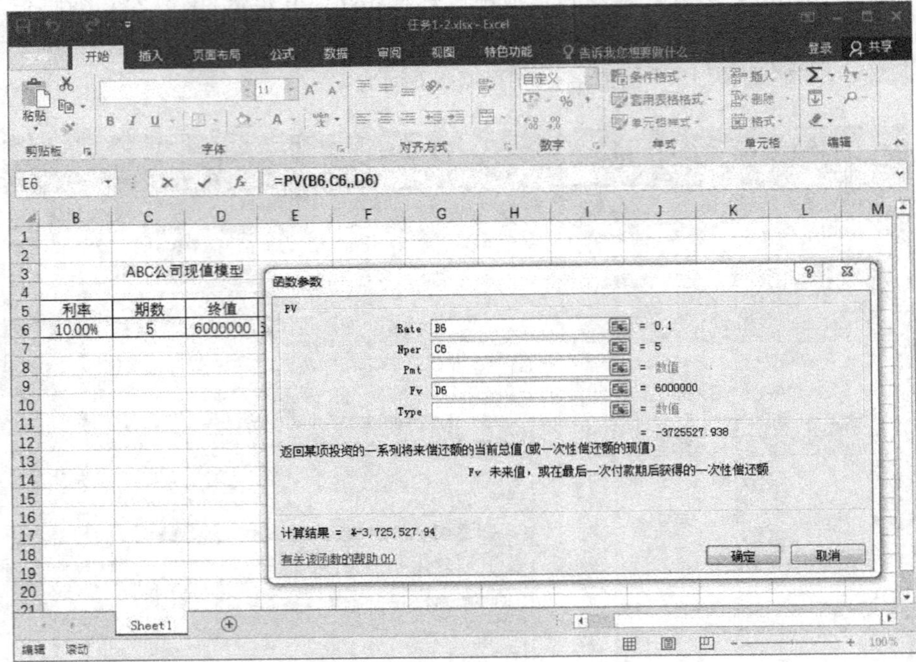

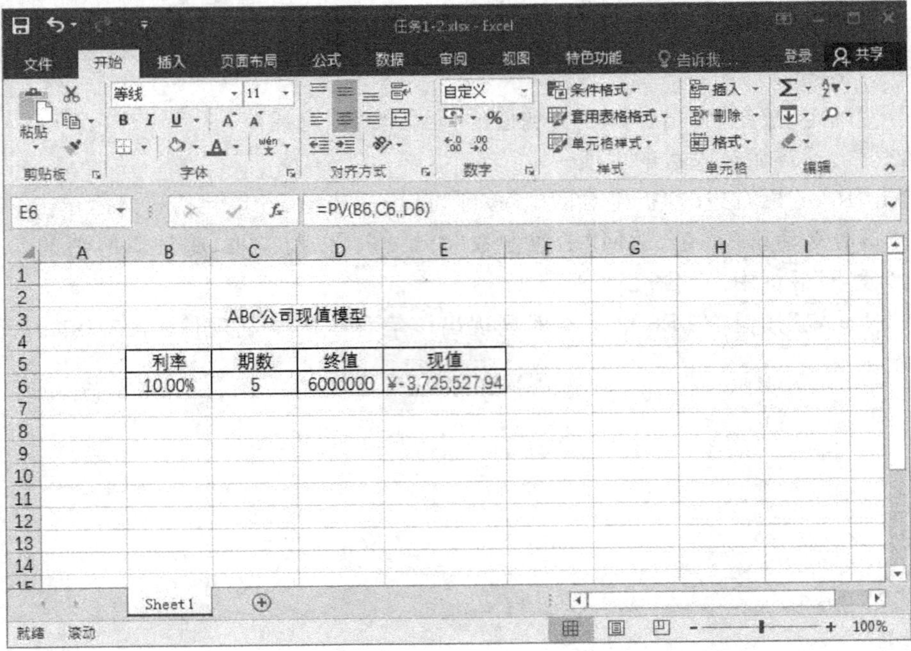

图 2-9

[任务 2-3]年金终值的计算

ABC 公司计划在 5 年内每年年末向银行借款 2 000 万元，借款年利率为 10%，那么该公司在年末应付银行本息总额是多少？

扫码获取实验素材(见本书“前言”背面二维码)

年金是指一定时期内等额、定期的系列收付款项，通常记为 A。如折旧、租金、养老金、等额分期付款、等额分期收款以及零存整取等都是年金问题。年金的形式多种多样，根据其每次收付发生的时点不同，可分为普通年金、预付年金、递延年金、永续年金。任务 2-3 中 5 年末各借款2 000万元是普通年金，应付银行本息总额是该年金终值。普通年金终值计算公式为：

$$F = A \times \frac{(1+i)^n - 1}{i}$$

式中的$\frac{(1+i)^n - 1}{i}$称为“1 元年金的终值系数”，记为：$(F/A, i, n)$，可查“1 元年金的终值系数表”求得。

上式也可以写为：

$$F = A(F/A, i, n)$$

即：

普通年金终值＝年金×普通年金终值系数

[实验操作步骤]

任务 2-3 是普通年金计算终值的问题。第一步，根据题意将利率 10%、期数 5、年金 2 000万元输入 Excel 表格中，如图 2-10 所示，对应的单元格分别是 B6、C6、D6。

第二步，调用 FV 函数计算复利现值用鼠标单击 E6 单元格，单击公式编辑栏左侧的插入函数“f_x”按钮，弹出“插入函数”对话框，单击“或选择类别(C)”栏选择“财务”类，在“选择函数(N)”栏选择“FV”函数名，点击“确定”，出现参数选择对话框，在参数选择中输入任务 2-3 中的参数，其中“Pmt”输入年金，由于借款是在每年的年末借入的，因此这是普通年金(后付年金)，在“Type”栏内输入“0”(也可忽略)，如图 2-11 所示。

第三步，点击“确定”，得到普通年金的终值122 102 000元，如图 2-12 所示。

如果任务 2-3 的借款时间为每年年初，则需在参数“Type”栏内输入“1”，终值为 134 312 200元。

任务1-3 - Excel
文件 开始 插入 页面布局 公式 数据 审阅 视图 帮助 操作说明搜索
E6
ABC公司终值模型
利率 期数 年金 终值
10.00% 5 20000000
Sheet1
就绪

图 2-10

任务1-3 - Excel
E6
=FV(B6,C6,D6,,0)
ABC公司终值模型
利率 期数 年金 终值
10.00% 5 20000000 B6,C6,D6,,0)
函数参数
FV
Rate B6 = 0.1
Nper C6 = 5
Pmt D6 = 20000000
Pv = 数值
Type 0 = 0
= -122102000
基于固定利率和等额分期付款方式，返回某项投资的未来值
Type 数值 0 或 1，指定付款时间是期初还是期末。1 = 期初；0 或忽略 = 期末
计算结果 = ¥-122,102,000.00
有关该函数的帮助(H)
确定 取消
Sheet1
编辑

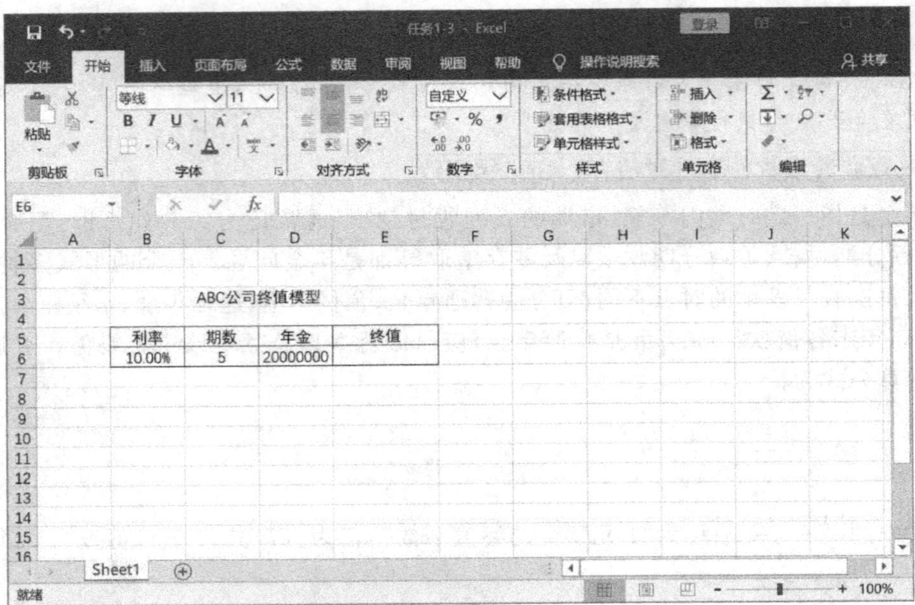

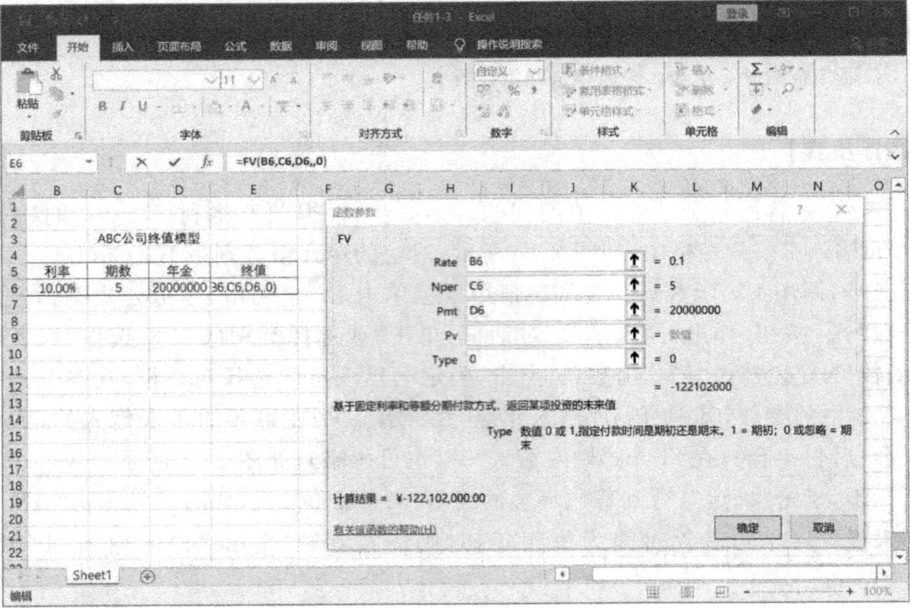

图 2-11

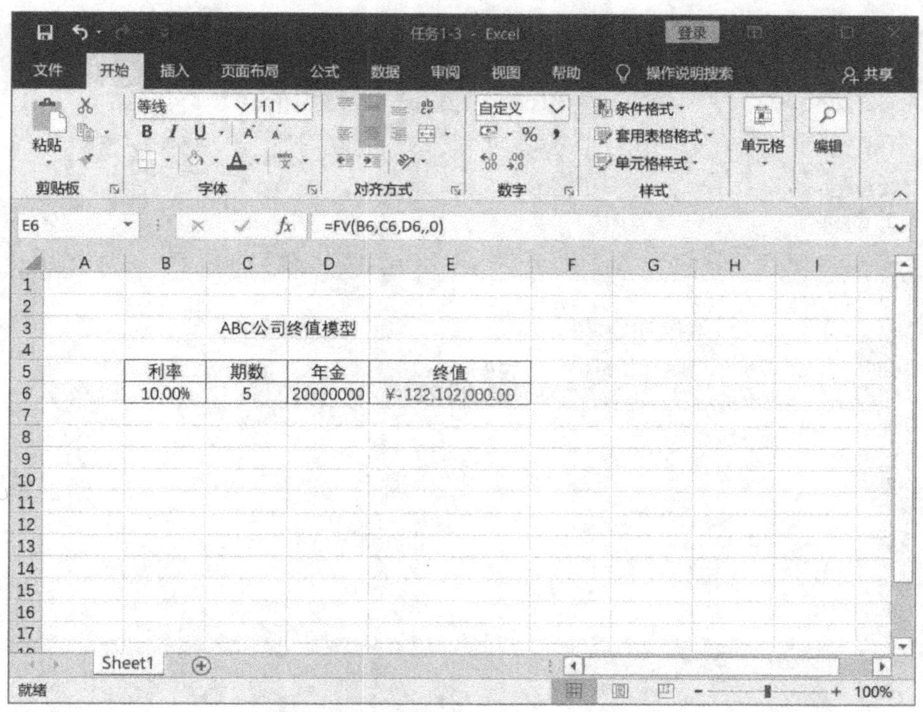

图 2-12

[任务 2-4]年金现值的计算

ABC 公司融资租赁的租金付款计划为：在 10 年内每年年末支付250 000元。如果利率为 10%，那么全部租金的现值是多少？

扫码获取实验素材(见本书“前言”背面二维码)

[实验操作步骤]

任务 2-4 中 ABC 公司融资租赁的租金系列支付是普通年金，该任务是普通年金求现值的问题。

第一步：根据题意将利率 10%、期数 10、年金250 000元输入 Excel 表格中，如图 2-13 所示，对应的单元格分别是 B6、C6、D6。

第二步，调用 PV 函数计算复利现值。用鼠标单击 E6 单元格，单击公式编辑栏左侧的插入函数“f_x”按钮，弹出“插入函数”对话框，单击“或选择类别(C)”栏选择“财务”类，在“选择函数(N)”栏选择“PV”函数名，点击“确定”，出现参数选择对话框，在参数选择中输入任务 2-4 中的参数，其中“Pmt”输入年金，由于租金是在每年的年末支付的，因此这是普通年金(后付年金)，在“Type”栏内输入“0”(也可忽略)。如图 2-14 所示。

第三步，点击“确定”，得到普通年金的现值 1 536 141.78 元。如图 2-15 所示。

如果任务 2-4 的租金支付时间为每年年初，则应在参数“Type”栏内输入“1”，现值为 1 689 755.95 元。

任务1-4 - Excel
ABC公司现值模型
利率
期数
年金
现值
10.00%
10
250000
Sheet1

图 2-13

=PV(B6,C6,D6,,0)
ABC公司现值模型
利率
期数
年金
现值
10.00%
10
250000
函数参数
PV
Rate B6 = 0.1
Nper C6 = 10
Pmt D6 = 250000
Fv
Type 0 = 0
= -1536141.776
返回某项投资的一系列将来偿还额的当前总值(或一次性偿还额的现值)
Type 逻辑值 0 或 1，用以指定付款时间在期初还是在期末。如果为 1，付款在期初；如果为 0 或忽略，付款在期末
计算结果 = ¥-1,536,141.78
有关该函数的帮助(H)
确定
取消

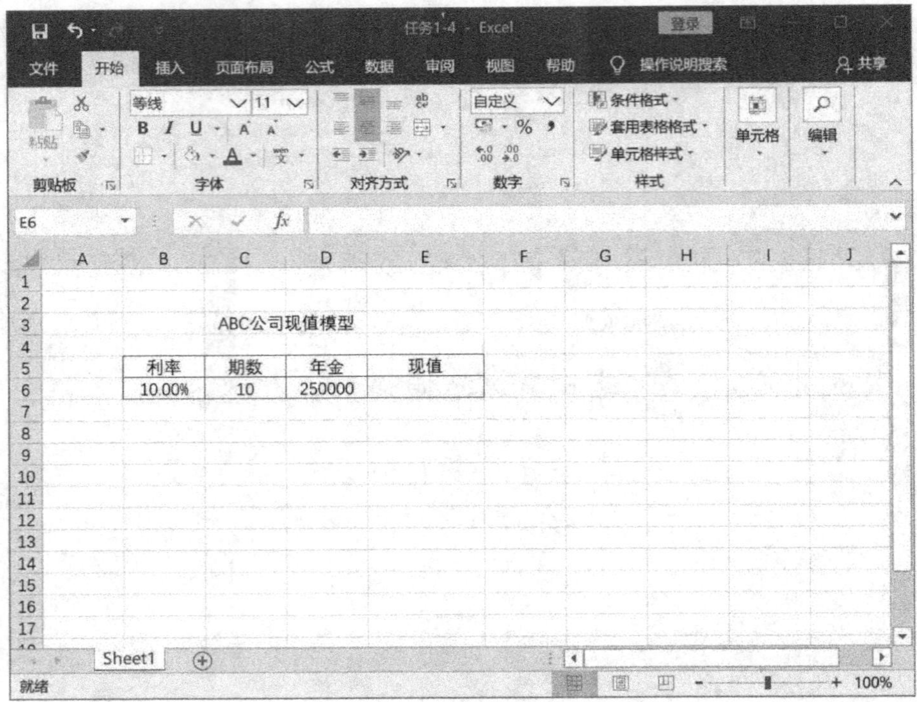

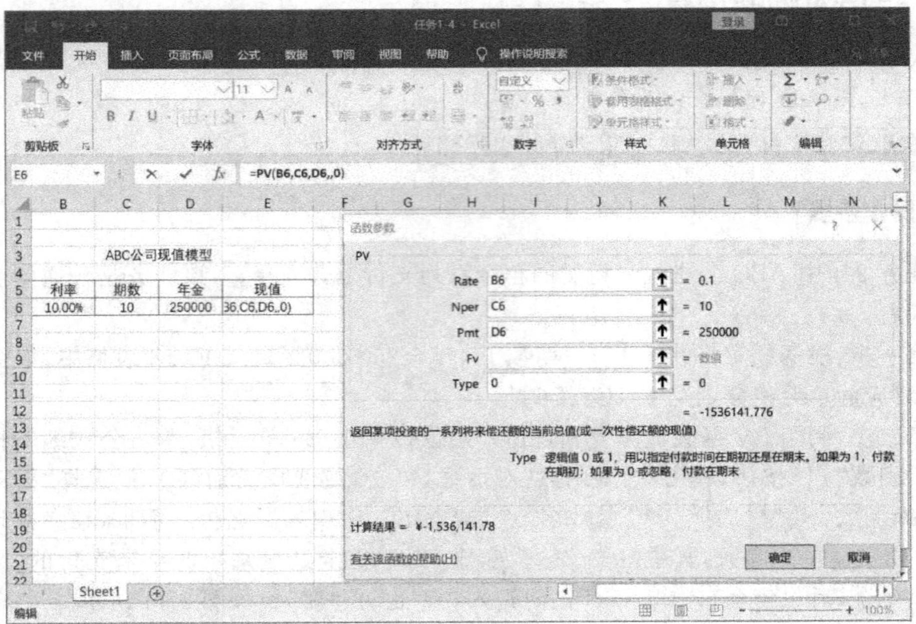

图 2-14

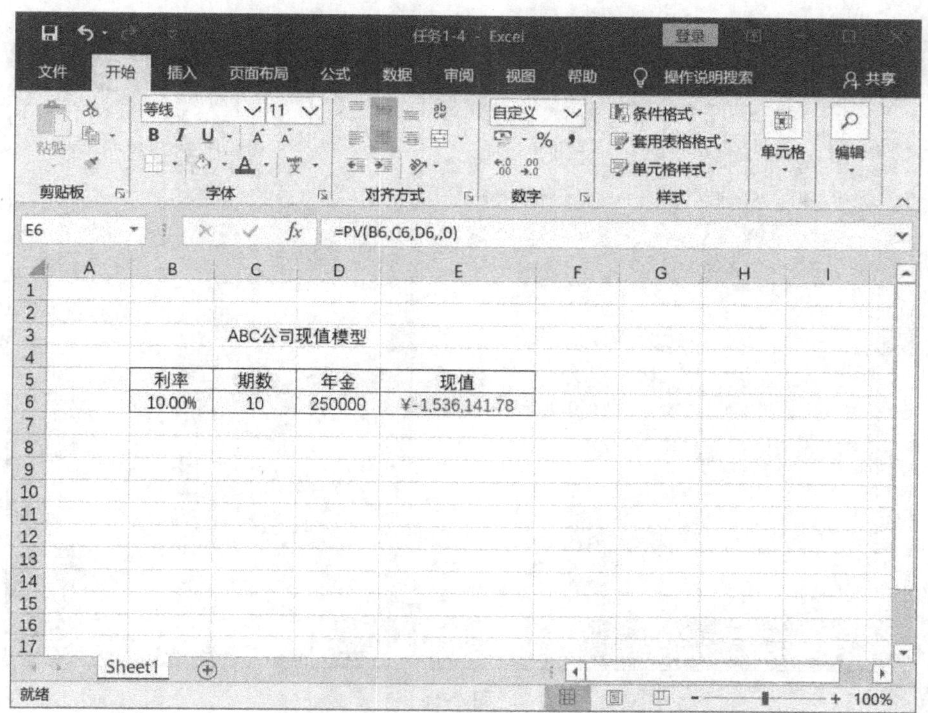

图 2-15

[任务 2-5]终值模型、现值模型的进一步应用(1)——计算利率

ABC 公司希望从年初投资 1 000 000 元，期望第 5 年年末获得本利和 2 000 000 元，则投资报酬率应该达到多少？

扫码获取实验素材(见本书“前言”背面二维码)

[实验操作步骤]

任务 2-5 中 ABC 公司投资 1 000 000 元是现值，期数为 5，终值为 2 000 000 元，这是一个已知现值、终值及期数，求利率的问题。在 Excel 中应使用终值或现值函数以及单变量求解工具。操作方法如下：

第一步：将任务 2-5 中现值、期数等数据输入 ABC 公司终值模型工作表，在 D6 中输入 1 000 000，在 C5 中输入 5，如图 2-16 所示。

第二步：在“数据”选项卡中选择“模拟分析”中“单变量求解”工具，如图 2-17 所示。

在弹出的“单变量求解”对话框中，目标单元格(E)中选择 E6 单元格，目标值(V)中输入“−2 000 000”，在可变单元格(C)中，选择 B6 单元格，如图 2-18 所示。

点击“确定”，在 B6 单元格就显示出 ABC 公司希望从年初投资 1 000 000 元，期望第 5 年年末获得本利和 2 000 000 元，则投资报酬率的结果是 14.87%，如图 2-19 所示。

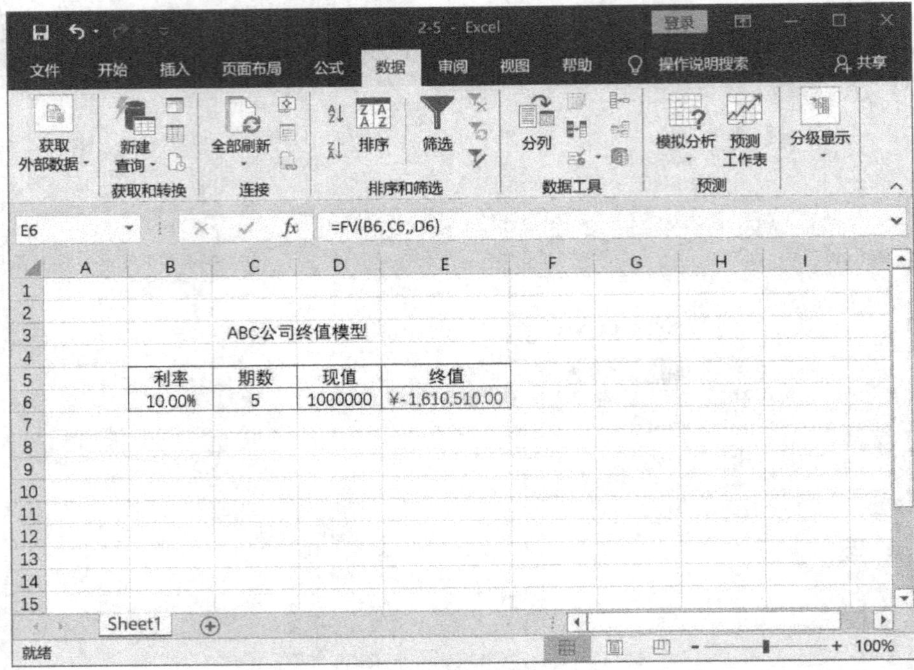

2-5 - Excel
登录
文件
开始
插入
页面布局
公式
数据
审阅
视图
帮助
操作说明搜索
共享
获取
外部数据
新建
查询
获取和转换
全部刷新
连接
排序
筛选
排序和筛选
分列
数据工具
模拟分析
预测
工作表
预测
分级显示
E6
=FV(B6,C6,,D6)
ABC公司终值模型
利率
期数
现值
终值
10.00%
5
1000000
¥-1,610,510.00
Sheet1
就绪
100%

2-5 - Excel
登录
文件
开始
插入
页面布局
公式
数据
审阅
视图
帮助
操作说明搜索
共享
获取
外部数据
新建
查询
获取和转换
全部刷新
连接
排序
筛选
排序和筛选
分列
数据工具
模拟分析
预测
工作表
分级显示
方案管理器(S)...
单变量求解(G)...
单变量求解
为所需值查找正确输入。
E6
=FV(B6,C6,,D6)
ABC公司终值模型
利率
期数
现值
终值
10.00%
5
1000000
¥-1,610,510.00
Sheet1
就绪
100%

图 2-16

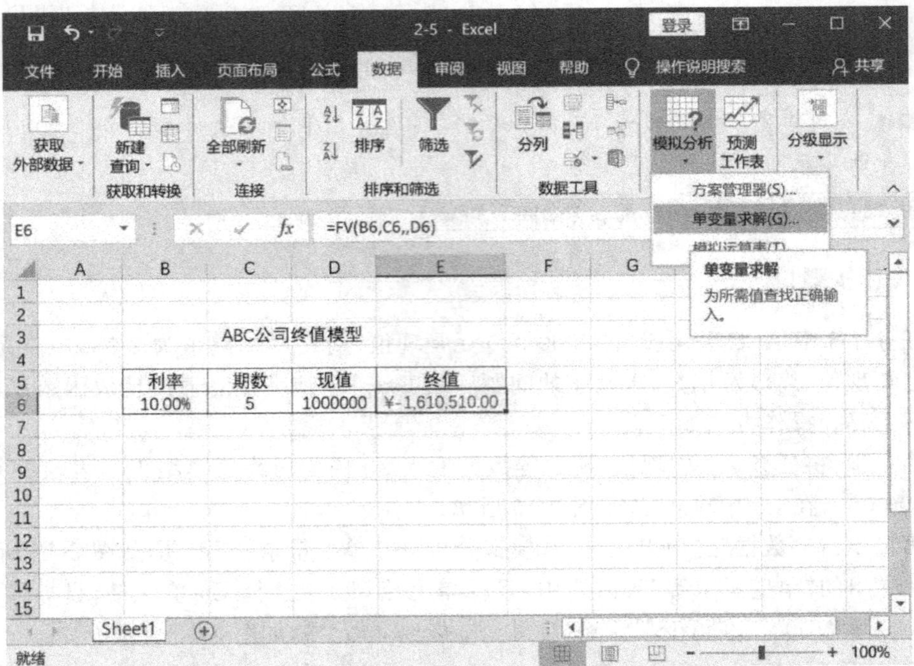

图 2-17

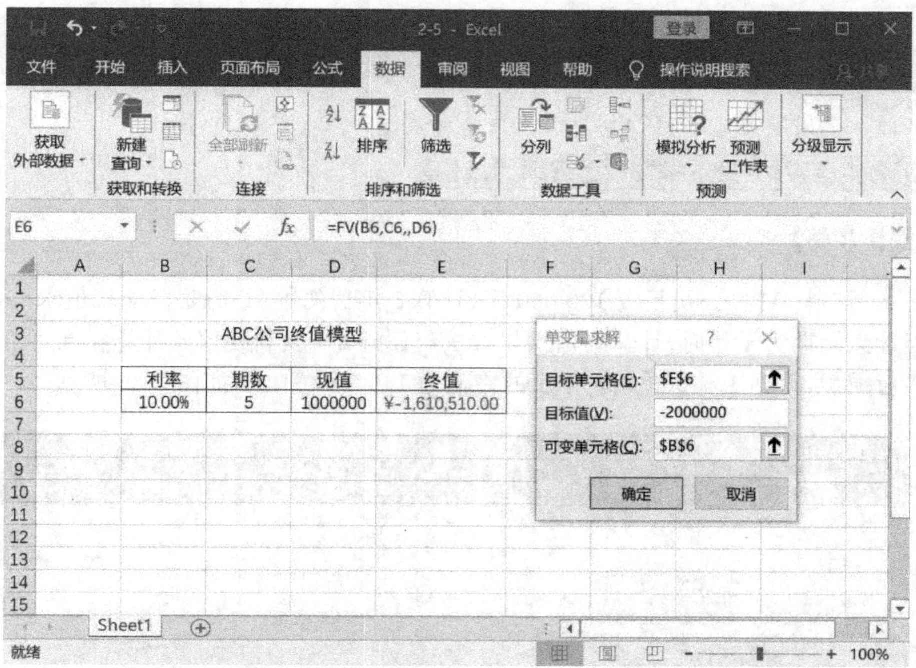

2-5 - Excel
登录
文件
开始
插入
页面布局
公式
数据
审阅
视图
帮助
操作说明搜索
获取
外部数据
新建
查询
获取和转换
全部刷新
连接
排序
筛选
排序和筛选
分列
数据工具
模拟分析
预测
工作表
预测
分级显示
E6
=FV(B6,C6,,D6)
ABC公司终值模型
利率
期数
现值
终值
10.00%
5
1000000
¥-1,610,510.00
单变量求解
目标单元格(E):
E6
目标值(V):
-2000000
可变单元格(C):
B6
确定
取消
Sheet1
就绪
100%

2-5 - Excel
登录
文件
开始
插入
页面布局
公式
数据
审阅
视图
帮助
操作说明搜索
共享
获取
外部数据
新建
查询
获取和转换
全部刷新
连接
排序
筛选
排序和筛选
分列
数据工具
模拟分析
预测
工作表
预测
分级显示
E6
=FV(B6,C6,,D6)
ABC公司终值模型
利率
期数
现值
终值
14.87%
5
1000000
¥-2,000,000.00
Sheet1
就绪
100%

图 2-18

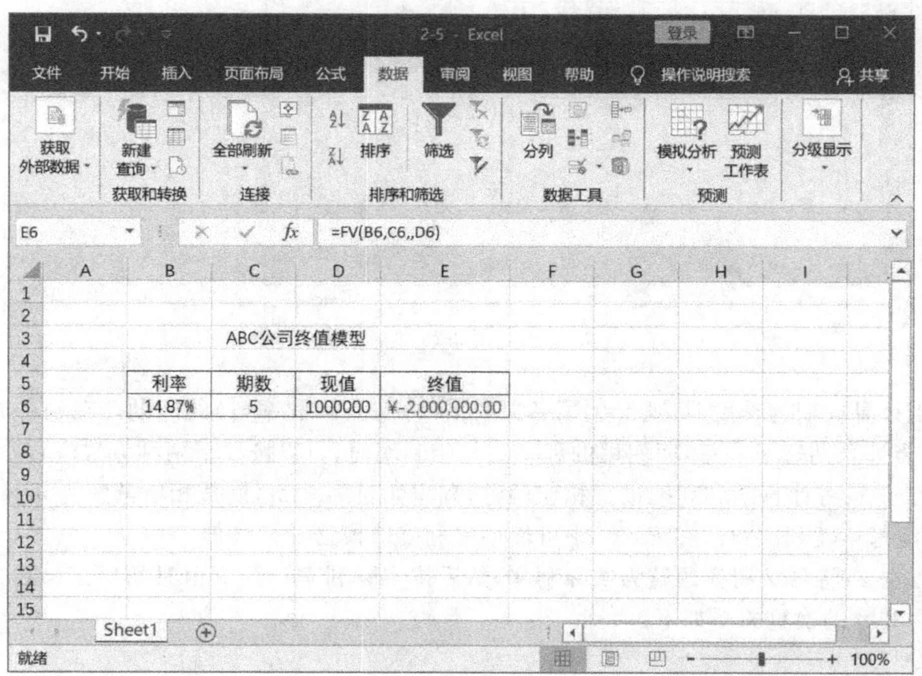

图 2-19

[任务 2-6]终值模型、现值模型的进一步应用(2)——名义利率与实际利率

ABC 公司投资 100 000 元，年利率 8%，投资期 5 年，试计算以下两种计息周期的本利和：(1)计息周期为 1 年；(2)计息周期为 1 季度。

扫码获取实验素材(见本书“前言”背面二维码)

[实验操作步骤]

任务 2-5 中 ABC 公司投资 100 000 元，计算 5 年后的本利和，是已知现值求终值的问题。当计息周期为 1 年时，计算终值操作方法与任务 2-1 复利终值的计算相同，使用 ABC 公司终值模型，得到 100 000 元 5 年后的终值为 146 932.81 元，如图 2-20 所示。

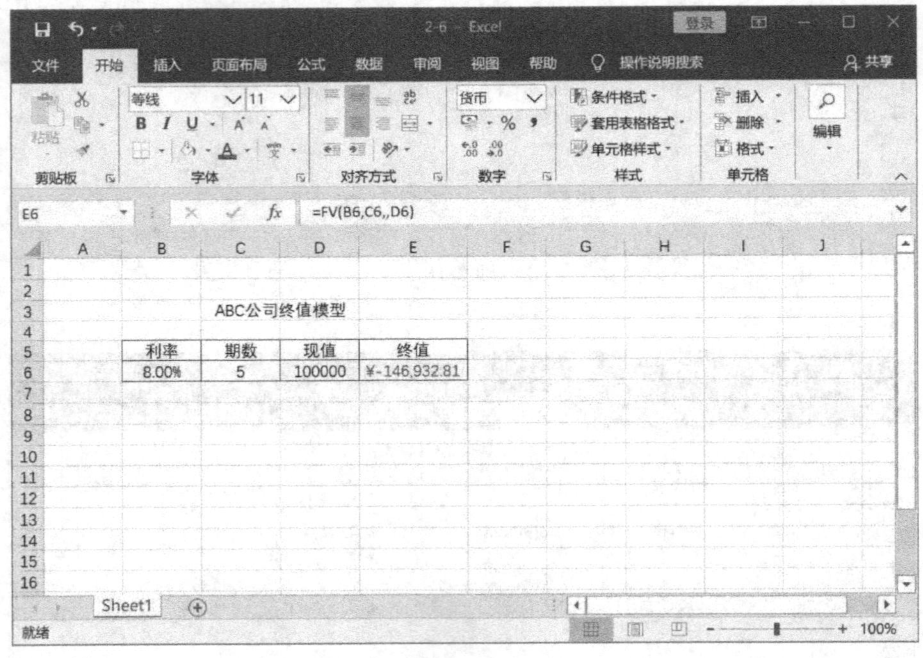

图 2-20

当计息周期为季度时，就产生了名义利率(r)与实际利率(i)的问题。在财务管理实践中，当计息期短于一年，而使用的利率又是年利率时，可以按以下两种方法进行换算。

方法 1：将计息期和利率进行相应调整，利率调整为 r/m，期数相应调整为 $m \times n$。其中 m 为每年复利次数。在 Excel 中可使用复利终值模型计算终值。

方法 2：将名义利率调整为实际利率，然后按实际利率计算货币时间价值。名义利率与实际利率的换算关系如下：

$$i=\left(1+\frac{r}{m}\right)^{m}-1$$

在 Excel 2016 中可调用 EFFECT 函数将名义利率转为实际利率。

方法 1 的 Excel 操作：

任务 2-5 中计息周期为 1 季度，此时利率 8%是名义利率，一年复利 4 次，每季度利率是 2%，此时需要调整终值模型中的利率，而期数应调整为"20"(5 年共 20 个季度)，将利率 2%、期数 20 分别输入 B6、C6 单元格，则得到终值为 148 594.74 元，如图 2-21 所示。

利率	期数	现值	终值
2.00%	20	100000	¥-148,594.74

图 2-21

方法 2 的 Excel 操作：

第一步，将名义利率转为实际利率。

可调用 EFFECT 函数，该函数表示利用名义年利率和每年的复利期数，计算有效的年利率，即实际利率。其函数语法为：

EFFECT(Nominal_rate，Npery)

第 1 个参数 Nominal_rate 是名义利率；

第 2 个参数 Npery 为每年的复利次数。

调用 EFFECT 函数需要注意：

Npery 将被截尾取整。如果任一参数为非数值型，则 EFFECT 返回 #VALUE!。如果 Nominal_rate≤0 或 Npery<1，则 EFFECT 返回 #NUM!。

函数 EFFECT 的计算公式为：

$$\text{EFFECT}=\left(1+\frac{\text{Nominal\_rate}}{\text{Npery}}\right)^{\text{Npery}}-1$$

如图 2-22 所示，将名义利率、一年计息次数输入单元格中，选中 C11 单元格，单击公式编辑栏左侧的插入函数"f_x"按钮，弹出"插入函数"对话框，单击"或选择类别(C)"栏选择“财务”类，在“选择函数(N)”栏选择“EFFECT”函数名，点击“确定”，出现参数选择对话框。

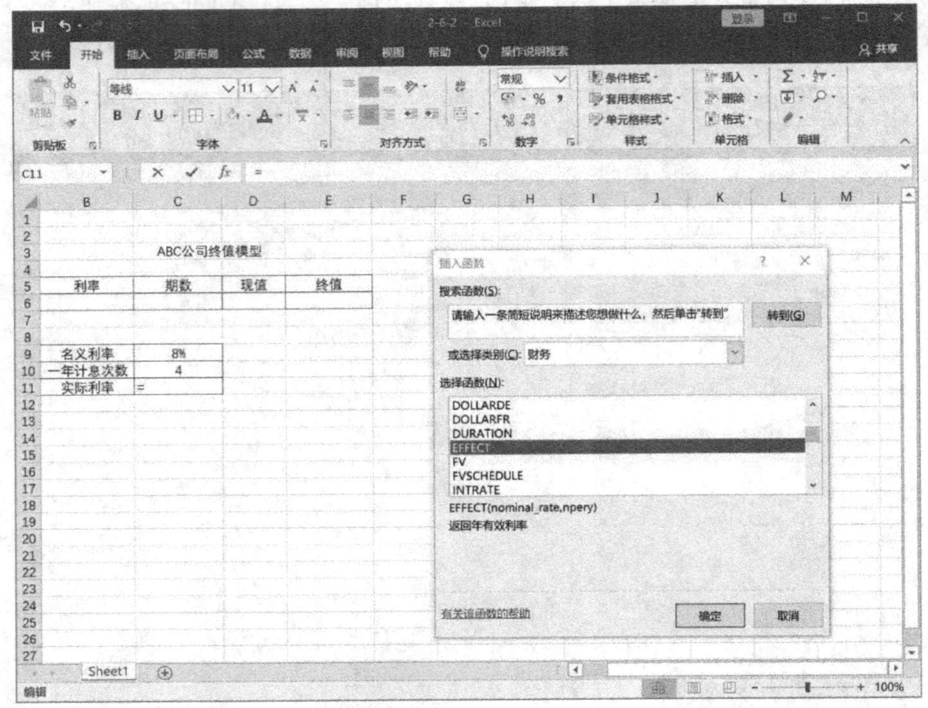

图 2-22

点击“确定”，出现参数对话框，在参数选择中输入任务 2-5 中的参数，其中“Nominal_rate”输入名义利率即 C9 单元格，在“Npery”栏内输入一年的复利次数即 C10，如图 2-23 所示。点击“确定”，即得到实际利率为 8.24%。另外，用户可以根据需要，调用 NOMINAL 函数通过已知实际利率计算出名义利率(NOMINAL 函数操作过程与 EFFECT 函数相似，此处略去)。

第二步，按照实际利率计算终值。

实际利率为 8.24%时，计算终值操作方法与任务 2-1 复利终值的计算相同，使用 ABC 公司终值模型，得到 100 000 元现值、利率 8.24%、5 年后的终值为 148 594.74 元，如图 2-24 所示，与方法 1 的结果相同。

2-6-2 - Excel
C11
=EFFECT(C9,C10)
ABC公司终值模型
利率
期数
现值
终值
名义利率
8%
一年计息次数
4
实际利率
CT(C9,C10)
函数参数
EFFECT
Nominal_rate
C9
= 0.08
Npery
C10
= 4
= 0.08243216
返回年有效利率
Npery 是每年的复利计算期数
计算结果 = 8.24%
有关该函数的帮助(H)
确定
取消

图 2-23

2-6-2 - Excel
E6
=FV(B6,C6,,D6)
ABC公司终值模型
利率
期数
现值
终值
8.24%
5
100000
=FV(B6,C6,,D6)
名义利率
8%
一年计息次数
4
实际利率
8.24%
函数参数
FV
Rate
B6
= 0.08243216
Nper
C6
= 5
Pmt
Pv
D6
= 100000
Type
= -148594.7396
基于固定利率和等额分期付款方式，返回某项投资的未来值
Type 数值 0 或 1,指定付款时间是期初还是期末。1 = 期初；0 或忽略 = 期末
计算结果 = ¥-148,594.74
有关该函数的帮助(H)
确定
取消

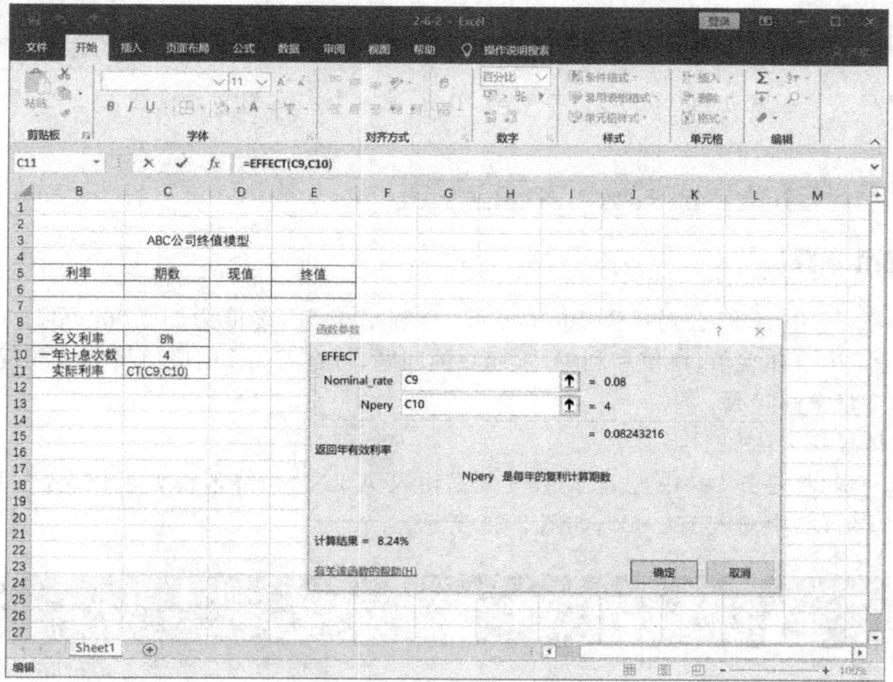

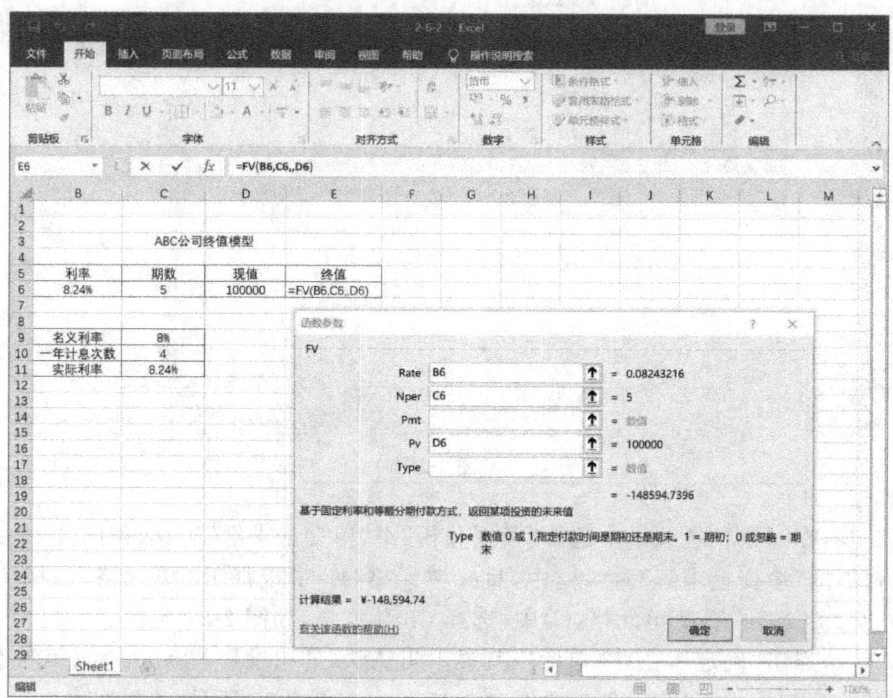

图 2-24

[任务 2-7]终值模型、现值模型的进一步应用(3)—计算期数

ABC 公司投资 1 000 000 元，年利率 10%，使本利和达到初始投资的 2 倍，需要经过多少年？

扫码获取实验素材(见本书“前言”背面二维码)

[实验操作步骤]

任务 2-7 中 ABC 公司投资 100 000 元，年利率 10%，终值为 200 000 元(100 000×2)，这是一个已知现值、终值和利率，求期数的问题，可在 Excel 中应使用终值或现值函数以及单变量求解工具。

具体操作方法如下：

第一步，将任务 2-7 中现值、期数等数据输入 ABC 公司终值模型工作表，在 B6 中输入 10%，在 D6 中输入 100 000，如图 2-25 所示。

图 2-25

第二步，在“数据”选项卡中选择“模拟分析”中“单变量求解”工具，如图 2-26 所示。

在弹出的“单变量求解”对话框中，目标单元格(E)中选择 E6 单元格，目标值(V)中输入“−200 000”，在可变单元格(C)中，选择 C6 单元格，如图 2-27 所示。

第三步，点击“确定”，在 C6 单元格就显示出 ABC 公司投资 100 000 元，年利率 10%，使本利和达到初始投资的 2 倍，需要经过 7.27 年。如图 2-28 所示。

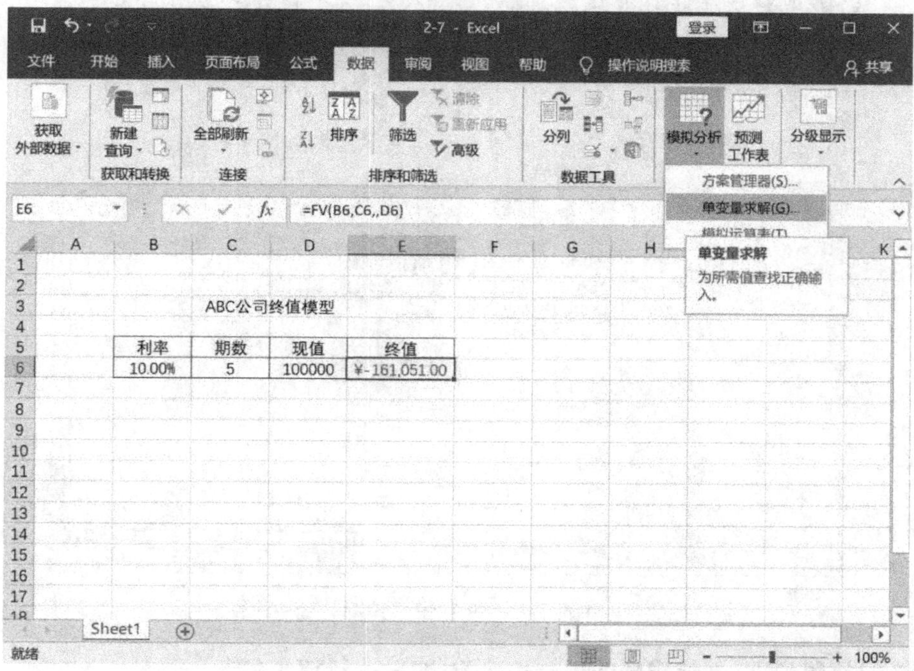

图 2-26

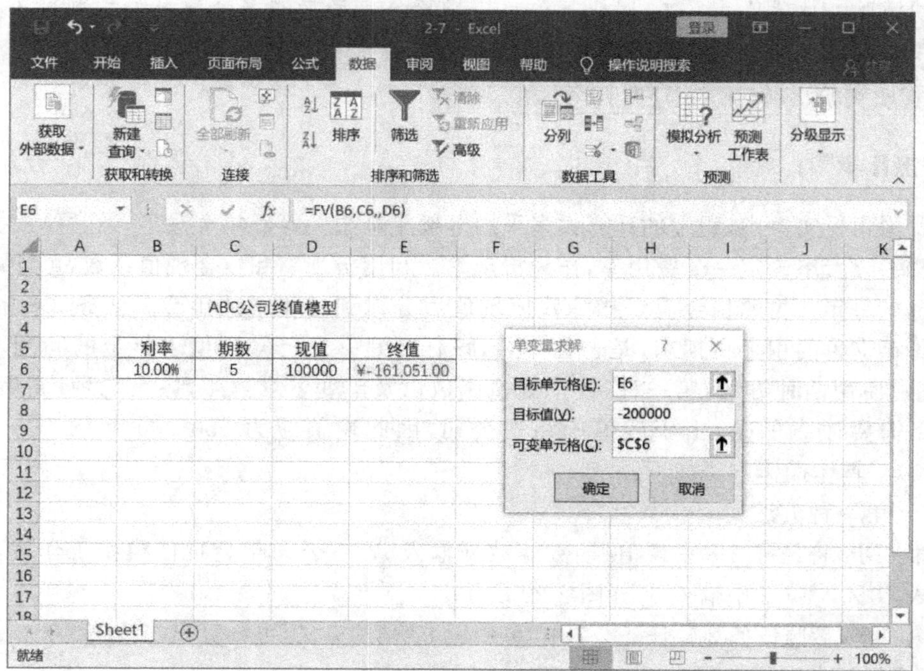

图 2-27

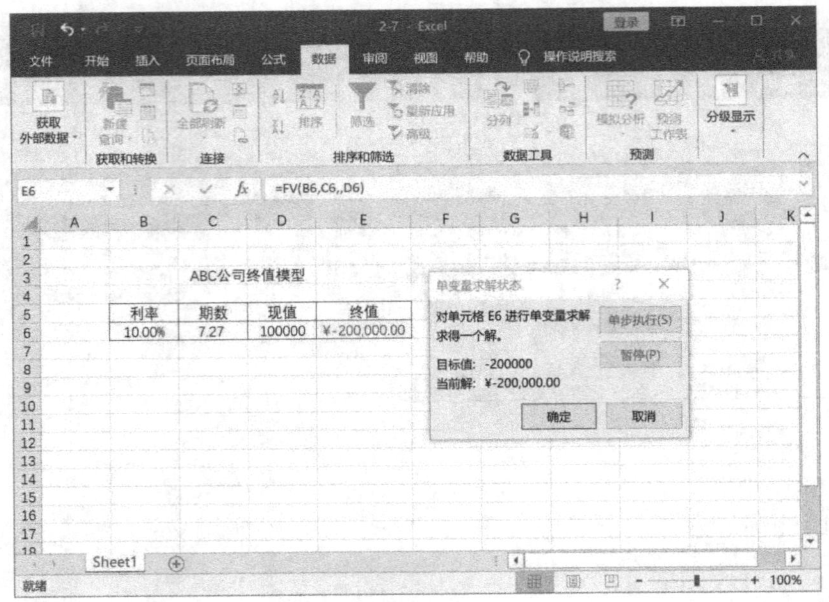

图 2-28

[任务 2-8]终值模型、现值模型的进一步应用(4)——计算年金

ABC 公司于 2020 年 1 月 1 日从租赁公司租入一套设备,价值 100 万元,租期 6 年,租赁期满时预计残值 5 万元,归租赁公司。租赁公司要求的综合费率为年利率 10%,租金每年年末支付一次。每年的租金应为多少?

扫码获取实验素材(见本书“前言”背面二维码)

[实验操作步骤]

我国租赁实务中,租金的计算大多采用等额年金法。等额年金法下,通常要根据利率和租赁手续费率确定一个费用率,作为折现率。利用折现率和年金现值系数,可计算出每期租金。每年支付的租金应是扣除残值现值后分摊到每年末的年金。任务 2-8 中 ABC 公司每年支付的租金在期末,是普通年金,该任务是一个已知现值求年金的问题。可在 Excel 中使用两种方法:第一种,使用现值函数以及单变量求解工具;第二种,调用 PMT 函数。需要注意的是,由于残值归租赁公司,因此现值应为 950 000 元(1 000 000－50 000)。具体操作方法如下:

(1)第一种方法

第一步,将任务 2-8 中现值、期数等数据输入 ABC 公司年金现值模型工作表,在 B6 中输入 10%,在 C6 中输入 6,如图 2-29 所示。

第二步,参照任务 2-5、任务 2-7 中“单变量求解”的方法,可计算出当现值为950 000时,年金(即每年末支付的租金)为 218 127.01 元,如图 2-30 所示。

(2)第二种方法,调用 PMT 函数。

PMT 函数返回年金的定期支付金额,其语法格式为:

2-8 - Excel
文件 开始 插入 页面布局 公式 数据 审阅 视图 帮助 操作说明搜索
获取外部数据 获取和转换 连接 排序和筛选 数据工具 预测 分级显示
E6
=PV(B6,C6,D6)
ABC公司现值模型
利率 期数 年金 现值
10.00% 6 200000.00 =PV(B6,C6,D6)
函数参数
PV
Rate B6 = 0.1
Nper C6 = 6
Pmt D6 = 200000
Fv = 数值
Type = 数值
= -871052.1399
返回某项投资的一系列将来偿还额的当前总值(或一次性偿还额的现值)
Rate 各期利率。例如，当利率为 6% 时，使用 6%/4 计算一个季度的还款额
计算结果 = ¥-871,052.14
有关该函数的帮助(H)
确定 取消
Sheet1
编辑

图 2-29

2-8 - Excel
文件 开始 插入 页面布局 公式 数据 审阅 视图 帮助 操作说明搜索
E6
=PV(B6,C6,D6)
ABC公司现值模型
利率 期数 年金 现值
10.00% 6 218127.01 ¥-950,000.00
单变量求解状态
对单元格 E6 进行单变量求解
求得一个解。
单步执行(S)
暂停(P)
目标值: -950000
当前解: ¥-950,000.00
确定 取消
Sheet1
就绪

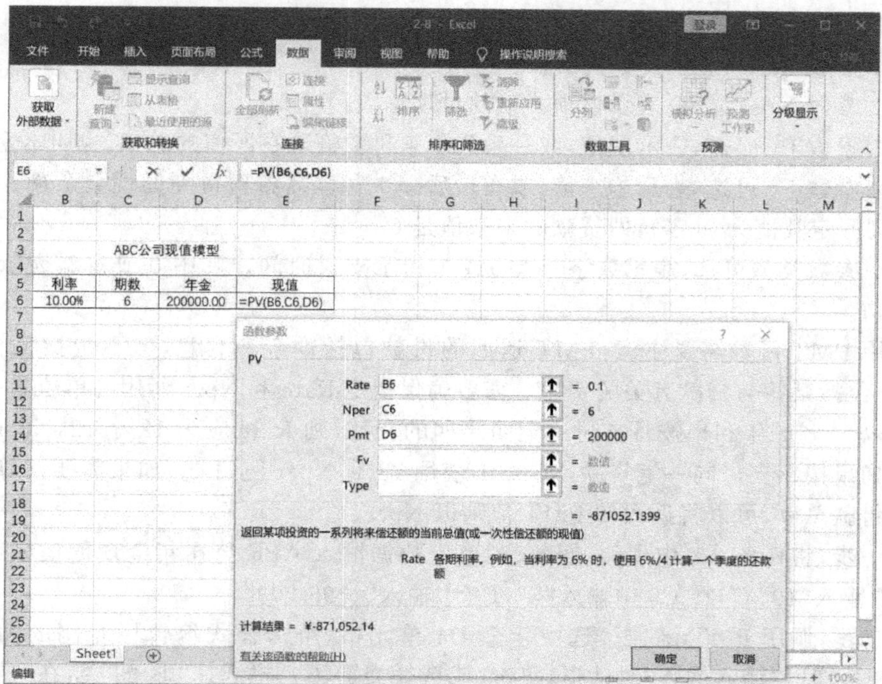

图 2-30

PMT(Rate,Nper,Pv,[Fv],[Type])

第 1 参数 Rate 必需，表示贷款利率；

第 2 参数 Nper 必需，表示该项贷款的付款总数；

第 3 参数 Pv 必需，表示现值，或一系列未来付款额现在所值的总额，也叫本金；

第 4 参数 Fv 可选，表示未来值，或在最后一次付款后希望得到的现金余额。如果省略 Fv，则假定其值为 0(零)，即贷款的未来值是 0。

第 5 参数类型可选，表示数字 0(零)或 1 指示支付时间。其中 0 或省略表示期末，1 表示期初。

调用 PMT 函数需要注意：PMT 返回的付款包括本金和利息，但不包括税金、准备金，也不包括某些与贷款有关的费用。需要确保指定 Rate 和 Nper 所用的单位是一致的。如果要以 12%的年利率按月支付一笔四年期的贷款，则 Rate 应为 12%/12，Nper 应为 4×12。如果按年支付同一笔贷款，则 Rate 使用 12%，Nper 使用 4。如果需要计算贷款期内的已付款总额，可以将返回的 PMT 值乘以 Nper。

第一步，将任务 2-8 中现值、期数、利率等数据输入 ABC 公司年金现值模型工作表，在 B6 中输入“10%”，在 C6 中输入“6”，E6 中输入“−95 000”。

第二步，调用 PMT 函数。选中年金 D6 单元格，单击公式编辑栏左侧的插入函数“f_x”按钮，弹出“插入函数”对话框，单击“或选择类别(C)”栏选择“财务”类，在“选择函数(N)”栏选择“PMT”函数名，点击“确定”，出现参数选择对话框，如图 2-31 所示。

图 2-31

第三步，在参数选择中输入任务 2-8 中的参数，其中“Rate”输入利率，“Nper”输入期数，“Pv”中输入现值，由于租金是在每年的年末支付的，因此这是普通年金(后付年金)，在“Type”栏内输入“0”(也可忽略),如图 2-32 所示。

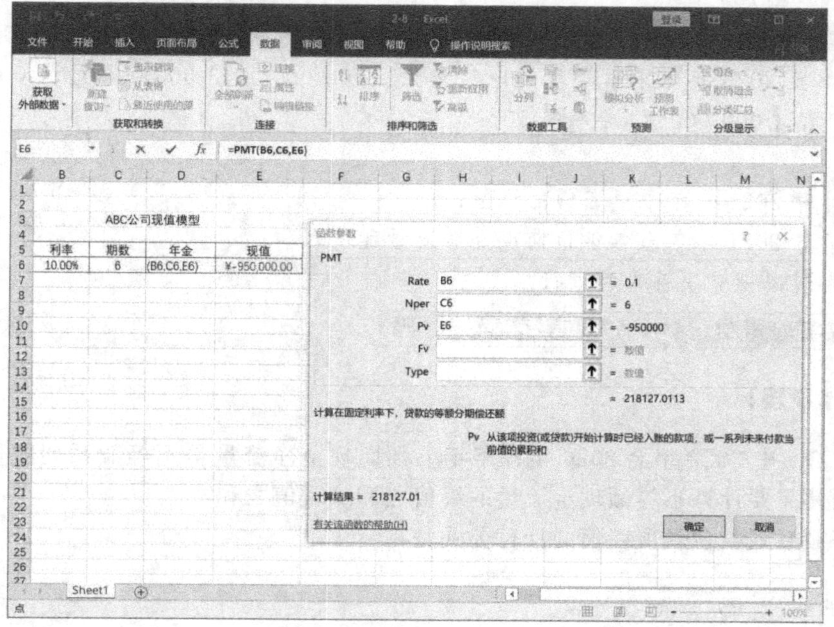

图 2-32

点击“确定”,得到每年末租金是 218 127.01 元,如图 2-33 所示。

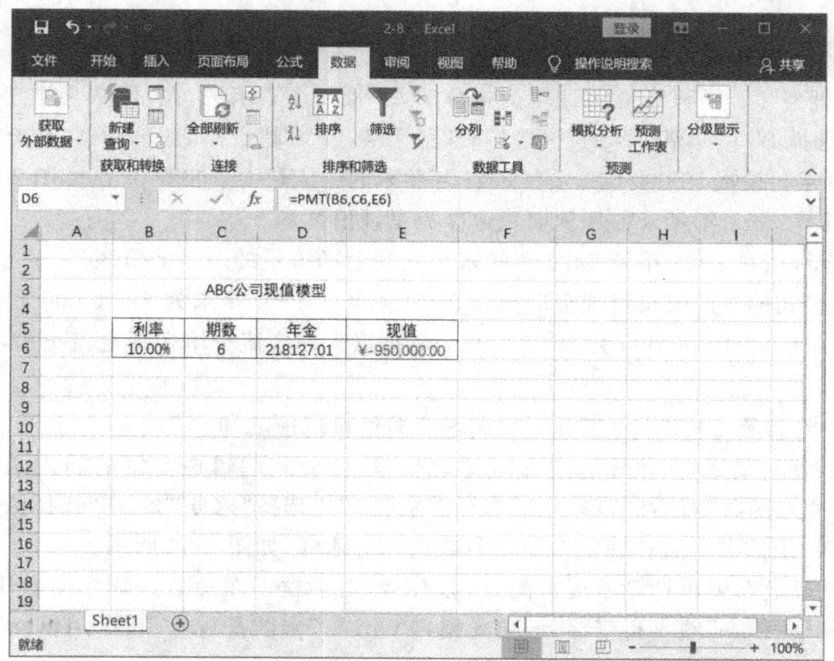

图 2-33

[任务 2-9]终值模型、现值模型的进一步应用(5)——不等额现金流量价值的计算

ABC 公司在 2020 年初投资 10 000 000 元购买生产线，该生产线在 2021 年年末完工投产，2022 至 2026 年年末预期现金净流量为 2 000 000 元、3 000 000 元、4 000 000 元、4 000 000元、4 000 000 元，年利率 10%。

要求：

(1)计算 2021 年年末投资额的终值；

(2)计算 2021 年年末各年预期现金净流量现值之和；

(3)判断该投资项目是否可行。

扫码获取实验素材(见本书“前言”背面二维码)

[实验操作步骤]

任务 2-9 中 2022 年至 2026 年各年年末预期现金净流量是不等额系列收付款项，在实务中经常需要计算不等额现金流量的终值之和或现值之和。

不等额系列收付款项终值的计算公式是：

$$F = \sum_{t=0}^{n} P_t \ (1+i)^t$$

不等额系列收付款项现值的计算公式是：

$$P = \sum_{t=0}^{n} F_t \ (1+i)^{-t}$$

(1)2021 年年末投资额的终值

参照任务 2-1 复利终值的计算的操作方法，调用 FV 函数，在“函数参数”对话框中，“Rate”栏选择 B6 单元格；“Nper”栏选择 C6 单元格；“PV”栏选择 D6 单元格，点击“确定”，计算出 2020 年初投资 10 000 000 元在 2021 年年末的终值是 12 100 000 元，如图 2-34 所示。

(2)计算 2021 年年末各年预期现金净流量现值之和

第一步，填写 2022 年至 2026 年年末预期现金净流量的现金流量表。

ABC 公司的生产线投资现金净流量在 2022 至 2026 年年末为 2 000 000 元、3 000 000 元、4 000 000 元、4 000 000 元、4 000 000 元，把以上现金流量填入现金流量表，如图 2-35 所示。

第二步，计算 2021 年年末各年预期现金净流量现值之和

调用 NPV 函数，用鼠标选中 E18 单元格，单击公式编辑栏左侧的插入函数“f_x”按钮，弹出“插入函数”对话框，单击“或选择类别(C)”栏选择“财务”类，在“选择函数(N)”栏选择“NPV”函数名，点击“确定”，出现参数选择对话框，如图 2-36 所示。

点击“确定”，弹出计算净现值的“函数参数”对话框。在参数选择中输入任务 2-9 中的参数，其中“Rate”输入利率即 B6 单元格，“Value1”参数是现金流，应用鼠标选择 D12:D16 单元格，如图 2-37 所示。

=FV(B6,C6,,D6)
ABC公司终值模型
利率
期数
现值
终值
10.00%
2
10000000
=FV(B6,C6,,D6)
年次
现金流量
2019年末
0
10000000
2020年末
1
2021年末
2
函数参数
FV
Rate B6 = 0.1
Nper C6 = 2
Prmt = 数值
Pv D6 = 10000000
Type = 数值
= -12100000
基于固定利率和等额分期付款方式，返回某项投资的未来值
Pv 从该项投资开始计算时已经入账的款项；或一系列未来付款当前值的累积和。如果忽略，Pv=0
计算结果 = ¥-12,100,000.00
有关该函数的帮助(H)
确定
取消

图 2-34

ABC公司终值模型
利率
期数
现值
终值
10.00%
2
10000000
¥-12,100,000.00
年次
现金流量
2019年末
0
10000000
2020年末
1
2021年末
2
2022年末
3
2000000
2023年末
4
3000000
2024年末
5
4000000
2025年末
6
4000000
2026年末
7
4000000
2022年末-2026年末预期现金净流量在2021年年末现值之和

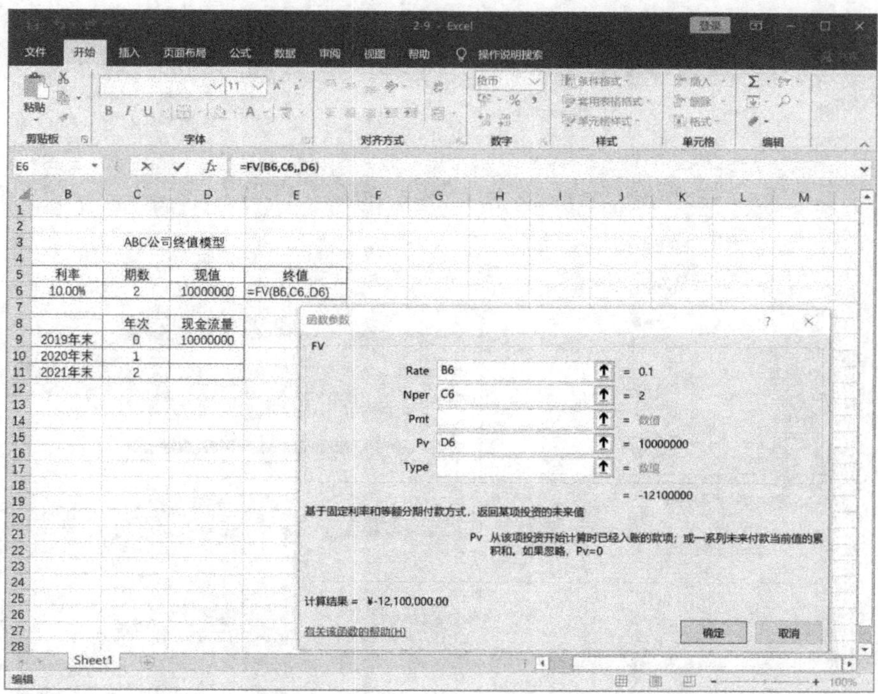

图 2-35

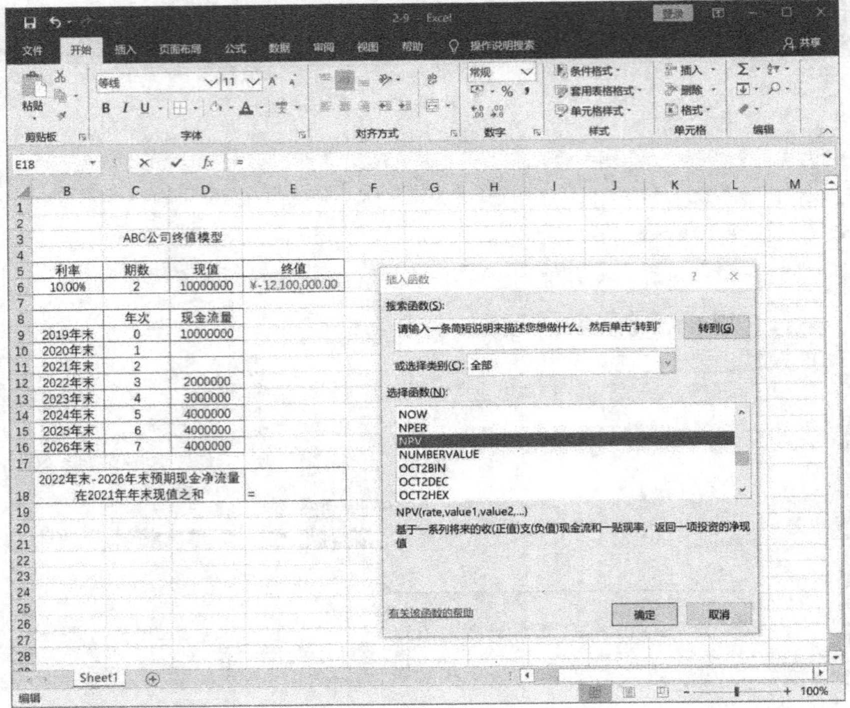

图 2-36

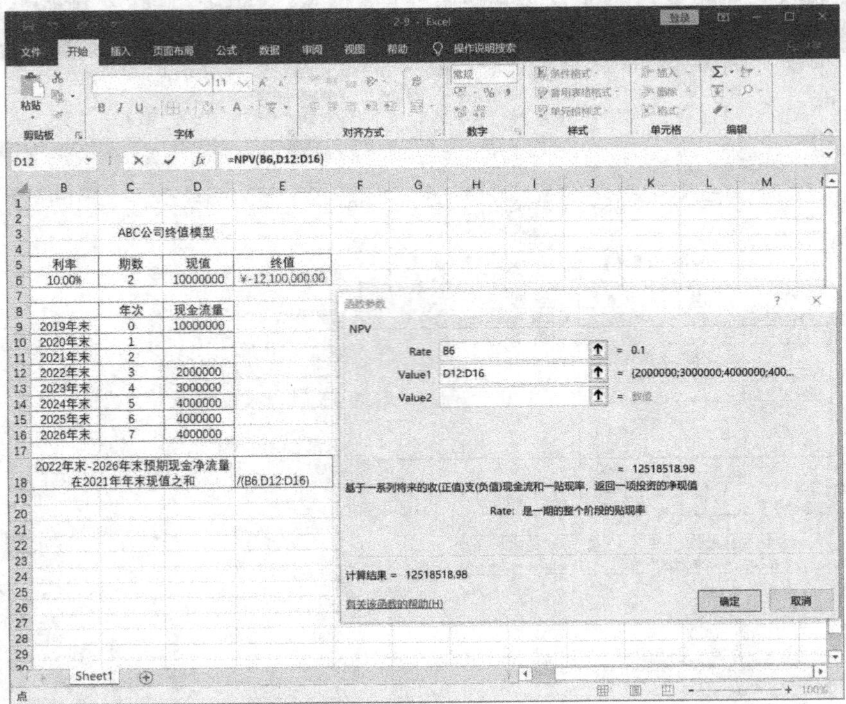

图 2-37

点击“确定”，可以得到任务 2-9 中 ABC 公司 2022 年年末至 2026 年年末预期现金净流量在 2021 年年末现值之和为 12 518 518.98 元，如图 2-38 所示。

E18　=NPV(B6,D12:D16)

ABC公司终值模型

利率	期数	现值	终值
10.00%	2	10000000	¥-12,100,000.00

	年次	现金流量
2019年末	0	10000000
2020年末	1	
2021年末	2	
2022年末	3	2000000
2023年末	4	3000000
2024年末	5	4000000
2025年末	6	4000000
2026年末	7	4000000

2022年末-2026年末预期现金净流量在2021年年末现值之和	¥12,518,518.98

图 2-38

（3）判断该投资项目是否可行

由于预期现金流出量在 2021 年年末的价值 12 100 000 元小于现金流入量在 2021 年年末的价值 12 518 518.98 元，因此项目是可行的。

第3章　风险与报酬实验

3.1　风险与报酬实验概述

风险是一个非常重要的财务概念，也是一个比较难掌握的概念，其定义和计量存在较多争议。然而，风险是客观存在的，在企业财务活动中无处不蕴含着风险，并对企业实现其理财目标有着重要影响，使得人们无法回避和忽视。

3.1.1 风险与报酬实验内容

企业的筹资、投资、资金运营和资金分配等财务管理活动可以为企业带来财务报酬，但是财务活动也必然存在风险。一般情况下，风险和报酬之间存在着相匹配的关系，即高风险、高收益。因此，应把握财务风险与报酬之间的关系以及财务风险的不同性质，计算出单项资产、证券组合的风险和报酬，为企业制定合理的投资策略、风险管理策略以实现既定的投资收益提供参考。本章实验任务包括4项：

(1)单项投资的风险衡量实验；

(2)证券投资组合报酬率的计算实验；

(3)债券的估值实验；

(4)股票的估值实验。

3.1.2 风险与报酬实验基础知识

(1)风险的含义及分类

风险是指某一行动的结果具有多样性。如果某一行动只有一种后果，就没有风险。例如，现在将一笔资金存入银行，可以确定一年后将会得到的本利和，这种投资几乎没有风险。

从财务的角度来看，风险是指企业在各项财务活动过程中，由于各种难以预料或无法控制的因素作使企业的实际收益与预计收益发生背离，因而产生的蒙受经济损失的可能性。风险可能给投资者带来超出预期的收益，也可能带来超出预期的损失。一般而言，投资者对意外损失更加关注。因此，人们研究风险时侧重减少损失，主要从不利的方面来考察风险，经常将风险看成是不利事件发生的可能性，风险主要指无法到达预期报酬的可能性。

风险是可测定概率程度的不确定性。但风险与不确定是有区别的，风险是事先可以知道某一行动所有可能的后果以及每一种后果出现的概率。例如,投硬币的游戏,我们事先知道硬币落地时有正面朝上和背面朝上两种后果,且知道每种后果出现的概率,属于风险问题。而不确定性是事先不知道某一行动所有可能的后果,或者虽知道所有可能的后果但不知道它们出现的概率。如投资股票,投资者不知道将来可能达到的报酬率,更不知道每一种报酬率出现的概率,它属于不确定性问题。在风险分析实务中,风险和不确定很难严格区分。风险的存在具有客观性。风险是客观存在的,是不以人的意志为转移的。风险的客观性基于两个原因:一是决策时缺乏可靠的信息。决策者在决策时,由于获取信息的成本过高,或者有些信息根本无法取得,致使决策者对许多情况不甚了解,导致决策失误;二是决策者不能控制事物未来发展的过程。事物未来发展的过程直接受到未来客观经济环境的影响,如政府宏观经济政策的改变、市场景气与否、产业结构的调整、顾客需求的变化、商品价格水平的波动等,且风险还与决策时间的长短密切有关,风险随着时间推移而增加。

如果从个别投资主体的角度看,风险分为市场风险和公司特有风险两大类。市场风险是指那些影响所有公司的因素引起的风险。这类风险既有外部经济环境因素引起的,如经济衰退、通货膨胀、高利率等,又有外部非经济环境因素引起的,如战争、政局不稳定等。这类风险涉及所有的投资对象,不能通过多角化投资来分散。公司特有风险是发生于个别公司的特有事件造成的风险,如罢工、新产品开发失败、没有争取到重要的合同、诉讼失败等。这类风险常以履约风险、破产风险、变现风险等形式表性出来的,可以通过多角化投资来分散。如投资于股票时,买几种不同的股票,比只买一种股票的风险小。

从财务和经营的角度看,风险分为经营风险和财务风险两大类。经营风险是指生产经营的不确定性带来的风险。影响经营风险的主要因素有:产品需求的不确定、产品销售价格的不确定、生产成本的不确定等。财务风险是指因借款而增加的风险,是融资决策带来的风险,又称融资风险(或筹资风险)。影响财务风险的主要因素有:企业盈利能力的变化、资本供给的不确定、利率水平的不确定等。

(2)风险价值

风险价值是投资者因冒风险而从事投资活动所获得的超过货币时间价值以上的额外报酬,一般用相对数风险报酬率来表示。风险报酬率,是指投资者因冒风险进行投资而要求的,超过货币时间价值而外的报酬率。如果不考虑通货膨胀因素,投资者进行风险投资所要求或期望的投资报酬率便是货币时间价值(无风险报酬率)与风险报酬率之和。即:

期望投资报酬率＝货币时间价值(或无风险报酬率)＋风险报酬率

在企业比较不同投资方案的风险大小时,可以使用标准离差率、风险报酬率等指标。为了降低风险,企业通常要进行多元化投资,通过多元化投资,可以获得多项投资的加权平均收益,但是风险并非加权平均风险,通过多元化投资可以降低风险。

(3)证券估值

证券投资是指投资者将资金投资于股票、债券、基金及衍生证券等资产,从而获得收益的一种投资行为。证券投资是企业对外投资的重要组成部分。科学地进行证券投资,可以充分地利用企业的闲置资金,增加企业收益,降低风险,有利于实现企业的财务目标。企业进行证券投资的目的主要包括暂时存放闲置资金、与筹集长期资金相配合、满足未来的财务需求、满足季节性经营对现金的需求等。在证券投资决策中，证券估值是最为重要的决策，主要包括债券价值和股票价值的计算。

①债券价值

分期付息、到期还本债券的估价模型是：

$$V=\frac{I_1}{(1+i)^1}+\frac{I_2}{(1+i)^2}+\cdots+\frac{I_n}{(1+i)^n}+\frac{M}{(1+i)^n}$$

式中：V——债券价值；

I——债券每年的利息；

M——债券的面值；

i——估算债券价值所采用的贴现率，一般采用当时的市场利率或投资人要求的必要报酬率；

n——债券的期限。

到期一次还本付息债券的估价模型为：

$$V=(M+M\times i\times n)(P/F,i,n)$$

折现发行债券的估价模型为：

$$V=M(P/F,i,n)$$

②股票价值

股票估价基本模型为：

$$V=\frac{D_1}{(1+R_S)^1}+\frac{D_2}{(1+R_S)^2}+\cdots+\frac{D_n}{(1+R_S)^n}=\sum_{t=1}^{\infty}\frac{D_t}{(1+R_S)^t}$$

式中：V——股票价值；

D_t（t 为期数）——股票未来各期股利；

R_S——估价所采用的贴现率即所期望的必要报酬率。

股利固定增长的股票估价模型为：

$$V=\frac{D_0(1+g)}{R_S-g}=\frac{D_1}{R_S-g}$$

式中：V——股票价值；

D_0——公司本期的股利；

R_S——估价所采用的贴现率即所期望的必要报酬率；

g——未来各期的股利增长速度。

零成长的股票估价模型为：

$$V=D\div R_S$$

式中：V——股票价值；

D——公司的股利；

R_S——估价所采用的贴现率即所期望的必要报酬率。

阶段性成长的股票估价模型需要分段计算各年股利现值，才能确定股票的价值。

3.2　风险与报酬实验任务

[任务 3-1]单项投资的风险衡量

资料：ABC 公司现有甲、乙两项可供选择的投资方案，两种方案的预计报酬率及概率分布如表 3-1 所示。

表 3-1　甲、乙方案概率分布

经济状况	概率	甲方案报酬率	乙方案报酬率
良好	0.25	70%	50%
一般	0.5	30%	30%
较差	0.25	−10%	10%

要求：(1)计算两种方案的期望报酬率；

(2)计算两种方案期望报酬率的标准离差；

(3)计算两种方案期望报酬率的标准离差率；

(4)计算两种方案期望报酬率的风险报酬率。

扫码获取实验素材(见本书“前言”背面二维码)

[实验操作步骤]

(1)计算两种方案的期望报酬率

第一步，录入数据。

将经济状况的概率及甲、乙两方案的报酬率输入工作表，在 Excel 2016 工作表中建立工作表框架并将任务 3-1 的计算相关数据录入。如图 3-1 所示。

第二步，调用 SUMPRODUCT 函数。

SUMPRODUCT 函数是在给定的几组数组中，将数组间对应的元素相乘，并返回乘积之和。其语法形式为：

SUMPRODUCT(Array1,[Array2],[Array3],…)。

该函数 Array1 必需，其相应元素需要进行相乘并求和的第一个数组参数。Array2，array3 等可选，是指 2 到 255 个数组参数，其相应元素需要进行相乘并求和。

需要注意的是，各数组参数必须具有相同的维数，否则，函数 SUMPRODUCT 将返回错误值#VALUE!。如果数组中有非数值型的数组元素，函数 SUMPRODUCT 将其作为 0 处理。

用鼠标左键选中 C10 单元格，单击公式编辑栏左侧的插入函数“f_x”按钮，弹出“插入函数”对话框，单击“或选择类别(C)”栏选择“数学与三角函数”类，在“选择函数(N)”栏选择“SUMPRODUCT”函数名，如图 3-2 所示。点击“确定”，弹出“函数参数”对话框。

3-1 - Excel
ABC公司投资项目
经济状况
概率
甲方案报酬率
乙方案报酬率
良好
0.25
70%
50%
一般
0.5
30%
30%
较差
0.25
-10%
10%
甲方案
乙方案
期望报酬率
标准差
标准离差率
风险报酬系数
风险报酬率
Sheet1

图 3-1

3-1 - Excel
ABC公司投资项目
经济状况
概率
甲方案报酬率
乙方案报酬率
良好
0.25
70%
50%
一般
0.5
30%
30%
较差
0.25
-10%
10%
甲方案
乙方案
期望报酬率
=
标准差
标准离差率
风险报酬系数
风险报酬率
插入函数
搜索函数(S):
请输入一条简短说明来描述您想做什么，然后单击“转到”
转到(G)
或选择类别(C): 数学与三角函数
选择函数(N):
SUBTOTAL
SUM
SUMIF
SUMIFS
SUMPRODUCT
SUMSQ
SUMX2MY2
SUMPRODUCT(array1,array2,array3,...)
返回相应的数组或区域乘积的和
有关该函数的帮助
确定
取消
Sheet1

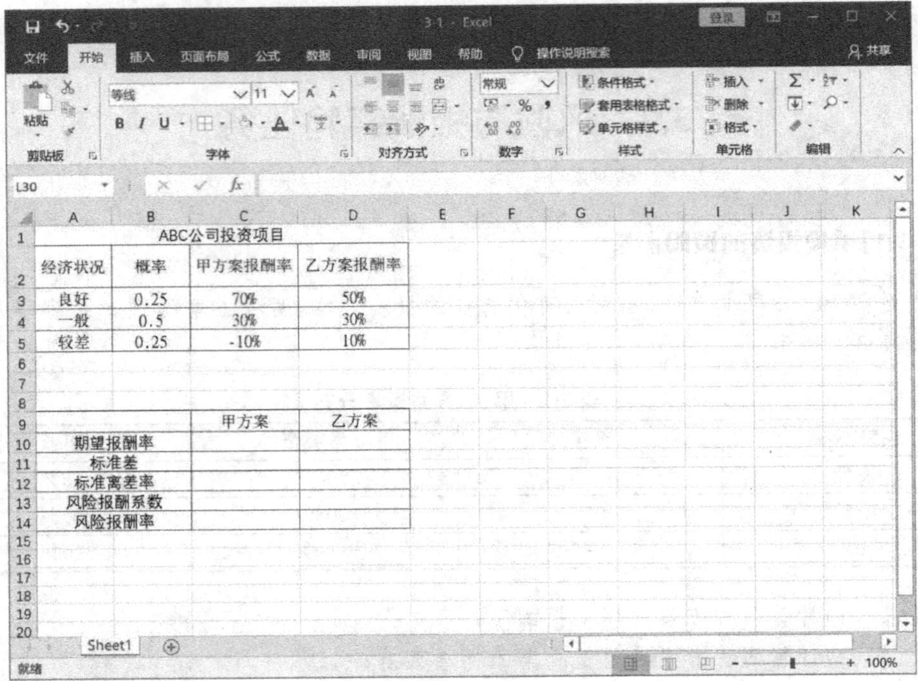

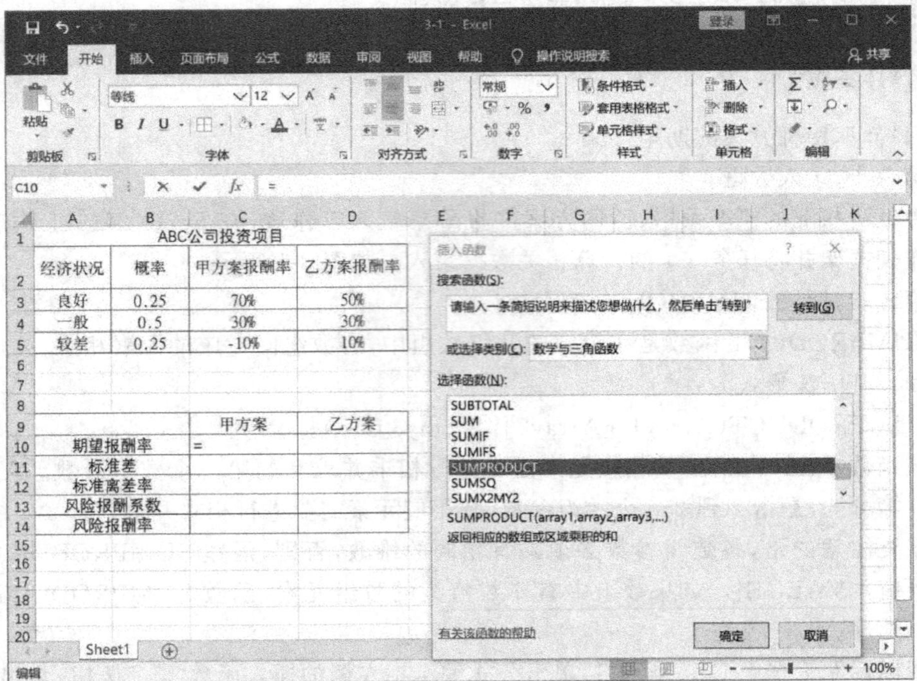

图 3-2

第三步，输入函数参数，计算甲方案期望报酬率。

在“Array1”参数选择 B3:B5 单元格，在“Array2”参数选择 C3:C5 单元格，点击“确定”，得到甲方案期望报酬率 30%(即 0.3)，如图 3-3 所示。

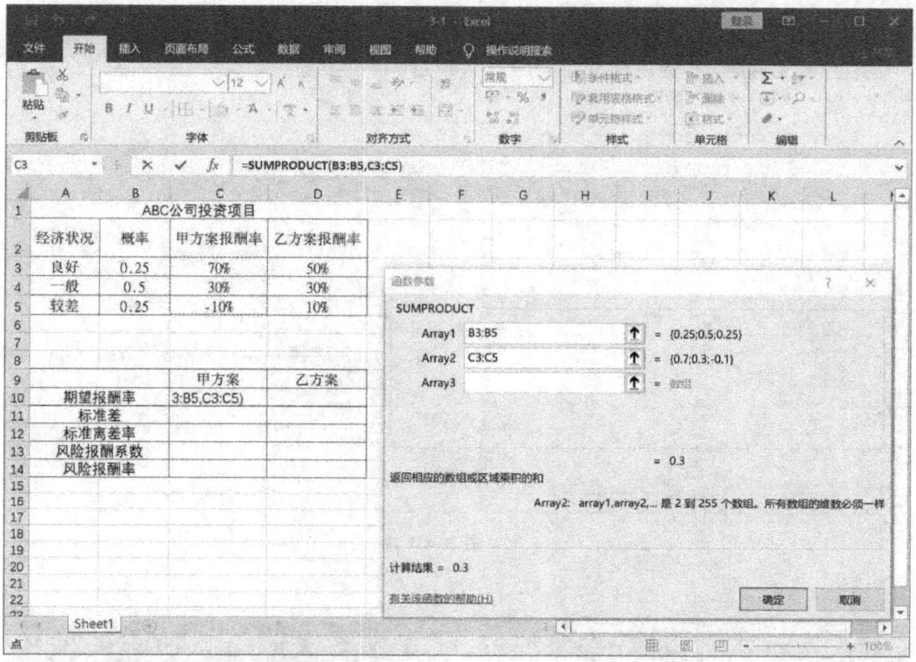

图 3-3

参照甲方案期望报酬率的计算方法，调用 SUMPRODUCT 函数计算出乙方案的期望报酬率为 30%，如图 3-4 所示。

(2)计算两种方案期望报酬率的标准离差

标准离差的计算公式是：

$$\sigma = \sqrt{\sum_{i=1}^{n} (R_i - \bar{R})^2 \times P_i}$$

因此，在计算甲方案预期报酬的标准差时，首先选中 C11 单元格，在公式编辑栏中键入“=SQRT(SUMPRODUCT((B3:B5)*(C3:C5−C10)^2))”，按“回车”键，即可得到甲方案预期报酬的标准差为 28.28%。用同样的方法，可计算出乙项目期望报酬率的标准差为 14.14%，如图 3-5 所示。

(3)计算两种方案期望报酬率的标准离差率；

标准离差率的计算公式是：

$$Q = \frac{\delta}{\bar{R}}$$

因此，计算甲方案的期望报酬率标准离差率，应首先选中 C12 单元格，在公式编辑栏

=SUMPRODUCT(B3:B5,D3:D5)
ABC公司投资项目
经济状况 概率 甲方案报酬率 乙方案报酬率
良好 0.25 70% 50%
一般 0.5 30% 30%
较差 0.25 -10% 10%
甲方案 乙方案
期望报酬率 0.3 3:B5,D3:D5)
标准差
标准离差率
风险报酬系数
风险报酬率
函数参数
SUMPRODUCT
Array1 B3:B5 = {0.25;0.5;0.25}
Array2 D3:D5 = {0.5;0.3;0.1}
Array3 = 数组
= 0.3
返回相应的数组或区域乘积的和
Array2: array1,array2,... 是 2 到 255 个数组。所有数组的维数必须一样
计算结果 = 0.3
有关该函数的帮助(H)
确定
取消

图 3-4

=SQRT(SUMPRODUCT((B3:B5)*(C3:C5-C10)^2))
ABC公司投资项目
经济状况 概率 甲方案报酬率 乙方案报酬率
良好 0.25 70% 50%
一般 0.5 30% 30%
较差 0.25 -10% 10%
甲方案 乙方案
期望报酬率 30.00% 30.00%
标准差 28.28% 14.14%
标准离差率
风险报酬系数
风险报酬率

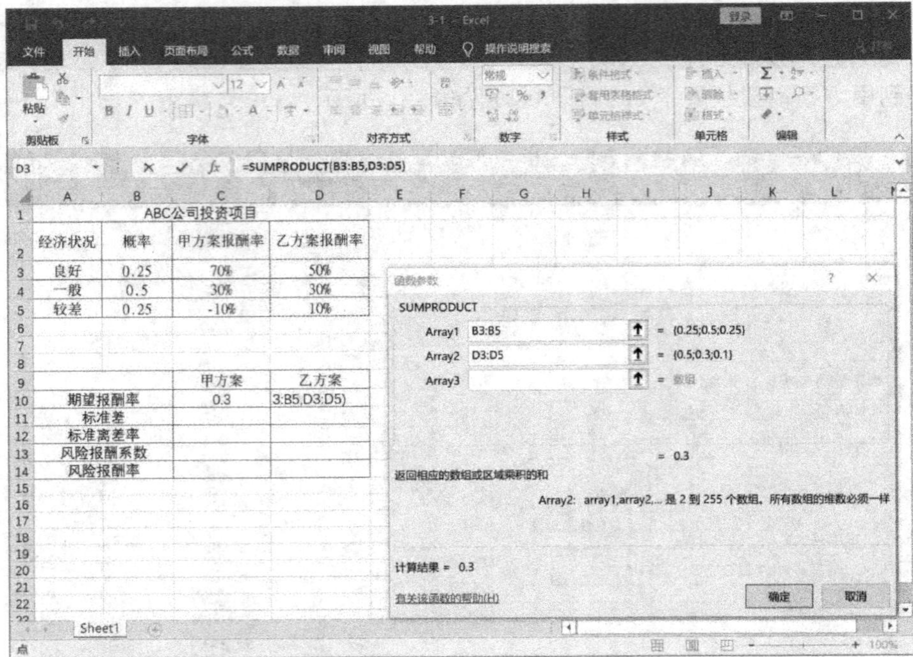

图 3-5

中键入“＝C11/C10”，按“回车”键，即可得到甲方案预期报酬的标准差为 94.28％。用同样的方法，可计算出乙方案预期报酬率的标准差为 47.14％，如图 3-6 所示。

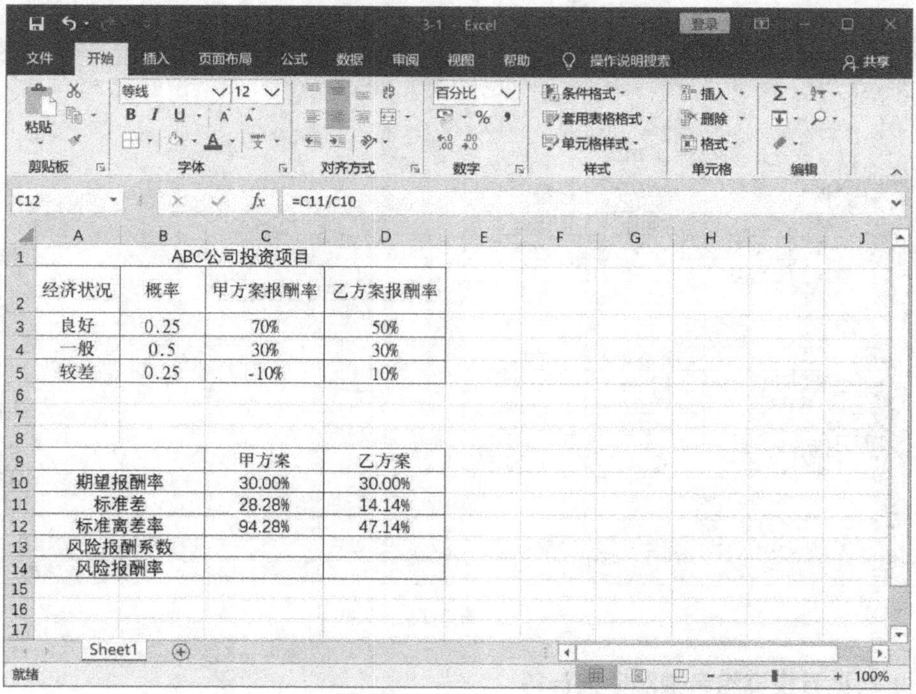

C12 =C11/C10

ABC公司投资项目			
经济状况	概率	甲方案报酬率	乙方案报酬率
良好	0.25	70%	50%
一般	0.5	30%	30%
较差	0.25	-10%	10%

	甲方案	乙方案
期望报酬率	30.00%	30.00%
标准差	28.28%	14.14%
标准离差率	94.28%	47.14%
风险报酬系数		
风险报酬率		

图 3-6

(4)计算两种方案期望报酬率的风险报酬率

风险报酬率是企业冒险进行筹资、投资或生产经营活动所得到的收益水平。而标准离差率只能反映某项投资风险的大小，由于冒风险进行投资而获得的报酬率的高低用风险报酬率来表示。财务管理中一般是假设投资人是风险厌恶者。在这样的假设下，投资人进行高风险项目投资的条件是：高风险，高报酬。因此风险报酬率就可以通过标准离差率和风险报酬系数的乘积来确定。

风险报酬率的计算公式是：

$$R=K\times Q$$

式中：R 为风险报酬率；k 为风险报酬系数；Q 为标准离差率。

风险报酬系数通常由企业主观确定，风险报酬系数的确定应以无风险报酬率为基础。

假设 ABC 公司的风险报酬系数为 0.2，那么甲方案的风险报酬率计算公式为：

$$R_{甲}=K\times Q=0.2\times 94.28\%$$

在 Excel 工作表中，首先在 C13、D13 单元格中输入“0.2”，选中 C14 单元格，在公式编辑栏中键入“＝C13＊C12”，按“回车”键，即可得到甲方案风险报酬率为 18.86％。用同样的方法，可计算出乙方案风险报酬率为 9.43％，如图 3-7 所示。

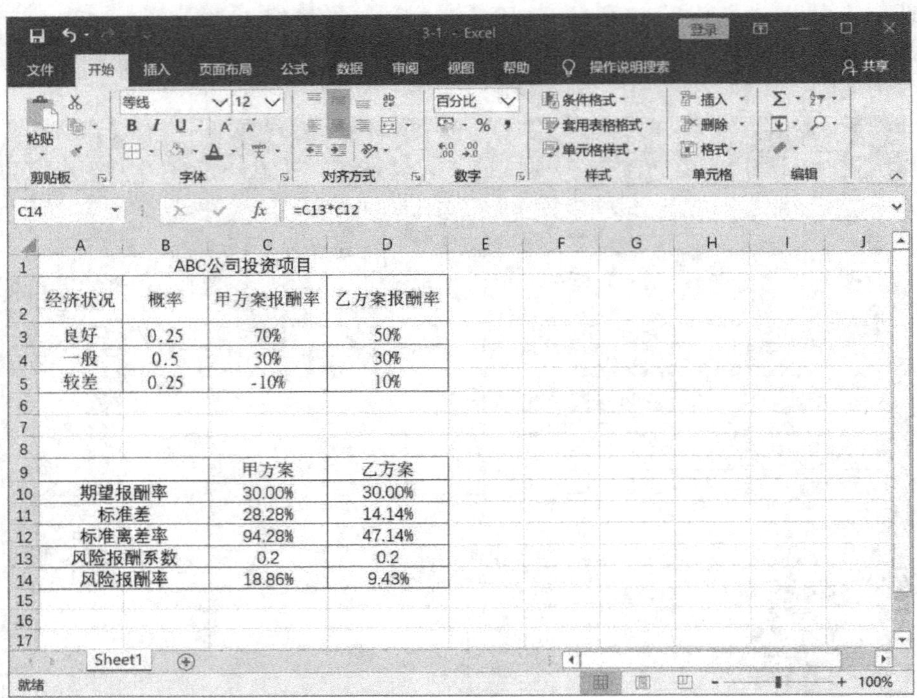

图 3-7

[任务 3-2]证券投资组合报酬率的计算

资料：ABC 公司证券投资组合包括三种股票，相关信息如表 3-2 所示。无风险利率为 6%，股票市场平均报酬率为 10%。

表 3-2　证券投资组合数据

股票名称	β 系数	证券投资组合投资比重
甲	2.5	50%
乙	1.5	30%
丙	0.8	20%

要求：(1)计算甲、乙、丙三只股票的期望报酬率；

(2)计算投资组合的期望报酬率。

扫码获取实验素材(见本书“前言”背面二维码)

[实验操作步骤]

(1)计算甲、乙、丙三只股票的期望报酬率

第一步，新建工作表，将任务 3-2 中数据输入工作表中，如图 3-8 所示。

第二步，计算三只股票的期望报酬率。

用鼠标选中 F3 单元格，在公式编辑栏中键入“＝D3＋B3＊(E3－D3)”，按“回车”键，

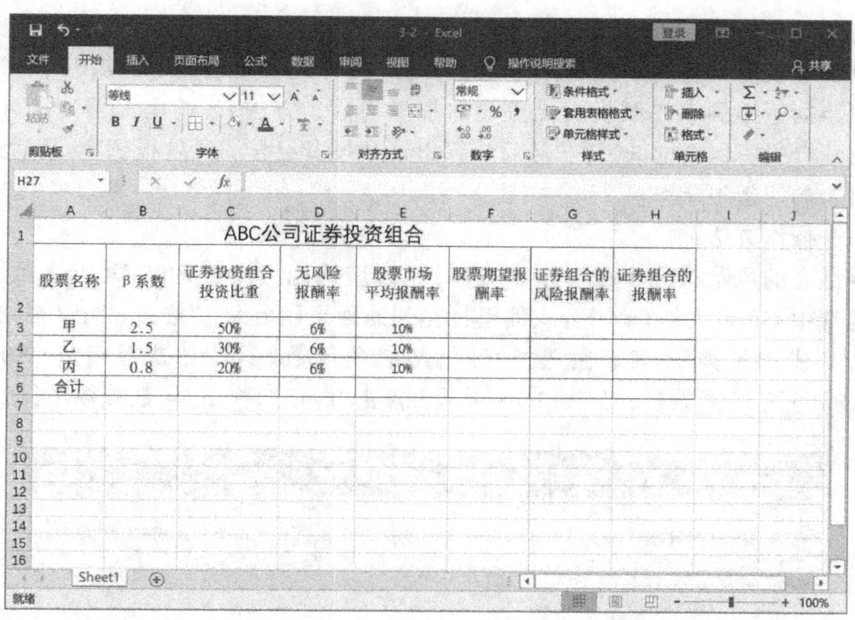

ABC公司证券投资组合

股票名称	β系数	证券投资组合投资比重	无风险报酬率	股票市场平均报酬率	股票期望报酬率	证券组合的风险报酬率	证券组合的报酬率
甲	2.5	50%	6%	10%			
乙	1.5	30%	6%	10%			
丙	0.8	20%	6%	10%			
合计							

图 3-8

即可得到甲股票风险报酬率为 16.00%。参照同样的方法,可计算出乙、丙股票的风险报酬率分别为 12.00%、9.20%,如图 3-9 所示。为了节省工作量,在计算出加股票的风险报酬率后,将鼠标指针移动到 F3 的右下角,当指针变为"+"后,按住左键并拖动到 F5,可自动算出乙、丙股票的风险报酬率。

F3 =D3+B3*(E3-D3)

ABC公司证券投资组合

股票名称	β系数	证券投资组合投资比重	无风险报酬率	股票市场平均报酬率	股票期望报酬率	证券组合的风险报酬率	证券组合的报酬率
甲	2.5	50%	6%	10%	16.00%		
乙	1.5	30%	6%	10%	12.00%		
丙	0.8	20%	6%	10%	9.20%		
合计							

图 3-9

(2)计算证券投资组合的期望报酬率

计算证券投资组合的期望报酬率有两种方法。方法一:调用 SUMPRODUCT 函数计算出股票期望报酬率按照投资比重的加权平均数。方法二:调用 SUMPRODUCT 函数计算出证券投资组合的β系数,然后计算出证券投资组合的风险报酬率,最后计算出证券投资组合的期望报酬率。

方法一操作方法:

证券组合的风险报酬率是一个加权平均数,应调用 SUMPRODUCT 函数。首先用鼠标左键选中 G6 单元格,单击公式编辑栏左侧的插入函数“f_x”按钮,弹出“插入函数”对话框,单击“或选择类别(C)”栏选择“数学与三角函数”类,在“选择函数(N)”栏选择“SUMPRODUCT”函数名。如图 3-10 所示。点击“确定”,弹出“函数参数”对话框。

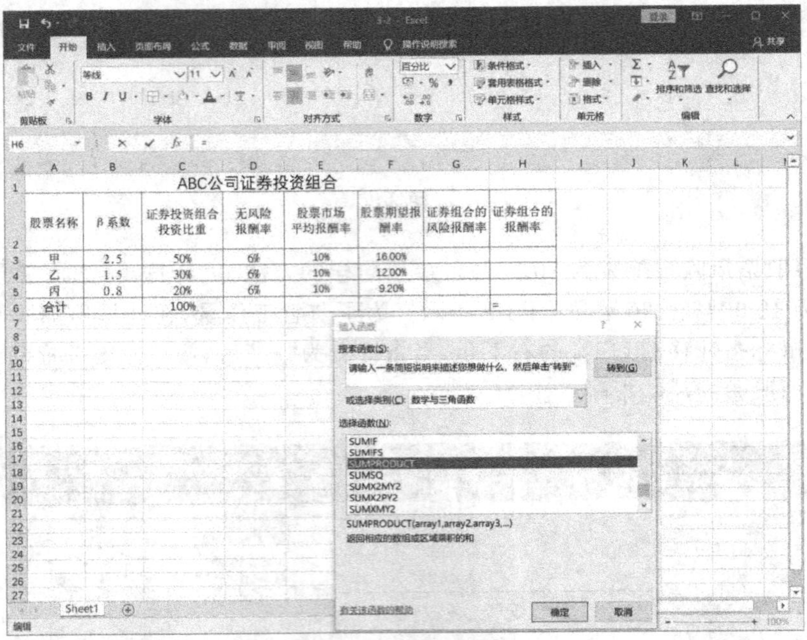

图 3-10

在“Array1”参数选择 C3:C5 单元格,在“Array2”参数选择 F3:F5 单元格,如图 3-11 所示。

随后,点击“确定”,得到证券投资组合的期望报酬率 13.44%,如图 3-12 所示。

方法二操作方法:

第一步,计算出证券投资组合 β 系数。

调用 SUMPRODUCT 函数。首先用鼠标左键选中 B6 单元格,单击公式编辑栏左侧的插入函数“f_x”按钮,弹出“插入函数”对话框,单击“或选择类别(C)”栏选择“数学与三角函数”类,在“选择函数(N)”栏选择“SUMPRODUCT”函数名。点击“确定”,弹出“函数参数”对话框。在“Array1”参数选择 B3:B5 单元格,在“Array2”参数选择 C3:C5 单元格,如图 3-13 所示。

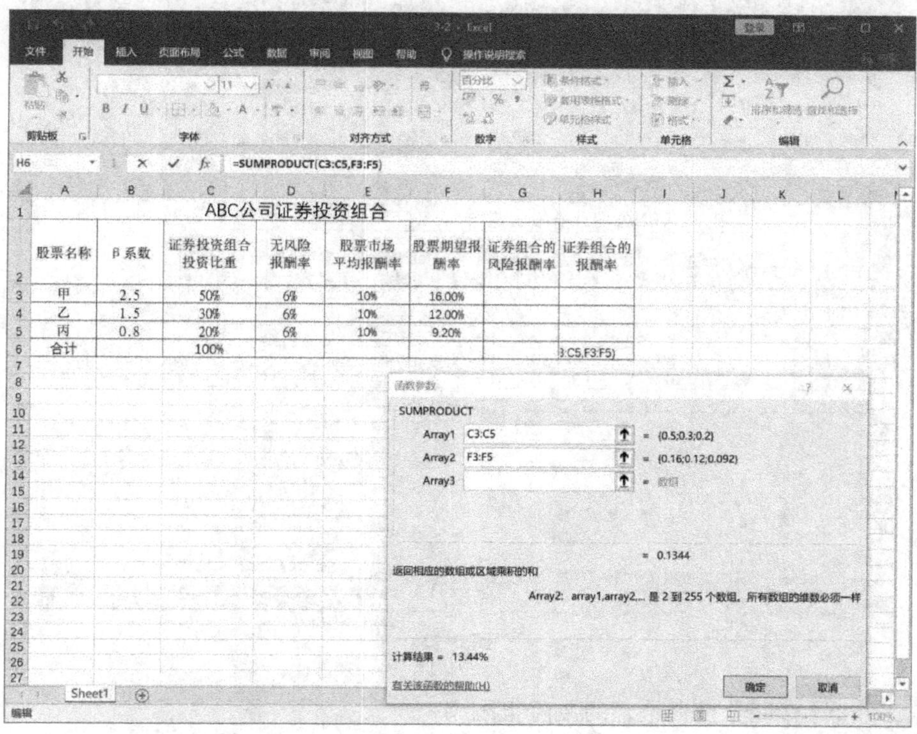

图 3-11

图 3-12

B6 =SUMPRODUCT(B3:B5,C3:C5)

ABC公司证券投资组合

股票名称	β系数	证券投资组合投资比重	无风险报酬率	股票市场平均报酬率	股票期望报酬率	证券组合的风险报酬率	证券组合的报酬率
甲	2.5	50%	6%	10%	16.00%		
乙	1.5	30%	6%	10%	12.00%		
丙	0.8	20%	6%	10%	9.20%		
合计	1.86	100%	6%	10%			

图 3-13

第二步，计算证券投资组合的风险报酬率。

用鼠标选中 G6 单元格，在公式编辑栏中键入"＝B6 * (E6－D6)"，按"回车"键，即可得到证券投资组合的风险报酬率为 7.44％，如图 3-14 所示。

G6 =B6*(E6-D6)

ABC公司证券投资组合

股票名称	β系数	证券投资组合投资比重	无风险报酬率	股票市场平均报酬率	股票期望报酬率	证券组合的风险报酬率	证券组合的报酬率
甲	2.5	50%	6%	10%	16.00%		
乙	1.5	30%	6%	10%	12.00%		
丙	0.8	20%	6%	10%	9.20%		
合计	1.86	100%	6%	10%		7.44%	

图 3-14

第三步，计算出证券投资组合的期望报酬率。

证券投资组合的期望报酬率应等于无风险利率加上证券投资组合的风险报酬率。用鼠标选中 H6 单元格，在公式编辑栏中键入“＝D6＋G6”，按“回车”键，即可得到证券投资组合的期望报酬率为 13.44％，如图 3-15 所示。

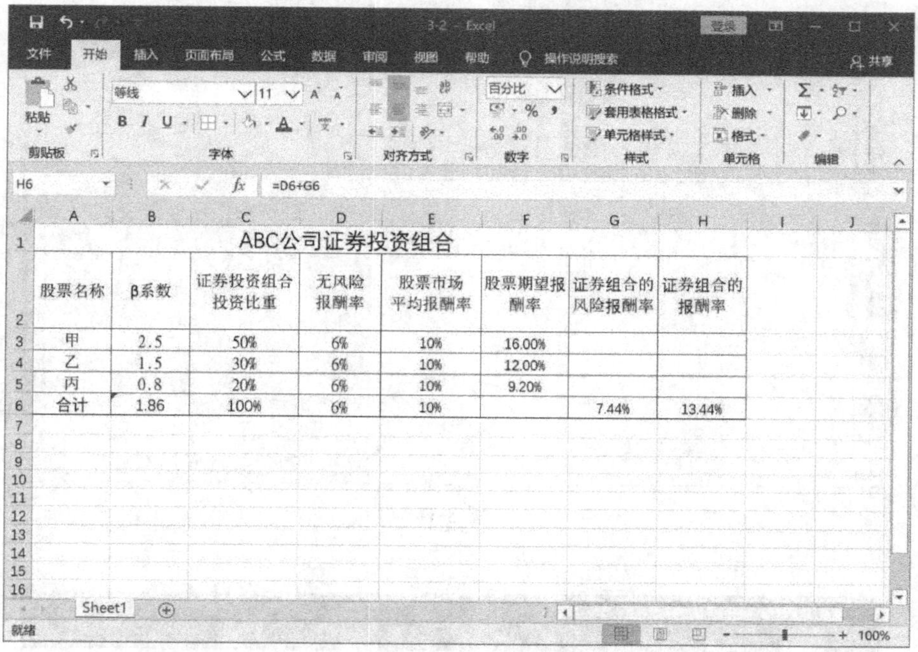

ABC公司证券投资组合

股票名称	β系数	证券投资组合投资比重	无风险报酬率	股票市场平均报酬率	股票期望报酬率	证券组合的风险报酬率	证券组合的报酬率
甲	2.5	50%	6%	10%	16.00%		
乙	1.5	30%	6%	10%	12.00%		
丙	0.8	20%	6%	10%	9.20%		
合计	1.86	100%	6%	10%		7.44%	13.44%

图 3-15

[任务 3-3]债券的估值

资料：ABC 公司拟投资 D 公司发行的债券，该债券面值 1 000 元，期限 5 年，票面利率 8％，按年计息，目前的市场利率为 10％。

要求：计算该债券的价值。

扫码获取实验素材(见本书“前言”背面二维码)

[实验操作步骤]

第一步，将任务 3-3 中的债券数据输入 Excel 工作表中，如图 3-16 所示。

第二步，调用 PV 函数。

调用 PV 函数计算复利现值，用鼠标单击 F5 单元格，单击公式编辑栏左侧的插入函数“f_x”按钮，弹出“插入函数”对话框，单击“或选择类别(C)”栏选择“财务”类，在“选择函数(N)”栏选择“PV”函数名。点击“确定”按钮，弹出计算复利现值的“函数参数”对话框。参数“Rate”选择 B5 单元格，“Nper”选择 C5 单元格，“Pmt”参数选择 E5 单元格，“Fv”参数选择 D5 单元格，如图 3-17 所示。

点击“确定”，得到债券的价值为 924.18 元。

债券价值
利率 期数 终值 年金 现值
10.00% 5 1000.00 80.00

图 3-16

=PV(B5,C5,E5,D5)
债券价值
利率 期数 终值 年金 现值
10.00% 5 1000.00 80.00 C5,E5,D5)
函数参数
PV
Rate B5 = 0.1
Nper C5 = 5
Pmt E5 = 80
Fv D5 = 1000
Type = 数值
= -924.1842646
返回某项投资的一系列将来偿还额的当前总值(或一次性偿还额的现值)
Fv 未来值，或在最后一次付款期后获得的一次性偿还额
计算结果 = -924.18
有关该函数的帮助(H)
确定
取消

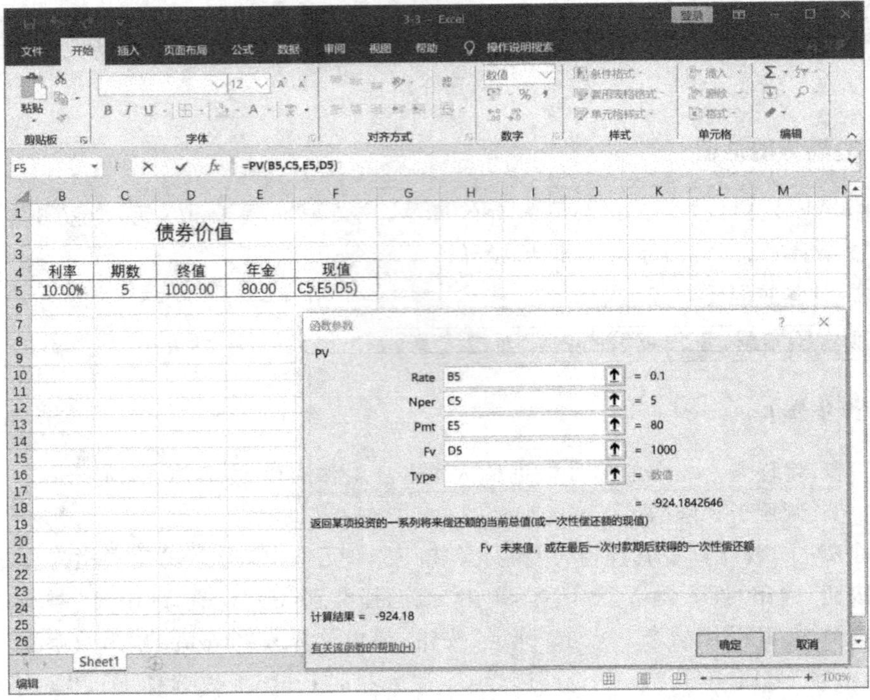

图 3-17

[任务 3-4]股票的估值

资料：ABC 公司拟投资 E 公司发行的股票，要求达到 12%的收益率，甲公司今年每股股利 0.6 元，预计 E 公司未来 3 年股利以 15%的速度高速成长，而后以 9%的速度转入正常的成长。

要求：计算该股票价值。

扫码获取实验素材(见本书“前言”背面二维码)

[实验操作步骤]

第一步，将任务 3-4 中的股票各年股利输入 Excel 工作表中，如图 3-18 所示。其中高速成长期股利增长速度为 15%，正常成长期股利增长速度为 9%。

第 1 年末股利＝0.6(1＋15%)＝0.69 元/股

选中 C6 单元格，在公式编辑栏中键入“＝0.6＊(1＋15%)”，按“回车”键，即可得到第一年末股利为 0.69 元。其他年份的股利的计算可参照第一年股利，在此不再赘述。

各年股利

年份	股利
0	
1	0.69
2	0.79
3	0.91
4	0.99
5	1.08
……	……
利率	12%

股票价值计算表

高速成长期股利现值	第1年末股利的现值	
	第2年末股利的现值	
	第3年末股利的现值	
正常成长期股利现值	第4年及以后的股利在第3年末的价值	
	第4年及以后的股利的现值	
合计		

图 3-18

第二步，调用 PV 函数，计算未来各年股利的现值。

用鼠标单击 G4 单元格，单击公式编辑栏左侧的插入函数“f_x”按钮，弹出“插入函数”对话框，单击“或选择类别(C)”栏选择“财务”类，在“选择函数(N)”栏选择“PV”函数名。点击“确定”按钮，弹出计算复利现值的“函数参数”对话框。参数“Rate”选择 C13 单元格，“Nper”选择 B6 单元格，“Pmt”参数输入 0 或忽略，“Fv”参数选择 C6 单元格，如图 3-19 所示。

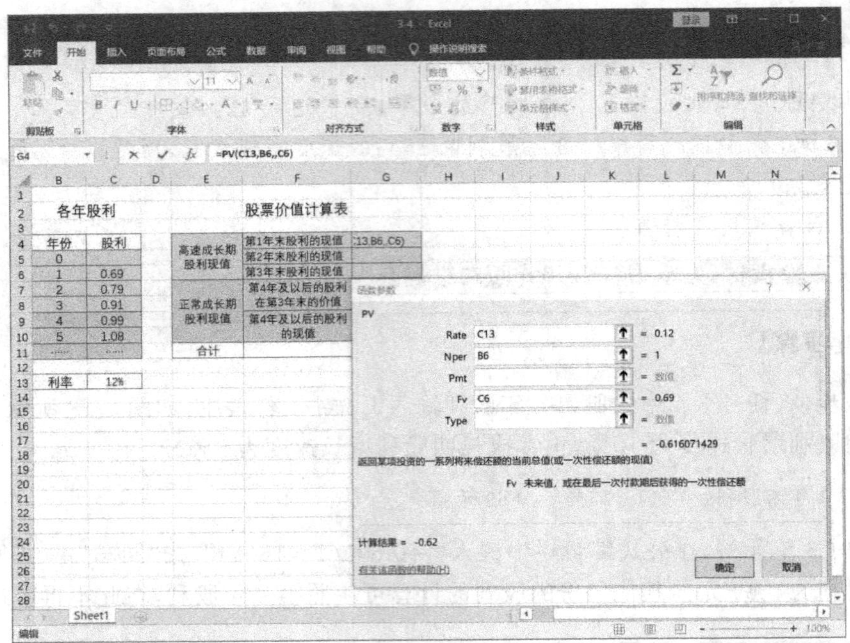

图 3-19

点击“确定”，可得到第一年末股利的现值为 0.62。（Excel 2016 返回的是负值，为了便于理解，在此统一加上负号，得到的是正值）参照第一年股利现值的计算方法，得到第 2 年、第 3 年股利的现值，如图 3-20 所示。

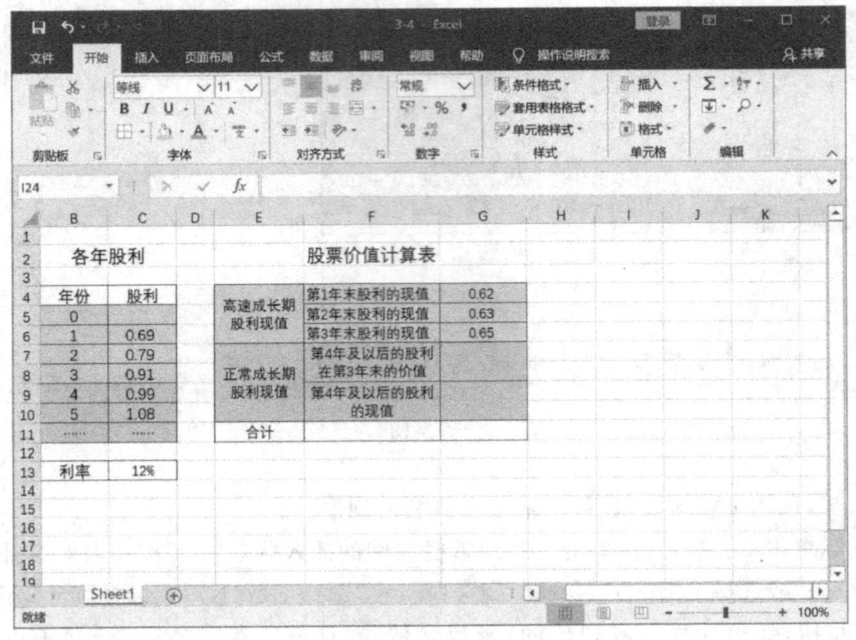

图 3-20

正常成长期(第 4 年及以后)股利在第三年末的价值计算公式为：

$$V_3=\frac{0.91\times(1+9\%)}{12\%-9\%}$$

用鼠标选中 G7 单元格，在公式编辑栏中键入“=C9/(C13−9%)”，按“回车”键，即可得到第 4 年及以后股利在第三年末的价值 33.16 元，如图 3-21 所示。

G7　=C9/(C13-9%)

年份	股利				
0		高速成长期股利现值	第1年末股利的现值	0.62
1	0.69		第2年末股利的现值	0.63
2	0.79		第3年末股利的现值	0.65
3	0.91	正常成长期股利现值	第4年及以后的股利在第3年末的价值	33.16
4	0.99		第4年及以后的股利的现值	
5	1.08			
……	……	合计		
利率	12%			

图 3-21

随后，调用 PV 函数计算第 4 年及以后股利的现值，与第 3 年末股利的现值方法相同。用鼠标单击 G9 单元格，单击公式编辑栏左侧的插入函数“f_x”按钮，弹出“插入函数”对话框，单击“或选择类别(C)”栏选择“财务”类，在“选择函数(N)”栏选择“PV”函数名。点击“确定”按钮，弹出计算复利现值的“函数参数”对话框。参数“Rate”选择 C13 单元格，“Nper”选择 B8 单元格，“Pmt”参数输入 0 或忽略，“Fv”参数选择 G7 单元格，如图 3-22 所示。

点击“确定”，得到第 4 年及以后股利的现值是 23.60 元。

第三步，计算股票价值。

用鼠标左键选中 G11 单元格，在公式编辑栏中键入“=G4+G5+G6+G9”，按“回车”键，即可得到 E 公司发行的股票价值为每股 25.50 元，如图 3-23 所示。

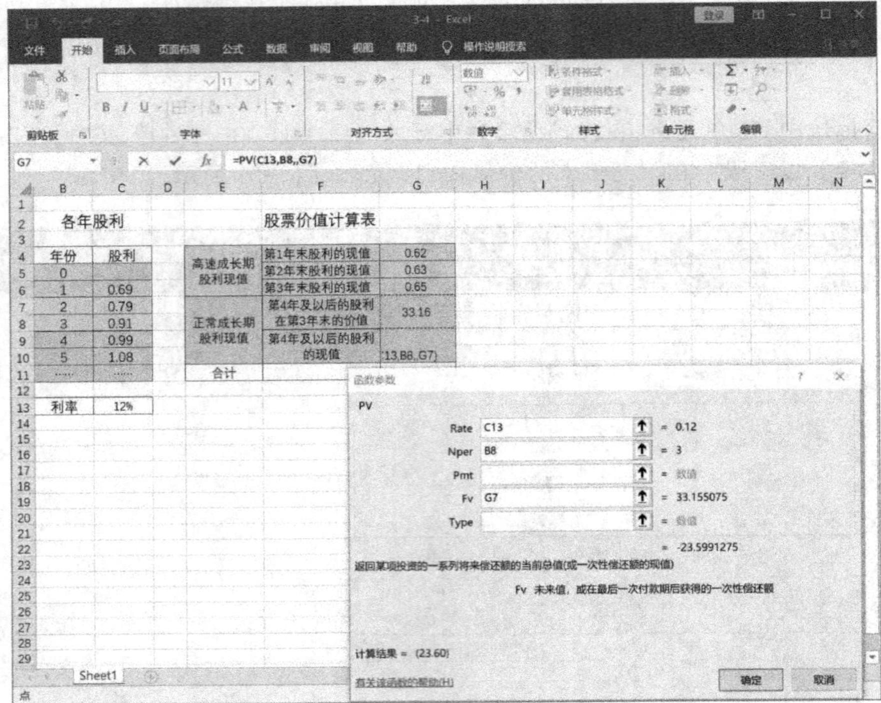

图 3-22

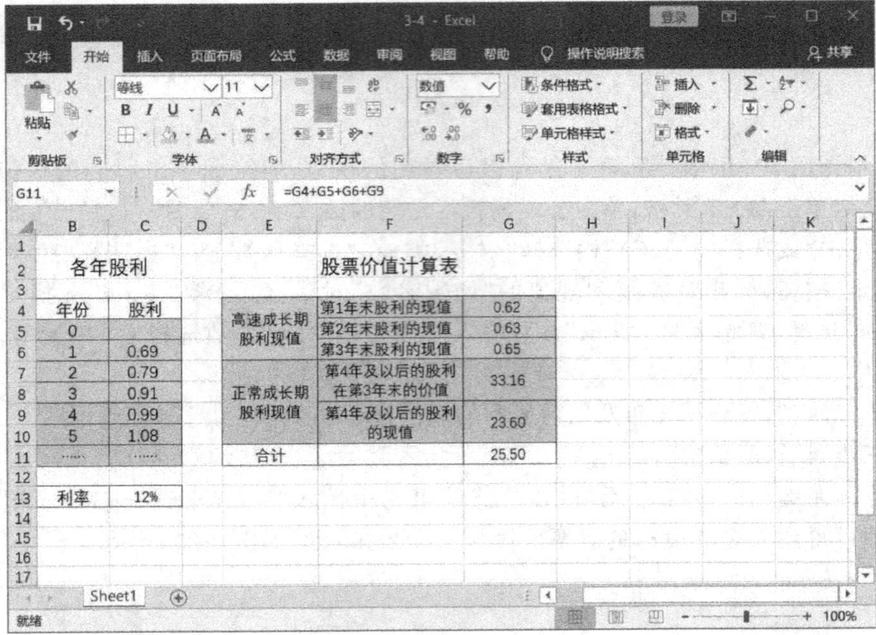

图 3-23

第 4 章　筹资数量预测实验

4.1　筹资数量预测实验概述

企业筹资是指企业根据其生产经营、对外投资以及调整资本结构等需要，通过一定的渠道，采取适当的方式，获取所需资本的一种行为。筹资活动是企业资本运动的起点，它将影响甚至决定企业资本运动的规模及效果。因此，企业的经营者必须做好筹资决策，明确企业筹资时间、筹资数量以及筹资渠道和筹资方式，这样不仅能降低资本成本，增加企业经济效益，而且能降低财务风险，为企业生产经营营造更大有利空间。

4.1.1 筹资数量预测实验内容

企业筹资目的可以概括为两大类：第一，满足生产经营需要；第二，满足资本结构调整需要。在筹资决策中，首先需要确定的是企业的筹资需要量，包括资金需求总量和对外筹资需要量。本章实验任务包括 2 项：

(1)比率预测法预测企业对外筹资需要量实验；

(2)资金习性预测法实验。

4.1.2 筹资数量预测实验基础知识

企业筹资应遵循规模适当原则、筹措及时原则、来源合理原则、方式经济原则等，其中规模适当原则要求企业的筹资规模应与资本需求量相一致，既要避免出现因资本筹资不足，影响生产经营的正常进行，又要防止资本筹资过多，造成资本闲置。因此，准确确定资金需要量是非常重要的。

(1)筹资的分类

按所筹资本的性质可分为权益性筹资和负债性筹资。权益性筹资又称自有资本筹资，是指企业通过发行股票、吸收直接投资、内部积累等方式筹集资本。企业采取权益性筹资，一般不用还本，财务风险小，但付出的资本成本相对较高。负债性筹资，又称借入资本筹资，是指企业通过发行债券、向银行借款、融资租赁等方式筹集资本。企业采取负债性筹资，一般到期要归还本金和支付利息，财务风险较大，但相对权益性筹资而言，付出的资本成本相对较低。

企业筹资按所筹资本的期限可分为长期资本筹集和短期资本筹集。长期资本是指使用期限在一年以上或超过一年的一个营业周期以上的资本。长期资本主要投资于新产品的开发和推广、生产规模的扩大、厂房和设备的更新等。一般需要几年甚至十几年才能收回。长期资本通常采取吸收直接投资、发行股票、发行债券、长期借款、融资租赁和利用留存收益等方式筹集。长期资本成本相对较高但风险较低。短期资本是指使用期限在一年以内或超过一年的一个营业周期以内的资本。短期资本主要投资于现金、应收账款、存货等,一般在短期内可以收回。短期资本通常采取商业信用、短期银行借款、短期融资券、应收账款转让等方式筹集。短期资本筹集风险较高但资本成本相对较低,有时可能是免费资金。

(2)企业筹资的渠道与方式

筹资渠道是指企业筹措资金来源的方向与通道,体现资金的来源与流量。目前我国企业的筹资渠道主要有:银行信贷资金、其他金融机构资金、其他企业资金、居民个人资金、国家资金和企业自留资金等。筹资方式是指企业筹集资金所采取的具体方式。目前我国企业的筹资方式主要有:吸收直接投资、发行股票、发行债券、银行借款、融资租赁、利用留存收益、利用商业信用等。

(3)资金需要量的预测方法

筹资规模适当是企业筹资的基本原则。企业合理确定筹资规模,必须要采取科学的方法预测资金需要量。资本需要量的预测方法有多种,现主要介绍比率预测法和资金习性预测法。

①比率预测法

比率预测法是以资金与销售额之间的比率为基础,预测未来资金需要量的方法。该方法有两个基本假设:①企业的部分资产和负债与销售额同比例变化;②企业各项资产、负债与所有者权益结构已达到最优。

销售额比率的计算公式为:

$$\text{对外筹资需要量}=\frac{A}{S_1}(\Delta S)-\frac{B}{S_1}(\Delta S)-EP(S_2)$$

式中:A——随着销售额变化的资产(变动资产);

B——随着销售额变化的负债(变动负债);

S_1——基期销售额;

S_2——预测期销售额;

ΔS——销售的变动额;

P——销售净利率;

E——留存收益比率;

A/S_1——变动资产占基期销售额的百分比;

B/S_1——变动负债占基期销售额的百分比。

②资金习性预测法

资金习性预测法是指根据资金习性预测未来资金需要量的方法。资金习性是指资金的变动与产销量(或业务量)变动之间的依存关系。资金按照资金习性可以分为不变资金、变动资金和半变动资金。

不变资金是指在一定的产销量范围内，不受产销量变动的影响而保持固定不变的那部分资金。如为维持营业而占用的最低数额的现金、原材料的保险储备、必要的成品储备、厂房及机器设备等固定资产占用的资金。

变动资金是指随产销量的变动而变动的那部分资金。如构成产成品实体的原材料等占用的资金。

半变动资金是指虽然受产销量变化的影响，但不成比例变动的资金。半变动资金可以采取一定的方法进一步划分为不变资金和变动资金两部分。如一些辅助材料所占用的资金。

(2)基本方法。资金习性预测法有两种形式：一种是根据资金占用总额同销售量的关系来预测资金需要量；另一种是采取先分项后汇总的方式预测资金需要量。

资金习性法的基本预测模型为：

$$Y=a+bx$$

式中：Y——资金总需要量；

a——不变资金；

b——单位变动资金；

x——一定时期的产销量。

4.2　筹资数量预测实验任务

[任务 4-1]比率预测法预测筹资数量

资料：ABC 公司 2020 年 12 月 31 日的资产负债表如表 4-1 所示。

表 4-1　资产负债表

2020 年 12 月 31 日　　单位：万元

资产		负债与所有者权益	
现金	50	应付票据	50
应收账款	200	应付账款	150
存货	300	短期借款	250
其他流动资产	100	应付债券	130
固定资产净值	600	实收资本	550
		留存收益	120
资产合计	1 250	负债与所有者权益	1 250

假定 2020 年的收入为 1 000 万元，税后利润率为 5%，股利支付率为 60%，目前公司现有生产能力尚有剩余，增加销售无须追加固定资产投资。经预测，2021 年公司销售收入将提高到 1 200 万元，企业销售净利率和利润分配政策不变。

要求：应用比率预测法预测 ABC 公司 2021 年资金需要量。

扫码获取实验素材(见本书"前言"背面二维码)

[实验操作步骤]

第一步,将任务 4-1 中的资产负债表数据输入 Excel 工作表,如图 4-1 所示。

ABC公司资产负债表

项目	2020年末数（万元）	2020年销售百分比（%）	2021年末预计数（万元）
		2020年营业收入	1000
		2021年预计营业收入	1200
		2021年预计利润	
资产：			
现金	50		
应收账款	200		
存货	300		
其他流动资产	100		
固定资产净值	600		
资产总计	1250		
负债及股东权益：			
应付票据	50		
应付账款	150		
短期借款	250		
应付债券	130		
负债合计	580		
实收资本	550		
留存收益	120		
股东权益合计	670		
追加外部筹资额			
负债及股东权益合计	1250		

图 4-1

第二步,计算 2020 年敏感资产、敏感负债占销售百分比。

资产、负债中与销售额有固定比率关系的项目,这种项目称敏感项目。敏感资产项目有现金、应收账款、存货等;敏感负债项目有应付费用、应付账款等。ABC 公司敏感资产包括现金、应收账款、存货。

首先计算现金占营业收入的百分比。选中 C8 单元格,在公式编辑栏中键入"=B8/\$D\$3)",按"回车"键,即可得到现金占营业收入的百分比为 5.00%。如图 4-2 所示。

选中 C8 单元格,然后将鼠标指针引动到 C8 单元格的右下角,当变为"+"时,向下拖动,即可计算出敏感资产的销售百分比。由于固定资产是非敏感资产,所以不需要计算销售百分比,随后汇总敏感资产占收入的百分比总和。参照资产,可计算出敏感负债的销售百分比和汇总值,结果如图 4-3 所示。

第三步,计算 2021 年资产负债表项目预测数。

在计算 2021 年末预测数时,需要调用 IF 函数。IF 函数是一种功能强大的函数,其使用范围也非常广泛。我们主要用它来执行真假值判断,根据逻辑计算的真假值,返回不

C8　=B8/$D$3

项目	2020年末数（万元）	2020年销售百分比（%）	2021年末预计数（万元）
ABC公司资产负债表			
		2020年营业收入	1000
		2021年预计营业收入	1200
		2021年预计利润	
资产：			
现金	50	5.00%	
应收账款	200		
存货	300		
其他流动资产	100		
固定资产净值	600		
资产总计	1250		
负债及股东权益：			
应付票据	50		
应付账款	150		
短期借款	250		
应付债券	130		
负债合计	580		
实收资本	550		
留存收益	120		
股东权益合计	670		
追加外部筹资额			
负债及股东权益合计	1250		

图 4-2

项目	2020年末数（万元）	2020年销售百分比（%）	2021年末预计数（万元）
ABC公司资产负债表			
		2020年营业收入	1000
		2021年预计营业收入	1200
		2021年预计利润	
资产：			
现金	50	5.00%	
应收账款	200	20.00%	
存货	300	30.00%	
其他流动资产	100	10.00%	
固定资产净值	600	-	
资产总计	1250	65.00%	
负债及股东权益：			
应付票据	50	5.00%	
应付账款	150	15.00%	
短期借款	250	-	
应付债券	130	-	
负债合计	580	20.00%	
实收资本	550	-	
留存收益	120	-	
股东权益合计	670	-	
追加外部筹资额			
负债及股东权益合计	1250		

图 4-3

同结果。还可以使用它来对数值和公式进行条件检测。

IF 在 Excel 函数中的含义是：判断一个条件是否满足，如果满足返回一个值，如果不满足则返回另一个值。

IF 函数的语法规则为 IF(Logical_test，Value_if_true，Value_if_false)。

IF 函数是 Excel 中最常用的函数之一，它可以对值和期待值进行逻辑比较。因此 IF 语句可能有两个结果。第一个结果是比较结果为 True，第二个结果是比较结果为 False。例如，=IF(C2="Yes",1,2)表示 IF(C2=Yes，则返回 1，否则返回 2)。

下面以任务 4-1 中 ABC 公司 2021 年资产负债表项目的预测值为例，讲述 IF 函数的调用方法。如图 4-3 中，敏感项目已经计算出了占营业收入百分比，非敏感项目用"—"表示。敏感项目在 2021 年的预测值应该用 2021 年预计营业收入乘销售百分比计算，非敏感项目的金额与 2020 年期末数相同。

用鼠标选中 D8 单元格，单击公式编辑栏左侧的插入函数"f_x"按钮，弹出"插入函数"对话框，单击"或选择类别(C)"栏选择"逻辑"类，在"选择函数(N)"栏选择"IF"函数名，如图 4-4 所示。

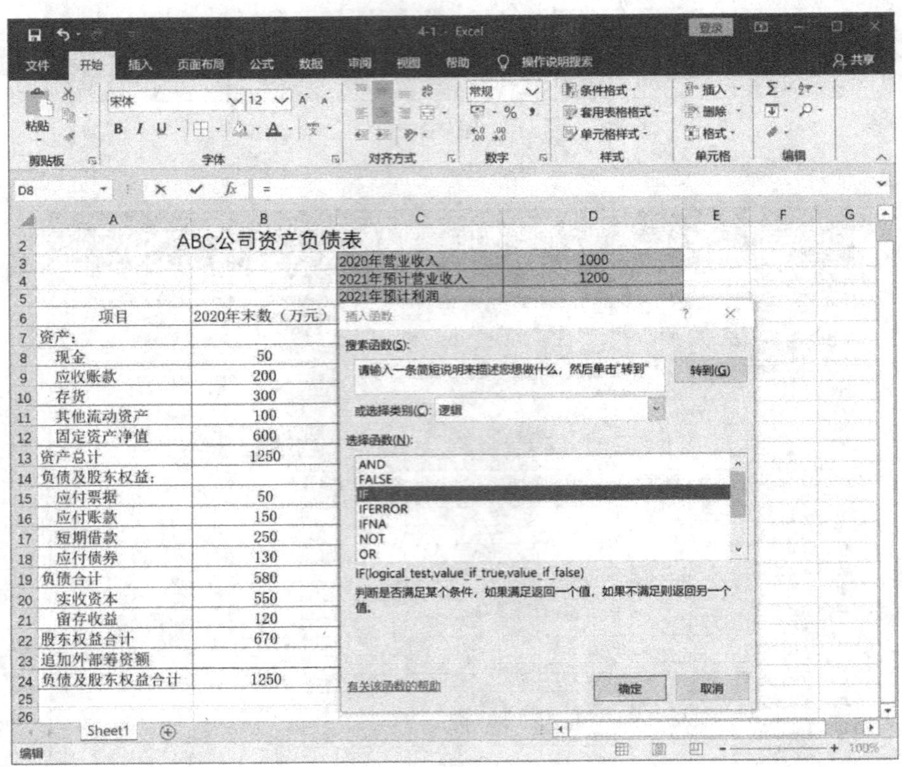

图 4-4

点击"确定"，弹出"函数参数"对话框。在"Logical_test"参数输入 C8="—"，在"Value_if_true"参数选择 B8 单元格，"Value_if_false"参数中输入 \$D\$4*C8，如图 4-5 所示。

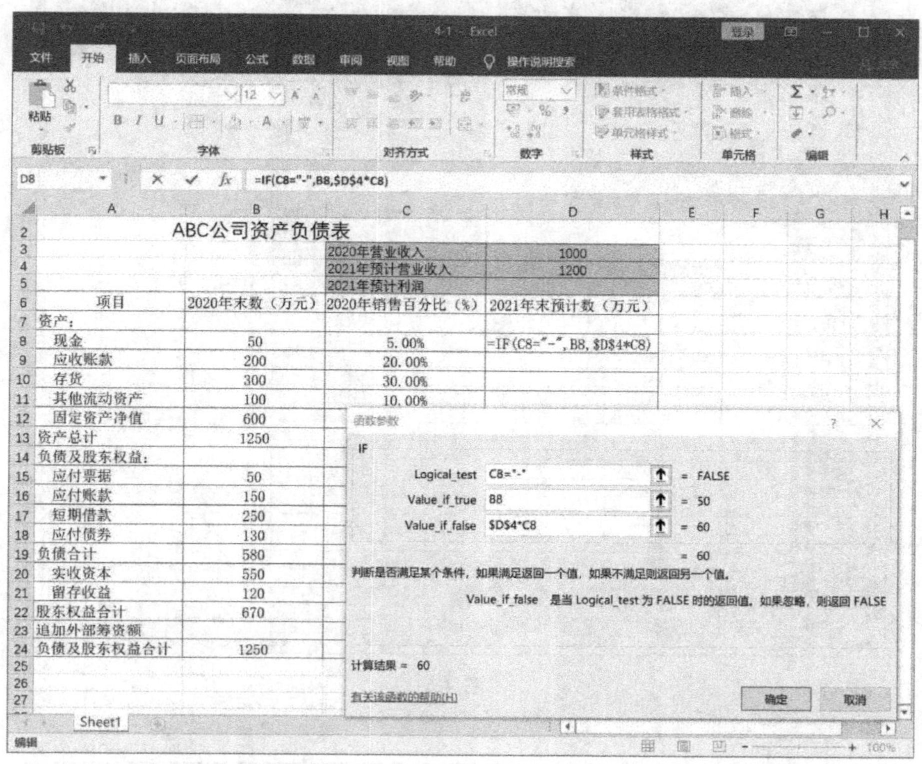

图 4-5

点击"确定",得到 2021 年现金的期末预测值为 60。然后将鼠标指针引动到 D8 单元格的右下角,当变为"+"时,向下拖动,即可计算出敏感资产、敏感负债以及非敏感资产、非敏感负债在 2021 年末的预计数,如图 4-6 所示。需要注意的是,资产总计、负债合计、股东权益合计等需要单独计算。

由于任务 4-1 中税后利润率为 5%,股利支付率为 60%,因此可选中 D5 单元格,在公式编辑栏中键入"=D4 * 0.05",按"回车"键,即可得到 2021 年预计利润为 60 万元。随后,选中 D21 单元格,在公式编辑栏中键入"=B21+D5 * (1-0.6)",按"回车"键,即可得到 2021 年年末留存收益为 144 万元,如图 4-7 所示

第四步,计算追加对外筹资需要量。

选中 D23 单元格,在公式编辑栏中键入"=D13-D19-D22",按"回车"键,即可得到 2021 年追加对外筹资需要量为 66 万元,如图 4-8 所示。也可使用 4.1.2 中的公式计算。

$$
\begin{aligned}
\text{追加对外筹资需要量} &= (1\,200-1\,000)\times 65\% - (1\,200-1\,000)\times 20\% - 1\,200\times 5\%\times 40\% \\
&= 130-40-24 \\
&= 66\ \text{万元}
\end{aligned}
$$

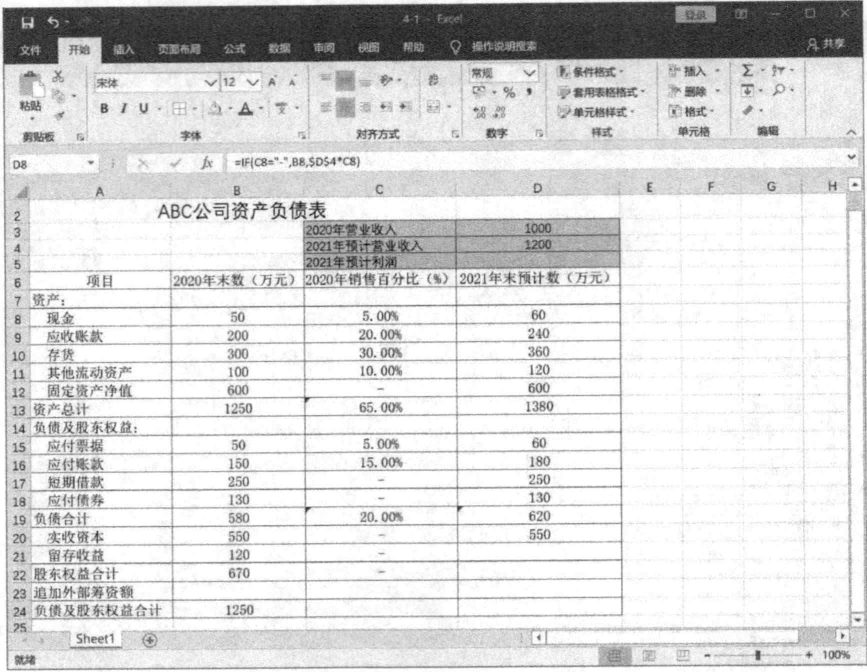

D8 =IF(C8="-",B8,$D$4*C8)

ABC公司资产负债表

项目	2020年末数（万元）	2020年销售百分比（%）	2021年末预计数（万元）
		2020年营业收入	1000
		2021年预计营业收入	1200
		2021年预计利润	
资产：			
现金	50	5.00%	60
应收账款	200	20.00%	240
存货	300	30.00%	360
其他流动资产	100	10.00%	120
固定资产净值	600	-	600
资产总计	1250	65.00%	1380
负债及股东权益：			
应付票据	50	5.00%	60
应付账款	150	15.00%	180
短期借款	250	-	250
应付债券	130	-	130
负债合计	580	20.00%	620
实收资本	550	-	550
留存收益	120	-	
股东权益合计	670	-	
追加外部筹资额			
负债及股东权益合计	1250		

图 4-6

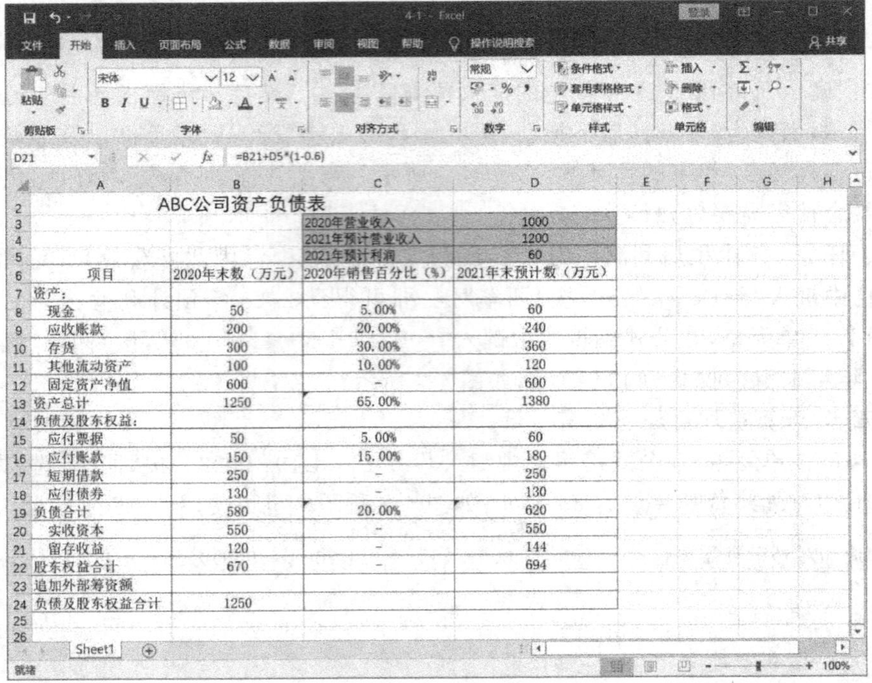

D21 =B21+D5*(1-0.6)

ABC公司资产负债表

项目	2020年末数（万元）	2020年销售百分比（%）	2021年末预计数（万元）
		2020年营业收入	1000
		2021年预计营业收入	1200
		2021年预计利润	60
资产：			
现金	50	5.00%	60
应收账款	200	20.00%	240
存货	300	30.00%	360
其他流动资产	100	10.00%	120
固定资产净值	600	-	600
资产总计	1250	65.00%	1380
负债及股东权益：			
应付票据	50	5.00%	60
应付账款	150	15.00%	180
短期借款	250	-	250
应付债券	130	-	130
负债合计	580	20.00%	620
实收资本	550	-	550
留存收益	120	-	144
股东权益合计	670	-	694
追加外部筹资额			
负债及股东权益合计	1250		

图 4-7

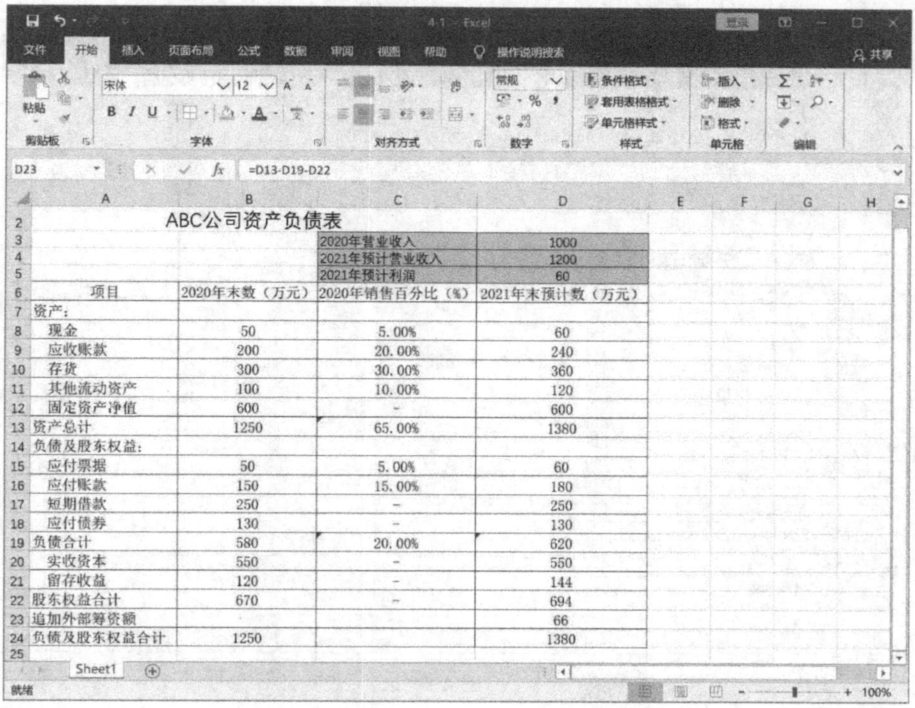

D23 =D13-D19-D22

ABC公司资产负债表

项目	2020年末数（万元）	2020年销售百分比（%）	2021年末预计数（万元）
		2020年营业收入	1000
		2021年预计营业收入	1200
		2021年预计利润	60
资产：			
现金	50	5.00%	60
应收账款	200	20.00%	240
存货	300	30.00%	360
其他流动资产	100	10.00%	120
固定资产净值	600	-	600
资产总计	1250	65.00%	1380
负债及股东权益：			
应付票据	50	5.00%	60
应付账款	150	15.00%	180
短期借款	250	-	250
应付债券	130	-	130
负债合计	580	20.00%	620
实收资本	550	-	550
留存收益	120	-	144
股东权益合计	670	-	694
追加外部筹资额			66
负债及股东权益合计	1250		1380

图 4-8

[任务 4-2]资金习性预测法预测资金需求总量

资料：ABC 公司 2011—2020 年度产销量与资金需求量变化情况如表 4-2 所示。

表 4-2　产销量与资金需求量统计表

年度	产销量 x(万件)	资金需求量 y(万元)
2011	110	110
2012	98	98
2013	155	155
2014	140	140
2015	150	150
2016	160	160
2017	145	145
2018	160	160
2019	158	158
2020	165	165

要求：试计算如果 2021 年预计产销量为 170 万件，则资金需求量是多少？

扫码获取实验素材(见本书“前言”背面二维码)

[实验操作步骤]

第一步，将任务 4-2 中的产销量与资金需求量数据输入 Excel 工作表，如图 4-9 所示。

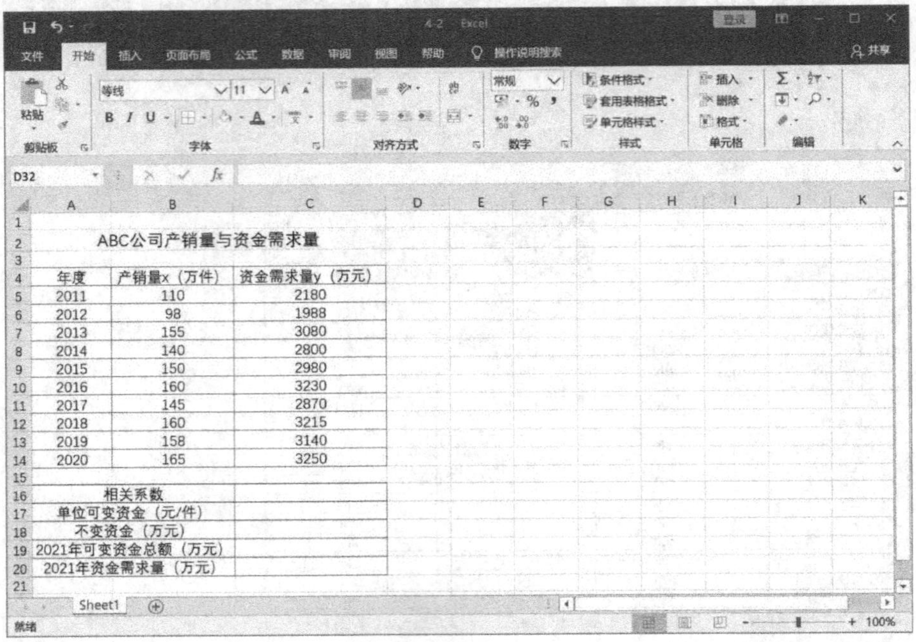

ABC公司产销量与资金需求量

年度	产销量x（万件）	资金需求量y（万元）
2011	110	2180
2012	98	1988
2013	155	3080
2014	140	2800
2015	150	2980
2016	160	3230
2017	145	2870
2018	160	3215
2019	158	3140
2020	165	3250
相关系数		
单位可变资金（元/件）		
不变资金（万元）		
2021年可变资金总额（万元）		
2021年资金需求量（万元）		

图 4-9

第二步，计算相关系数、单位可变资金和不变资金。

(1)相关系数

选中 C16 单元格，单击公式编辑栏左侧的插入函数“f_x”按钮，弹出“插入函数”对话框，单击“或选择类别(C)”栏选择“统计”类，在“选择函数(N)”栏选择“CORREL”函数名，如图 4-10 所示。

CORREL 函数返回两个单元格区域的相关系数，使用相关系数确定两个属性之间的关系。例如，可以使用该函数检查一个位置的平均温度和空调使用情况之间的关系。该函数的语法格式为：

CORREL(Array1，Array2)

第 1 参数 Array1 必需，表示单元格值的范围；

第 2 参数 Array2 必需，表示单元格值的第二个区域。

如果数组或引用参数包含文本、逻辑值或空单元格，则这些值将被忽略；但是，包含具有零值的单元格；如果 Array1 和 Array2 具有不同数量的数据点，则 CORREL 返回一个 ＃N/A 错误；如果 Array1 或 Array2 为空，或者其值的 s(标准偏差)等于零，则 CORREL 返回＃DIV/0！错误。

点击“确定”，弹出“函数参数”对话框，如图 4-11 所示。在“Array1”参数选择 B5：B14 单元格，在“Array2”参数选择 C5：C14 单元格，点击“确定”，得到相关系数为 0.9984。相关系数介于－1 至＋1 之间，越接近于 0，表示没有或弱相关性，任务 4-2 中的产销量与资金需求量相关系数接近于 1，说明产销量与资金需求量基本正相关。注意函数中的参数 x 或 y 无论先选哪个，相关系数是不变的。相关系数的计算公式如下：

$$\text{Correl}(X,Y)=\frac{\sum(x-\bar{x})(y-\bar{y})}{\sqrt{\sum(x-\bar{x})^2(y-\bar{y})^2}}$$

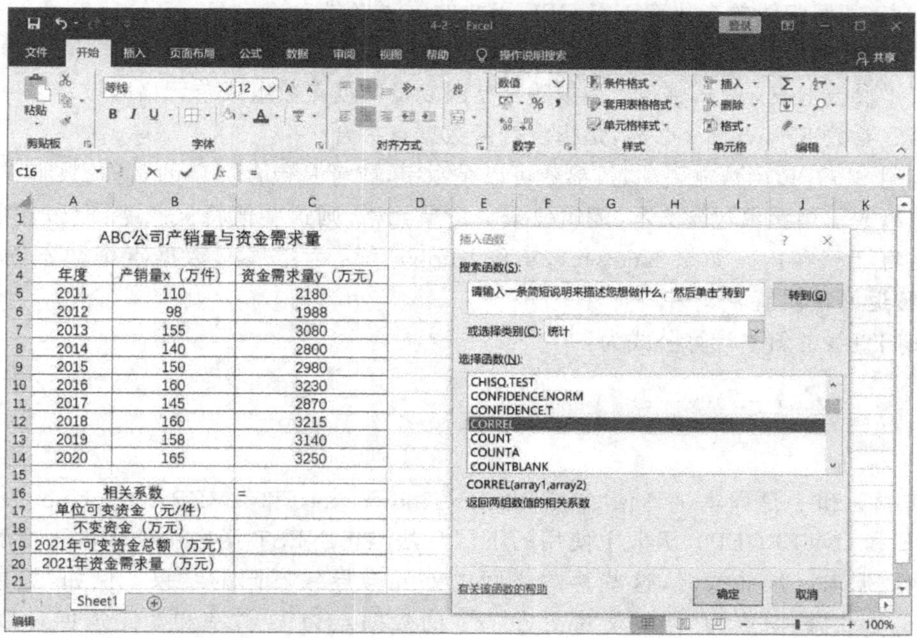

图 4-10

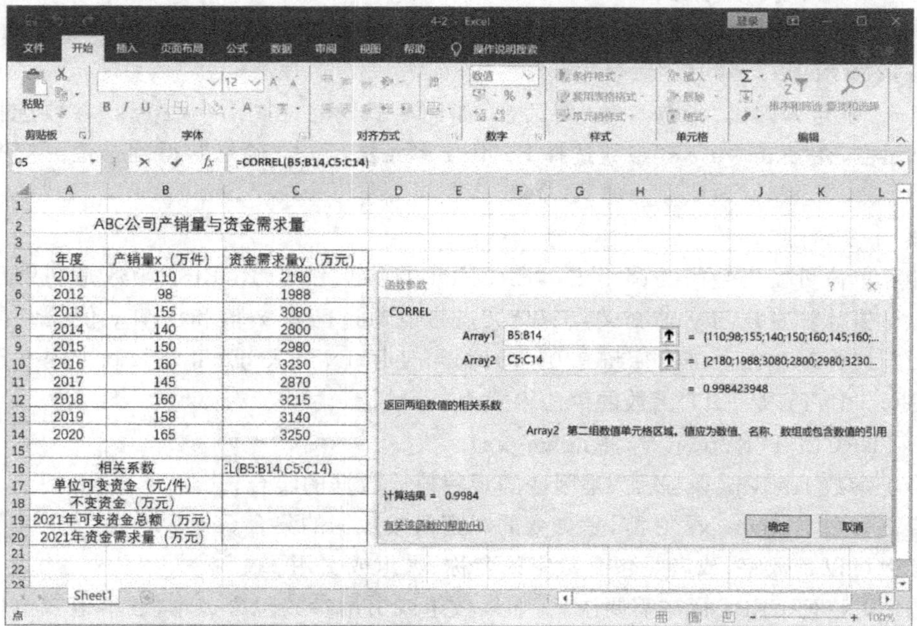

图 4-11

(2)单位可变资金

计算单位可变资金需要调用 SLOPE 函数。SLOPE 函数返回通过 Known_y's 和 Known_x's 中数据点的线性回归线的斜率，斜率为垂直距离除以线上任意两个点之间的水平距离，即回归线的变化率。SLOPE 函数的语法格式为：

SLOPE(Known_y's，Known_x's)。

第 1 参数 Known_y's 必需，是指数字型因变量数据点数组或单元格区域；

第 2 参数 Known_x's 必需，是指自变量数据点集合。

调用 SLOPE 函数需要注意：参数可以是数字，或者是包含数字的名称、数组或引用。如果数组或引用参数包含文本、逻辑值或空白单元格，则这些值将被忽略；但包含零值的单元格将计算在内。如果 Known_y's 和 Known_x's 为空或其数据点个数不同，函数 SLOPE 返回错误值#N/A。

回归直线的斜率计算公式为：

$$b = \frac{\sum (x-\bar{x})(y-\bar{y})}{\sum (x-\bar{x})^2}$$

其中 x 和 y 是样本平均值 AVERAGE(Known_x's)和 AVERAGE(Known_y's)。SLOPE 和 INTERCEPT 函数中使用的下层算法与 LINEST 函数中使用的下层算法不同。当数据未定且共线时，这些算法之间的差异会导致不同的结果。例如，如果参数 Known_y's 的数据点为 0，参数 Known_x's 的数据点为 1：斜率和截距返回#DIV/0!错误。

选中 C17 单元格，单击公式编辑栏左侧的插入函数“f_x”按钮，弹出“插入函数”对话框，单击“或选择类别(C)”栏选择“统计”类，在“选择函数(N)”栏选择“SLOPE”函数名，如图 4-12 所示。

点击“确定”，弹出“函数参数”对话框，如图 4-13 示。在“Known_y's”参数选择 C5：C14 单元格，在“Known_x's”参数选择 B5：B14 单元格，点击“确定”，得到单位可变资金为 19.66。

(3)不变资金

计算单位可变资金需要调用 INTERCEPT 函数。INTERCEPT 函数是利用已知的 x 值与 y 值计算直线与 y 轴交叉点。交叉点是以通过已知 x 值和已知 y 值绘制的最佳拟合回归线为基础的。当自变量是 0(零)时，可使用 INTERCEPT 函数确定因变量的值(即截距)。INTERCEPT 函数的语法格式为：

INTERCEPT(Known_y's，Known_x's)

第 1 参数 Known_y's 必需，是因变的观察值或数据的集合；

第 2 参数 Known_x's 必需，是自变的观察值或数据的集合。

参数可以是数字，或者是包含数字的名称、数组或引用。

调用 INTERCEPT 函数需要注意：如果数组或引用参数包含文本、逻辑值或空白单元格，则这些值将被忽略；但包含零值的单元格将计算在内。如果 Known_y's 和 Known_x's 所包含的数据点个数不相等或不包含任何数据点，则函数 INTERCEPT 返回错误值#N/A。

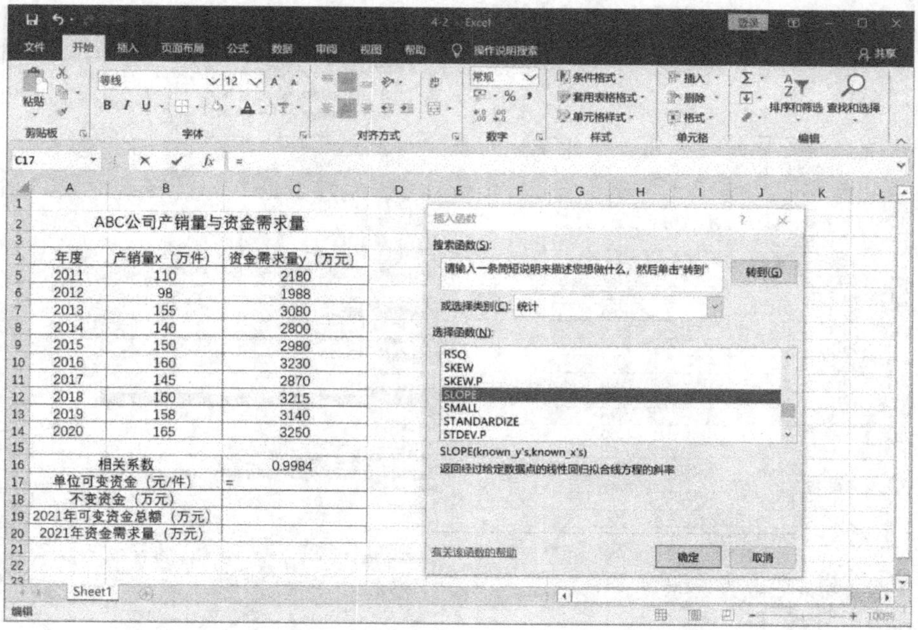

图 4-12

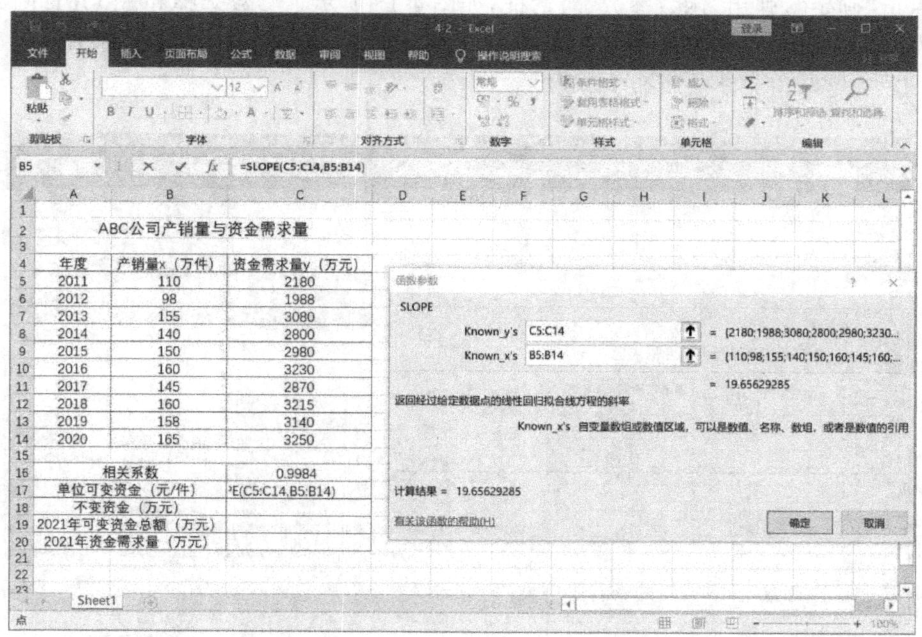

图 4-13

选中 C18 单元格，单击公式编辑栏左侧的插入函数“f_x”按钮，弹出“插入函数”对话框，单击“或选择类别(C)”栏选择“统计”类，在“选择函数(N)”栏选择“INTERCEPT”函数名，如图 4-14 所示。

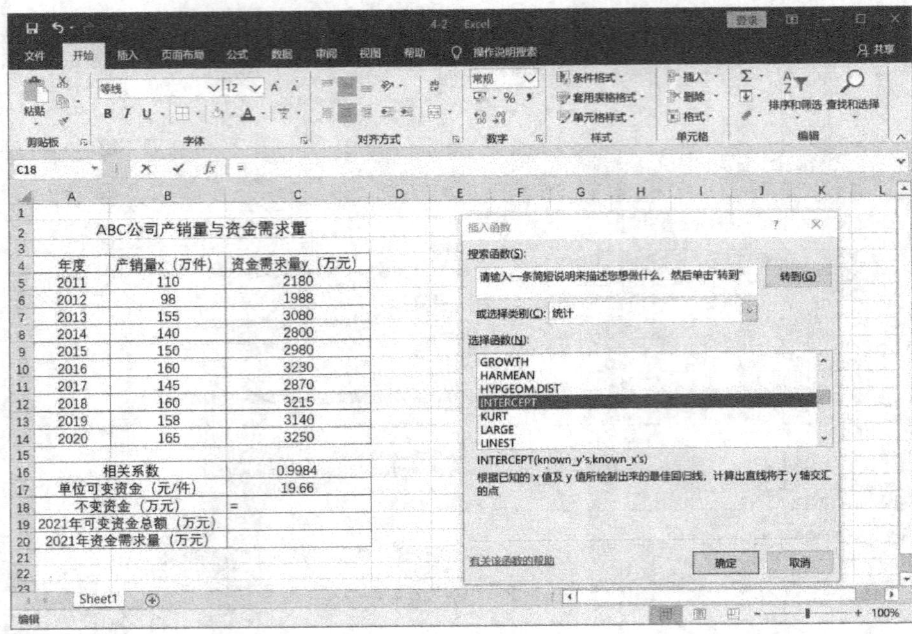

图 4-14

点击“确定”，弹出“函数参数”对话框，如图 4-15 所示。参数选择和 SLOPE 函数完全相同，在“Known_y's”参数选择 C5:C14 单元格，在“Known_x's”参数选择 B5:B14 单元格，点击“确定”，得到不变资金为 40.83。

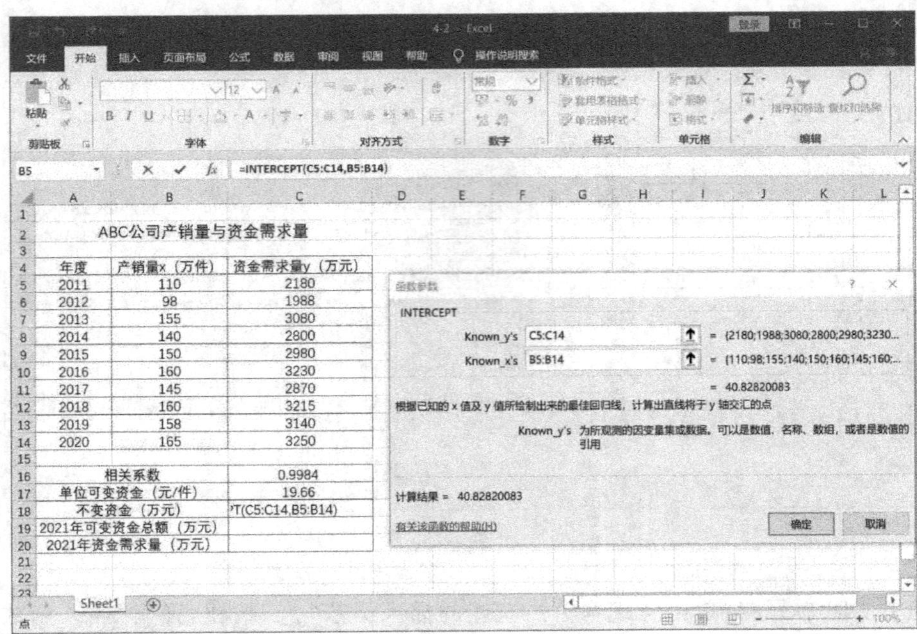

图 4-15

因此，ABC 公司资金需求量模型为：

$$Y = 40.83 + 19.66x$$

第三步，预测 2021 年 ABC 公司可变资金总额和 2021 年资金需求总量。

用鼠标选中 C19 单元格，在公式编辑栏中键入“=C17 * 170”，170 为 2021 年预计产销量，按“回车”键，即可得到 2021 年可变资金总额为 3 341.57 万元。如图 4-16 所示。

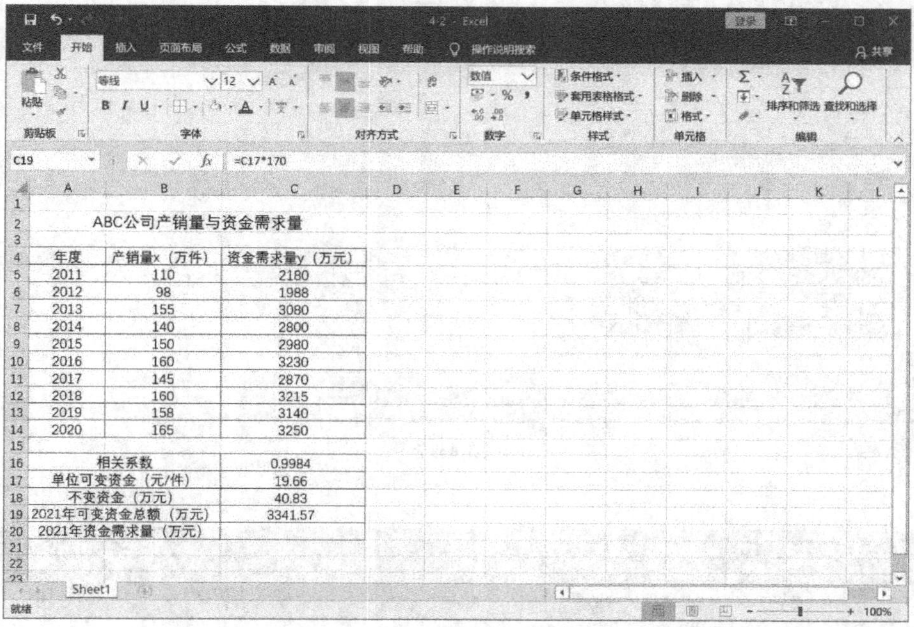

C19　=C17*170

ABC公司产销量与资金需求量

年度	产销量x（万件）	资金需求量y（万元）
2011	110	2180
2012	98	1988
2013	155	3080
2014	140	2800
2015	150	2980
2016	160	3230
2017	145	2870
2018	160	3215
2019	158	3140
2020	165	3250

相关系数	0.9984
单位可变资金（元/件）	19.66
不变资金（万元）	40.83
2021年可变资金总额（万元）	3341.57
2021年资金需求量（万元）	

图 4-16

用鼠标选中 C20 单元格，在公式编辑栏中键入“=C18+C19”，按“回车”键，即可得到 2021 年资金需求量为 3 382.40 万元，如图 4-17 所示。

在 Excel 工作表里，可以使用插入图表绘制 ABC 公司产销量与资金需求总量关系图。操作方法如下：

第一步，用鼠标选中数据。

选中 B4:C14 单元格区域，点击“插入”选项卡的“图表”下拉菜单的“散点图”，如图 4-18 所示。

点击“确定”，即出现 2011—2020 年产销量与资金需求量的散点图，如图 4-19 所示。

第二步，绘制趋势线。

用鼠标右键选中散点，从弹出的快捷菜单中选择“添加趋势线”，如图 4-20 所示。

点击“确定”，在趋势线格式选项中，选择“线性”，由于趋势线只是线段，需要倒推才可显示截距，因此需要在“趋势预测”选项中的“后推”中，输入“98”周期（因为 10 个数据点的自变量最低为 98），同时，在“显示公式”前打勾，即可显示线性回归拟合线方程式。如图 4-21 所示。

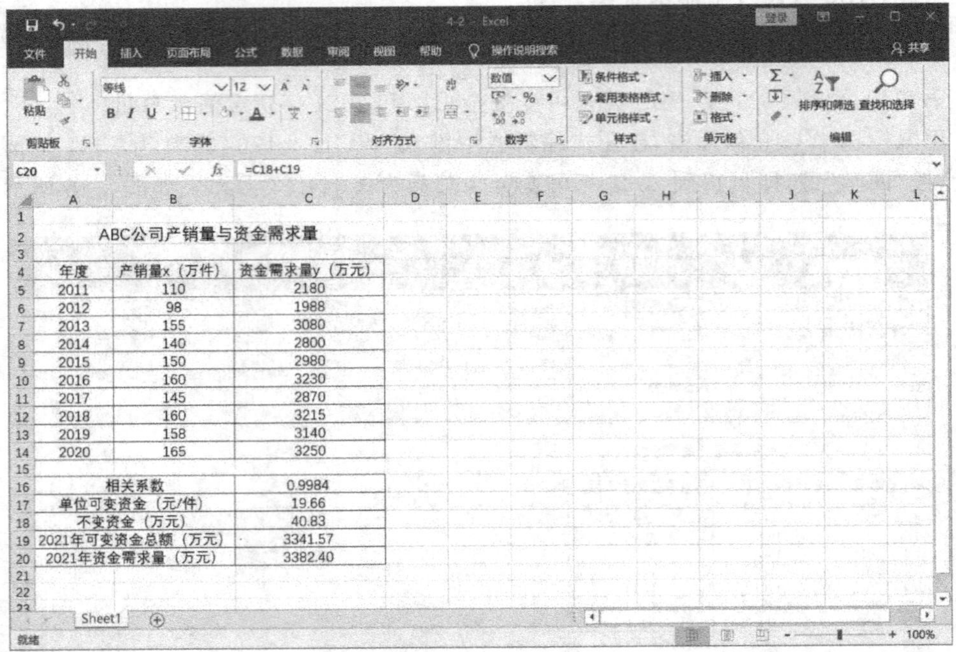

年度	产销量x（万件）	资金需求量y（万元）
2011	110	2180
2012	98	1988
2013	155	3080
2014	140	2800
2015	150	2980
2016	160	3230
2017	145	2870
2018	160	3215
2019	158	3140
2020	165	3250

项目	数值
相关系数	0.9984
单位可变资金（元/件）	19.66
不变资金（万元）	40.83
2021年可变资金总额（万元）	3341.57
2021年资金需求量（万元）	3382.40

图 4-17

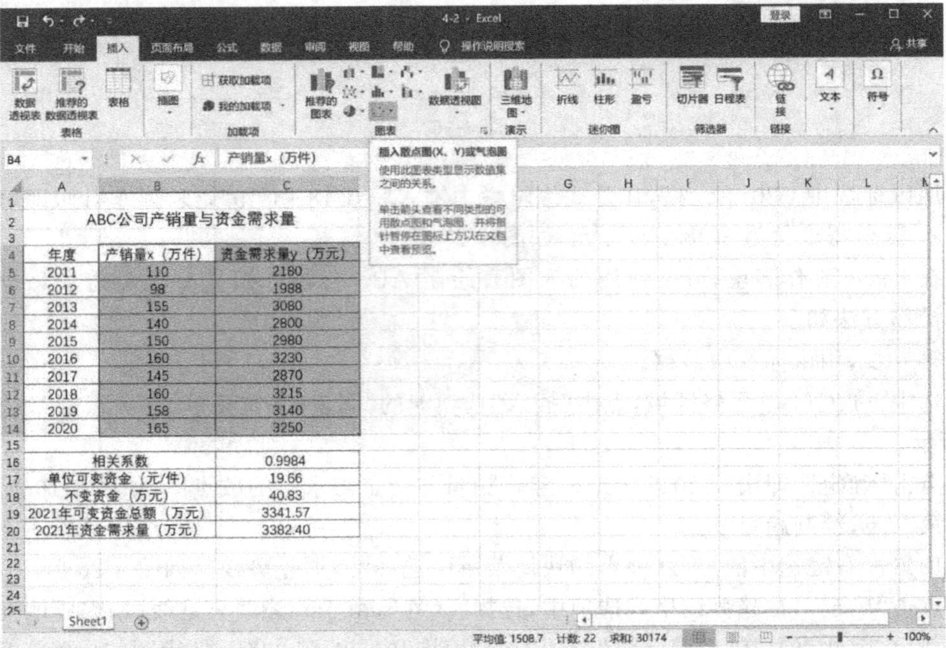

年度	产销量x（万件）	资金需求量y（万元）
2011	110	2180
2012	98	1988
2013	155	3080
2014	140	2800
2015	150	2980
2016	160	3230
2017	145	2870
2018	160	3215
2019	158	3140
2020	165	3250

项目	数值
相关系数	0.9984
单位可变资金（元/件）	19.66
不变资金（万元）	40.83
2021年可变资金总额（万元）	3341.57
2021年资金需求量（万元）	3382.40

图 4-18

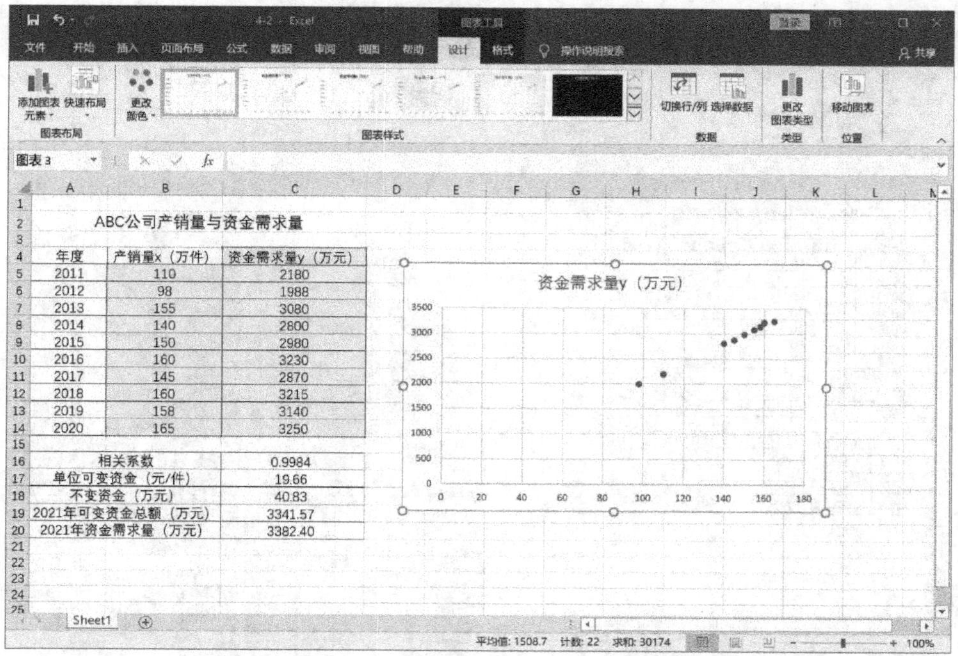

图 4-19

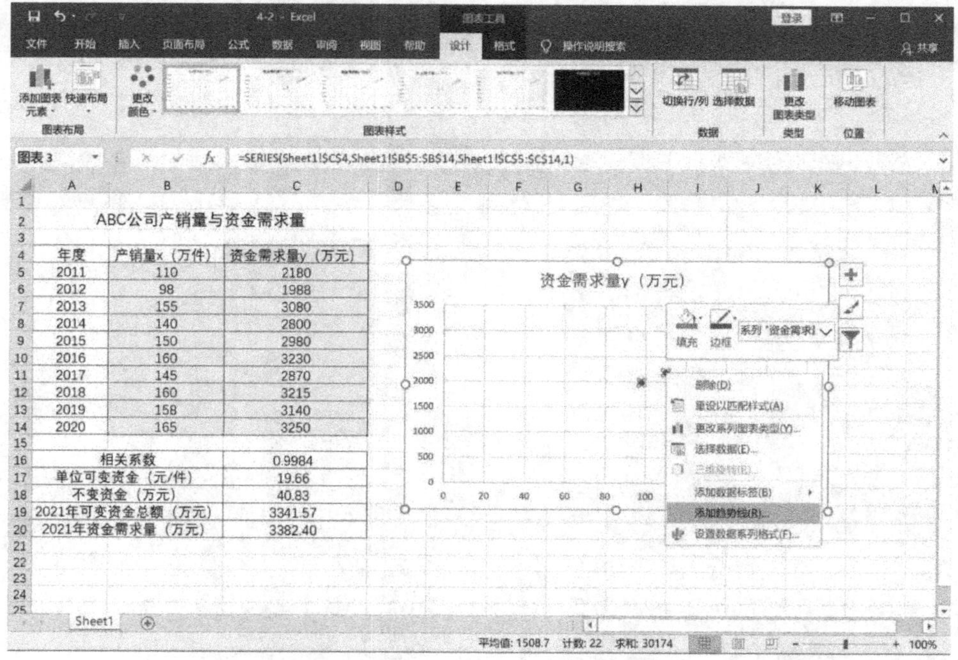

图 4-20

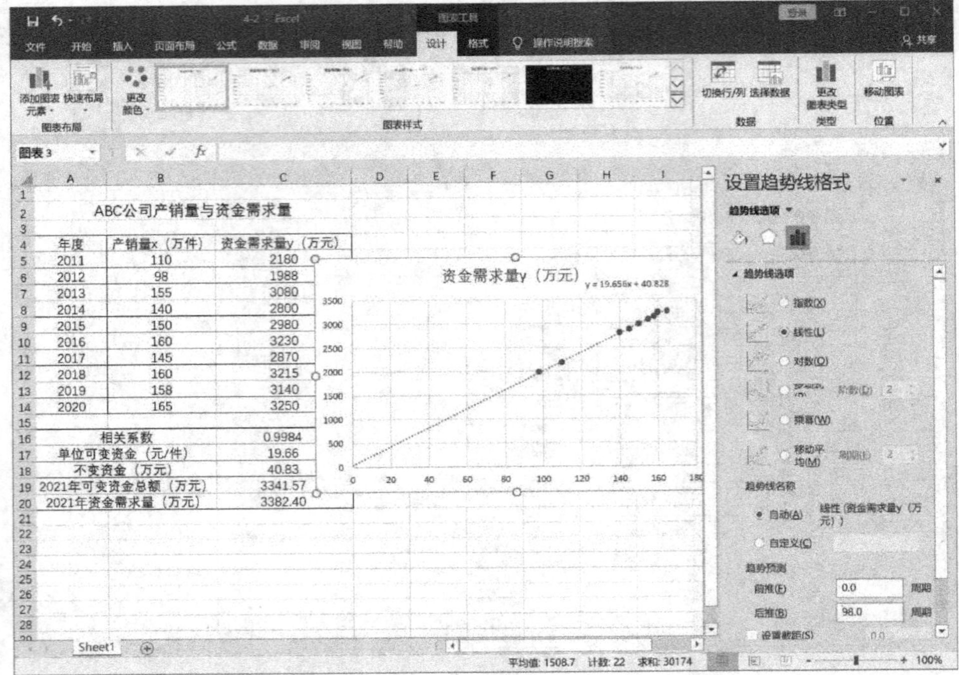

图 4-21

第 5 章　债务筹资决策实验

5.1　债务筹资决策实验概述

债务筹资是企业通过负债方式筹集资本，主要包括长期借款、发行债券、融资租赁以及赊购商品或服务等方式。与权益筹资方式相比，债务筹资所筹集的资金企业仅具有在一定期限内的使用权，到期时必须归还本金和利息，因此财务风险较大、资本成本相对较低，是企业主要的资本来源。

5.1.1 债务筹资决策实验内容

债务筹资会形成企业的偿债义务，因此企业需要对于偿还债务提前做好资金安排，做好还款计划。本章实验任务包括 7 项：

(1)分期等额还本付息情况下的各期还款额计算实验；

(2)计算每期还款的本金和利息实验；

(3)模拟运算表计算贷款偿还金额实验；

(4)计算累计还贷本金和利息实验；

(5)贷款利率的计算实验；

(6)贷款筹资还款计划表编制——等额本息还款方式；

(7)贷款筹资还款计划表编制——等额本金还款方式。

5.1.2 债务筹资决策实验基础知识

企业债务资本的筹资方式主要有：银行借款、发行债券、融资租赁、商业信用等。

(1)银行借款

银行借款是指企业向银行或非银行金融机构借入的，按约定的利率和期限还本付息的款项。目前，我国企业生产经营所需要的资本，除自有资本外大部分是向银行或非银行金融机构借入的。银行借款筹资由于弹性大、速度快、筹资成本低，是现代企业负债筹资的主要手段。

(2)企业债券

又称公司债券，是指企业依照法定程序发行的、约定在一定期限内还本付息的有价证券。债券是持券人拥有企业债权的书面证明，它代表持券人同发债公司之间的债权债务关系。债券筹资是一种直接融资，是面向广大社会公众和机构投资者，因而发行企业债券筹资有着严格要求。

债券作为一种有价证券，尽管种类繁多，但是在内容上都要包含一些相同的要素，主要包括面值、利率、付息期和偿还期等。债券在发行时，由于票面利率和市场利率不一定相等，会有平价发行、折价发行和溢价发行三种类型。债券的发行价格一般是由债券的面值和要支付的年利息按发行当时的市场利率折算成现值来确定的，其基本计算公式如下：

$$债券的发行价格 = \sum_{i=1}^{n} \frac{年利息}{(1+市场利率)^t} + \frac{面值}{(1+市场利率)^t}$$

式中：n——债券的发行期限；

t——债券支付利息的总期数；

市场利率——债券发行时的市场利率。

债券筹资的优点包括：一次筹资数额大；提高公司的社会声誉；筹集资金的使用限制条件少；能够锁定资本成本的负担。债券筹资的缺点有：发行资格要求高，手续复杂；资本成本较银行借款高。

(3)融资租赁

融资租赁，又称资本租赁，是指由租赁公司按承租方要求出资购买设备，在较长的合同期内提供给承租方使用的融资信用业务，它是以融通资金为主要目的租赁。融资租赁是现代租赁的主要类型，具有融资与融物的双重功能，是承租人筹集长期资本的一种特殊方式。融资租赁根据租赁所涉及的关系的复杂程度，通常可以细分为三种形式：直接租赁、销售租赁和杠杆租赁。

融资租赁每期租金的数额，取决于以下几项因素：

①设备原价及预计残值，包括设备买价、运输费、安装调试费、保险费等，以及该设备租赁期满后，出售可得的市价。

②利息，是指租赁公司为承租企业购置设备垫付资金所应支付的利息。

③租赁手续费，指租赁公司承办租赁设备所发生的业务费用和必要的利润。租赁手续费一般以租赁资产价款的某一百分比确定。

我国租赁实务中，租金的计算大多采用等额年金法。等额年金法下，通常要根据利率和租赁手续费率确定一个租金费用率作为折现率。利用折现率和年金现值系数，可计算出每期租金，大多为后付等额年金。

融资租赁筹资的优点包括：能迅速获得所需资产；财务风险小，财务优势明显；融资租赁筹资的限制条件较少；能延长资本融通的期限；免遭设备陈旧过时的风险。融资租赁筹资的缺点是成本较高。

(4)商业信用

商业信用是指在企业间的商品交易中，以延期付款或预收货款进行资金结算而形成的资金借贷关系，它是企业间的直接信用行为。由于商业信用产生于企业经常发生的商品购销活动之中，被称为“自发性筹资”，但严格来说它是企业主动选择的一种筹资行为，并非完全不可控的自发行为。商业信用应用广泛，已成为企业筹集短期资金的重要方式。

商业信用的具体形式有应付账款、应付票据、预收账款和票据贴现等。

商业信用筹资的优点包括：筹资方便；具有较大的主动权；限制条件少；及时回笼资金、节约收账成本。商业信用筹资的缺点有：筹资成本高；容易恶化企业的信用水平；受外部环境影响较大。

5.2 债务筹资决策实验任务

[任务 5-1]分期等额还本付息情况下的各期还款额计算

ABC 公司从甲银行贷款 200 万元，贷款年利率为 7.5%，贷款期限为 5 年，银行要求采用等额还本付息方式。

要求：计算 ABC 公司的每月还款额。

扫码获取实验素材(见本书“前言”背面二维码)

任务 5-1 中 ABC 公司每月还款额的计算需要调用 PMT 函数。PMT 是一个财务函数，用于根据固定付款额和固定利率计算贷款的付款额。其函数语法为：

PMT(Rate,Nper,Pv,[Fv],[Type])

PMT 函数语法具有下列参数：

第 1 参数 Rate 必需，表示贷款利率。

第 2 参数 Nper 必需，表示该项贷款的付款总数。

第 3 参数 Pv 必需，表示现值，或一系列未来付款额现在所值的总额，也叫本金。

第 4 参数 Fv 可选，表示未来值，或在最后一次付款后希望得到的现金余额。如果省略 Fv，则假定其值为 0(零)，即贷款的未来值是 0。

第 5 参数 Type 表示类型，可选数字 0(零)或 1 指示支付时间，0 或省略，是指期末，1 指期初。

[实验操作步骤]

第一步，将任务 5-1 中的借款数据输入 Excel 工作表，如图 5-1 所示。

第二步，调用 PMT 函数，计算各期还款额

用鼠标单击 C6 单元格，单击公式编辑栏左侧的插入函数“f_x”按钮，弹出“插入函数”对话框，单击“或选择类别(C)”栏选择“财务”类，在“选择函数(N)”栏选择“PMT”函数名。如图 5-2 所示。

点击“确定”按钮，弹出计算年金的“函数参数”对话框。单击“Rate”栏右输入“C3/12”，因为 7.5%是年利率，还款是按月偿还，需折算为月利率。“Nper”参数中选择 C4，“Pv”参数中选择 C5，如图 5-3 所示。如果还款时间在每月初，则需在“Type”参数中输入 1，本任务中默认为月末还款，可忽略。

点击“确定”按钮，在 C6 单元格就显示出 ABC 公司每月还款额为 40 075.90 元，如图 5-4 所示。

ABC公司还款额
年利率 7.50%
期数 60
贷款总额 2000000
每月还款额

图 5-1

ABC公司还款额
年利率 7.50%
期数 60
贷款总额 2000000
每月还款额 =
插入函数
搜索函数(S):
请输入一条简短说明来描述您想做什么，然后单击"转到"
转到(G)
或选择类别(C): 财务
选择函数(N):
ODDLPRICE
ODDLYIELD
PDURATION
PMT
PPMT
PRICE
PRICEDISC
PMT(rate,nper,pv,fv,type)
计算在固定利率下，贷款的等额分期偿还额
有关该函数的帮助
确定
取消

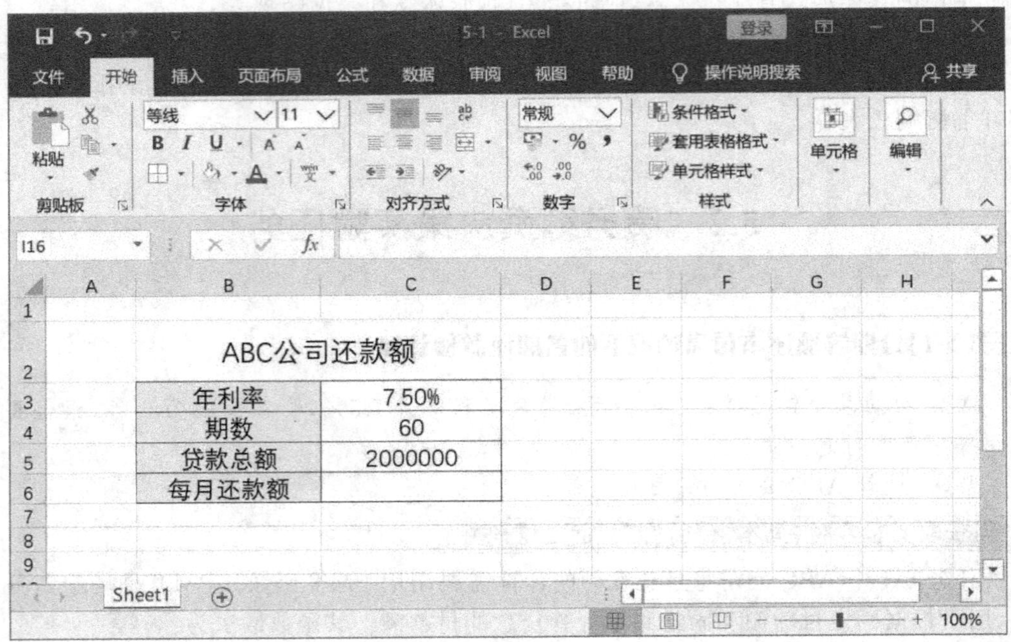

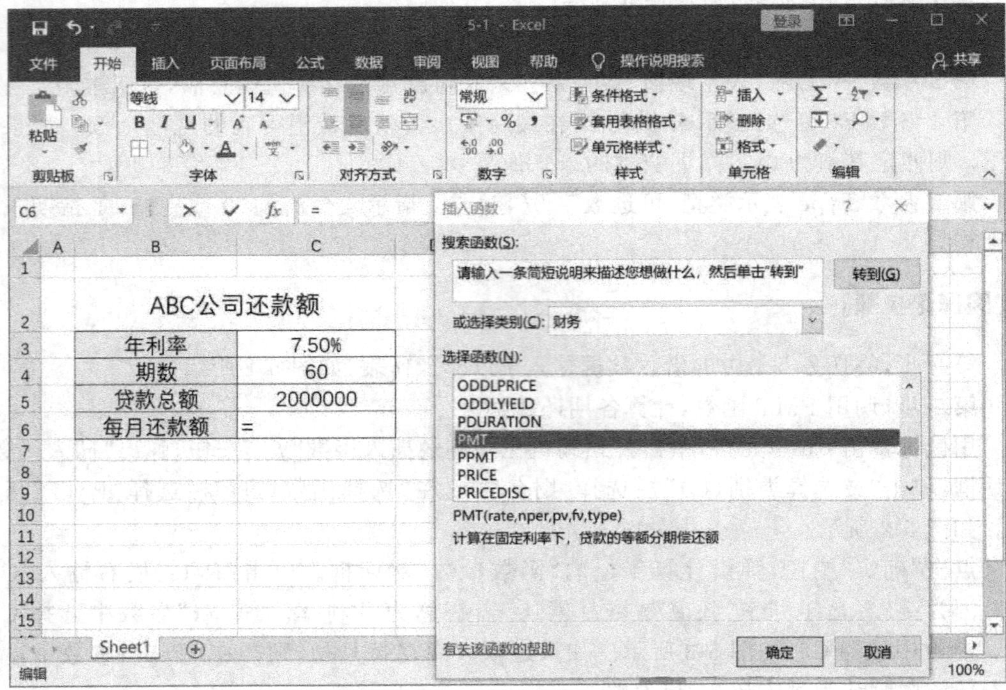

图 5-2

5-1 - Excel
C5
=PMT(C3/12,C4,C5)
ABC公司还款额
年利率
7.50%
期数
60
贷款总额
2000000
每月还款额
C3/12,C4,C5)
函数参数
PMT
Rate C3/12 = 0.00625
Nper C4 = 60
Pv C5 = 2000000
Fv = 数值
Type = 数值
= -40075.89719
计算在固定利率下，贷款的等额分期偿还额
Pv 从该项投资(或贷款)开始计算时已经入账的款项，或一系列未来付款当前值的累积和
计算结果 = -40075.89719
有关该函数的帮助(H)
确定
取消

图 5-3

5-1 - Excel
C6
=PMT(C3/12,C4,C5)
ABC公司还款额
年利率
7.50%
期数
60
贷款总额
2000000
每月还款额
¥-40,075.90

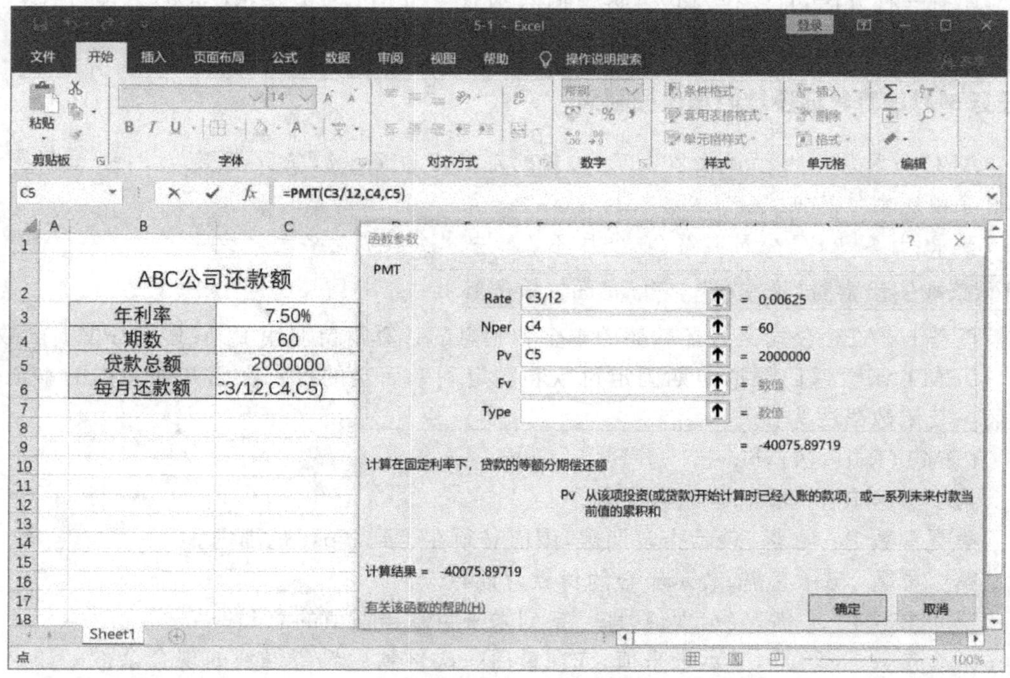

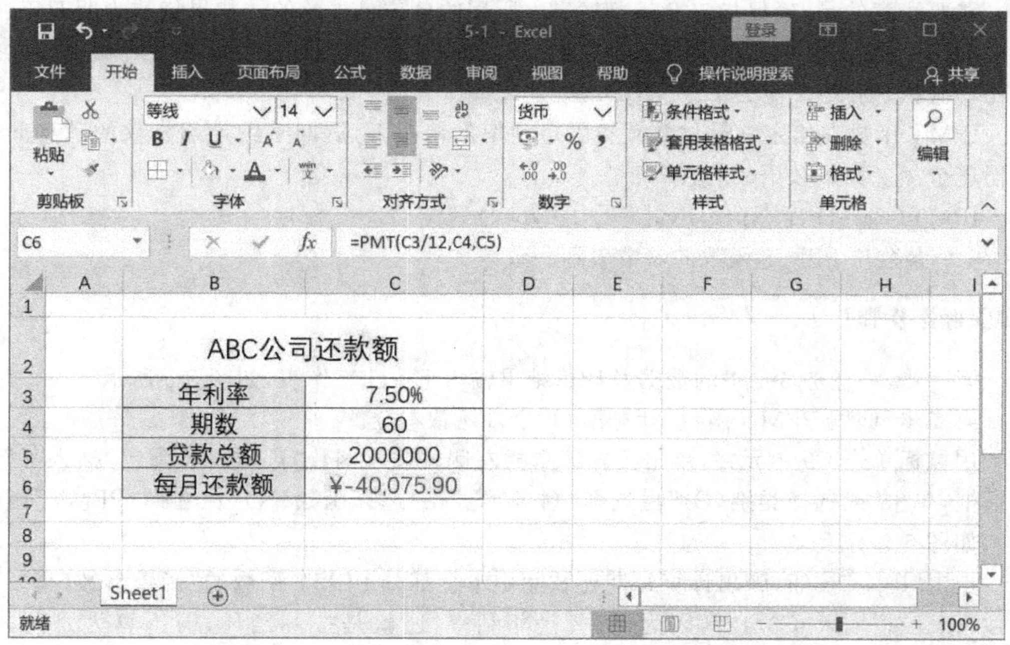

图 5-4

还有一种方法，直接在公式编辑栏输入函数“=PMT(C3/12,C4,C5)”，即可计算出每期还款额。

[任务 5-2]计算每期还款的本金和利息

ABC 公司从甲银行贷款 200 万元，贷款年利率为 7.5%，贷款期限为 5 年，银行要求采用等额还本付息方式。

要求：计算 ABC 公司在第 20 个月还款额中本金和利息各为多少？

扫码获取实验素材(见本书“前言”背面二维码)

任务 5-2ABC 公司某月还款额的本金和利息的计算需要调用 PPMT 和 IPMT 函数。

PPMT 函数返回根据定期固定付款和固定利率而定的投资在已知期间内的本金偿付额。其函数语法为：

PPMT(Rate,Per,Nper,Pv,[Fv],[Type])

第 1 参数 Rate 必需，表示各期利率。

第 2 参数 Per 必需，表示指定期数，该值必须在 1 到 Nper 范围内。

第 3 参数 Nper 必需，表示年金的付款总期数。

第 4 参数 Pv 必需，表示现值，即一系列未来付款当前值的总和。

第 5 参数 Fv 可选，表示未来值，或在最后一次付款后希望得到的现金余额。如果省略 Fv，则假定其值为 0(零)，即贷款的未来值是 0。

第 6 参数 Type 类型可选，数字 0 或 1，用以指定各期的付款时间是在期初还是期末。

需要注意的是，确保指定 Rate 和 Nper 所用的单位是一致的。如果贷款为期四年(年利率 12%)，每月还一次款，则 Rate 应为 12%/12，Nper 应为 4×12。如果对相同贷款每年还一次款，则 Rate 应为 12%，Nper 应为 4。

IPMT 函数在给定常量付款额和固定利率的情况下，返回某给定期贷款的利息部分的偿还金额。其函数语法为：

IPMT(Rate,Per,Nper,Pv,[Fv],[Type])

6 个参数与 PPMT 函数的参数表示一致。

[实验操作步骤]

第一步，将任务 5-1 中的数据及计算结果输入 Excel 工作表，如图 5-5 所示。

第二步，调用 PPMT 函数，计算第 20 个月还款本金。

用鼠标单击 C9 单元格，单击公式编辑栏左侧的插入函数“f_x”按钮，弹出“插入函数”对话框，单击“或选择类别(C)”栏选择“财务”类，在“选择函数(N)”栏选择“PPMT”函数名。如图 5-6 所示。

点击“确定”按钮，弹出计算每期还款额中本金部分 PPMT 函数的“函数参数”框。在参数“Rate”栏输入“C3/12”，因为 7.5%是年利率，还款是按月偿还，需折算为月利率。“Per”参数中选择 C8，“Nper”参数中选择 C4，“Pv”参数中选择 C5，如图 5-7 所示。如果还款时间在每月初，则需在“Type”参数中输入 1，本任务中默认为月末还款，可忽略。

点击“确定”按钮，在 C9 单元格就显示出 ABC 公司第 20 月还款额中本金是 31 041.42 元。

ABC公司还款额
年利率 7.50%
期数 60
贷款总额 2000000
每月还款额 ¥-40,075.90
第n期 20
第n期还款本金
第n期还款利息

图 5-5

ABC公司还款额
年利率 7.50%
期数 60
贷款总额 2000000
每月还款额 ¥-40,075.90
第n期 20
第n期还款本金 =
第n期还款利息
插入函数
搜索函数(S):
请输入一条简短说明来描述您想做什么，然后单击"转到"
转到(G)
或选择类别(C): 财务
选择函数(N):
PDURATION
PMT
PPMT
PRICE
PRICEDISC
PRICEMAT
PV
PPMT(rate,per,nper,pv,fv,type)
返回在定期偿还、固定利率条件下给定期次内某项投资回报(或贷款偿还)的本金部分
有关该函数的帮助
确定
取消

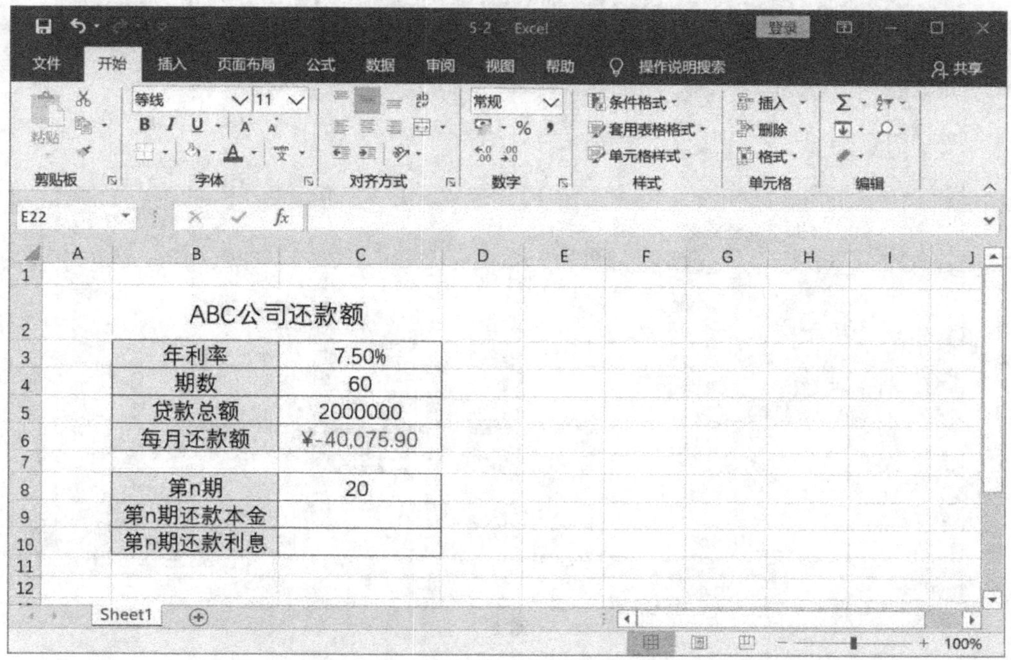

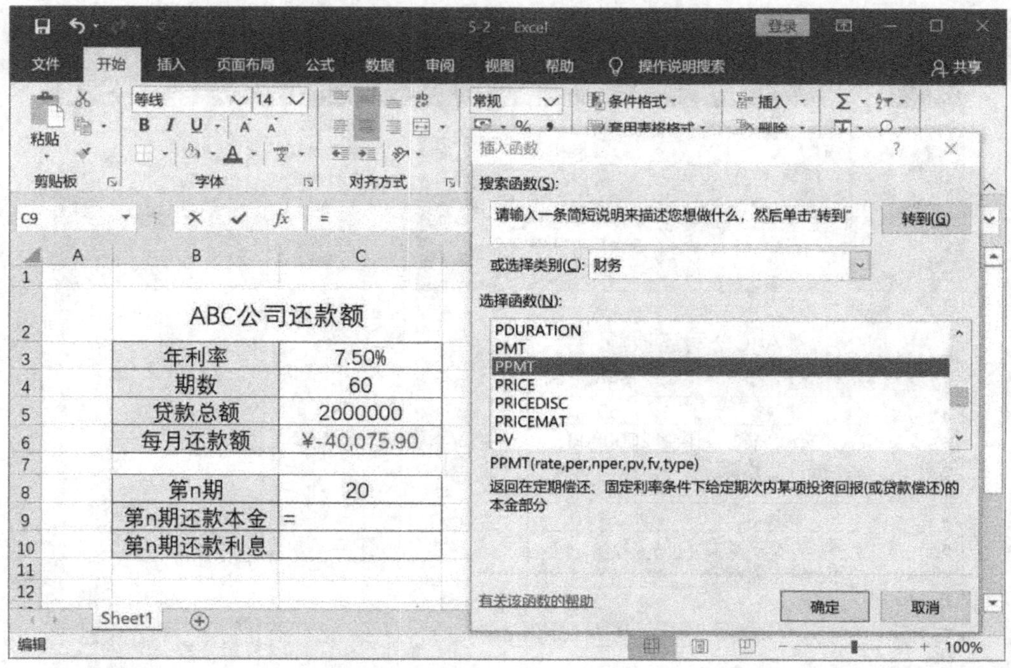

图 5-6

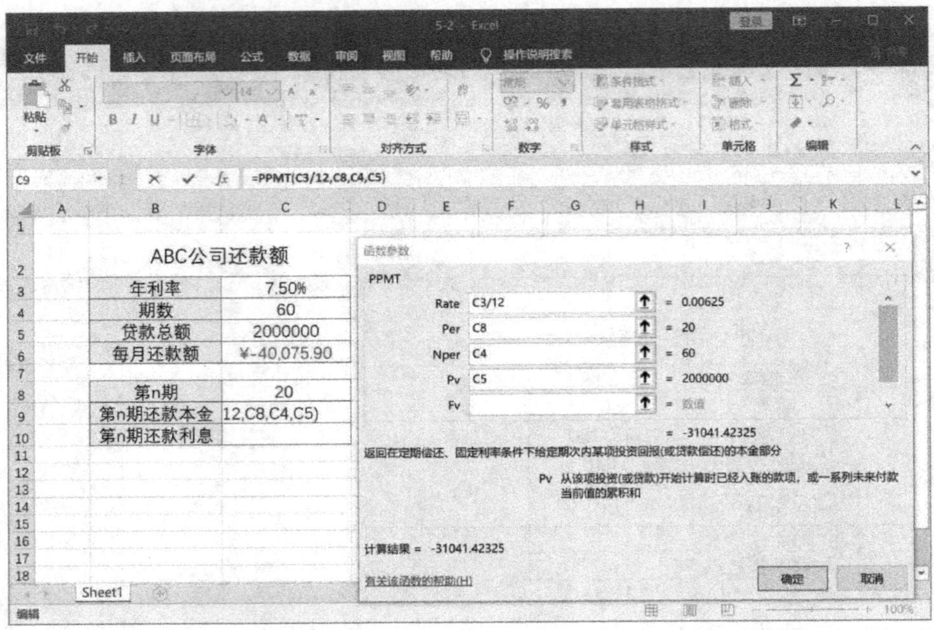

图 5-7

还有一种方法，选中 C9 单元格，直接在公式编辑栏输入函数"＝PPMT(C3/12,C8,C4,C5)"，即可计算出第 20 月还款额中本金是 31 041.42 元，如图 5-8 所示。

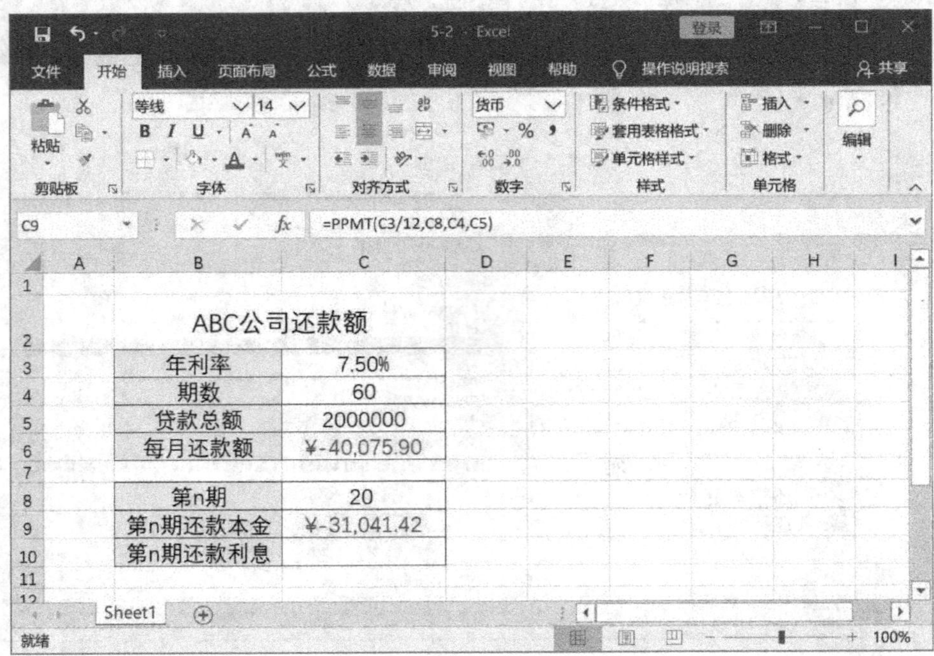

图 5-8

第三步，调用 IPMT 函数，计算第 20 个月还款利息。

用鼠标单击 C10 单元格，单击公式编辑栏左侧的插入函数“f_x”按钮，弹出“插入函数”对话框，单击“或选择类别(C)”栏选择“财务”类，在“选择函数(N)”栏选择“IPMT”函数名。如图 5-9 所示。

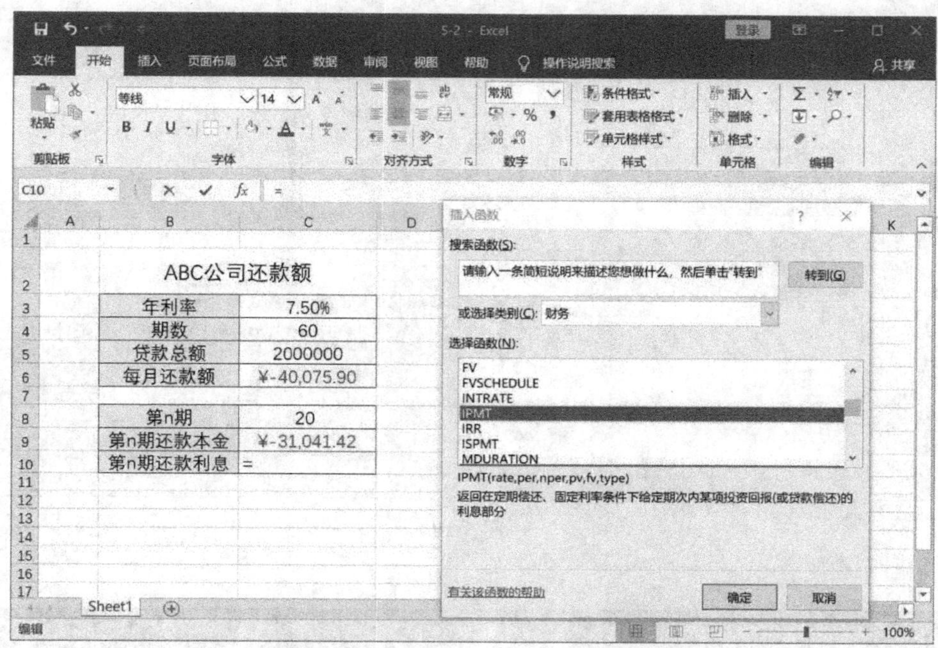

图 5-9

点击“确定”按钮，弹出计算每期还款额中利息部分 IPMT 函数的“函数参数”对话框。在参数“Rate”栏输入“C3/12”，因为 7.5%是年利率，还款是按月偿还，需折算为月利率。“Per”参数中选择 C8，“Nper”参数中选择 C4，“Pv”参数中选择 C5，如图 5-10 所示。如果还款时间在每月初，则需在“Type”参数中输入 1，本任务中默认为月末还款，可忽略。IPMT 函数参数与 PPMT 参数的选择完全相同。

点击“确定”按钮，在 C10 单元格就显示出 ABC 公司第 20 月还款额中利息是 9 034.47 元。

还有一种方法，选中 C10 单元格，直接在公式编辑栏输入函数“＝IPMT(C3/12,C8,C4,C5)”，即可计算出第 20 月还款额中利息是 9 034.47 元，如图 5-11 所示。

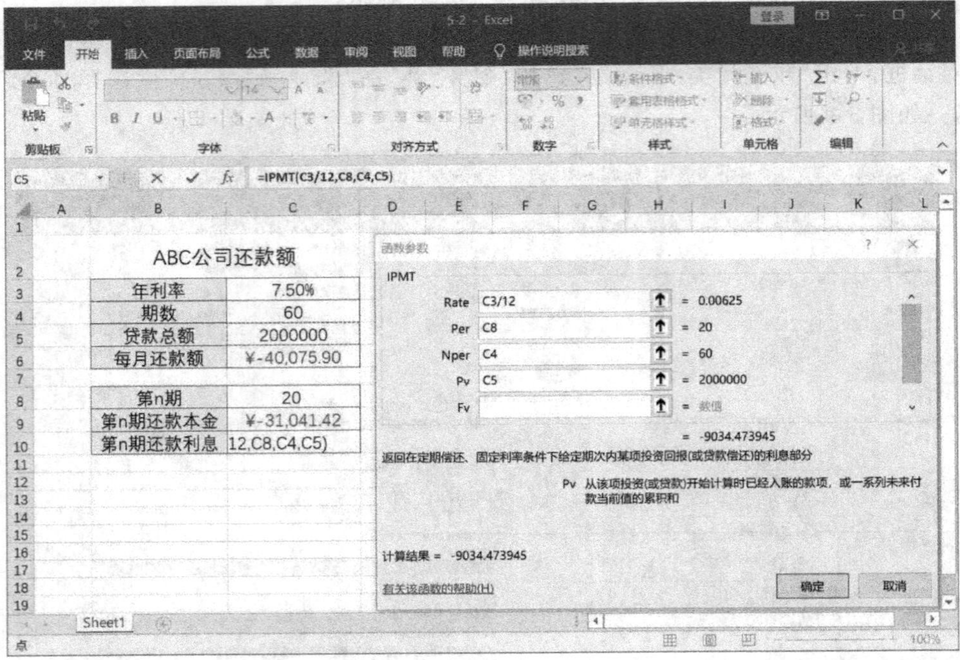

图 5-10

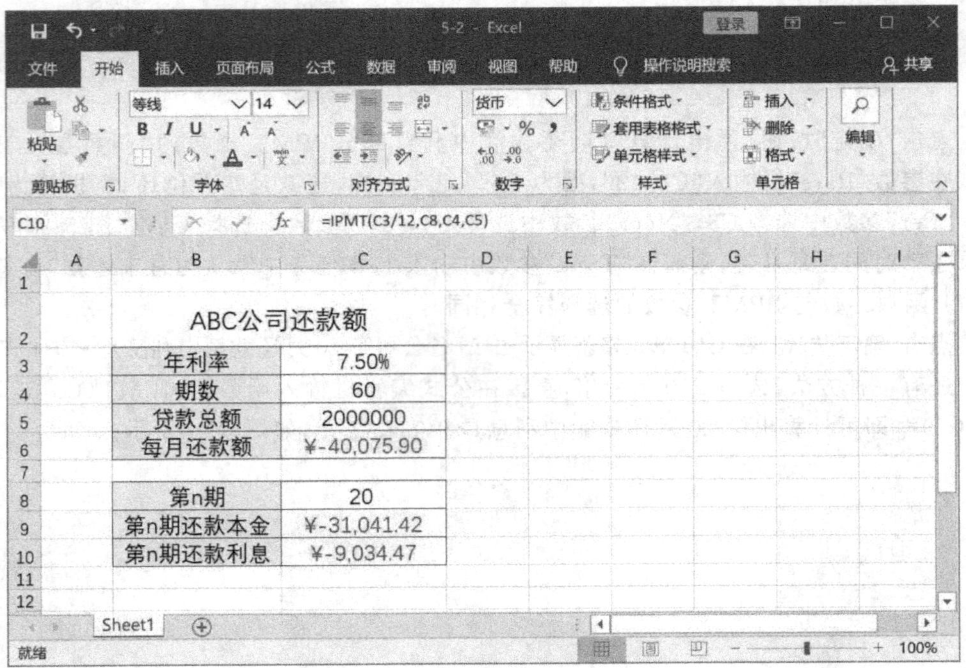

图 5-11

[任务 5-3]模拟运算表计算贷款偿还金额

ABC 公司从甲银行借款 200 万元，贷款年利率为 7.5%，贷款期限为 5 年，银行要求采用等额还本付息方式。

要求：(1)计算 ABC 公司在每年还款额；

(2)计算在利率分别为 6.5%、7%、8%、9%，贷款金额为 100 万、150 万、240 万、300 万时每年还款额。

扫码获取实验素材(见本书“前言”背面二维码)

[实验操作步骤]

模拟分析是更改单元格中的值以查看这些更改对工作表上的公式结果有何影响的过程，并提出有关问题的不同答案。

(1)计算 ABC 公司在每年还款额

第一步，将中的数据及计算结果输入 Excel 工作表，如图 5-12 所示。

图 5-12

第二步，计算每年还款额。

选中 C10 单元格，在公式编辑栏输入函数“=PMT($C$3,$C$4,$C$5)”，即可计算出每年还款额为 494 329.44 元，如图 5-13 所示。

(2)计算在利率分别为 6.5%、7%、8%、9%，贷款金额为 100 万、150 万、240 万、300 万时每年还款额。

第一步，用鼠标选中 C6 单元格，将 C6 单元格的公式复制到 B10 单元格，如图 5-14 所示。

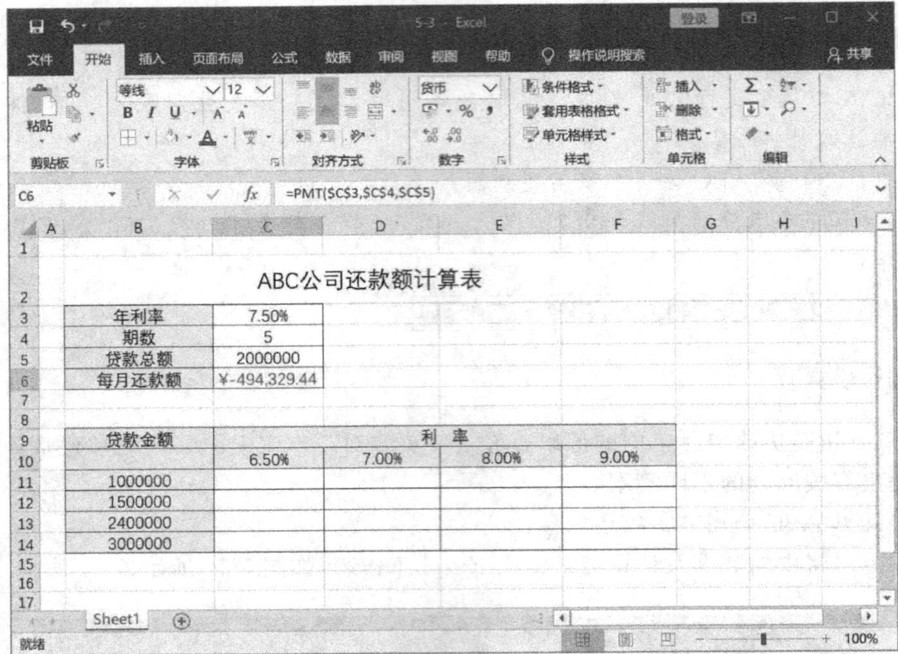

图 5-13

B10 =PMT($C$3,$C$4,$C$5)

ABC公司还款额计算表

年利率	7.50%
期数	5
贷款总额	2000000
每月还款额	¥-494,329.44

贷款金额	利 率			
¥-494,329.44	6.50%	7.00%	8.00%	9.00%
1000000				
1500000				
2400000				
3000000				

图 5-14

第二步，选中 B10:F14 单元格区域，单击“数据”选项卡的“模拟分析”下拉按钮，在列表中选择“模拟分析”工具，如图 5-15 所示。

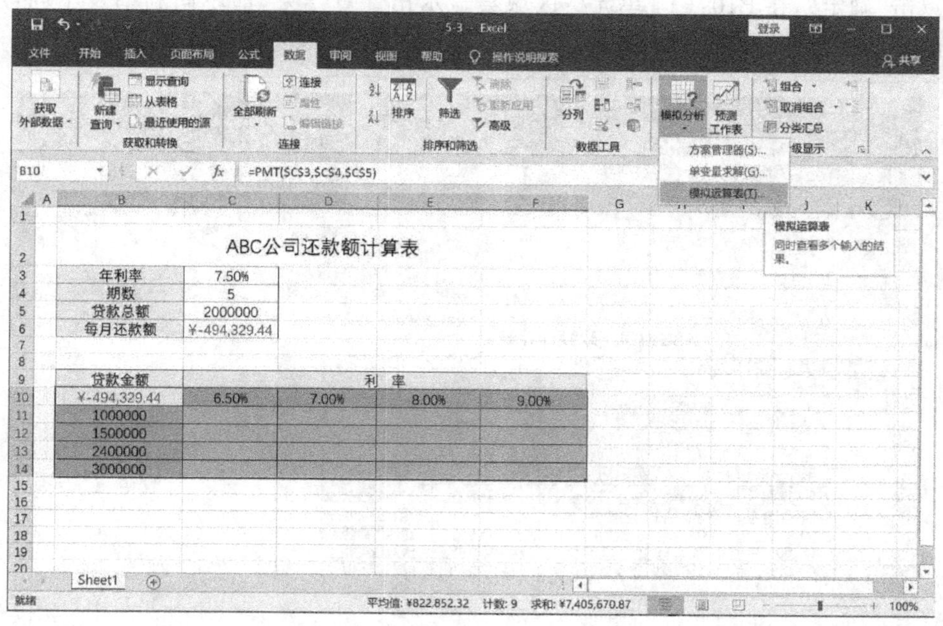

图 5-15

在弹出的“模拟运算表”对话框中，单击“输入引用行的单元格(R)”右侧折叠按钮，输入“＄C＄3”，即年利率，在“输入引用列的单元格(C)”右侧折叠按钮，输入“＄C＄5”，即贷款金额，如图 5-16 所示。

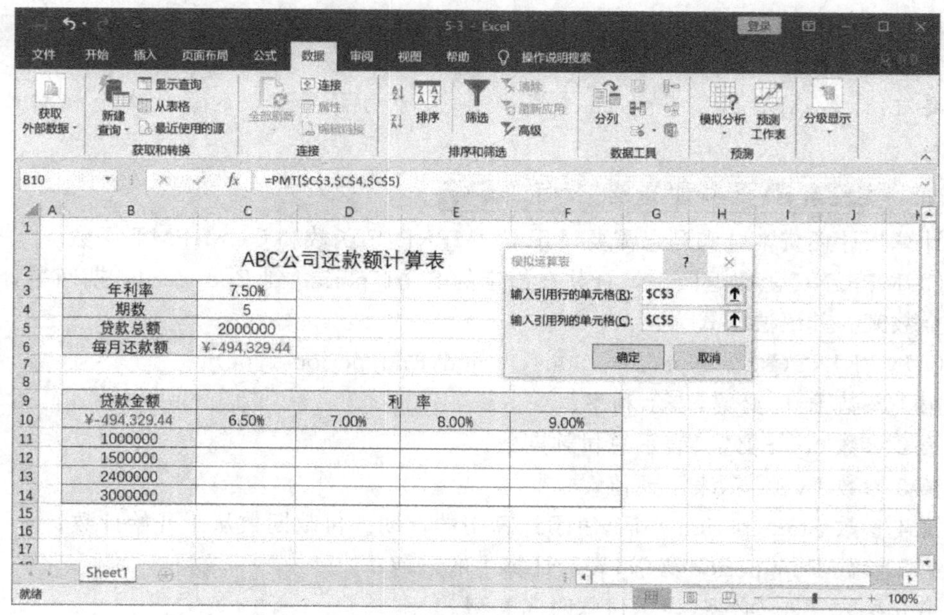

图 5-16

点击“确定”，在 B10:F14 单元格区域会显示出计算结果，即不同利率及不同金额下对应的年偿还金额，如图 5-17 所示。

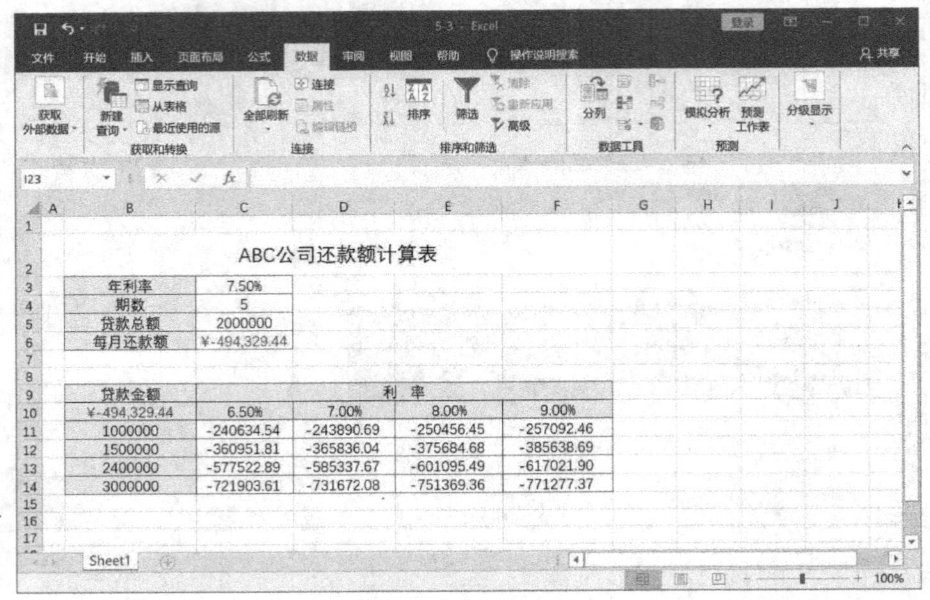

图 5-17

[任务 5-4]计算累计还贷本金和利息

ABC 公司从甲银行贷款 200 万元，贷款年利率为 7.5%，贷款期限为 5 年，银行要求采用等额还本付息方式，按月偿还。

要求：计算 ABC 公司从第 25 个月到第 36 个月需要还款的累计本金和利息各是多少？

扫码获取实验素材（见本书“前言”背面二维码）

计算累计还贷本金和利息需要调用 CUMPRINC 函数和 CUMIPMT 函数。

CUMPRINC 函数返回一笔贷款在给定的 Start_period 到 End_period 期间累计偿还的本金数额。其语法格式为：

CUMPRINC(Rate，Nper，Pv，Start_period，End_period，type)

第 1 参数 Rate 必需，表示利率；

第 2 参数 Nper 必需，表示总付款期数；

第 3 参数 Pv 必需，表示现值；

第 4 参数 Start_period 必需，表示计算中的首期。付款期数从 1 开始计数；

第 5 参数 End_period 必需，表示计算中的末期；

第 6 参数 Type 必需，表示付款时间类型。

CUMIPM 函数返回一笔贷款在给定的 Start_period 到 End_period 期间累计偿还的利息数额。其语法格式为：

CUMIPMT(Rate,Nper,Pv,Start_period,End_period,Type)

CUMIPM 函数的参数含义与 CUMPRINC 函数完全相同。

需要注意的是,CUMPRINC 函数和 CUMIPMT 函数在调用时,Rate 和 Nper 所用的单位是一致的。如果 Rate≤0、Nper≤0 或 Pv≤0,则会返回错误值♯NUM!。如果 Start_period＜1,End_period＜1 或 Start_period＞End_period,则会返回错误值♯NUM!。如果 Type 不为数字 0 或 1,则会返回错误值♯NUM!。

[实验操作步骤]

第一步,将任务 5-4 中贷款数据输入工作表中,如图 5-18 所示。

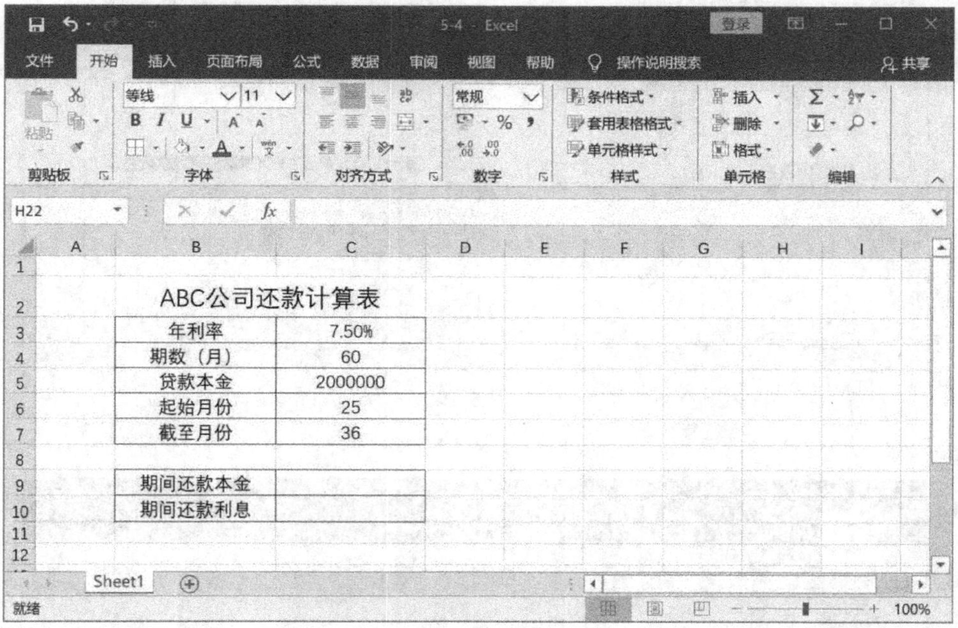

ABC公司还款计算表

年利率	7.50%
期数（月）	60
贷款本金	2000000
起始月份	25
截至月份	36

期间还款本金	
期间还款利息	

图 5-18

第二步,计算 ABC 公司从第 25 个月到第 36 个月需要还款的累计本金。

用鼠标单击 C9 单元格,单击公式编辑栏左侧的插入函数“f_x”按钮,弹出“插入函数”对话框,单击“或选择类别(C)”栏选择“财务”类,在“选择函数(N)”栏选择“CUMPRINC”函数名。如图 5-19 所示。

点击“确定”按钮,弹出计算累计还贷本金 CUMPRINC 函数的“函数参数”对话框。在参数“Rate”栏输入“C3/12”,因为 7.5%是年利率,还款是按月偿还,需折算为月利率。“Nper”参数中选择 C4,“Pv”参数中选择 C5,“Start_period”参数选择 C6,“End_period”参数选择 C7,“Type”参数输入 0,因为还款在每月末,如图 5-20 所示。

点击“确定”,在 C9 单元格会显示 ABC 公司从第 25 个月到第 36 个月需要还款的累计本金为 397 772.91 元,如图 5-21 所示。

第三步,计算 ABC 公司从第 25 个月到第 36 个月需要还款的累计利息。

用鼠标单击 C10 单元格，单击公式编辑栏左侧的插入函数“f_x”按钮，弹出“插入函数”对话框，单击“或选择类别（C）”栏选择“财务”类，在“选择函数（N）”栏选择“CUMIPMT”函数名。如图 5-22 所示。

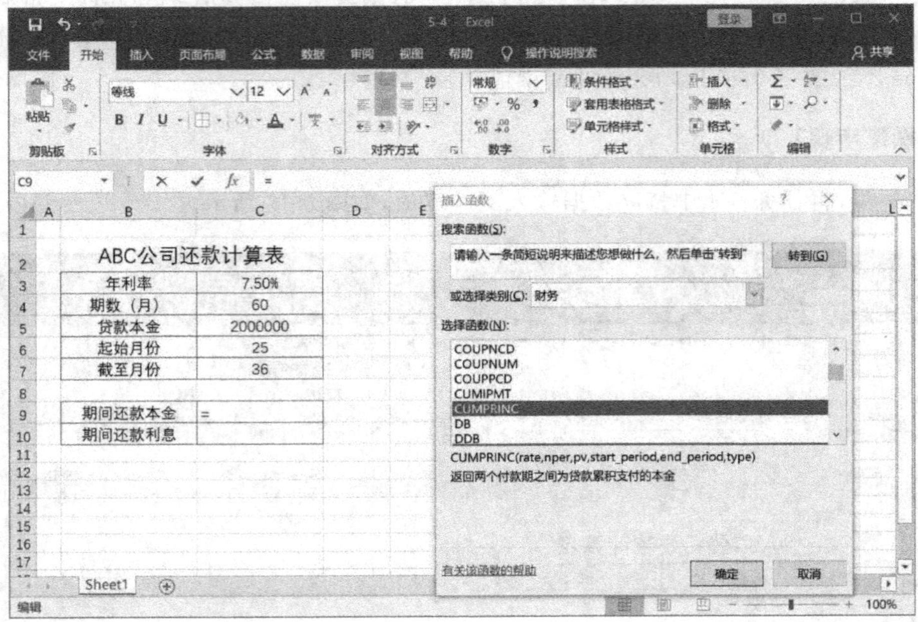

图 5-19

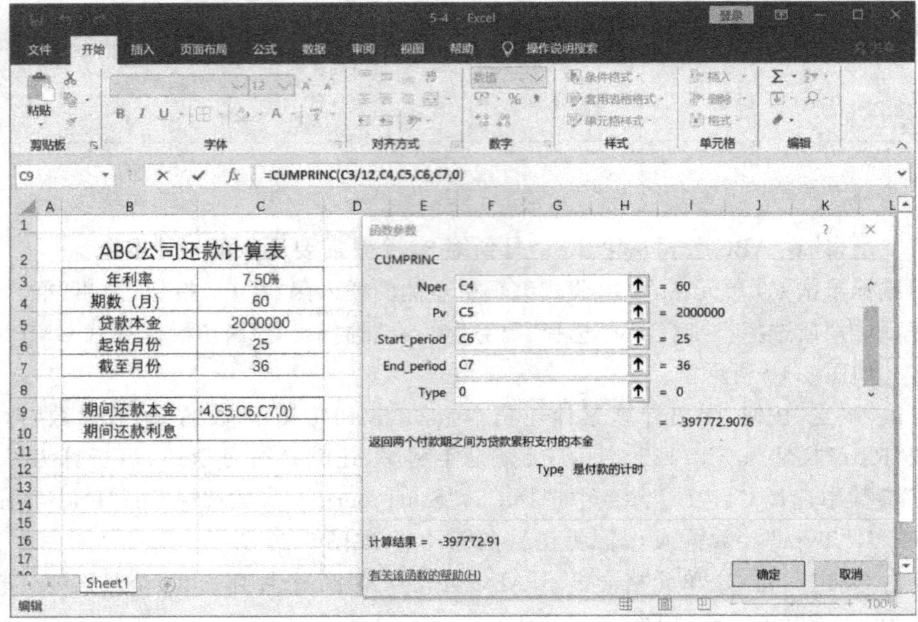

图 5-20

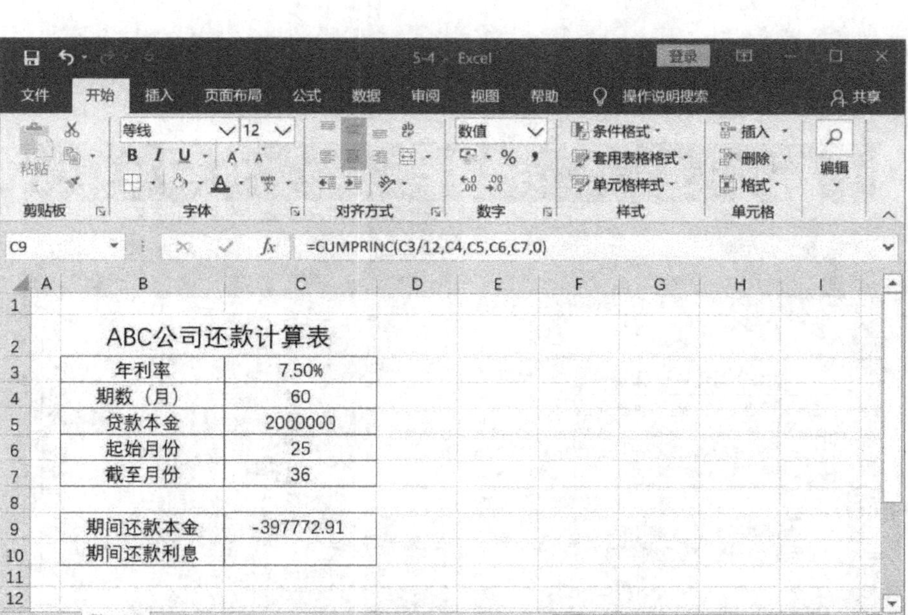

图 5-21

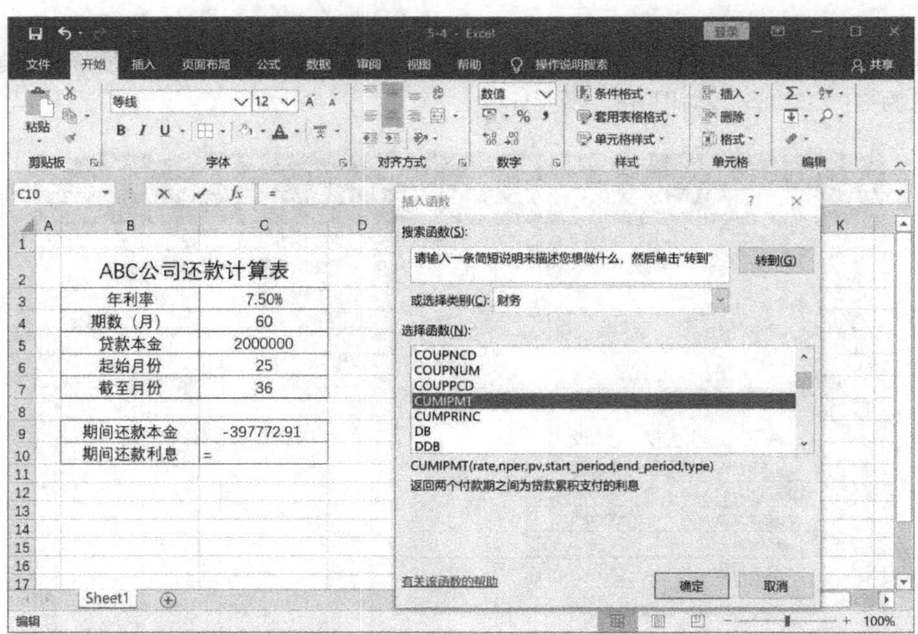

图 5-22

点击"确定"按钮，弹出计算累计还贷利息 CUMIPMT 函数的"函数参数"对话框。参数选择和第二步 CUMPRINC 函数的参数完全相同。即在参数"Rate"栏输入"C3/12"，因为 7.5%是年利率，还款是按月偿还，需折算为月利率。"Nper"参数中选择 C4，"Pv"参数中选择 C5，“Start_period”参数选择 C6，“End_period”参数选择 C7，“Type”参数输入 0，因为还款在每月末，如图 5-23 所示。

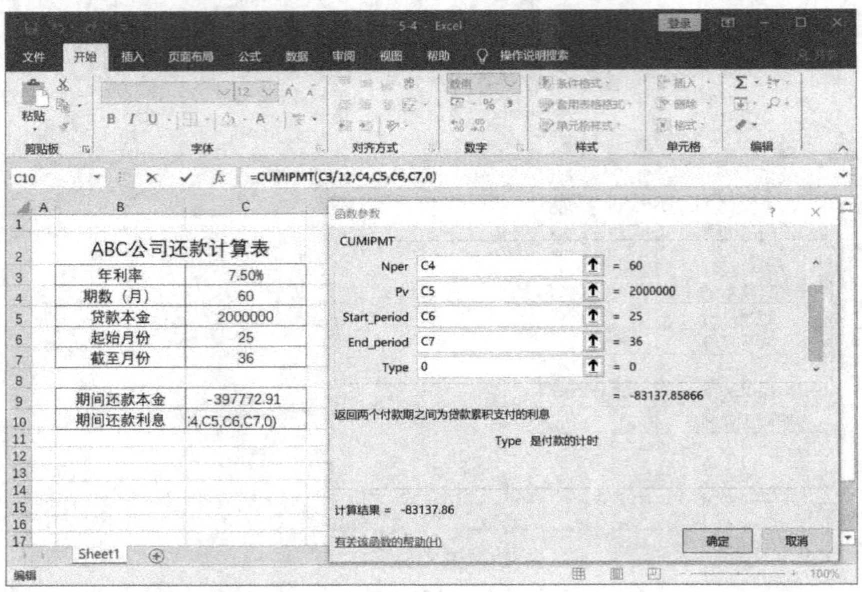

图 5-23

点击“确定”，在 C10 单元格会显示 ABC 公司从第 25 个月到第 36 个月需要还款的累计利息为 83 137.86 元，如图 5-24 所示。

图 5-24

[任务 5-5]计算贷款利率—年金还款形式

ABC 公司从甲银行贷款 8 000 万元，款期限为 4 年，银行要求在 4 年中每月末偿还 200 万元。

要求：计算 ABC 公司该笔借款的月利率和年利率？

扫码获取实验素材(见本书"前言"背面二维码)

以年金形式偿还贷款，计算利率需要调用 RATE 函数。RATE 函数返回每期年金的利率。该函数的语法格式为：

RATE(Nper,Pmt,Pv,[Fv],[Type],[Guess])

第 1 参数 Nper 必需，表示年金的付款总期数。

第 2 参数 Pmt 必需，表示每期的付款金额，在年金周期内不能更改。通常，Pmt 包括本金和利息，但不含其他费用或税金。如果省略 Pmt，则必须包括 Fv 参数。

第 3 参数 Pv 必需，表示现值，即一系列未来付款当前值的总和。

第 4 参数 Fv 可选，表示未来值，或在最后一次付款后希望得到的现金余额。如果省略 Fv，则假定其值为 0(例如，贷款的未来值是 0)。如果省略 Fv，则必须包括 Pmt 参数。

第 5 参数类型可选，表示数字 0 或 1，用以指定各期的付款时间是在期初还是期末，0 或省略表示期末，1 表示期初。

第 6 参数 Guess 可选，表示预期利率，如果省略 Guess，则假定其值为 10%。如果 RATE 不能收敛，需尝试不同的 Guess 值。如果 Guess 在 0 和 1 之间，RATE 通常会收敛。应确保用来指定 Guess 和 Nper 的单位是一致的。如果贷款为期四年(年利率 12%)，每月还款一次，则 Guess 使用 12%/12，Nper 使用 4×12。如果对相同贷款每年还款一次，则 Guess 使用 12%，Nper 使用 4。

需要注意：RATE 由迭代计算，并且可以有零个或多个解决方案。如果在 20 次迭代后，速率的后续结果未收敛到 0.0000001 内，则 RATE 将返回 #NUM!。

[实验操作步骤]

第一步，将任务 5-5 中贷款数据输入工作表中，如图 5-25 所示。

第二步，调用 RATE 函数，计算贷款月利率。

用鼠标选中 C7 单元格，单击公式编辑栏左侧的插入函数"f_x"按钮，弹出"插入函数"对话框，单击"或选择类别(C)"栏选择"财务"类，在"选择函数(N)"栏选择"RATE"函数名。如图 5-26 所示。

点击"确定"按钮，弹出计算年金还款利率 RATE 函数的"函数参数"对话框。在参数"Nper"参数中选择 C3，"Pmt"参数中选择 C4，"Pv"参数中选择 C5，"Type"参数省略，因为还款在每月末，如图 5-27 所示。

点击"确定"，在 C7 单元格会显示 ABC 公司贷款月利率为 0.77%，如图 5-28 所示。

第三步，计算贷款年利率。

选中 C8 单元格，在公式编辑栏输入函数"=RATE(C3,C4,C5) * 12"，即可计算出贷款年利率为 9.24%，如图 5-29 所示。

5-5 - Excel
ABC公司贷款利率计算
贷款期限（月） 48
每月还款额（万元） -200
贷款额（万元） 8000
贷款月利率
贷款年利率
Sheet1

图 5-25

5-5 - Excel
ABC公司贷款利率计算
贷款期限（月） 48
每月还款额（万元） -200
贷款额（万元） 8000
贷款月利率 =
贷款年利率
插入函数
搜索函数(S):
请输入一条简短说明来描述您想做什么，然后单击"转到"
转到(G)
或选择类别(C): 财务
选择函数(N):
PRICEDISC
PRICEMAT
PV
RATE
RECEIVED
RRI
SLN
RATE(nper,pmt,pv,fv,type,guess)
返回投资或贷款的每期实际利率。例如，当利率为 6% 时，使用 6%/4 计算一个季度的还款额
有关该函数的帮助
确定
取消

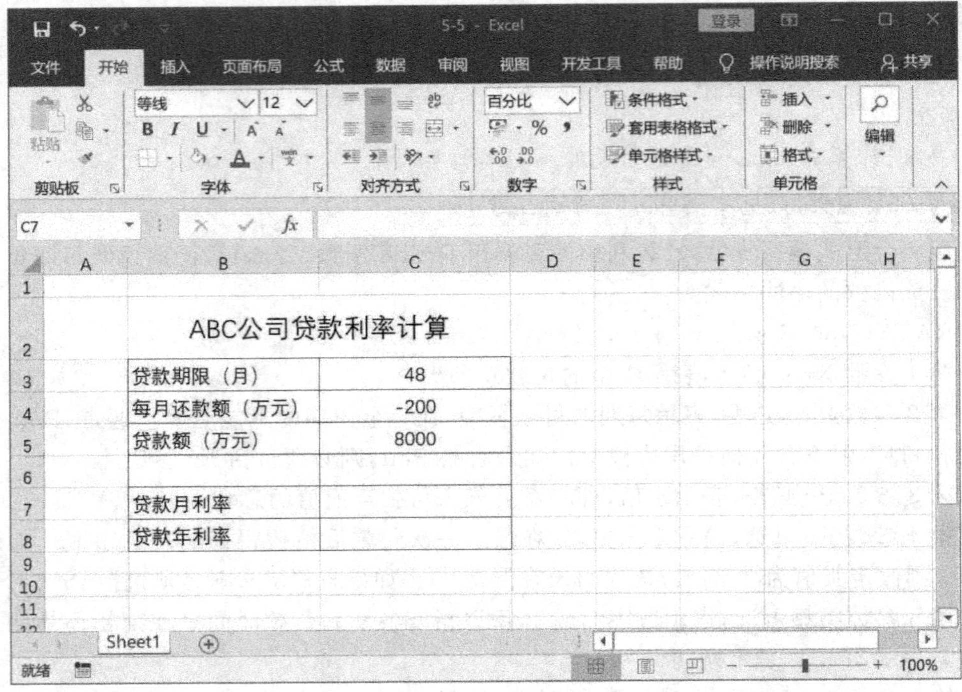

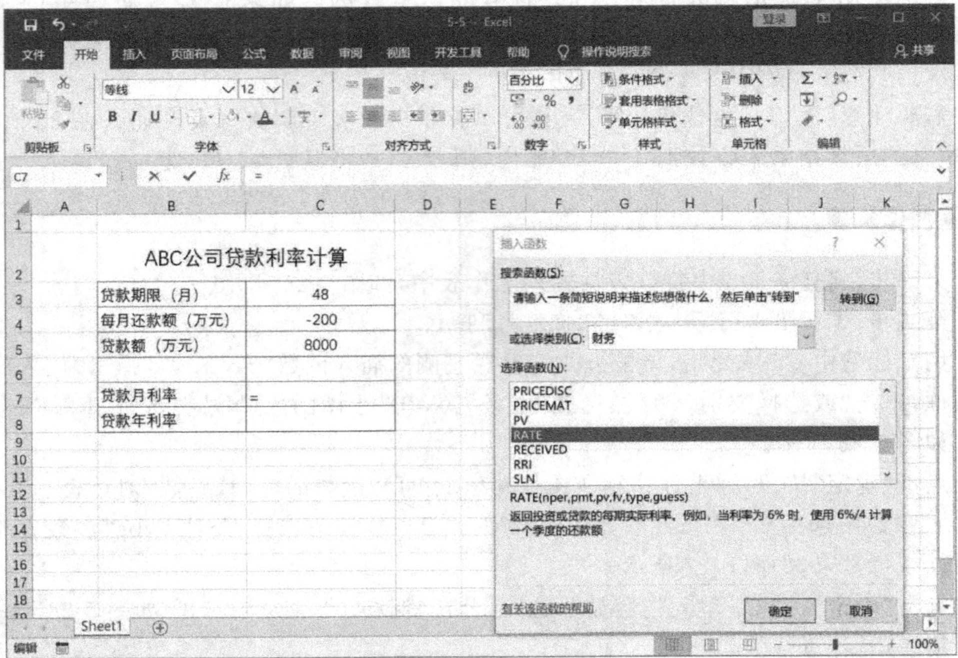

图 5-26

5-5 - Excel
文件 开始 插入 页面布局 公式 数据 审阅 视图 开发工具 帮助 操作说明搜索
C7
=RATE(C3,C4,C5)
ABC公司贷款利率计算
贷款期限（月） 48
每月还款额（万元） -200
贷款额（万元） 8000
贷款月利率 =RATE(C3,C4,C5)
贷款年利率
函数参数
RATE
Nper C3 = 48
Pmt C4 = -200
Pv C5 = 8000
Fv = 数值
Type = 数值
= 0.007701472
返回投资或贷款的每期实际利率。例如，当利率为 6% 时，使用 6%/4 计算一个季度的还款额
Pv 一系列未来付款的现值总额
计算结果 = 0.77%
有关该函数的帮助(H)
确定
取消
Sheet1

图 5-27

5-5 - Excel
文件 开始 插入 页面布局 公式 数据 审阅 视图 开发工具 帮助 操作说明搜索 共享
C7
=RATE(C3,C4,C5)
ABC公司贷款利率计算
贷款期限（月） 48
每月还款额（万元） -200
贷款额（万元） 8000
贷款月利率 0.77%
贷款年利率
Sheet1
就绪
100%

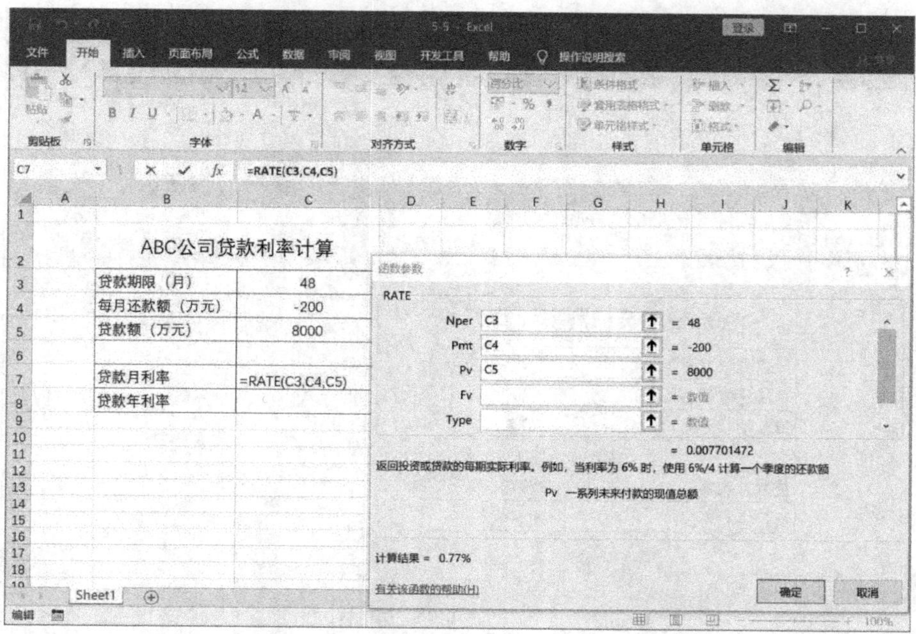

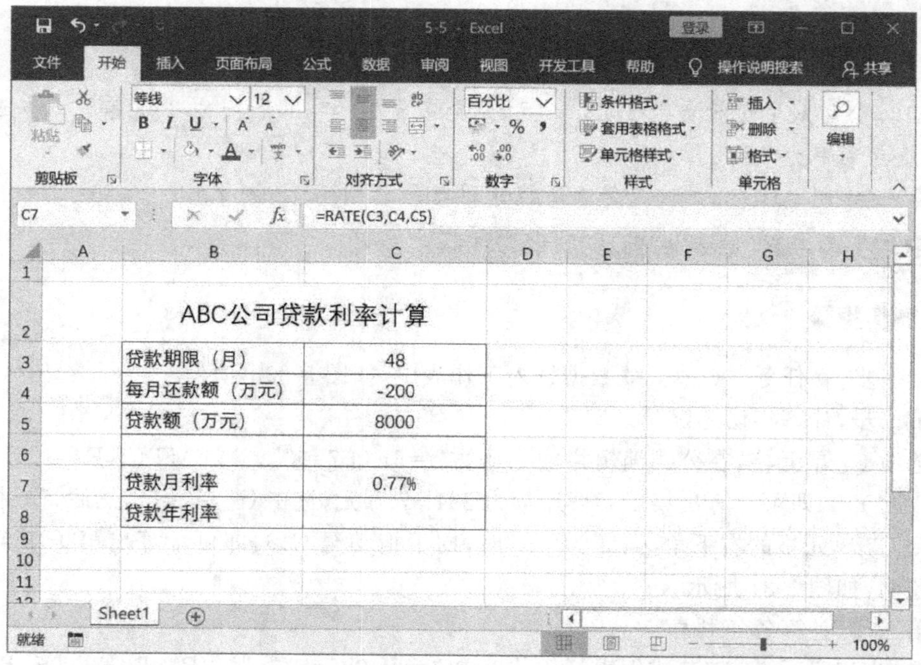

图 5-28

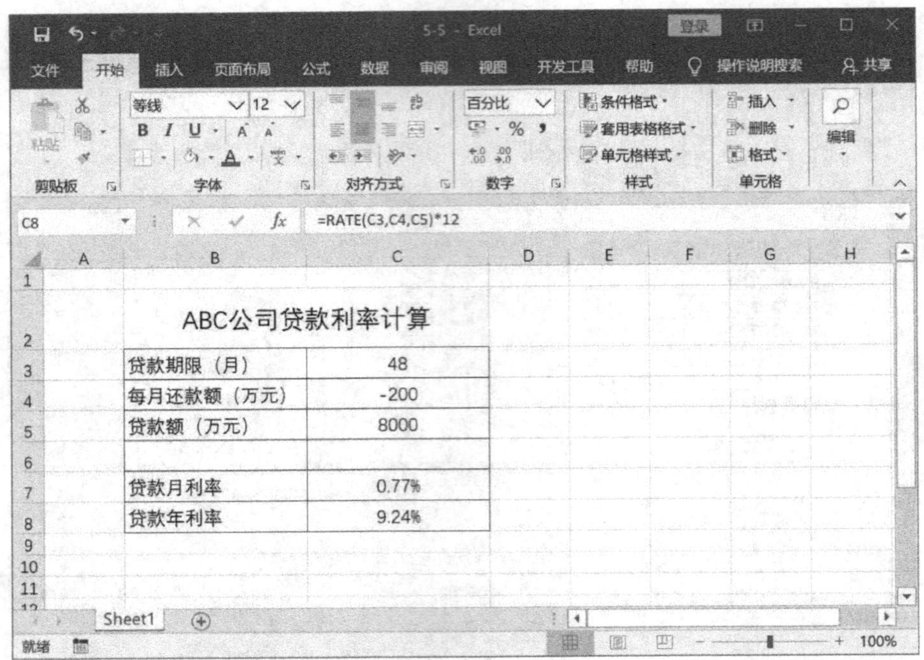

贷款期限（月）	48
每月还款额（万元）	-200
贷款额（万元）	8000
贷款月利率	0.77%
贷款年利率	9.24%

图 5-29

[任务 5-6]贷款筹资还款计划表编制—等额本息还款方式

ABC 公司从甲银行贷款 2 000 万元，款期限为 10 年，银行要求采用等额本息还款方式，贷款年利率为 7.5%。

要求：编制 ABC 公司该笔贷款还款计划表。

扫码获取实验素材(见本书“前言”背面二维码)

[实验操作步骤]

第一步，将任务 5-6 中贷款数据输入工作表中，如图 5-30 所示。

第二步，计算年偿还额。

选中 C7 单元格，在公式编辑栏输入函数“＝IF(B7＝"","",PMT(＄F＄3,＄C＄4,－＄C＄3))”，即可计算出第 1 年偿还额为 291.37 万元，选中 C7 单元格，然后将鼠标指针移动到 C7 单元格的右下角，当变为“＋”时，向下拖动至 C16，即可计算出第 1 年至第 10 年偿还额，如图 5-31 所示。

第三步，计算各年利息。

选中 D7 单元格，在公式编辑栏输入函数“＝IF(B7＝"","",IPMT(＄F＄3,B7,＄C＄4,－＄C＄3))”，即可计算出第 1 年利息为 150.00 万元，选中 D7 单元格，然后将鼠标指针移动到 D7 单元格的右下角，当变为“＋”时，向下拖动至 D16 单元格，即可计算出第 1 年至第 10 年利息，如图 5-32 所示。

C2 f_x ABC公司还款计划表（等额本息）

ABC公司还款计划表（等额本息）

贷款金额（万元）	2000.00		贷款利率	7.50%
还款期限（年）	10			
期数	年偿还额（万元）	利息（万元）	偿还本金（万元）	剩余本金（万元）
0				2000.00
1				
2				
3				
4				
5				
6				
7				
8				
9				
10				
合计				

图 5-30

C7 f_x =IF(B7="","",PMT($F$3,$C$4,-$C$3))

ABC公司还款计划表（等额本息）

贷款金额（万元）	2000.00		贷款利率	7.50%
还款期限（年）	10			
期数	年偿还额（万元）	利息（万元）	偿还本金（万元）	剩余本金（万元）
0				2000.00
1	291.37			
2	291.37			
3	291.37			
4	291.37			
5	291.37			
6	291.37			
7	291.37			
8	291.37			
9	291.37			
10	291.37			
合计				

图 5-31

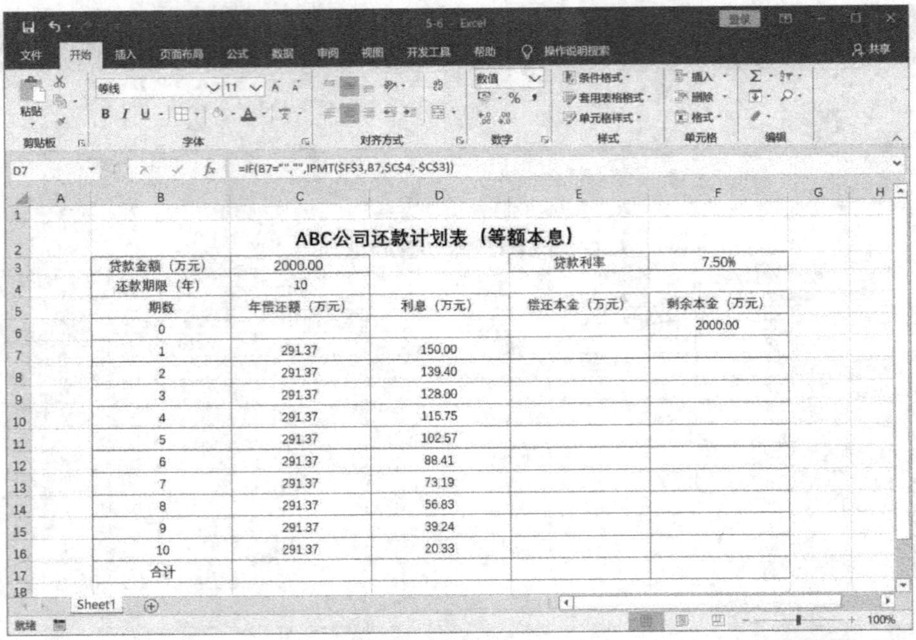

=IF(B7="","",IPMT($F$3,B7,$C$4,-$C$3))

ABC公司还款计划表（等额本息）

贷款金额（万元）	2000.00		贷款利率	7.50%
还款期限（年）	10			
期数	年偿还额（万元）	利息（万元）	偿还本金（万元）	剩余本金（万元）
0				2000.00
1	291.37	150.00		
2	291.37	139.40		
3	291.37	128.00		
4	291.37	115.75		
5	291.37	102.57		
6	291.37	88.41		
7	291.37	73.19		
8	291.37	56.83		
9	291.37	39.24		
10	291.37	20.33		
合计				

图 5-32

第四步，计算各年偿还本金。

选中 E7 单元格，在公式编辑栏输入函数“＝IF(B7＝"","",PPMT($F$3,B7,$C$4,－$C$3))”，即可计算出第 1 年偿还本金为 141.37 万元，选中 E7 单元格，然后将鼠标指针移动到 E7 单元格的右下角，当变为“＋”时，向下拖动至 E16 单元格，即可计算出第 1 年至第 10 年偿还本金，如图 5-33 所示。

第五步，计算各年剩余本金。

选中 F7 单元格，在公式编辑栏输入函数“＝F6－E7”，即可计算出第 1 年末剩余本金为 1 858.63 万元，选中 F7 单元格，然后将鼠标指针移动到 F7 单元格的右下角，当变为“＋”时，向下拖动至 F7 单元格，即可计算出第 1 年至第 10 年剩余本金，如图 5-34 所示。

第六步，计算合计数。

选中 C17 单元格，在公式编辑栏输入函数“＝SUM(C7:C16)”，即可计算出偿还额合计数 2 913.72 万元。按照同样的操作，计算出利息合计数与偿还本金合计数，如图 5-35 所示。

E7　=IF(B7="","",PPMT($F$3,B7,$C$4,-$C$3))

ABC公司还款计划表（等额本息）

贷款金额（万元）	2000.00		贷款利率	7.50%
还款期限（年）	10			
期数	年偿还额（万元）	利息（万元）	偿还本金（万元）	剩余本金（万元）
0				2000.00
1	291.37	150.00	141.37	
2	291.37	139.40	151.97	
3	291.37	128.00	163.37	
4	291.37	115.75	175.63	
5	291.37	102.57	188.80	
6	291.37	88.41	202.96	
7	291.37	73.19	218.18	
8	291.37	56.83	234.54	
9	291.37	39.24	252.13	
10	291.37	20.33	271.04	
合计				

图 5-33

F7　=F6-E7

ABC公司还款计划表（等额本息）

贷款金额（万元）	2000.00		贷款利率	7.50%
还款期限（年）	10			
期数	年偿还额（万元）	利息（万元）	偿还本金（万元）	剩余本金（万元）
0				2000.00
1	291.37	150.00	141.37	1858.63
2	291.37	139.40	151.97	1706.65
3	291.37	128.00	163.37	1543.28
4	291.37	115.75	175.63	1367.65
5	291.37	102.57	188.80	1178.86
6	291.37	88.41	202.96	975.90
7	291.37	73.19	218.18	757.72
8	291.37	56.83	234.54	523.18
9	291.37	39.24	252.13	271.04
10	291.37	20.33	271.04	0.00
合计				

图 5-34

ABC公司还款计划表（等额本息）

贷款金额（万元）	2000.00		贷款利率	7.50%
还款期限（年）	10			
期数	年偿还额（万元）	利息（万元）	偿还本金（万元）	剩余本金（万元）
0				2000.00
1	291.37	150.00	141.37	1858.63
2	291.37	139.40	151.97	1706.65
3	291.37	128.00	163.37	1543.28
4	291.37	115.75	175.63	1367.65
5	291.37	102.57	188.80	1178.86
6	291.37	88.41	202.96	975.90
7	291.37	73.19	218.18	757.72
8	291.37	56.83	234.54	523.18
9	291.37	39.24	252.13	271.04
10	291.37	20.33	271.04	0.00
合计	2913.72	913.72	2000.00	

图 5-35

[任务 5-7]贷款筹资还款计划表编制—等额本金还款方式

ABC 公司从甲银行贷款 2 000 万元，款期限为 10 年，银行要求采用等额本金还款方式，贷款年利率为 7.5%。

要求：编制 ABC 公司该笔贷款还款计划表。

扫码获取实验素材(见本书“前言”背面二维码)

[实验操作步骤]

第一步，将任务 5-7 中贷款数据输入工作表中，如图 5-36 所示。

第二步，计算各期偿还本金。

选中 E7 单元格，在公式编辑栏输入函数“＝$C$3/$C$4”，即可计算出第 1 年偿还本金为 200 万元，选中 E7 单元格，然后将鼠标指针移动到 E7 单元格的右下角，当变为“＋”时，向下拖动至 E16 单元格，即可计算出第 1 年至第 10 年偿还本金，如图 5-37 所示。

第三步，计算各期剩余本金。

选中 F7 单元格，在公式编辑栏输入函数“＝F6－E7”，即可计算出第 1 年剩余本金为 1 800 万元，选中 F7 单元格，然后将鼠标指针移动到 F7 单元格的右下角，当变为“＋”时，向下拖动至 F16 单元格，即可计算出第 1 年至第 10 年剩余本金，如图 5-38 所示。

第四步，计算各期利息。

选中 D7 单元格，在公式编辑栏输入函数“＝F6 * $F$3”，即可计算出第 1 年利息为

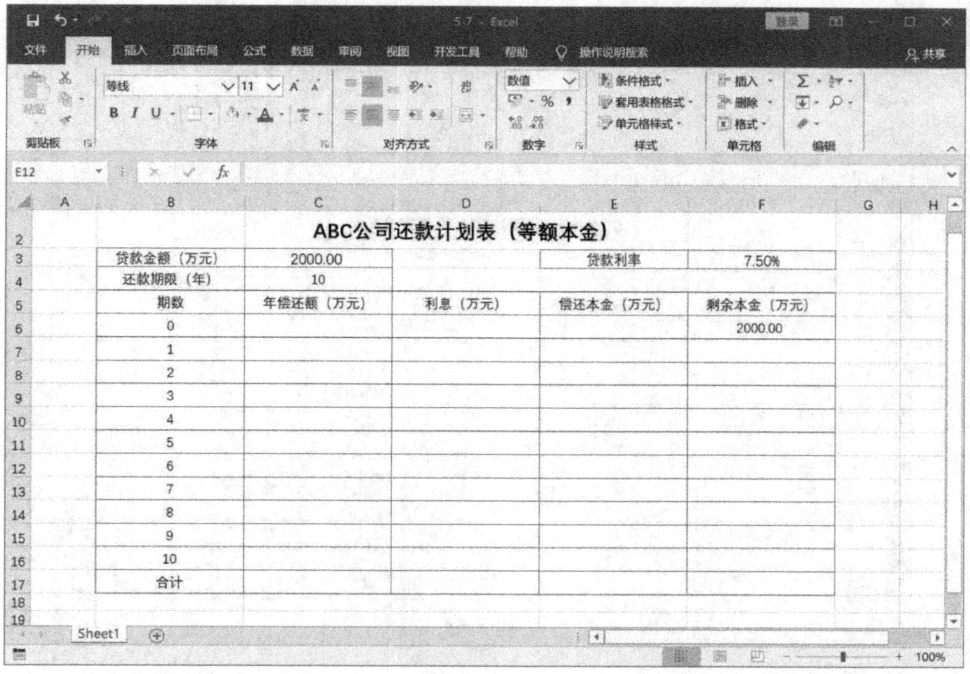

ABC公司还款计划表（等额本金）

贷款金额（万元）	2000.00		贷款利率	7.50%
还款期限（年）	10			
期数	年偿还额（万元）	利息（万元）	偿还本金（万元）	剩余本金（万元）
0				2000.00
1				
2				
3				
4				
5				
6				
7				
8				
9				
10				
合计				

图 5-36

E7　=$C$3/$C$4

ABC公司还款计划表（等额本金）

贷款金额（万元）	2000.00		贷款利率	7.50%
还款期限（年）	10			
期数	年偿还额（万元）	利息（万元）	偿还本金（万元）	剩余本金（万元）
0				2000.00
1			200.00	
2			200.00	
3			200.00	
4			200.00	
5			200.00	
6			200.00	
7			200.00	
8			200.00	
9			200.00	
10			200.00	
合计				

图 5-37

ABC公司还款计划表（等额本金）

贷款金额（万元）	2000.00		贷款利率	7.50%
还款期限（年）	10			
期数	年偿还额（万元）	利息（万元）	偿还本金（万元）	剩余本金（万元）
0				2000.00
1			200.00	1800.00
2			200.00	1600.00
3			200.00	1400.00
4			200.00	1200.00
5			200.00	1000.00
6			200.00	800.00
7			200.00	600.00
8			200.00	400.00
9			200.00	200.00
10			200.00	0.00
合计				

图 5-38

150 万元，选中 D7 单元格，然后将鼠标指针移动到 D7 单元格的右下角，当变为“＋”时，向下拖动至 D16 单元格，即可计算出第 1 年至第 10 年利息，如图 5-39 所示。

ABC公司还款计划表（等额本金）

贷款金额（万元）	2000.00		贷款利率	7.50%
还款期限（年）	10			
期数	年偿还额（万元）	利息（万元）	偿还本金（万元）	剩余本金（万元）
0				2000.00
1		150.00	200.00	1800.00
2		135.00	200.00	1600.00
3		120.00	200.00	1400.00
4		105.00	200.00	1200.00
5		90.00	200.00	1000.00
6		75.00	200.00	800.00
7		60.00	200.00	600.00
8		45.00	200.00	400.00
9		30.00	200.00	200.00
10		15.00	200.00	0.00
合计				

图 5-39

第五步，计算各期偿还额。

选中 C7 单元格，在公式编辑栏输入函数“＝D7＋E7”，即可计算出第 1 年偿还额为

350 万元，选中 C7 单元格，然后将鼠标指针移动到 C7 单元格的右下角，当变为“＋”时，向下拖动至 C16 单元格，即可计算出第 1 年至第 10 年偿还额，如图 5-40 所示。

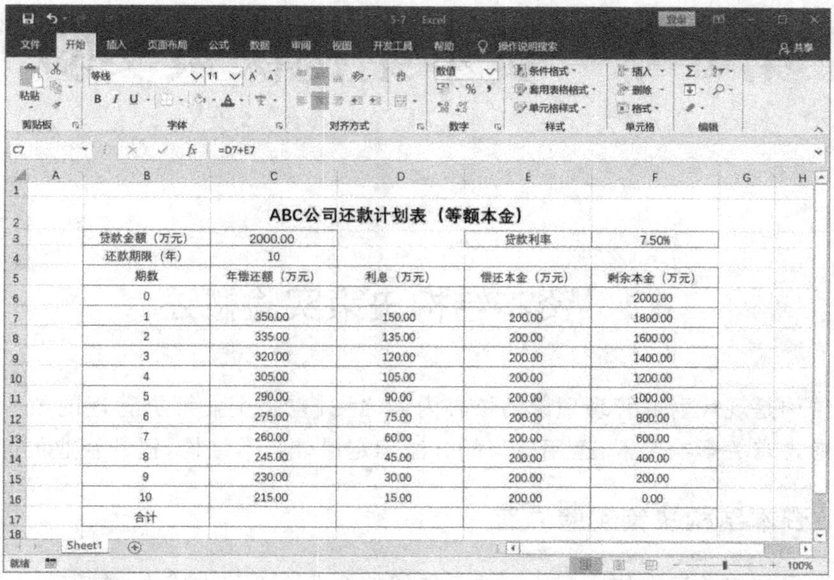

C7 =D7+E7

ABC公司还款计划表（等额本金）

贷款金额（万元）	2000.00		贷款利率	7.50%
还款期限（年）	10			
期数	年偿还额（万元）	利息（万元）	偿还本金（万元）	剩余本金（万元）
0				2000.00
1	350.00	150.00	200.00	1800.00
2	335.00	135.00	200.00	1600.00
3	320.00	120.00	200.00	1400.00
4	305.00	105.00	200.00	1200.00
5	290.00	90.00	200.00	1000.00
6	275.00	75.00	200.00	800.00
7	260.00	60.00	200.00	600.00
8	245.00	45.00	200.00	400.00
9	230.00	30.00	200.00	200.00
10	215.00	15.00	200.00	0.00
合计				

图 5-40

第六步，计算合计数。

选中 C17 单元格，在公式编辑栏输入函数“＝SUM(C7:C16)”，即可计算出偿还额合计数 2 825 万元。按照同样的操作，计算出利息合计数与偿还本金合计数，如图 5-41 所示。

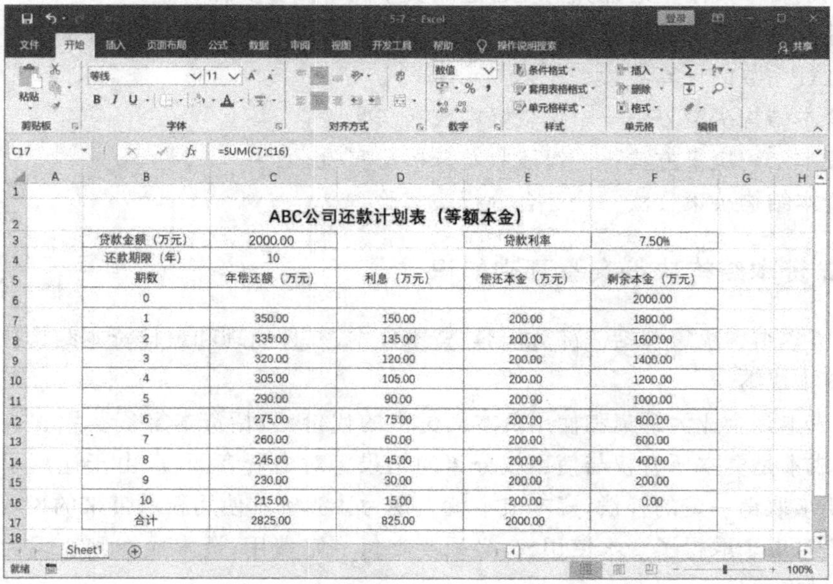

C17 =SUM(C7:C16)

ABC公司还款计划表（等额本金）

贷款金额（万元）	2000.00		贷款利率	7.50%
还款期限（年）	10			
期数	年偿还额（万元）	利息（万元）	偿还本金（万元）	剩余本金（万元）
0				2000.00
1	350.00	150.00	200.00	1800.00
2	335.00	135.00	200.00	1600.00
3	320.00	120.00	200.00	1400.00
4	305.00	105.00	200.00	1200.00
5	290.00	90.00	200.00	1000.00
6	275.00	75.00	200.00	800.00
7	260.00	60.00	200.00	600.00
8	245.00	45.00	200.00	400.00
9	230.00	30.00	200.00	200.00
10	215.00	15.00	200.00	0.00
合计	2825.00	825.00	2000.00	

图 5-41

第6章 资本结构决策实验

6.1 资本结构决策实验概述

资本结构是现代财务管理理论的核心内容之一，也是企业筹资管理的核心问题。企业应综合考虑有关影响因素，运用适当的方法确定最佳资本结构，提升企业价值。

6.1.1 资本结构决策实验内容

债务资本与权益资本的合理比例关系能够使企业降低资本成本，提升企业价值，企业应准确计算各种筹资方式资本成本，发挥经营杠杆、财务杠杆利益，合理确定企业最佳资本结构。本章实验任务包括8项：

(1)个别资本成本率的计算——借款资本成本测算实验；

(2)个别资本成本率的计算——债券资本成本测算实验；

(3)个别资本成本率的计算——普通股资本成本测算实验；

(4)综合资本成本的测算实验；

(5)杠杆系数的计算实验；

(6)资本结构决策方法——比较资本成本法实验；

(7)资本结构决策方法——每股收益分析法实验；

(8)资本结构决策方法——综合分析法实验。

6.1.2 资本结构决策实验基础知识

企业资本结构决策包括三部分内容：资本成本、杠杆原理和最佳资本结构决策方法。

(1)资本成本

资本成本是企业为筹集和使用资本而付出的代价，包括资本筹资费用和资本使用费用。资本成本是资本所有权与使用权分离的结果。对出资者而言，由于让渡了资本使用权，必然要求取得一定的补偿，资本成本就表现为让渡资本使用权所带来的投资报酬。对筹资者而言，由于取得了资本使用权，必须要支付一定费用，资本成本则表现为取得资本使用权所付出的代价。

资本成本按用途可分为个别资本成本、综合资本成本和边际资本成本。个别资本成本是每一种筹资方式的成本；综合资本成本是对个别资本成本的加权平均；边际资本成本主要用于已经确定目标资本结构的情况下，考察资本成本随筹资规模变动而变动的情况。

①个别资本成本

长期借款的资本成本计算公式：

$$K_b = \frac{\text{年利率} \times (1 - \text{所得税税率})}{1 - \text{手续费率}} \times 100\%$$
$$= \frac{i(1-T)}{1-f} \times 100\%$$

式中：K_b——长期借款资本成本率；

i——长期借款年利率；

f——筹资费用率；

T——所得税税率。

如果考虑时间价值，计算公式为：

$$M(1-f) = \sum_{t=1}^{n} \frac{I_t(1-T)}{(1+K_b)^t} + \frac{M}{(1+K_b)^n}$$

式中：K_b——长期借款资本成本率；

I_t——第 t 年长期借款利息；

f——筹资费用率；

M——第 n 年末应偿还的本金。

长期债券的资本成本计算公式为：

$$K_b = \frac{\text{年利息} \times (1 - \text{所得税税率})}{\text{债券筹资总额} \times (1 - \text{手续费率})} \times 100\%$$
$$= \frac{I(1-T)}{L(1-f)} \times 100\%$$

式中：K_b——债券资本成本率；

L——公司债券筹资总额；

I——债券年利息；

f——债券手续费率。

优先股成本的计算公式是：

$$K_p = \frac{D_p}{P_p \times (1-f_p)^t}$$

式中：K_p——优先股资本成本率；

D_p——优先股股利；

f_p——优先股筹资费用率；

P_p——优先股市场价格。

普通股资本成本——股利增长模型

计算公式为：

$$K_s=\frac{D_1}{P_0(1-f)}+g$$

式中：K_s——普通股资本成本；

D_1——预期年股利额；

P_0——普通股市价；

g——普通股利年增长率。

资本资产定价模型—普通股资本成本计算公式为：

$$K_s=R_s=R_f+\beta\times(R_m-R_f)$$

式中：K_s——普通股资本成本；

R_s——股东要求的股权投资收益率；

R_f——市场无风险报酬率；

R_m——平均风险股票必要报酬率；

β——股票的贝塔系数。

②综合资本成本

综合资本成本又称加权平均资本成本，是以各种资本占全部资本的比重为权数，对个别资本成本进行加权平均确定的资本成本。其计算公式是：

$$K_w=\sum_{j=1}^{n}K_jW_j$$

式中：K_w——加权平均资本成本；

K_j——第 j 种个别资本成本；

W_j——第 j 种个别资本占全部资本的比重(权数)。

③边际资本成本

边际资本成本是指企业追加筹资的成本。企业的个别资本成本和综合资本成本，是企业过去筹集的单项资本的成本和目前使用的全部的资本成本。然而，企业在追加筹资时，不能仅仅考虑目前所使用资本的成本，还要考虑新筹集资本的成本，即边际资本成本，它是企业进行追加筹资的决策依据。

边际资本称需要计算筹资突破点，其计算公式是：

$$筹资突破点=\frac{某种筹资方式的筹资额}{该种方式追加的资金占全部追加资金的比重}$$

在每个筹资的区间，企业按照综合资本成本计算方法计算各种筹资的加权平均数即可。

(2)杠杆原理

①经营杠杆

经营杠杆的大小一般用经营杠杆系数表示，经营杠杆系数(Degree of Operating Leverage，缩写为 DOL)，也称经营杠杆程度，是息前税前利润的变动率与销售量变动率之间的比率。用公式表示为：

$$DOL=\frac{息税前利润变动率}{产销量变动率}=\frac{\Delta EBIT/EBIT}{\Delta Q/Q}$$

式中：DOL——经营杠杆系数；

ΔEBIT——息税前盈余变动额；

EBIT——变动前的息税前盈余；

ΔQ——销售变动量；

Q——变动前的销售量。

假定企业的成本—销量—利润保持线性关系，可变成本在销售收入中所占比例不变，固定成本也保持稳定，经营杠杆系数便可通过销售额和成本来表示。有两种计算方法：

方法一：

$$DOL_q=\frac{Q(P-V)}{Q(P-V)-F}$$

式中：DOL_q——销售量为 Q 时的经营杠杆系数；

P——产品单位销售价格；

V——产品单位变动成本；

F——总固定成本。

方法二：

$$DOL_s=\frac{S-VC}{S-VC-F}$$

式中：DOL_s——销售额为 S 时的经营杠杆系数；

S——销售额；

VC——变动成本总额。

经营杠杆系数可以说明在其他因素不变的情况下，销售额增长(减少)所引起利润增长(减少)的幅度。在其他因素不变的情况下，销售额越小，经营杠杆系数越大，经营风险也就越大。

②财务杠杆

财务杠杆效应是由于固定财务费用的存在，使普通股每股收益的变动幅度大于营业利润变动幅度的现象。

财务杠杆系数(DFL)是每股收益的变动率相当于息税前利润的变动率的倍数。用公式表示为：

$$DFL=\frac{每股收益变动率}{息税前利润变动率}=\frac{\Delta EPS/EPS}{\Delta EBIT/EBIT}$$

式中：DFL——财务杠杆系数；

ΔEPS——普通股每股收益变动额；

EPS——变动前的普通股每股收益；

ΔEBIT——息税前利润变动额；

EBIT——变动前的息税前利润变动额。

上式还可推导为：

$$DFL=\frac{EBIT}{EBIT-I-P/(1-T)}$$

式中：I——债务利息；

P——优先股股息。

③复合杠杆

复合杠杆作用的程度用复合杠杆系数(DTL)表示，反映产销量变动通过息税前利润的变动使得每股收益发生更大的变动。复合杠杆系数是经营杠杆系数与财务杠杆系数的乘积，即普通股每股收益变动率相当于产销量变动率的倍数。用公式表示为：

$$DTL=\frac{\text{普通股每股收益变动率}}{\text{产销量变动率}}=DOL\times DFL$$

$$DTL=\frac{Q(P-V)}{Q(P-V)-F-I-P/(1-T)}=\frac{S-VC}{S-VC-F-I-P/(1-T)}$$

式中：DTL——复合杠杆系数；

Q——产销量；

P——单位价格；

V——单位变动成本；

F——固定成本；

I——债务利息；

S——销售额；

P——优先股股息；

VC——变动成本总额。

复合杠杆能够说明产销业务量变动对普通股收益的影响，据以预测未来的每股收益水平；也揭示了财务管理的风险管理策略，即要保持一定的风险状况水平，需要维持一定的复合杠杆系数，经营杠杆和财务杠杆可以有不同组合。

(3)最佳资本结构决策方法

制定合理的资本结构决策，要求企业权衡负债的低资本成本和高财务风险的关系，其目标是降低平均资本成本率或提高普通股每股收益和企业价值。确定企业最佳资本结构的方法有比较资本成本法、每股收益分析法和综合分析法等。

①比较资本成本法

比较资本成本法是通过计算和比较各种可能的筹资组合方案的综合资本成本，选择综合资本成本率最低的方案。即能够降低企业加权平均资本成本的资本结构，就是合理的资本结构。

②每股收益分析法

每股收益分析法需要计算不同筹资方案的每股收益无差别点，每股收益无差别点是指每股收益不受融资方式影响的销售点(或息税前利润点)。通过对每股收益无差别点的分析，判断不同销售水平(或息税前利润水平)下适用于采用何种筹资方式，以便确定企业的资本结构。因此，该方法通过每股收益无差别点进而分析销售收入、息税前利润、每股收益这三个变量之间的数量关系，寻求企业资本结构的最优解。

每股收益(EPS)的计算公式为：

$$EPS=\frac{(S-VC-F-I)\times(1-T)-P}{N}=\frac{(EBIT-I)\times(1-T)-P}{N}$$

式中：EPS——每股收益；

S——销售额；

VC——变动成本总额；

F——固定成本；

I——债务利息；

T——所得税税率；

N——普通股总股数；

EBIT——息税前利润。

③综合分析法

综合分析法是在考虑市场风险基础上，以企业市场价值为标准，进行资本结构优化。即能够提升企业价值的资本结构，就是合理的资本结构。这种方法主要用于对现有资本结构进行调整，适用于资本规模较大的上市公司资本结构优化分析。同时，在企业价值最大的资本结构下，企业的平均资本成本率也是最低的。

6.2　资本结构决策实验任务

[任务 6-1]个别资本成本率的计算——借款资本成本

ABC 公司从甲银行贷款 200 万元，贷款年利率为 7.5%，手续费率 1.5%，贷款期限为 5 年，每年结息一次，到期还本，甲银行要求 15%的补偿性余额，公司所得税率为 25%。

要求：计算 ABC 公司的借款资本成本。

扫码获取实验素材(见本书“前言”背面二维码)

[实验操作步骤]

第一步，将任务 6-1 中的数据输入 Excel 工作表，如图 6-1 所示。

第二步，输入公式，计算借款资本成本率。

用鼠标选中 C10 单元格，在公式编辑栏输入函数“=(C4 * ((1+C7/C8)^C8-1)) * (1-C9)/(C4 * (1-C5-C6))”，按“回车”即可得到 ABC 公司的借款资本成本率为 6.74%，如图 6-2 所示。

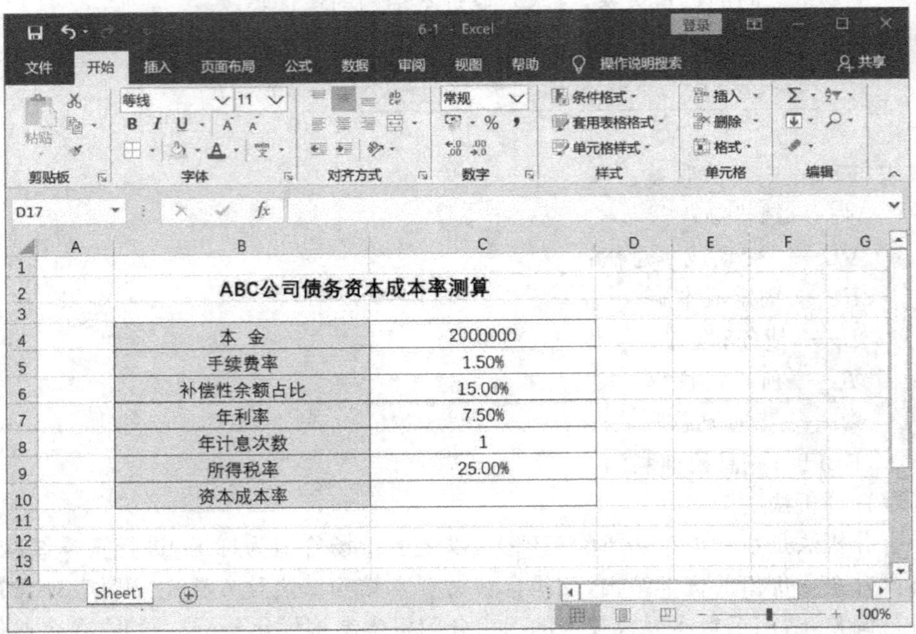

ABC公司债务资本成本率测算

项目	数值
本 金	2000000
手续费率	1.50%
补偿性余额占比	15.00%
年利率	7.50%
年计息次数	1
所得税率	25.00%
资本成本率	

图 6-1

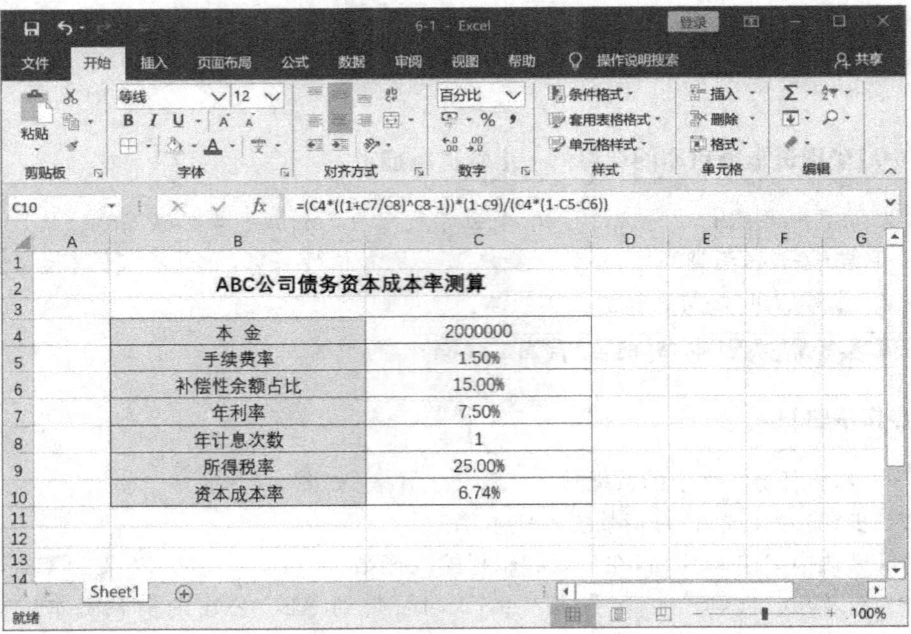

=(C4*((1+C7/C8)^C8-1))*(1-C9)/(C4*(1-C5-C6))

ABC公司债务资本成本率测算

项目	数值
本 金	2000000
手续费率	1.50%
补偿性余额占比	15.00%
年利率	7.50%
年计息次数	1
所得税率	25.00%
资本成本率	6.74%

图 6-2

[任务 6-2]个别资本成本率的计算——债券资本成本

ABC 公司发行债券，面值为 100 元，发行价格是 109 元，期限为 5 年，票面利率 10%，每年结息两次，分别在半年末和年末，债券发行费用为发行价格的 3%，公司所得税率为 25%。

要求：计算 ABC 公司的债券资本成本。

扫码获取实验素材（见本书“前言”背面二维码）

[实验操作步骤]

第一步，将任务 6-2 中的数据输入 Excel 工作表，如图 6-3 所示。

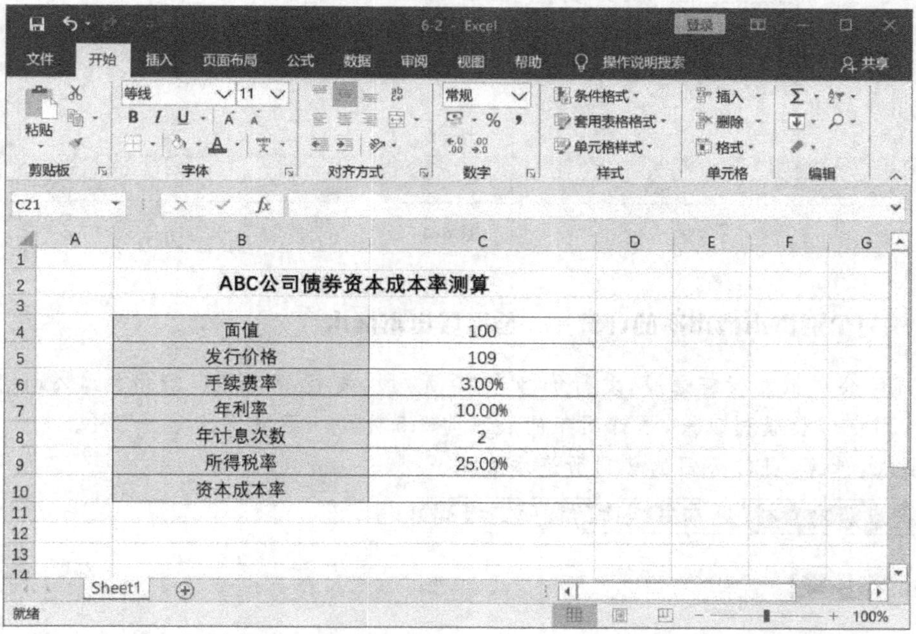

ABC公司债券资本成本率测算

项目	数值
面值	100
发行价格	109
手续费率	3.00%
年利率	10.00%
年计息次数	2
所得税率	25.00%
资本成本率	

图 6-3

第二步，输入公式，计算债券资本成本率。

用鼠标选中 C10 单元格，在公式编辑栏输入函数“＝(C4＊((1＋C7/C8)^C8－1))＊(1－C9)/(C5＊(1－C6))”，按“回车”即可得到 ABC 公司的债券资本成本率为 7.27%，如图 6-4 所示。

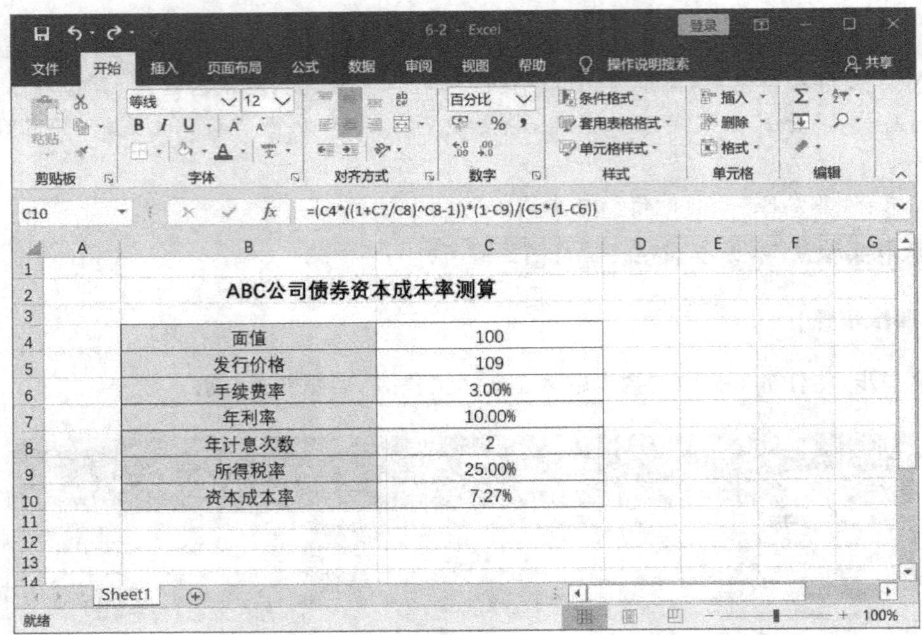

面值	100
发行价格	109
手续费率	3.00%
年利率	10.00%
年计息次数	2
所得税率	25.00%
资本成本率	7.27%

图 6-4

[任务 6-3]个别资本成本率的计算——普通股资本成本

ABC 公司拟发行普通股，发行价格为 30 元/股，发行费为发行价格的 4%，假定该公司实行固定增长股利政策，预计明年的股利为 1.5 元/股，股利增长率为 5%。

要求：计算 ABC 公司的普通股资本成本。

扫码获取实验素材(见本书“前言”背面二维码)

[实验操作步骤]

第一步，将任务 6-3 中的数据输入 Excel 工作表，建立普通股资本成本模型，如图 6-5 所示。

第二步，输入公式，计算债券资本成本率。

用鼠标选中 C8 单元格，在公式编辑栏输入函数“=C6/(C4 * (1－C5))＋C7”，按“回车”即可得到 ABC 公司的普通股资本成本率为 10.21%，如图 6-6 所示。

6-3 - Excel
D16
ABC公司普通股资本成本率测算
发行价格（元/股）
30
发行费用率
4.00%
每股股利（D1）（元/股）
1.50
股利增长率
5.00%
资本成本率
Sheet1

图 6-5

6-3 - Excel
C8
=C6/(C4*(1-C5))+C7
ABC公司普通股资本成本率测算
发行价格（元/股）
30
发行费用率
4.00%
每股股利（D1）（元/股）
1.50
股利增长率
5.00%
资本成本率
10.21%
Sheet1

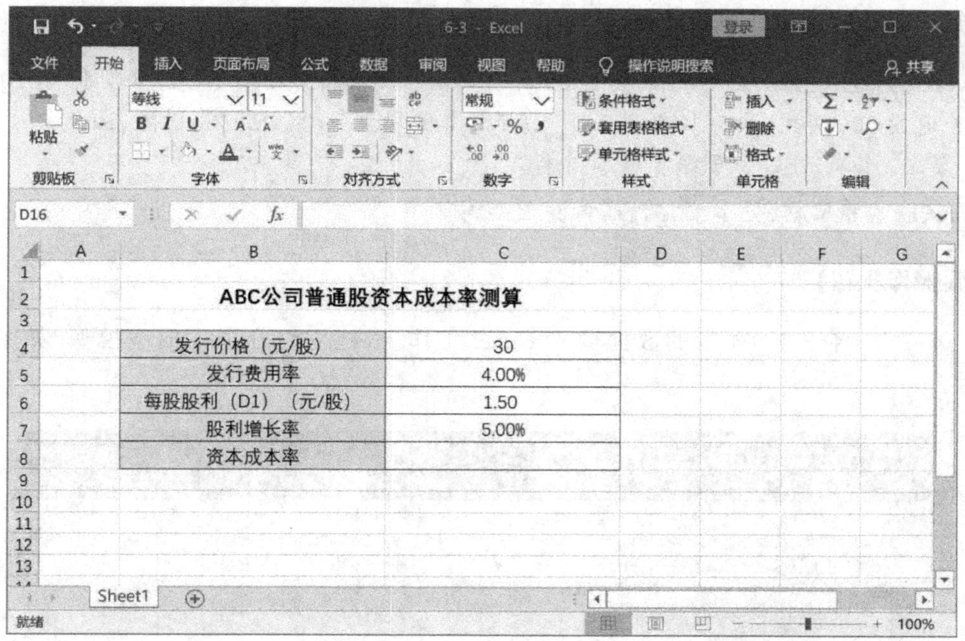

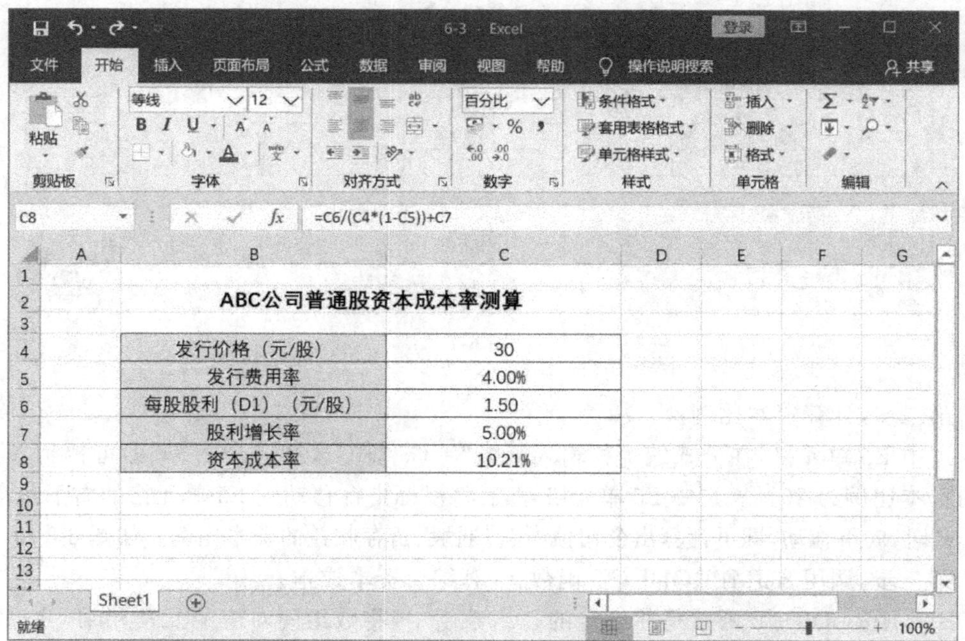

图 6-6

[任务 6-4]综合资本成本的计算

ABC 公司账面反映的资本共 1000 万元，其中长期借款 200 万元，公司债券 100 万元，普通股 500 万元，留存收益 200 万元；其成本分别为 7.5%、8.5%、11%、10.5%。

要求：计算 ABC 公司综合资本成本。

扫码获取实验素材(见本书“前言”背面二维码)

[实验操作步骤]

第一步，将任务 6-4 中的数据输入 Excel 工作表，建立综合资本成本模型，如图 6-7 所示。

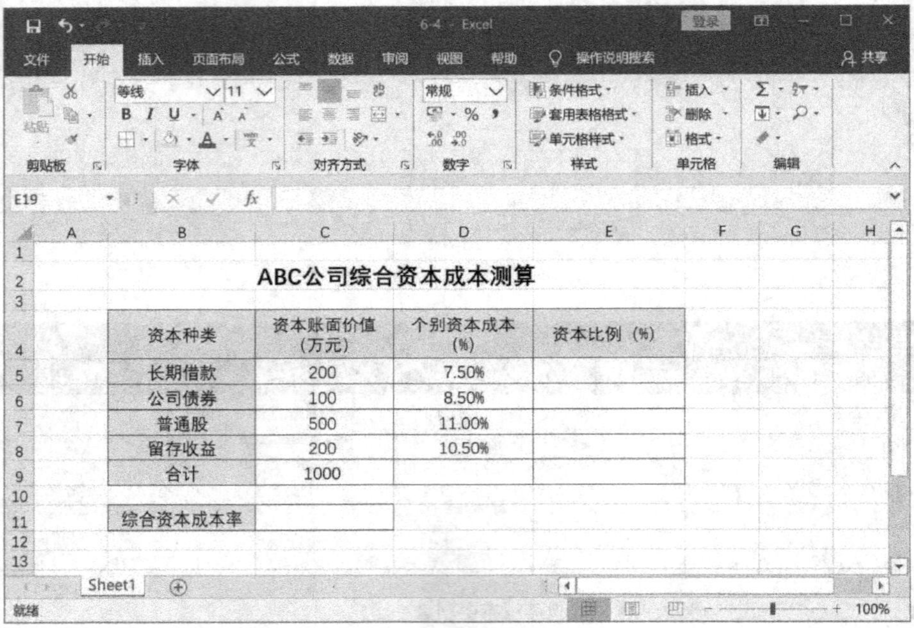

ABC公司综合资本成本测算

资本种类	资本账面价值(万元)	个别资本成本(%)	资本比例(%)
长期借款	200	7.50%	
公司债券	100	8.50%	
普通股	500	11.00%	
留存收益	200	10.50%	
合计	1000		

综合资本成本率	

图 6-7

第二步，计算资本比例。

选中 E5 单元格，在公式编辑栏输入函数“＝C5/＄C＄9”，按“回车”即可得到长期借款的资本比例为 20%。选中 E5 单元格，然后将鼠标指针移动到 E5 单元格的右下角，当变为“＋”时，向下拖动，即可计算出公司债券、普通股、留存收益的资本比例。如图 6-8 所示。

第三步，调用 SUMPRODUCT 函数，计算综合资本成本。

SUMPRODUCT 函数是在给定的几组数组中，将数组间对应的元素相乘，并返回乘积之和。

用鼠标左键选中 C11 单元格，单击公式编辑栏左侧的插入函数“f_x”按钮，弹出“插入函数”对话框，单击“或选择类别(C)”栏选择“数学与三角函数”类，在“选择函数(N)”栏选择“SUMPRODUCT”函数名。点击“确定”，弹出“函数参数”对话框，如图 6-9 所示。

E5　=C5/$C$9

ABC公司综合资本成本测算

资本种类	资本账面价值（万元）	个别资本成本（%）	资本比例（%）
长期借款	200	7.50%	20.00%
公司债券	100	8.50%	10.00%
普通股	500	11.00%	50.00%
留存收益	200	10.50%	20.00%
合计	1000		100.00%
综合资本成本率			

图 6-8

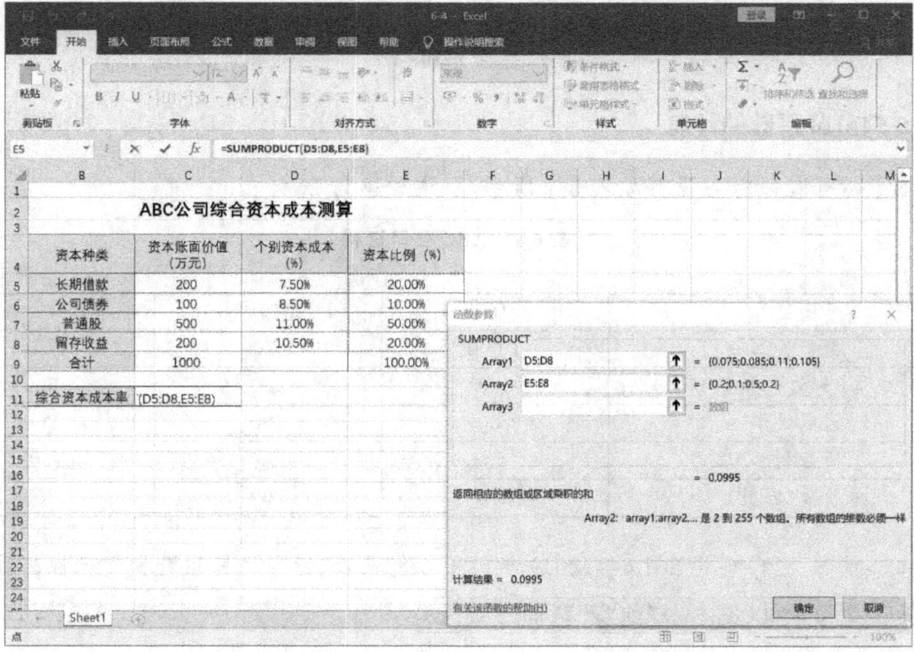

图 6-9

在“Array1”参数选择 D5:D8 单元格,在“Array2”参数选择 E5:E8 单元格,点击“确定”,得到 ABC 公司综合资本成本为 9.95%,如图 6-10 所示。也可在选中 C11 单元格后,在函数编辑栏输入“=SUMPRODUCT(D5:D8,E5:E8)”,也可计算出同样的结果。

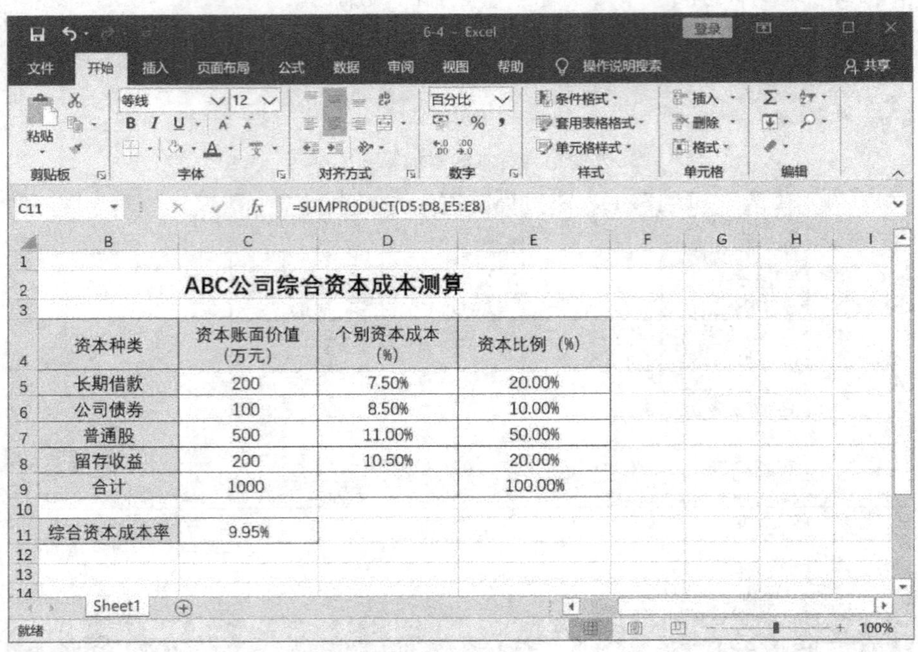

图 6-10

[任务 6-5]杠杆系数的计算

ABC 公司有关财务资料如表 6-1 所示,所得税率为 25%。

表 6-1 ABC 公司资料

单位:万元

项目	2018 年	2019 年	2020 年
销售收入	1 000	1 200	1 500
变动成本(变动成本率 40%)	400	480	600
固定成本	200	200	200
债务利息	50	50	50
总股数(万股)	200	200	200

要求:计算 ABC 公司 2018 年、2019 年经营杠杆系数、财务杠杆系数和复合杠杆系数。

扫码获取实验素材(见本书“前言”背面二维码)

[实验操作步骤]

第一步,将任务 6-5 中的数据输入 Excel 工作表,建立综合资本成本模型,如图 6-11 所示。

ABC公司杠杆效应分析（单位：万元）

年份	销售收入	变动成本	边际贡献	固定成本	息税前利润	利息	所得税	净利润	每股收益	销售增长率	息税前利润增长率	每股收益增长率
2018	1000	400		200		50						
2019	1200	480		200		50						
2020	1500	600		200		50						

	2018	2019
经营杠杆系数		
财务杠杆系数		
复合杠杆系数		

图 6-11

第二步，计算边际贡献、息税前利润、所得税、净利润和每股收益。

选中 E4 单元格，在函数编辑栏输入"＝C4－D4"，可计算出 2018 年边际贡献为 600 万元，然后将鼠标指针移动到 E4 单元格的右下角，当变为"＋"时，向下拖动，即可计算出 2019 年和 2020 年边际贡献，如图 6-12 所示。

E6　=C6-D6

ABC公司杠杆效应分析（单位：万元）

年份	销售收入	变动成本	边际贡献	固定成本	息税前利润	利息	所得税	净利润	每股收益	销售增长率	息税前利润增长率	每股收益增长率
2018	1000	400	600	200		50						
2019	1200	480	720	200		50						
2020	1500	600	900	200		50						

	2018	2019
经营杠杆系数		
财务杠杆系数		
复合杠杆系数		

图 6-12

选中 G4 单元格,在函数编辑栏输入"=E4-F4",可计算出 2018 年息税前利润为 400 万元,然后将鼠标指针移动到 G4 单元格的右下角,当变为"+"时,向下拖动,即可计算出 2019 年和 2020 年息税前利润,如图 6-13 所示。

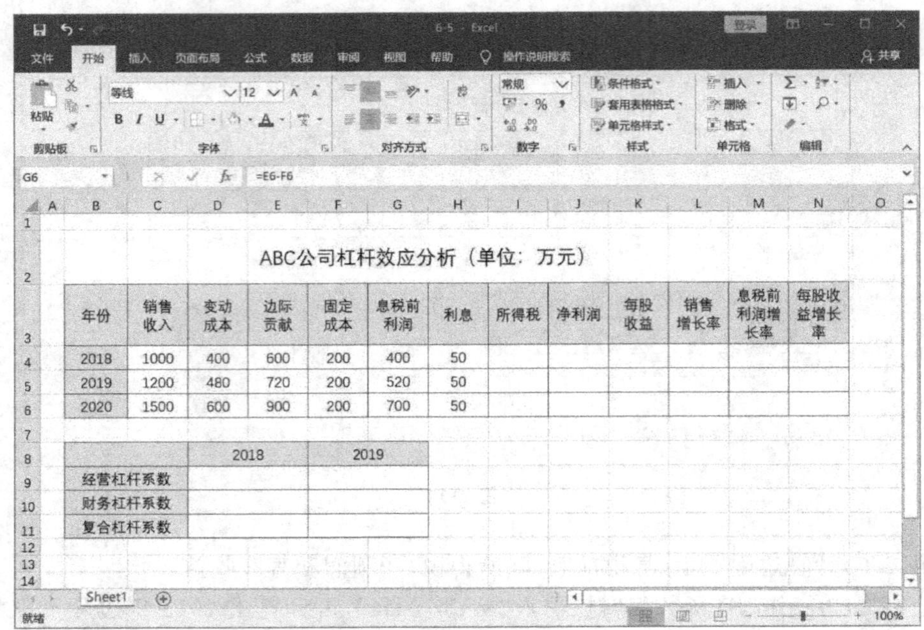

图 6-13

选中 I4 单元格,在函数编辑栏输入"=(G4-H4)*25%",可计算出 2018 年所得税为 87.5 万元,然后将鼠标指针移动到 I4 单元格的右下角,当变为"+"时,向下拖动,即可计算出 2019 年和 2020 年所得税,如图 6-14 所示。

选中 J4 单元格,在函数编辑栏输入"=G4-H4-I4",可计算出 2018 年净利润为 262.5 万元,然后将鼠标指针移动到 J4 单元格的右下角,当变为"+"时,向下拖动,即可计算出 2019 年和 2020 年净利润,如图 6-15 所示。

选中 K4 单元格,在函数编辑栏输入"=J4/200",可计算出 2018 年每股收益为 1.31 元,然后将鼠标指针移动到 K4 单元格的右下角,当变为"+"时,向下拖动,即可计算出 2019 年和 2020 年每股收益,如图 6-16 所示。

第三步,计算销售增长率、息税前利润增长率和每股收益增长率。

选中 L5 单元格,在函数编辑栏输入"=(C5-C4)/C4",可计算出 2019 年比 2018 年销售收入增长了 20%,然后将鼠标指针移动到 L4 单元格的右下角,当变为"+"时,向下拖动,即可计算出 2020 年比 2019 年销售增长了 25%,如图 6-17 所示。

选中 M5 单元格,在函数编辑栏输入"=(G6-G5)/G5",可计算出 2019 年比 2018 年息税前利润增长了 30%,然后将鼠标指针移动到 M5 单元格的右下角,当变为"+"时,向下拖动,即可计算出 2020 年比 2019 年息税前利润增长了 34.62%,如图 6-18 所示。

选中 N5 单元格,在函数编辑栏输入"=(K5-K4)/K4",可计算出 2019 年比 2018 年

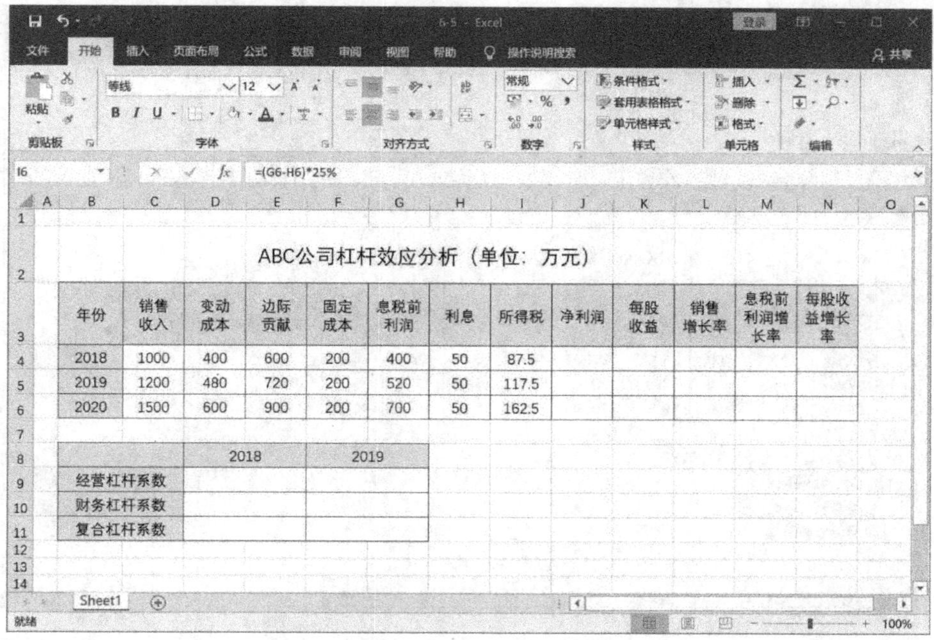

ABC公司杠杆效应分析（单位：万元）

年份	销售收入	变动成本	边际贡献	固定成本	息税前利润	利息	所得税	净利润	每股收益	销售增长率	息税前利润增长率	每股收益增长率
2018	1000	400	600	200	400	50	87.5					
2019	1200	480	720	200	520	50	117.5					
2020	1500	600	900	200	700	50	162.5					

	2018	2019
经营杠杆系数		
财务杠杆系数		
复合杠杆系数		

图 6-14

I6　=(G6-H6)*25%

ABC公司杠杆效应分析（单位：万元）

年份	销售收入	变动成本	边际贡献	固定成本	息税前利润	利息	所得税	净利润	每股收益	销售增长率	息税前利润增长率	每股收益增长率
2018	1000	400	600	200	400	50	87.5	262.5				
2019	1200	480	720	200	520	50	117.5	352.5				
2020	1500	600	900	200	700	50	162.5	487.5				

	2018	2019
经营杠杆系数		
财务杠杆系数		
复合杠杆系数		

J6　=G6-H6-I6

图 6-15

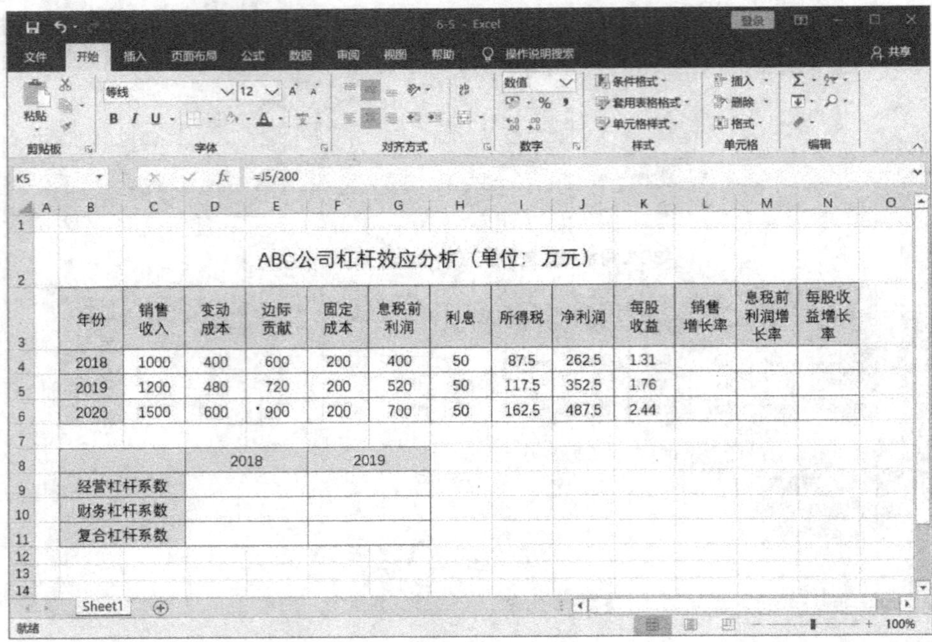

ABC公司杠杆效应分析（单位：万元）

年份	销售收入	变动成本	边际贡献	固定成本	息税前利润	利息	所得税	净利润	每股收益	销售增长率	息税前利润增长率	每股收益增长率
2018	1000	400	600	200	400	50	87.5	262.5	1.31			
2019	1200	480	720	200	520	50	117.5	352.5	1.76			
2020	1500	600	900	200	700	50	162.5	487.5	2.44			

	2018	2019
经营杠杆系数		
财务杠杆系数		
复合杠杆系数		

图 6-16

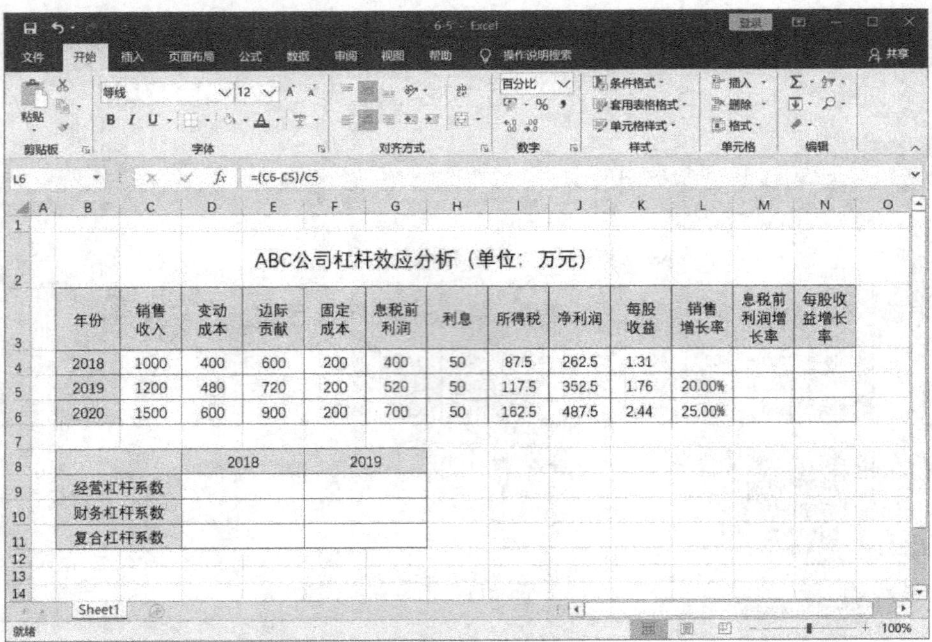

ABC公司杠杆效应分析（单位：万元）

年份	销售收入	变动成本	边际贡献	固定成本	息税前利润	利息	所得税	净利润	每股收益	销售增长率	息税前利润增长率	每股收益增长率
2018	1000	400	600	200	400	50	87.5	262.5	1.31			
2019	1200	480	720	200	520	50	117.5	352.5	1.76	20.00%		
2020	1500	600	900	200	700	50	162.5	487.5	2.44	25.00%		

	2018	2019
经营杠杆系数		
财务杠杆系数		
复合杠杆系数		

图 6-17

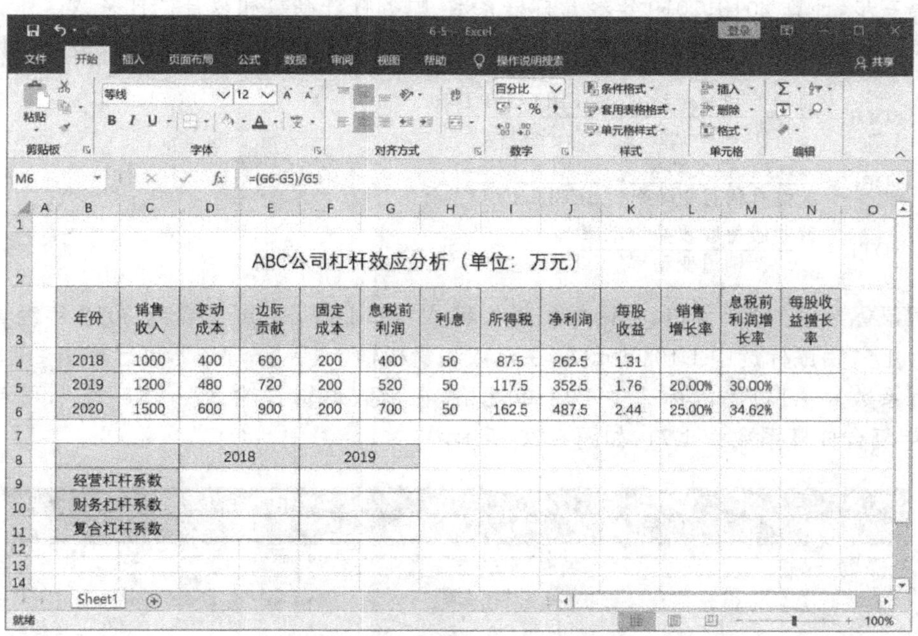

M6　=(G6-G5)/G5

ABC公司杠杆效应分析（单位：万元）

年份	销售收入	变动成本	边际贡献	固定成本	息税前利润	利息	所得税	净利润	每股收益	销售增长率	息税前利润增长率	每股收益增长率
2018	1000	400	600	200	400	50	87.5	262.5	1.31			
2019	1200	480	720	200	520	50	117.5	352.5	1.76	20.00%	30.00%	
2020	1500	600	900	200	700	50	162.5	487.5	2.44	25.00%	34.62%	

	2018	2019
经营杠杆系数		
财务杠杆系数		
复合杠杆系数		

图 6-18

每股收益增长了 30％，然后将鼠标指针移动到 N5 单元格的右下角，当变为“＋”时，向下拖动，即可计算出 2020 年比 2019 年每股收益增长了 38.3％，如图 6-19 所示。

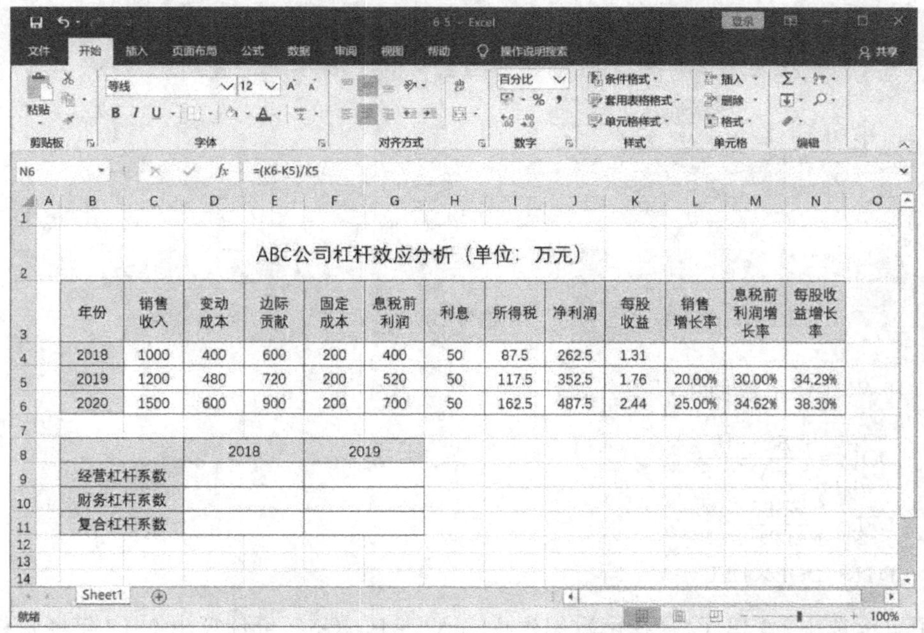

N6　=(K6-K5)/K5

ABC公司杠杆效应分析（单位：万元）

年份	销售收入	变动成本	边际贡献	固定成本	息税前利润	利息	所得税	净利润	每股收益	销售增长率	息税前利润增长率	每股收益增长率
2018	1000	400	600	200	400	50	87.5	262.5	1.31			
2019	1200	480	720	200	520	50	117.5	352.5	1.76	20.00%	30.00%	34.29%
2020	1500	600	900	200	700	50	162.5	487.5	2.44	25.00%	34.62%	38.30%

	2018	2019
经营杠杆系数		
财务杠杆系数		
复合杠杆系数		

图 6-19

第三步，计算 2018、2019 年经营杠杆系数、财务杠杆系数和复合杠杆系数。

由于杠杆系数有两种计算方法，因此我们选择 2018 年杠杆系数使用以下公式计算：

$$\mathrm{DOL}=\frac{\text{息税前利润变动率}}{\text{产销量变动率}}=\frac{\Delta \mathrm{EBIT}/\mathrm{EBIT}}{\Delta Q/Q}$$

$$\mathrm{DFL}=\frac{\text{每股收益变动率}}{\text{息税前利润变动率}}=\frac{\Delta \mathrm{EPS}/\mathrm{EPS}}{\Delta \mathrm{EBIT}/\mathrm{EBIT}}$$

$$\mathrm{DTL}=\frac{\text{普通股每股收益变动率}}{\text{产销量变动率}}$$

用鼠标选中 D9 单元格，在函数编辑栏输入“＝M5/L5”，可计算出 2018 年经营杠杆系数为 1.5；用鼠标选中 D10 单元格，在函数编辑栏输入“＝N5/M5”，可计算出 2018 年财务杠杆系数为 1.14；用鼠标选中 D11 单元格，在函数编辑栏输入“＝N5/L5”，可计算出 2018 年复合杠杆系数为 1.71，如图 6-20 所示。

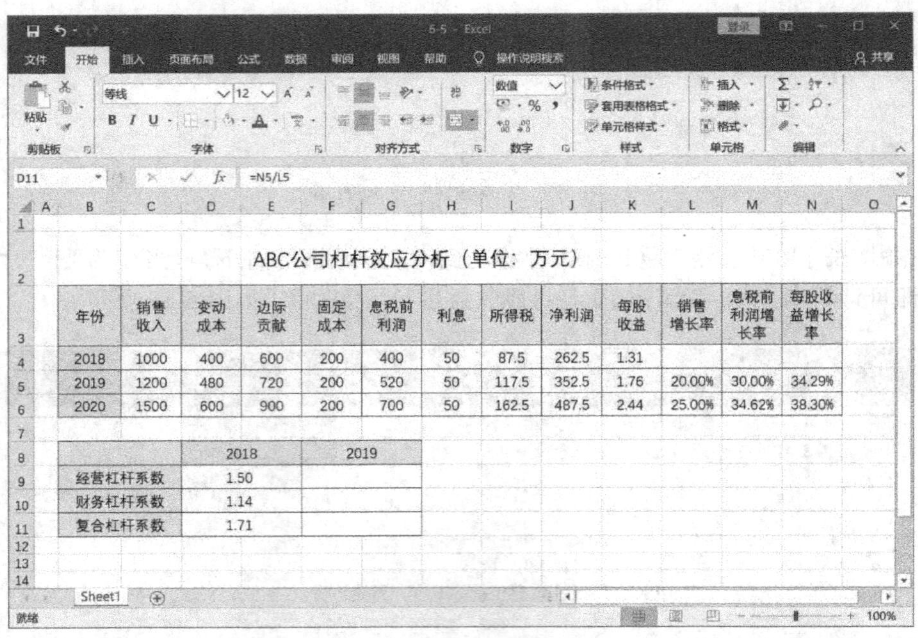

ABC公司杠杆效应分析（单位：万元）

年份	销售收入	变动成本	边际贡献	固定成本	息税前利润	利息	所得税	净利润	每股收益	销售增长率	息税前利润增长率	每股收益增长率
2018	1000	400	600	200	400	50	87.5	262.5	1.31			
2019	1200	480	720	200	520	50	117.5	352.5	1.76	20.00%	30.00%	34.29%
2020	1500	600	900	200	700	50	162.5	487.5	2.44	25.00%	34.62%	38.30%

	2018	2019
经营杠杆系数	1.50	
财务杠杆系数	1.14	
复合杠杆系数	1.71	

图 6-20

2019 年杠杆系数使用以下公式计算：

$$\mathrm{DOL}_s=\frac{S-\mathrm{VC}}{S-\mathrm{VC}-F}$$

$$\mathrm{DFL}=\frac{\mathrm{EBIT}}{\mathrm{EBIT}-I}$$

$$\mathrm{DTL}=\mathrm{DOL}\times\mathrm{DFL}$$

用鼠标选中 F9 单元格，在函数编辑栏输入“＝E5/G5”，可计算出 2019 年经营杠杆系数为 1.38；用鼠标选中 F10 单元格，在函数编辑栏输入“＝G5/(G5－H5)”，可计算出 2019 年财务杠杆系数为 1.11；用鼠标选中 F11 单元格，在函数编辑栏输入“＝F9＊F10”，可计算出 2019 年复合杠杆系数为 1.53，如图 6-21 所示。

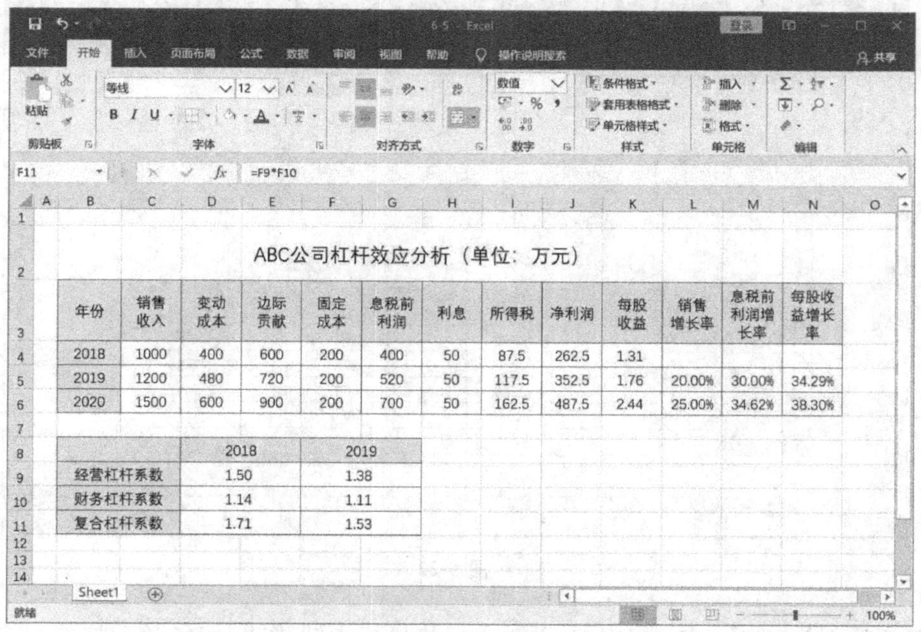

ABC公司杠杆效应分析（单位：万元）

年份	销售收入	变动成本	边际贡献	固定成本	息税前利润	利息	所得税	净利润	每股收益	销售增长率	息税前利润增长率	每股收益增长率
2018	1000	400	600	200	400	50	87.5	262.5	1.31			
2019	1200	480	720	200	520	50	117.5	352.5	1.76	20.00%	30.00%	34.29%
2020	1500	600	900	200	700	50	162.5	487.5	2.44	25.00%	34.62%	38.30%

	2018	2019
经营杠杆系数	1.50	1.38
财务杠杆系数	1.14	1.11
复合杠杆系数	1.71	1.53

图 6-21

[任务 6-6]资本结构决策方法—比较资本成本法

ABC 公司拟筹集 1 000 万元长期资本，可选择的筹资方式有银行贷款、公司债券、普通股三种，其个别资本成本率已确定，有关资料如表 6-2 所示。

表 6-2　ABC 公司筹资额与资本成本

筹资方式	资本结构			个别资本成本
	A 方案	B 方案	C 方案	
银行贷款	400	300	200	6%
公司债券	500	150	200	7.5%
普通股	100	550	600	9%
合计	1 000	1 000	1 000	—

要求：用比较资本成本法选择最佳资本结构。

扫码获取实验素材（见本书“前言”背面二维码）

[实验操作步骤]

第一步，将任务 6-6 中的数据输入 Excel 工作表，建立综合资本成本模型，如图 6-22 所示。

第二步，计算各方案筹资比重。

选中 D5 单元格，在公式编辑栏输入函数“＝C6/＄C＄9”，按“回车”即可得到银行贷

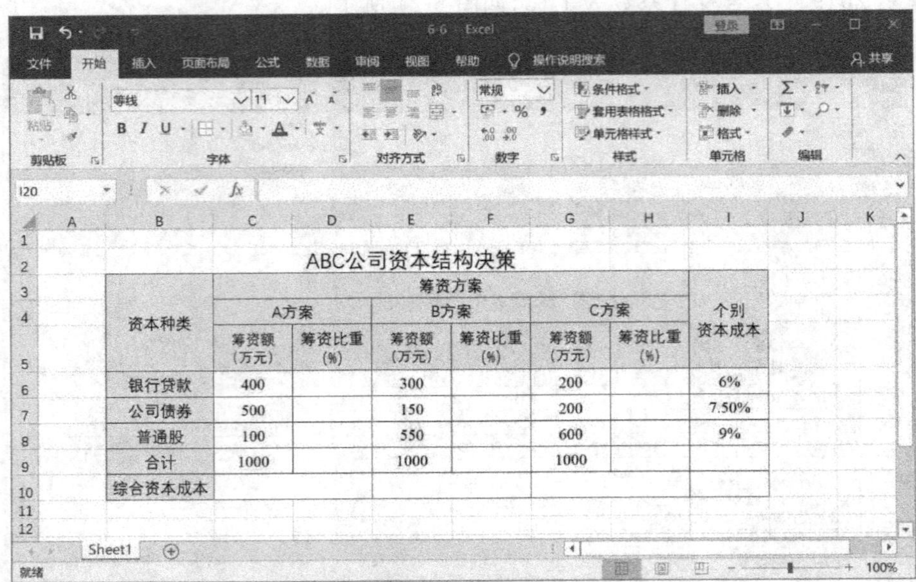

ABC公司资本结构决策

资本种类	筹资方案						个别资本成本
	A方案		B方案		C方案		
	筹资额（万元）	筹资比重（%）	筹资额（万元）	筹资比重（%）	筹资额（万元）	筹资比重（%）	
银行贷款	400		300		200		6%
公司债券	500		150		200		7.50%
普通股	100		550		600		9%
合计	1000		1000		1000		
综合资本成本							

图 6-22

款的筹资比例为 40%。选中 D5 单元格，然后将鼠标指针移动到 D5 单元格的右下角，当变为“+”时，向下拖动，即可计算出公司债券、普通股的筹资比例。如图 6-23 所示。

D6 =C6/$C$9

ABC公司资本结构决策

资本种类	筹资方案						个别资本成本
	A方案		B方案		C方案		
	筹资额（万元）	筹资比重（%）	筹资额（万元）	筹资比重（%）	筹资额（万元）	筹资比重（%）	
银行贷款	400	40.00%	300		200		6%
公司债券	500	50.00%	150		200		7.50%
普通股	100	10.00%	550		600		9%
合计	1000	100.00%	1000		1000		
综合资本成本							

图 6-23

参照方案 A 的筹资比例计算方法，可计算出方案 B 和方案 C 的筹资比例，如图 6-24 所示。

第三步，调用 SUMPRODUCT 函数，计算各方案综合资本成本。

ABC公司资本结构决策

资本种类	筹资方案						个别资本成本
	A方案		B方案		C方案		
	筹资额(万元)	筹资比重(%)	筹资额(万元)	筹资比重(%)	筹资额(万元)	筹资比重(%)	
银行贷款	400	40.00%	300	30.00%	200	20.00%	6%
公司债券	500	50.00%	150	15.00%	200	20.00%	7.50%
普通股	100	10.00%	550	55.00%	600	60.00%	9%
合计	1000	100.00%	1000	100.00%	1000	100.00%	
综合资本成本							

图 6-24

选中 C10 单元格后，在函数编辑栏输入"＝SUMPRODUCT(D6:D8,I6:I8)"，即可计算出 A 方案的综合资本成本为 7.05%，如图 6-25 所示。

C10　=SUMPRODUCT(D6:D8,I6:I8)

ABC公司资本结构决策

资本种类	筹资方案						个别资本成本
	A方案		B方案		C方案		
	筹资额(万元)	筹资比重(%)	筹资额(万元)	筹资比重(%)	筹资额(万元)	筹资比重(%)	
银行贷款	400	40.00%	300	30.00%	200	20.00%	6%
公司债券	500	50.00%	150	15.00%	200	20.00%	7.50%
普通股	100	10.00%	550	55.00%	600	60.00%	9%
合计	1000	100.00%	1000	100.00%	1000	100.00%	
综合资本成本	7.05%						

图 6-25

参照方案 A 的综合资本成本的计算方法，可计算出方案 B 和方案 C 的综合资本成本，如图 6-26 所示。

第四步，比较综合资本成本，选择筹资方案。

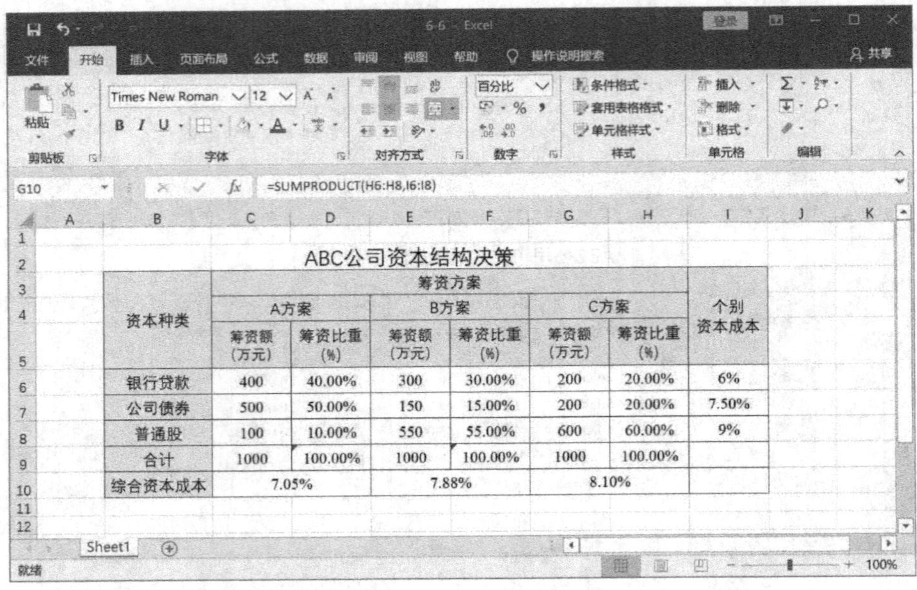

图 6-26

通过比较三个方案的综合资本成本，由于 A 方案综合资本成本最低，公司应选择 A 方案。

[任务 6-7]资本结构决策方法—每股收益分析法

ABC 公司目前资产总额 1 500 万元，现由于有一个较好的新投资项目，需要追加筹资 500 万元。新增筹资有两种方案：

方案 1：发行普通股筹集；

方案 2：发行债券筹集。

有关资料见表 6-3 所示。

表 6-3　ABC 公司资本结构有关数据

单位：万元

筹资方式	原资本结构	新增筹资后的资本结构	
		方案 1：增发普通股	方案 2：增发公司债券
公司债券(利率 6%)	200	200	700
普通股(每股面值 1 元)	400	600	400
资本公积	500	800	500
盈余公积	400	400	400
资本总数	1 500	2 000	2 000
普通股股数(万股)	400	600	400

新股发行价为每股 25 元，筹资 500 万元需发行新股 200 万股，因此，普通股股本增加

200 万元，资本公积增加 300 万元。所得税税率 25%。

要求：如果 ABC 公司息税前利润为 120 万元，用每股收益分析法分析 ABC 公司应选择哪个方案？

扫码获取实验素材（见本书“前言”背面二维码）

[实验操作步骤]

第一步，将任务 6-7 中的数据输入 Excel 工作表，建立每股收益分析法资本结构分析模型，如图 6-27 所示。

ABC公司资本结构决策　　单位：万元

原资本结构		追加筹资		
公司债券（利率6%）	200	项 目	方案一（增发普通股）	方案二（增发公司债券）
普通股（面值1元）	400	普通股股数（万股）	600	400
资本公积	500	公司债券（利率6%）	200	700
盈余公积	400	每股收益计算过程		
资本总数	1500	息税前利润		
普通股股数（万股）	400	利息		
年债务利息	12	所得税（25%）		
所得税税率	25%	净利润		
公司债券利率	6%	普通股总股数（万股）		
目标息税前利润	120	每股收益 （元/股）		

图 6-27

第二步，输入目标息税前利润，计算净利润。

选中 E9 单元格后，在函数编辑栏输入“＝C14”，F9 单元格操作方法相同，如图 6-28 所示。

选中 E10 单元格后，在函数编辑栏输入“＝E7 * C13”，按“回车”键，即可得到选择方案一的债务利息为 12 万元；选中 F10 单元格后，在函数编辑栏输入“＝F7 * C13”，按“回车”键，即可得到选择方案二的债务利息为 42 万元，如图 6-29 所示。

选中 E11 单元格后，在函数编辑栏输入“＝(E9－E10) * C12”，按“回车”键，即可得到选择方案一的所得税为 27 万元；选中 F11 单元格后，在函数编辑栏输入“＝(F9－F10) * C12”，按“回车”键，即可得到选择方案二的所得税为 19.5 万元，如图 6-30 所示。

选中 E12 单元格后，在函数编辑栏输入“＝E9－E10－E11”，按“回车”键，即可得到选择方案一的净利润为 81 万元；选中 F12 单元格后，在函数编辑栏输入“＝F9－F10－F11”，按“回车”键，即可得到选择方案二的净利润为 58.5 万元，如图 6-31 所示。

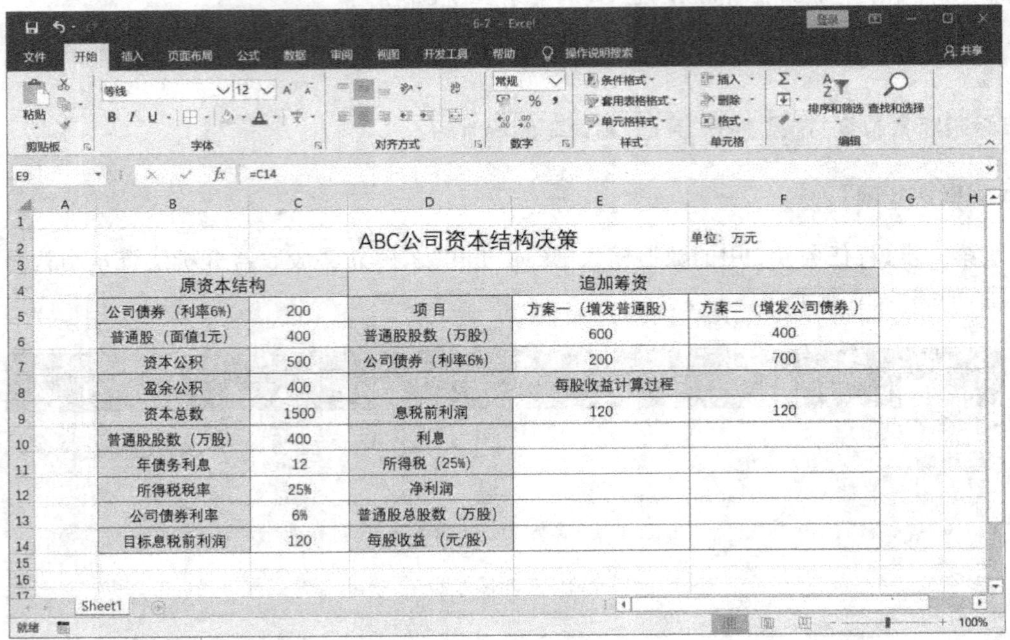

ABC公司资本结构决策　　单位：万元

原资本结构		追加筹资		
公司债券（利率6%）	200	项 目	方案一（增发普通股）	方案二（增发公司债券）
普通股（面值1元）	400	普通股股数（万股）	600	400
资本公积	500	公司债券（利率6%）	200	700
盈余公积	400	每股收益计算过程		
资本总数	1500	息税前利润	120	120
普通股股数（万股）	400	利息		
年债务利息	12	所得税（25%）		
所得税税率	25%	净利润		
公司债券利率	6%	普通股总股数（万股）		
目标息税前利润	120	每股收益（元/股）		

图 6-28

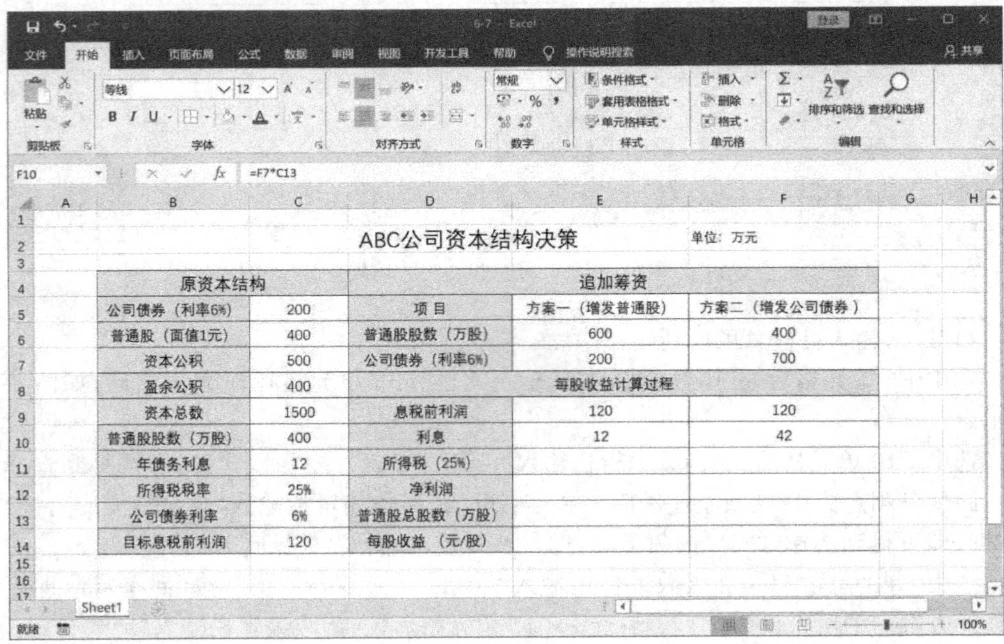

ABC公司资本结构决策　　单位：万元

原资本结构		追加筹资		
公司债券（利率6%）	200	项 目	方案一（增发普通股）	方案二（增发公司债券）
普通股（面值1元）	400	普通股股数（万股）	600	400
资本公积	500	公司债券（利率6%）	200	700
盈余公积	400	每股收益计算过程		
资本总数	1500	息税前利润	120	120
普通股股数（万股）	400	利息	12	42
年债务利息	12	所得税（25%）		
所得税税率	25%	净利润		
公司债券利率	6%	普通股总股数（万股）		
目标息税前利润	120	每股收益（元/股）		

图 6-29

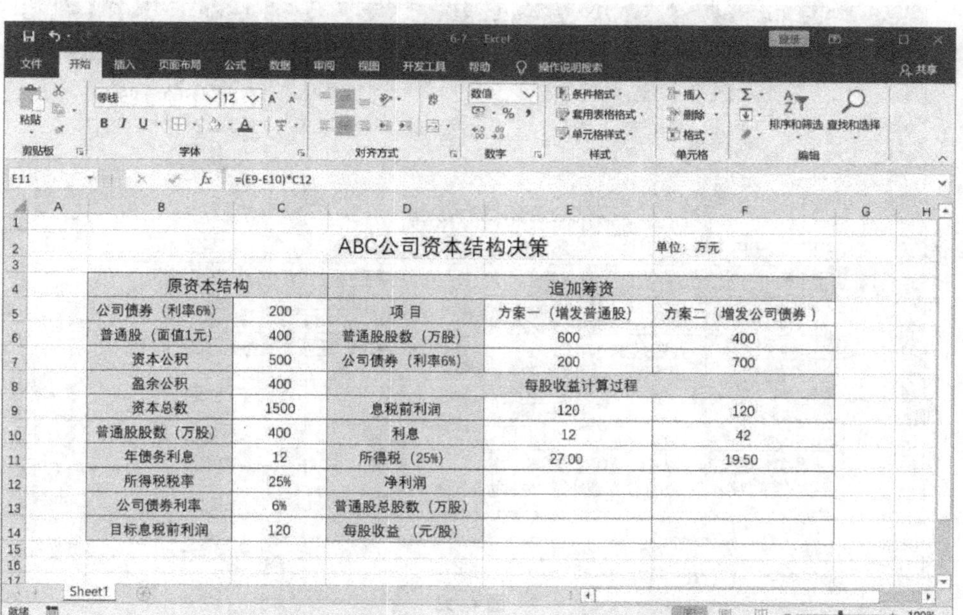

ABC公司资本结构决策　　单位：万元

原资本结构		追加筹资		
公司债券（利率6%）	200	项 目	方案一（增发普通股）	方案二（增发公司债券）
普通股（面值1元）	400	普通股股数（万股）	600	400
资本公积	500	公司债券（利率6%）	200	700
盈余公积	400	每股收益计算过程		
资本总数	1500	息税前利润	120	120
普通股股数（万股）	400	利息	12	42
年债务利息	12	所得税（25%）	27.00	19.50
所得税税率	25%	净利润		
公司债券利率	6%	普通股总股数（万股）		
目标息税前利润	120	每股收益 （元/股）		

图 6-30

ABC公司资本结构决策　　单位：万元

原资本结构		追加筹资		
公司债券（利率6%）	200	项 目	方案一（增发普通股）	方案二（增发公司债券）
普通股（面值1元）	400	普通股股数（万股）	600	400
资本公积	500	公司债券（利率6%）	200	700
盈余公积	400	每股收益计算过程		
资本总数	1500	息税前利润	120	120
普通股股数（万股）	400	利息	12	42
年债务利息	12	所得税（25%）	27.00	19.50
所得税税率	25%	净利润	81.00	58.50
公司债券利率	6%	普通股总股数（万股）		
目标息税前利润	120	每股收益 （元/股）		

图 6-31

第三步，计算每股收益。

在 E13 单元格输入“＝E6”，在 F13 单元格输入“＝F6”，如图 6-32 所示。

选中 E14 单元格后，在函数编辑栏输入“＝E12/E13”，按“回车”键，即可得到选择方

ABC公司资本结构决策　　单位：万元

原资本结构		追加筹资		
公司债券（利率6%）	200	项 目	方案一（增发普通股）	方案二（增发公司债券）
普通股（面值1元）	400	普通股股数（万股）	600	400
资本公积	500	公司债券（利率6%）	200	700
盈余公积	400	每股收益计算过程		
资本总数	1500	息税前利润	120	120
普通股股数（万股）	400	利息	12	42
年债务利息	12	所得税（25%）	27.00	19.50
所得税税率	25%	净利润	81.00	58.50
公司债券利率	6%	普通股总股数（万股）	600.00	400.00
目标息税前利润	120	每股收益（元/股）		

图 6-32

案一的每股收益为 0.14 元/股；选中 F14 单元格后，在函数编辑栏输入“＝F12/F13”，按“回车”键，即可得到选择方案二的每股收益为 0.15 元/股，如图 6-33 所示。

ABC公司资本结构决策　　单位：万元

原资本结构		追加筹资		
公司债券（利率6%）	200	项 目	方案一（增发普通股）	方案二（增发公司债券）
普通股（面值1元）	400	普通股股数（万股）	600	400
资本公积	500	公司债券（利率6%）	200	700
盈余公积	400	每股收益计算过程		
资本总数	1500	息税前利润	120	120
普通股股数（万股）	400	利息	12	42
年债务利息	12	所得税（25%）	27.00	19.50
所得税税率	25%	净利润	81.00	58.50
公司债券利率	6%	普通股总股数（万股）	600.00	400.00
目标息税前利润	120	每股收益（元/股）	0.14	0.15

图 6-33

第四步，选择筹资方案。

由于方案二的每股收益（0.15 元/股）高于方案一每股收益（0.14 元/股），所以 ABC 公司应选择方案二，增发公司债 500 万元。

每股收益分析法还有一个重要指标，是每股收益无差别点，是指每股收益不受融资方式影响的息税前利润点。通过对每股收益无差别点的分析，判断不同息税前利润水平下适用于采用何种筹资方式，以便确定企业的资本结构。如何利用 Excel 计算呢？

第一步，设置控件按钮设置目标息税前利润。

需要在 Excel 工作表中 C14 单元格增加微调项，需要注意的是，Excel 2016 默认情况下不显示“开发工具”选项卡。将控件添加到工作表之前，必须启用“开发工具”选项卡，将其添加到功能区。需要按照以下程序启用：

在“文件”—“选项”—“自定义功能区”—“开发工具”打勾，点击“确定”即可，如图 6-34 所示。

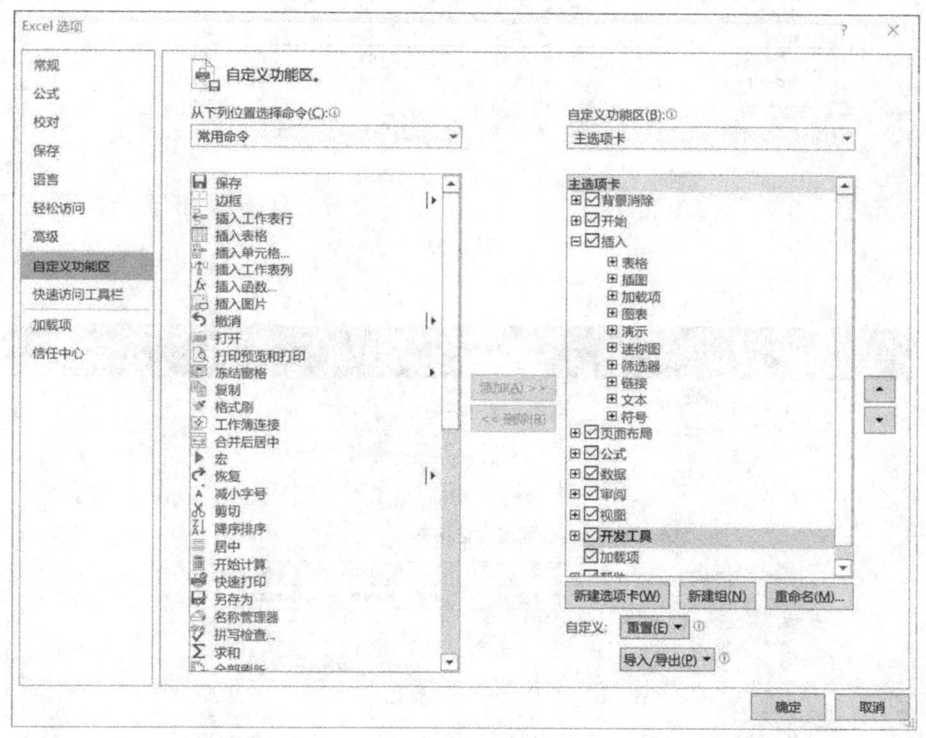

图 6-34

利用数值调节钮可更加方便地增大或减小值，例如某个数字增量、时间或日期。若要增大值，请单击向上箭头；若要减小值，请单击向下箭头。选中 C14 单元格，在“开发工具”选项卡“插入”功能选项，点击“表单控件”中的“数值调节钮”，如图 6-35 所示。

当鼠标指针变为“＋”时，将鼠标指针移至 C14，在单元格左侧画出大小合适的按钮，如图 6-36 所示。

第二步，为数值调节钮设置控件格式。

用鼠标右键单击数值调节钮，选择“设置控件格式”，如图 6-37 所示。

在设置控件格式对话框中，“当前值”为 120，“最小值”设置为 1，“最大值”根据需要设置，如设置为“1 000”，“步长”为 1，“单元格链接”选择＄C＄14，如图 6-38 所示。

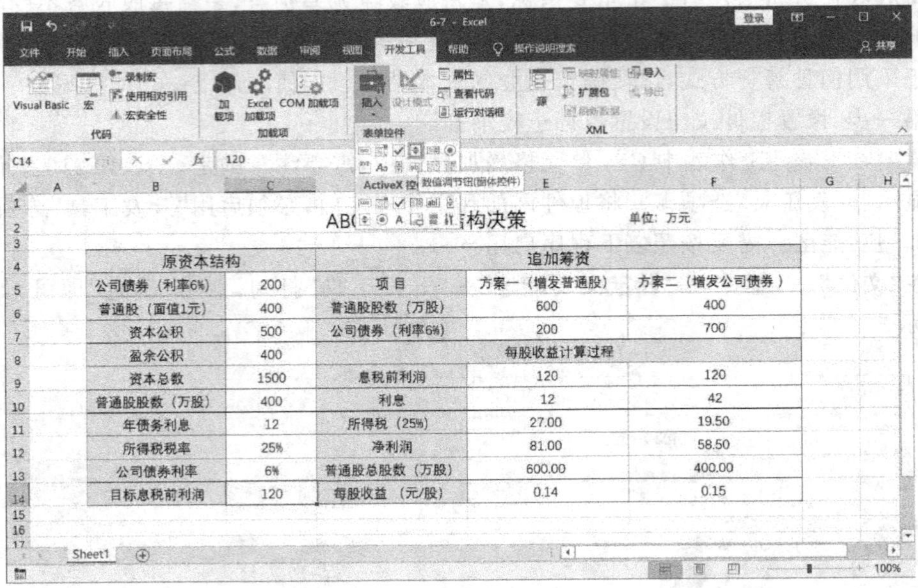

ABC公司资本结构决策　　单位：万元

原资本结构		追加筹资		
公司债券（利率6%）	200	项 目	方案一（增发普通股）	方案二（增发公司债券）
普通股（面值1元）	400	普通股股数（万股）	600	400
资本公积	500	公司债券（利率6%）	200	700
盈余公积	400	每股收益计算过程		
资本总数	1500	息税前利润	120	120
普通股股数（万股）	400	利息	12	42
年债务利息	12	所得税（25%）	27.00	19.50
所得税税率	25%	净利润	81.00	58.50
公司债券利率	6%	普通股总股数（万股）	600.00	400.00
目标息税前利润	120	每股收益（元/股）	0.14	0.15

图 6-35

ABC公司资本结构决策　　单位：万元

原资本结构		追加筹资		
公司债券（利率6%）	200	项 目	方案一（增发普通股）	方案二（增发公司债券）
普通股（面值1元）	400	普通股股数（万股）	600	400
资本公积	500	公司债券（利率6%）	200	700
盈余公积	400	每股收益计算过程		
资本总数	1500	息税前利润	120	120
普通股股数（万股）	400	利息	12	42
年债务利息	12	所得税（25%）	27.00	19.50
所得税税率	25%	净利润	81.00	58.50
公司债券利率	6%	普通股总股数（万股）	600.00	400.00
目标息税前利润	120	每股收益（元/股）	0.14	0.15

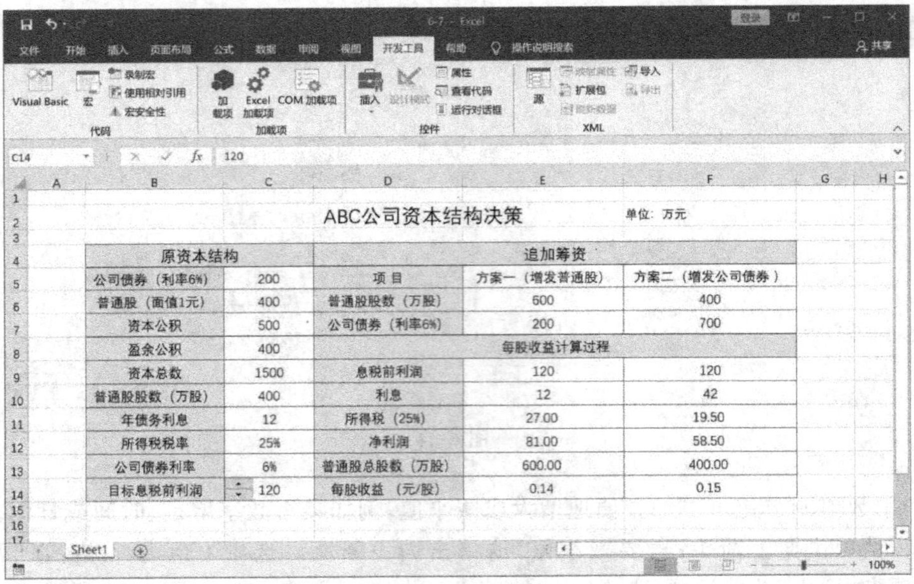

图 6-36

点击“确定”按钮，设置完成。由于任务 6-7 中权益融资方式的每股收益较低，可按 C14 单元格的向下调节钮，当 C14 单元格调整至 113 时，两种筹资方案的每股收益相等，因此，ABC 公司每股收益无差别点为息税前利润等于 113 万，此时两种筹资方案的每股收益均为 0.13 元/股，如图 6-39 所示。

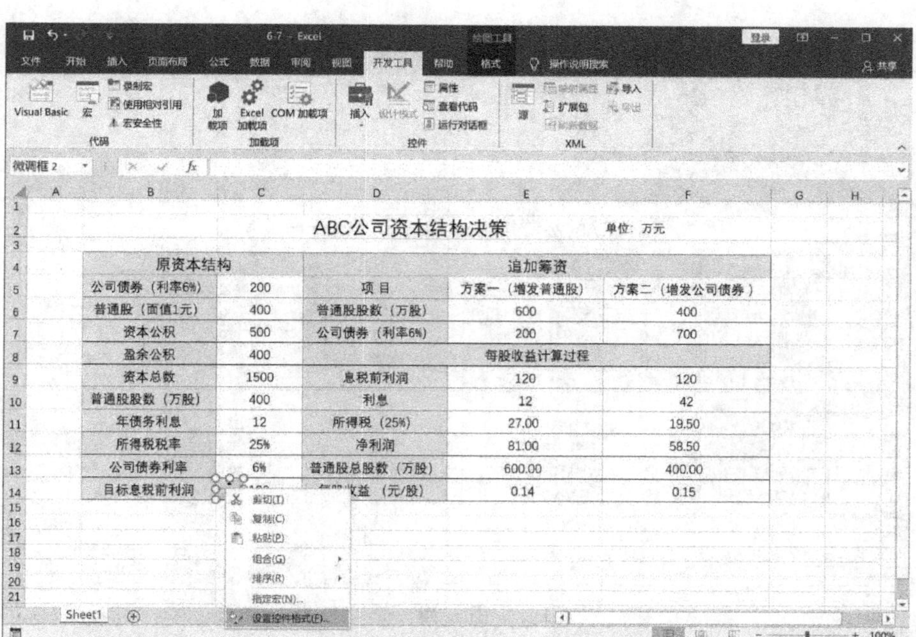

ABC公司资本结构决策　　单位：万元

原资本结构		追加筹资		
公司债券（利率6%）	200	项 目	方案一（增发普通股）	方案二（增发公司债券）
普通股（面值1元）	400	普通股股数（万股）	600	400
资本公积	500	公司债券（利率6%）	200	700
盈余公积	400	每股收益计算过程		
资本总数	1500	息税前利润	120	120
普通股股数（万股）	400	利息	12	42
年债务利息	12	所得税（25%）	27.00	19.50
所得税税率	25%	净利润	81.00	58.50
公司债券利率	6%	普通股总股数（万股）	600.00	400.00
目标息税前利润	120	每股收益（元/股）	0.14	0.15

图 6-37

设置控件格式

大小　保护　属性　可选文字　控制

当前值(C): 120

最小值(M): 1

最大值(X): 1000

步长(I): 1

页步长(P):

单元格链接(L): $C$14

☑ 三维阴影(3)

确定　取消

图 6-38

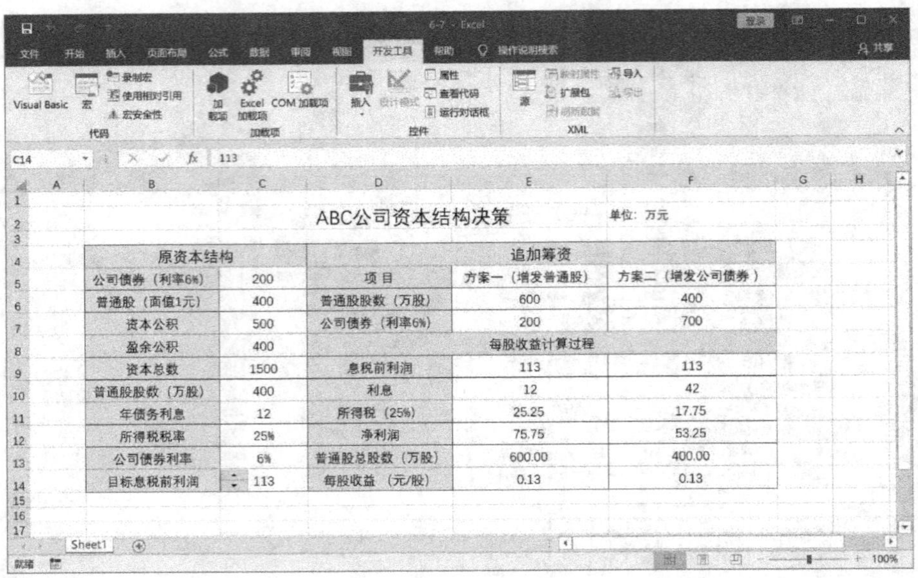

ABC公司资本结构决策 单位：万元

原资本结构		追加筹资		
公司债券（利率6%）	200	项 目	方案一（增发普通股）	方案二（增发公司债券）
普通股（面值1元）	400	普通股股数（万股）	600	400
资本公积	500	公司债券（利率6%）	200	700
盈余公积	400	每股收益计算过程		
资本总数	1500	息税前利润	113	113
普通股股数（万股）	400	利息	12	42
年债务利息	12	所得税（25%）	25.25	17.75
所得税税率	25%	净利润	75.75	53.25
公司债券利率	6%	普通股总股数（万股）	600.00	400.00
目标息税前利润	113	每股收益（元/股）	0.13	0.13

图 6-39

[任务 6-8]资本结构决策方法—综合分析法

ABC 公司息税前利润为 400 万元，资本总额账面价值 1 000 万元，假设无风险报酬率为 6%，证券市场平均报酬率为 10%，所得税率为 25%。经测算，不同债务水平下的权益资本成本率如表 6-4 所示。

表 6-4 不同债务水平下的债务资本成本率及 β 系数

债务市场价值 B（万元）	税前债务利息率 K_b	股票 β 系数
0	—	1.50
200	8.0%	1.55
400	8.5%	1.65
600	9.0%	1.80
800	10.0%	2.00
1 000	12.0%	2.30
1 200	15.0%	2.70

要求：用综合分析法确定 ABC 公司最佳资本结构。

扫码获取实验素材(见本书“前言”背面二维码)

[实验操作步骤]

第一步，将任务 6-8 中的数据输入 Excel 工作表，建立不同举债规模下普通股资本成本测算模型和综合分析法下企业价值模型，如图 6-40 所示。

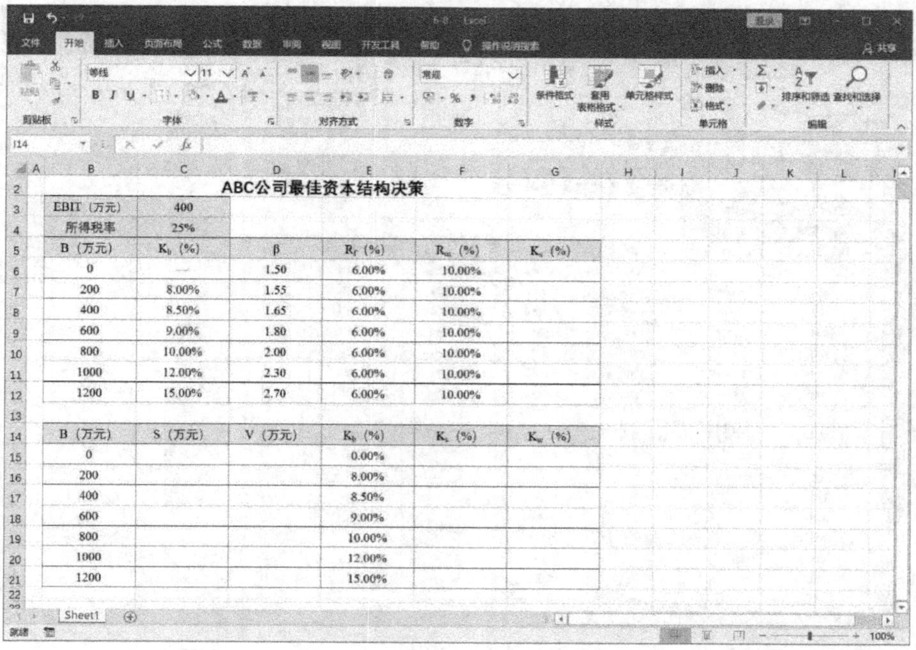

ABC公司最佳资本结构决策

EBIT（万元）	400
所得税率	25%

B（万元）	K_b（%）	β	R_f（%）	R_m（%）	K_s（%）
0	—	1.50	6.00%	10.00%	
200	8.00%	1.55	6.00%	10.00%	
400	8.50%	1.65	6.00%	10.00%	
600	9.00%	1.80	6.00%	10.00%	
800	10.00%	2.00	6.00%	10.00%	
1000	12.00%	2.30	6.00%	10.00%	
1200	15.00%	2.70	6.00%	10.00%	

B（万元）	S（万元）	V（万元）	K_b（%）	K_s（%）	K_w（%）
0			0.00%		
200			8.00%		
400			8.50%		
600			9.00%		
800			10.00%		
1000			12.00%		
1200			15.00%		

图 6-40

第二步，计算 ABC 公司普通股资本成本 K_s。

选中 G6 单元格后，在函数编辑栏输入“＝E6＋(F6－E6)＊D6”，按“回车”键，即可得到当举债规模为 0 时，公司普通股资本成本为 12％。选中 G6 单元格，然后将鼠标指针移动到 G6 单元格的右下角，当变为“＋”时，向下拖动至 G12 单元格，即可计算出在不同债务水平下公司普通股的资本成本，如图 6-41 所示。

第三步，计算 ABC 公司股票折现价值。

首先将公司不同债务水平下普通股资本成本 K_s 粘贴至 F15:F21，选中单元格 G6:G12，复制并粘贴到 F15:F21，需要注意仅粘贴数值，如图 6-42、6-43 所示。

选中 C15 单元格后，在函数编辑栏输入“＝(＄C＄3－B15＊E15)＊(1－＄C＄4)/F15”，按“回车”键，即可得到当举债规模为 0 时，公司普通股折现价值为 2 500 万元。选中 C15 单元格，然后将鼠标指针移动到 C15 单元格的右下角，当变为“＋”时，向下拖动至 C21 单元格，即可计算出在不同债务水平下公司普通股的折现价值，如图 6-44 所示。

第四步，计算 ABC 公司总价值。

公司总价值应是债务价值与普通股价值之和。选中 D15 单元格后，在函数编辑栏输入“＝B15＋C15”，按“回车”键，即可得到当举债规模为 0、公司普通股折现价值为 2 500 万元时公司总价值为 2 500 万元。选中 D15 单元格，然后将鼠标指针移动到 D15 单元格的右下角，当变为“＋”时，向下拖动至 D21 单元格，即可计算出在不同资本结构下公司总价值，如图 6-45 所示。

第五步，计算 ABC 公司综合资本成本。

ABC 公司综合资本成本应是债务资本成本、普通股资本成本按照其占公司总价值的

ABC公司最佳资本结构决策

EBIT（万元）	400
所得税率	25%

B（万元）	K_b（%）	β	R_f（%）	R_m（%）	K_s（%）
0	—	1.50	6.00%	10.00%	12.00%
200	8.00%	1.55	6.00%	10.00%	12.20%
400	8.50%	1.65	6.00%	10.00%	12.60%
600	9.00%	1.80	6.00%	10.00%	13.20%
800	10.00%	2.00	6.00%	10.00%	14.00%
1000	12.00%	2.30	6.00%	10.00%	15.20%
1200	15.00%	2.70	6.00%	10.00%	16.80%

B（万元）	S（万元）	V（万元）	K_b（%）	K_s（%）	K_w（%）
0			0.00%		
200			8.00%		
400			8.50%		
600			9.00%		
800			10.00%		
1000			12.00%		
1200			15.00%		

图 6-41

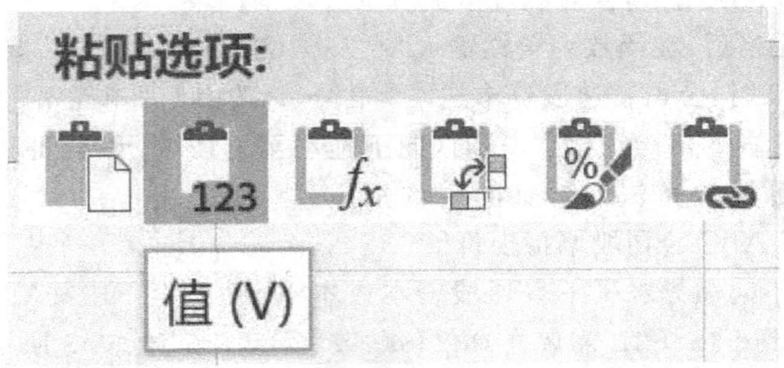

图 6-42

比例计算的加权平均数。选中 G15 单元格后，在函数编辑栏输入“＝E15＊(1－＄C＄4)＊B15/D15＋F15＊C15/D15”，按“回车”键，即可得到当举债规模为 0、公司普通股折现价值为 2 500 万元时综合资本成本为 12%。选中 G15 单元格，然后将鼠标指针移动到 G15 单元格的右下角，当变为“＋”时，向下拖动至 G21 单元格，即可计算出在不同资本结构下公司综合资本成本，如图 6-46 所示。

由于举债 400 万元时，公司总价值最高，公司综合资本成本最低，所以最佳资本结构为举债 400 万元。

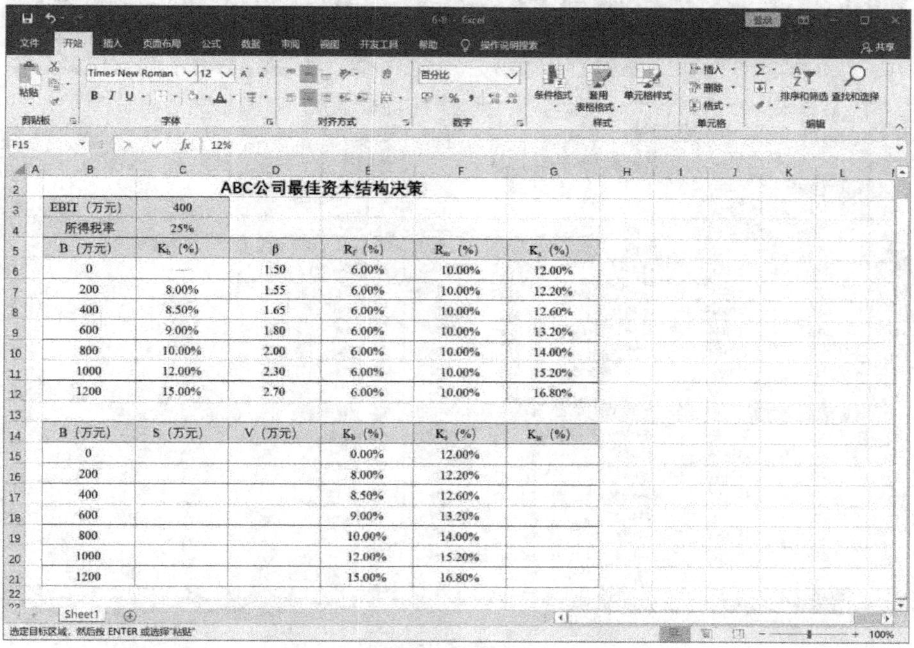

F15　12%

ABC公司最佳资本结构决策

EBIT（万元）	400
所得税率	25%

B（万元）	K_b（%）	β	R_f（%）	R_m（%）	K_s（%）
0	—	1.50	6.00%	10.00%	12.00%
200	8.00%	1.55	6.00%	10.00%	12.20%
400	8.50%	1.65	6.00%	10.00%	12.60%
600	9.00%	1.80	6.00%	10.00%	13.20%
800	10.00%	2.00	6.00%	10.00%	14.00%
1000	12.00%	2.30	6.00%	10.00%	15.20%
1200	15.00%	2.70	6.00%	10.00%	16.80%

B（万元）	S（万元）	V（万元）	K_b（%）	K_s（%）	K_w（%）
0			0.00%	12.00%	
200			8.00%	12.20%	
400			8.50%	12.60%	
600			9.00%	13.20%	
800			10.00%	14.00%	
1000			12.00%	15.20%	
1200			15.00%	16.80%	

图 6-43

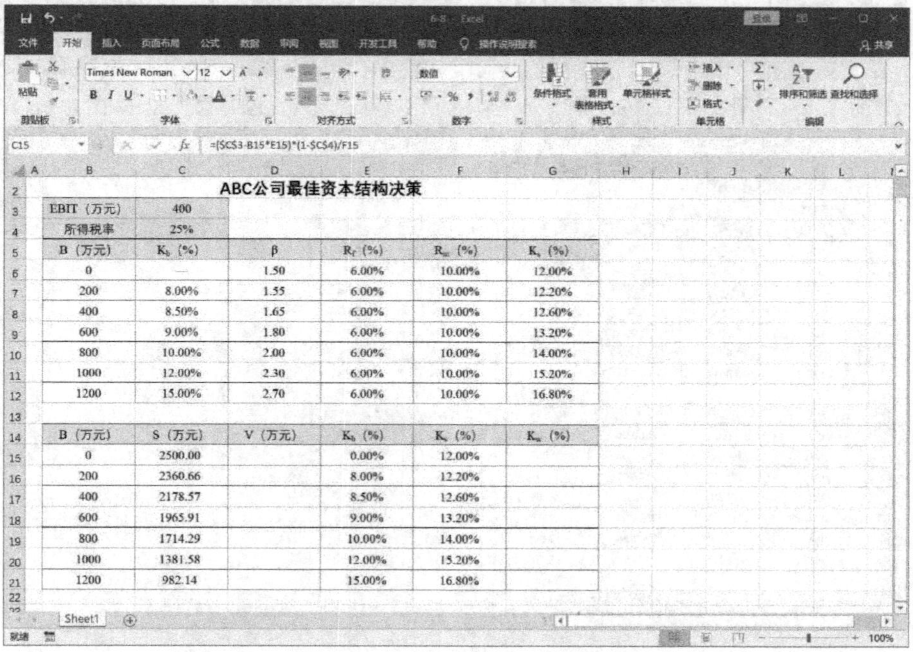

C15　=($C$3-B15*E15)*(1-$C$4)/F15

ABC公司最佳资本结构决策

EBIT（万元）	400
所得税率	25%

B（万元）	K_b（%）	β	R_f（%）	R_m（%）	K_s（%）
0	—	1.50	6.00%	10.00%	12.00%
200	8.00%	1.55	6.00%	10.00%	12.20%
400	8.50%	1.65	6.00%	10.00%	12.60%
600	9.00%	1.80	6.00%	10.00%	13.20%
800	10.00%	2.00	6.00%	10.00%	14.00%
1000	12.00%	2.30	6.00%	10.00%	15.20%
1200	15.00%	2.70	6.00%	10.00%	16.80%

B（万元）	S（万元）	V（万元）	K_b（%）	K_s（%）	K_w（%）
0	2500.00		0.00%	12.00%	
200	2360.66		8.00%	12.20%	
400	2178.57		8.50%	12.60%	
600	1965.91		9.00%	13.20%	
800	1714.29		10.00%	14.00%	
1000	1381.58		12.00%	15.20%	
1200	982.14		15.00%	16.80%	

图 6-44

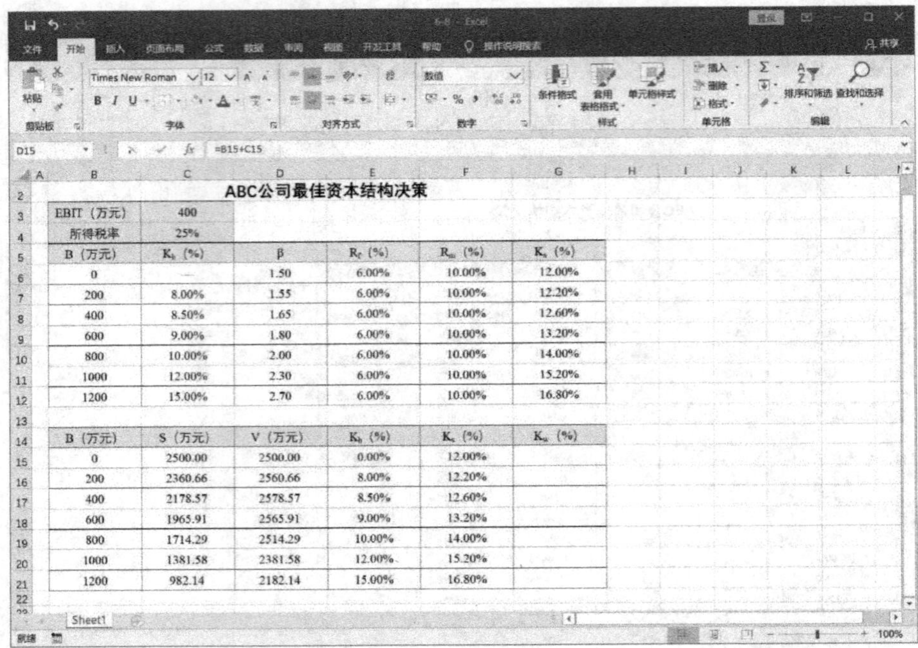

D15 f_x =B15+C15

ABC公司最佳资本结构决策

EBIT（万元）	400
所得税率	25%

B（万元）	K_b（%）	β	R_f（%）	R_m（%）	K_s（%）
0	—	1.50	6.00%	10.00%	12.00%
200	8.00%	1.55	6.00%	10.00%	12.20%
400	8.50%	1.65	6.00%	10.00%	12.60%
600	9.00%	1.80	6.00%	10.00%	13.20%
800	10.00%	2.00	6.00%	10.00%	14.00%
1000	12.00%	2.30	6.00%	10.00%	15.20%
1200	15.00%	2.70	6.00%	10.00%	16.80%

B（万元）	S（万元）	V（万元）	K_b（%）	K_s（%）	K_w（%）
0	2500.00	2500.00	0.00%	12.00%	
200	2360.66	2560.66	8.00%	12.20%	
400	2178.57	2578.57	8.50%	12.60%	
600	1965.91	2565.91	9.00%	13.20%	
800	1714.29	2514.29	10.00%	14.00%	
1000	1381.58	2381.58	12.00%	15.20%	
1200	982.14	2182.14	15.00%	16.80%	

图 6-45

G15 f_x =E15*(1-$C$4)*B15/D15+F15*C15/D15

ABC公司最佳资本结构决策

EBIT（万元）	400
所得税率	25%

B（万元）	K_b（%）	β	R_f（%）	R_m（%）	K_s（%）
0	—	1.50	6.00%	10.00%	12.00%
200	8.00%	1.55	6.00%	10.00%	12.20%
400	8.50%	1.65	6.00%	10.00%	12.60%
600	9.00%	1.80	6.00%	10.00%	13.20%
800	10.00%	2.00	6.00%	10.00%	14.00%
1000	12.00%	2.30	6.00%	10.00%	15.20%
1200	15.00%	2.70	6.00%	10.00%	16.80%

B（万元）	S（万元）	V（万元）	K_b（%）	K_s（%）	K_w（%）
0	2500.00	2500.00	0.00%	12.00%	12.00%
200	2360.66	2560.66	8.00%	12.20%	11.72%
400	2178.57	2578.57	8.50%	12.60%	11.63%
600	1965.91	2565.91	9.00%	13.20%	11.69%
800	1714.29	2514.29	10.00%	14.00%	11.93%
1000	1381.58	2381.58	12.00%	15.20%	12.60%
1200	982.14	2182.14	15.00%	16.80%	13.75%

图 6-46

第 7 章　项目投资决策实验

7.1　项目投资决策实验概述

投资是为了将来获得更多现金流入而现在付出现金的行为。项目投资是企业投资的一种类型，是企业进行的生产性资本投资。不同于证券投资，项目投资的支出是对企业自身的投入，与其他经济实体不发生资本收支的经济往来关系，是一种对内投资、直接投资，是以扩大生产能力和改善生产条件为目的的资本投资。在企业的整个投资中，项目投资具有十分重要的地位，关乎企业的成败，对企业的生存与发展、未来盈利能力、长期偿债能力等都具有重大影响。

7.1.1 项目投资决策实验内容

企业项目投资决策通常投资金额大、影响时间长、发生频率低、变现能力差，投资风险较大，因此企业需要进行财务可行性分析和评价。本章实验任务包括 7 项：

(1)投资项目现金流量的估算实验；

(2)投资回收期的估算实验；

(3)平均报酬率的估算实验；

(4)动态回收期估算实验；

(5)净现值的估算实验；

(6)获利指数测算实验；

(7)内含报酬率的估算实验。

7.1.2 项目投资决策实验基础知识

企业项目投资决策涉及现金流量的估算与决策指标的使用等。主要内容如下：

(1)项目投资决策的依据

项目投资决策通过对项目投资支出和投资收入进行对比分析，以分析判断投资项目的可行性。项目投资的投资支出和投资收入，均是以现金的实际收支为计算基础的，项目从筹建施工、正式投产营运到退出报废为止的整个项目期间内所发生的现金收支，形成该项目的现金流量。对于项目投资决策来说，其决策目标是投资方案的净现金流量而不是期间利润。在项目投资决策中，现金流动状况比盈亏状况更重要，采用现金流量可以保证项目投资决策的客观性。只有投资方案的现金流入量大于现金流出量，该方案才是可行的投资方案。

现金流量指的是在投资活动中，由于引进一个项目而引起的现金支出或现金收入增加的数量。

$$\text{某年净现金流量}(NCF_t)=\text{该年现金流入量}-\text{该年现金流出量}$$
$$=CI_t-CO_t\ (t=0,1,2,\cdots)$$

①建设期的现金流量

建设期的现金流量主要是建设投资和流动资金投资，建设投资与流动资金投资合称项目的原始投资。其中：建设投资包括在建设期内发生的固定资产投资、无形资产投资和开办费投资等；流动资金投资是指在投资项目中发生的用于生产经营期周转使用的营运资金投资（即垫支流动资金），一般假设当项目结束时将全部收回流动资金投资。假设投资项目的全部原始投资均在建设期内投入，则建设期净现金流量可按以下简化公式计算：

$$\text{建设期某年净现金流量}(NCF_t)=-\text{该年原始投资额}$$
$$=-I_t\ (t=0,1,\cdots,s,s\geqslant 0)$$

式中：I_t 代表第 t 年原始投资额，s 为建设期年数。

②经营期现金流量

经营期的现金流量主要包括营业收入、付现成本（经营成本）以及税金。其中：营业收入的大小受经营期内有关产品各年预计单价和预测销售量的影响；付现成本，又称经营成本，是指在经营期内为满足正常生产经营而动用现实货币资金支付的成本费用；税金主要是指不包括在付现成本中的会引起企业的现金流出的各项税款，这里主要是指所得税。经营期各年（经营期最后一年除外）的净现金流量可按以下简化公式计算：

$$\text{经营期某年净现金流量}(NCF_t)=\text{营业收入}-\text{付现成本}-\text{所得税}$$
$$=\text{净利润}+\text{折旧}+\text{摊销费}$$
$$=E_t+D_t+A_t\ (t=s+1,s+2,\cdots,n-1)$$

式中：E_t 代表第 t 年净利润；D_t 代表第 t 年折旧；A_t 代表第 t 年摊销费；s 为建设期年数；n 为项目计算期年数。

③终结点现金流量

在经营期的最后一年末是项目的终结点，终结点会发生回收固定资产残值和回收流动资金的现金流量，回收的固定资产残值和回收的流动资金统称为回收额，因此经营期最后一年的净现金流量应按以下简化公式计算：

$$\text{经营期最后一年的净现金流量}(NCF_n)=\text{净利润}+\text{折旧}+\text{摊销费}+\text{回收额}$$

(2)项目投资决策的基本方法

对投资项目评价时使用的指标分为两类：一类是非折现指标，即没有考虑时间价值因素的指标，主要包括投资回收期、平均报酬率等；另一类是折现指标，即考虑了时间价值因素的指标，主要包括动态回收期、净现值、现值指数、内含报酬率等。

①投资回收期

投资回收期是指投资项目的未来净现金流量与原始投资额相等时所经历的时间，即原始投资额通过未来现金流量回收所需要的时间。

方法 1:特殊方法

如果一个项目的投资均发生在建设期内，经营期前若干年每年净现金流量相等，且其合计大于或等于原始投资额，则可按以下简化公式计算项目回收期：

$$\text{不包括建设期的投资回收期(PP}')=\frac{\text{原始投资额}}{\text{每年相等的净现金流量}}$$

包括建设期的投资回收期(PP)＝不包括建设期的投资回收期＋建设期

方法 2:一般方法

如果投资项目的现金流量不满足应用上述特殊方法的条件，应把每年的净现金流量逐年加总，根据累计净现金流量来确定投资回收期，可按下式计算：

$$\text{PP}=\text{累计净现金流量首次出现正值的年份}-1+\frac{\text{该年初尚未收回的投资}}{\text{该年净现金流量}}$$

PP′＝包括建设期的投资回收期(PP)－建设期

投资回收期指标能够直观地反映原始投资的回收期限，便于理解，计算简单，能够利用投资回收期之前的净现金流量信息。其缺点在于不仅忽视时间价值，而且没有考虑投资回收期以后的收益，可能导致放弃长期成功的方案。

②平均报酬率

该指标是一种较早使用的投资评价指标，通过计算项目投产后正常生产年份的平均报酬率来判断投资项目优劣。投资报酬率是指经营期年均现金流量占初始投资额的百分比。投资收益率是项目投资决策的辅助指标，其计算公式如下：

$$\text{投资报酬率(ARR)}=\frac{\text{年平均现金流量}}{\text{初始投资额}}\times 100\%$$

平均报酬率简明、容易计算、容易理解，但是没有考虑货币的时间价值，若干年的现金流量直接相加求平均数，可能会做出错误的决策，同时，基准平均报酬率在确定时有很大的主观性。

③净现值

净现值(记作 NPV)，是指在项目计算期内，按设定折现率或基准收益率计算的各年净现金流量现值的代数和。只有净现值大于或等于零的投资项目才具有财务可行性。

$$\text{净现值(NPV)}=\sum_{t=0}^{n}(\text{第 }t\text{ 年的净现金流量}\times\text{第 }t\text{ 年的复利现值系数})$$

式中：n 为项目计算期年数。

净现值指标充分考虑了货币时间价值以及项目计算期内的全部净现金流量；但是计算烦琐、无法直接反映投资项目的实际收益率水平，而且由于净现值指标是绝对数指标，因此只能反映投资的效益而不能反映投资的效率，折现率选取的大小会影响净现值指标的决策判断。

④获利指数

获利指数也称现值指数(记作 PI),是指投产后按设定折现率或基准收益率折算的各年净现金流量的现值合计与原始投资的现值合计之比。获利指数可以看成是 1 元原始投资可望获得的现值净收益,因此,可以作为评价方案的一个指标,只有获利指数大于或等于 1 的项目才具有财务可行性。

获利指数的计算公式为:

$$获利指数(PI)=\frac{投产后各年净现金流量的现值合计}{原始投资的现值合计}$$

获利指数考虑了货币的时间价值,能够真实反映投资项目的盈利能力,便于在不同初始投资规模的项目之间进行比较。但是其依然要设定折现率,不同折现率可能会使结果有差异。

⑤内含报酬率

内含报酬率(记作 IRR),是指投资项目实际可望达到的收益率,或者说是使投资项目净现值为零的折现率。内含报酬率是方案本身的投资报酬率,因此,只有内含报酬率大于或等于基准收益率或资本成本的投资项目才具有财务可行性。

将内含报酬率作为设定折现率计算项目的净现值,所得的结果恰好等于零,即内含报酬率满足如下等式:

$$\text{NPV}=\sum_{t=0}^{n}[NCF_t\times(P/F,IRR,t)]=0$$

内含报酬了考虑了货币的时间价值,能够反映投资项目真实报酬率,但是计算比较复杂。

7.2 项目投资决策实验任务

[任务 7-1]投资项目现金流量的估算

资料:ABC 公司准备购置一条生产线,现有两个方案可供选择:方案Ⅰ需要投资 10 万元,使用寿命 5 年,采取直线法计提折旧,5 年后设备报废无残值,投产后每年的销售收入为 8 万元,每年的付现成本为 3 万元。方案Ⅱ需要投资 12 万元,使用寿命 5 年,也采取直线法计提折旧,5 年后设备预计残值为 2 万元,投产后每年的销售收入为 10 万元,付现成本第 1 年为 4 万元,以后随着设备磨损,每年将逐年增加 4 000 元的修理费,设备投产时需垫支流动资金 3 万元。假定所得税率为 25%,投资的必要报酬率为 10%,两个方案的建设期均为零,除折旧外两个方案均不存在摊销费。

要求:估算两个方案各年的现金流量。

扫码获取实验素材(见本书“前言”背面二维码)

[实验操作步骤]

第一步,将任务 7-1 中的数据输入 Excel 工作表,如图 7-1 所示。

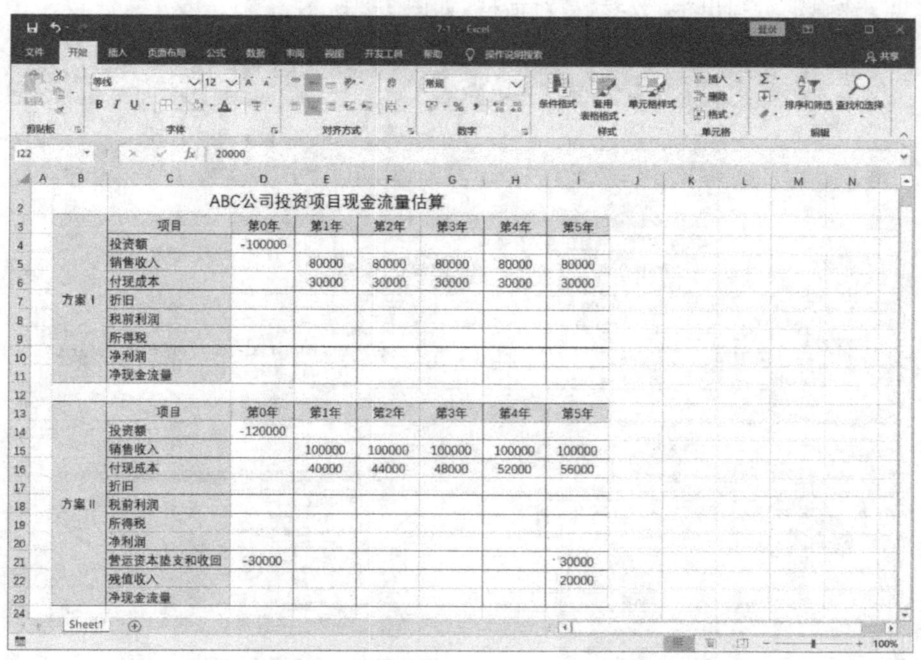

	项目	第0年	第1年	第2年	第3年	第4年	第5年
方案Ⅰ	投资额	-100000					
	销售收入		80000	80000	80000	80000	80000
	付现成本		30000	30000	30000	30000	30000
	折旧						
	税前利润						
	所得税						
	净利润						
	净现金流量						

	项目	第0年	第1年	第2年	第3年	第4年	第5年
方案Ⅱ	投资额	-120000					
	销售收入		100000	100000	100000	100000	100000
	付现成本		40000	44000	48000	52000	56000
	折旧						
	税前利润						
	所得税						
	净利润						
	营运资本垫支和收回	-30000					30000
	残值收入						20000
	净现金流量						

图 7-1

第二步，计算方案Ⅰ固定资产年折旧额。

针对固定资产折旧计算，Excel 2016 提供了几个财务函数供我们根据需要选择和使用。如 SLN，SYD，VDB，DB，DDB 等。任务 7-1 采用直线法折旧，应调用 SLN 函数。

SLN 函数按照直线法计算固定资产折旧额，函数语法为：

SLN(Cost，Salvage，Life)

SLN 函数语法具有下列参数：

第 1 参数 Cost 必需，表示资产原值；

第 2 参数 Salvage 必需，表示折旧末尾时的值(有时也称为资产残值)；

第 3 参数 Life 必需，表示资产的折旧期数(有时也称作资产的使用寿命)。

其他固定资产折旧函数包括：

SYD 函数按照年数总和法计算固定资产折旧额，函数语法为：

SYD(资产原值，净残值，使用年数，时期值)

VBD 函数按照可变余额递减法计算固定资产折旧额，函数语法为：

VDB(资产原值，净残值，使用年数，开始时期，截止时期)

DB 函数按照固定余额递减法计算固定资产折旧额，函数语法为：

DB(资产原值，净残值，使用年数，时期值)

DDB 函数按照双倍余额递减法计算固定资产折旧额，函数语法为：

DDB(资产原值，净残值，使用年数，时期值)

用鼠标左键选中 E7 单元格，单击公式编辑栏左侧的插入函数“f_x”按钮，弹出“插入函数”对话框，单击“或选择类别(C)”栏选择“财务”类，在“选择函数(N)”栏选择“SLN”函数名。点击“确定”，弹出“函数参数”对话框，如图 7-2 所示。

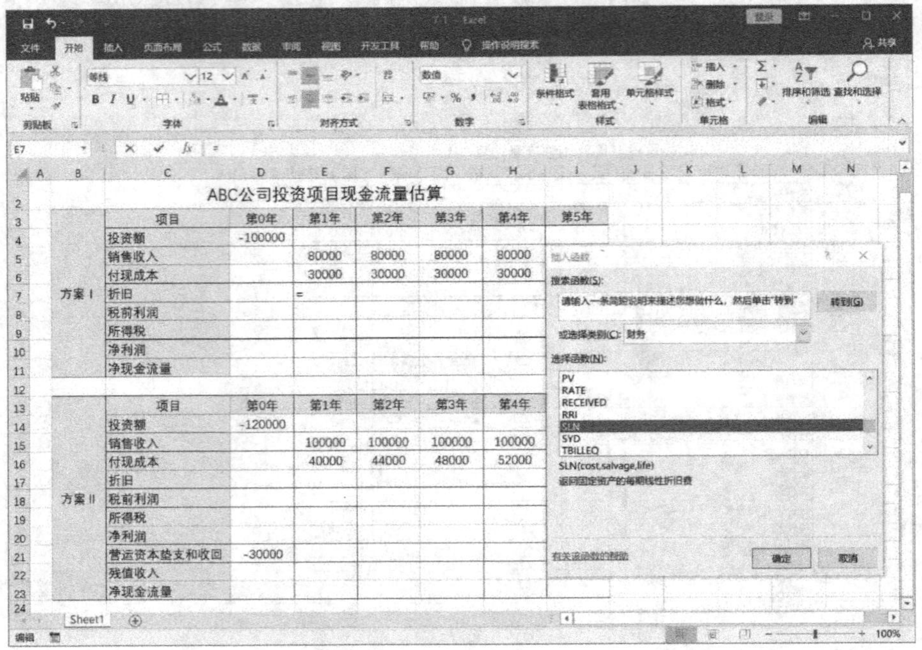

图 7-2

在“Cost”参数输入“－＄D＄4”，“Salvage”参数即残值，应输入 0，在“Life”参数输入 5，点击“确定”，得到方案Ⅰ固定资产年折旧额为 20 000，如图 7-3 所示。也可在选中 E7 单元格后，在函数编辑栏输入“＝SLN(－＄D＄4,0,5)”，也可计算出同样的结果。

选中 E7 单元格，然后将鼠标指针移动到 E7 单元格的右下角，当变为“＋”时，向右拖动至 I7，即可计算出方案Ⅰ第 1 年至第 5 年的年折旧额，如图 7-4 所示。

第三步，计算方案Ⅰ税前利润。

选中 E8 单元格，在函数编辑栏输入“＝E5－E6－E7”，可计算出方案Ⅰ第 1 年税前利润为 30 000 元，然后将鼠标指针移动到 E8 单元格的右下角，当变为“＋”时，向右拖动至 I8 单元格，即可计算出方案Ⅰ第 1 年至第 5 年的税前利润，如图 7-5 所示。

第 4 步，计算方案Ⅰ所得税。

选中 E9 单元格，在函数编辑栏输入“＝E8＊25％”，可计算出方案Ⅰ第 1 年所得税为 7 500 元，然后将鼠标指针移动到 E9 单元格的右下角，当变为“＋”时，向右拖动至 I9 单元格，即可计算出方案Ⅰ第 1 年至第 5 年的所得税，如图 7-6 所示。

第 5 步，计算方案Ⅰ净利润。

选中 E10 单元格，在函数编辑栏输入“＝E8－E9”，可计算出方案Ⅰ第 1 年净利润为 22 500 元，然后将鼠标指针移动到 E10 单元格的右下角，当变为“＋”时，向右拖动至 I10 单元格，即可计算出方案Ⅰ第 1 年至第 5 年的净利润，如图 7-7 所示。

第 6 步，计算方案Ⅰ净现金流量。

在选中 D11 单元格中输入－100 000，选中 E11 单元格，在函数编辑栏输入“＝E10＋

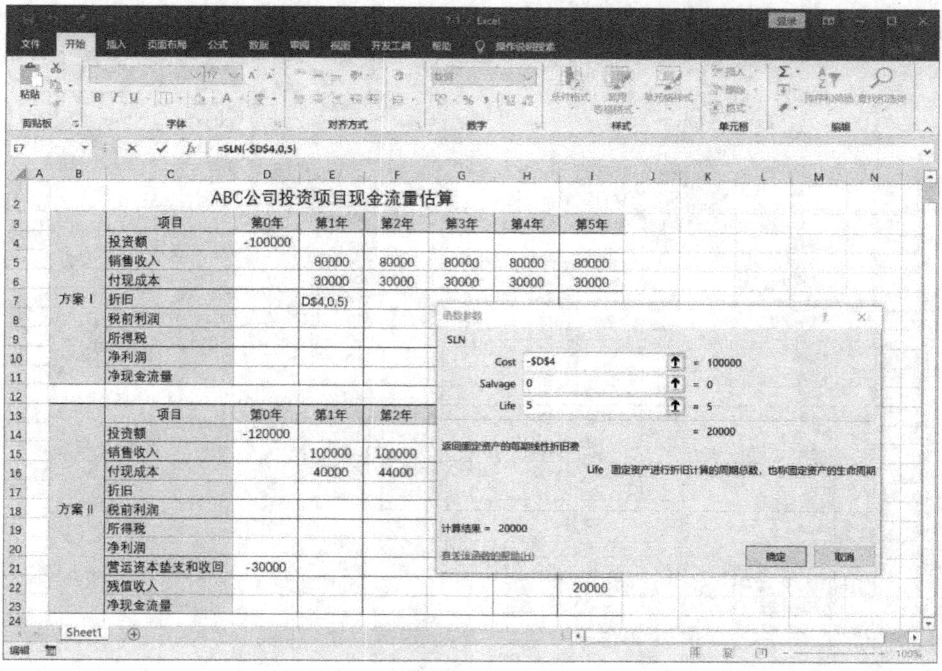

	项目	第0年	第1年	第2年	第3年	第4年	第5年
方案Ⅰ	投资额	-100000					
	销售收入		80000	80000	80000	80000	80000
	付现成本		30000	30000	30000	30000	30000
	折旧		D$4,0,5)				
	税前利润						
	所得税						
	净利润						
	净现金流量						
方案Ⅱ	投资额	-120000					
	销售收入		100000	100000			
	付现成本		40000	44000			
	折旧						
	税前利润						
	所得税						
	净利润						
	营运资本垫支和收回	-30000					
	残值收入						20000
	净现金流量						

图 7-3

E7 =SLN(-$D$4,0,5)

ABC公司投资项目现金流量估算

	项目	第0年	第1年	第2年	第3年	第4年	第5年
方案Ⅰ	投资额	-100000					
	销售收入		80000	80000	80000	80000	80000
	付现成本		30000	30000	30000	30000	30000
	折旧		20000	20000	20000	20000	20000
	税前利润						
	所得税						
	净利润						
	净现金流量						
方案Ⅱ	投资额	-120000					
	销售收入		100000	100000	100000	100000	100000
	付现成本		40000	44000	48000	52000	56000
	折旧						
	税前利润						
	所得税						
	净利润						
	营运资本垫支和收回	-30000					30000
	残值收入						20000
	净现金流量						

图 7-4

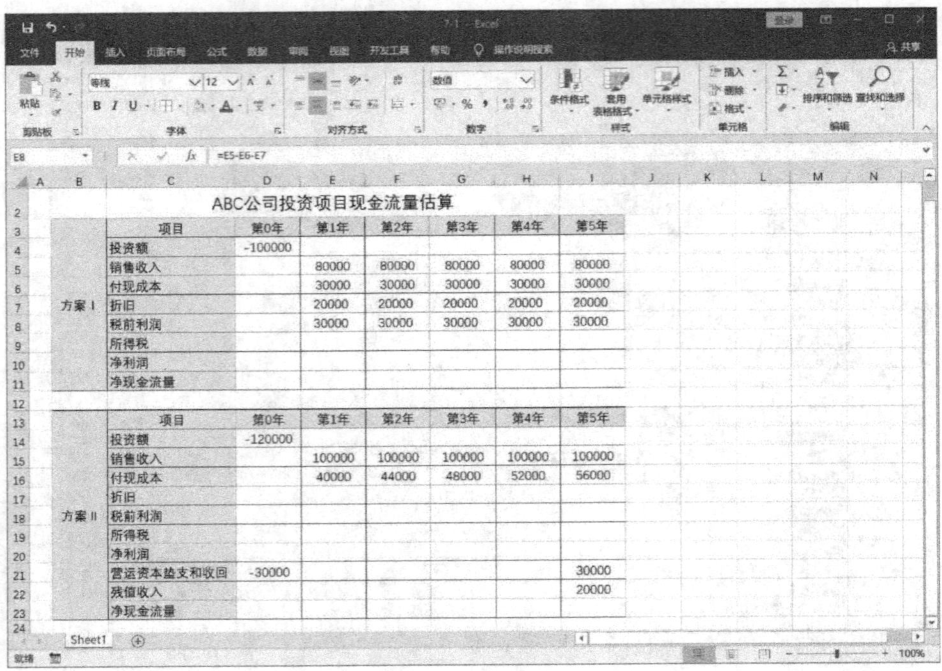

ABC公司投资项目现金流量估算

	项目	第0年	第1年	第2年	第3年	第4年	第5年
方案Ⅰ	投资额	-100000					
	销售收入		80000	80000	80000	80000	80000
	付现成本		30000	30000	30000	30000	30000
	折旧		20000	20000	20000	20000	20000
	税前利润		30000	30000	30000	30000	30000
	所得税						
	净利润						
	净现金流量						

	项目	第0年	第1年	第2年	第3年	第4年	第5年
方案Ⅱ	投资额	-120000					
	销售收入		100000	100000	100000	100000	100000
	付现成本		40000	44000	48000	52000	56000
	折旧						
	税前利润						
	所得税						
	净利润						
	营运资本垫支和收回	-30000					30000
	残值收入						20000
	净现金流量						

图 7-5

ABC公司投资项目现金流量估算

	项目	第0年	第1年	第2年	第3年	第4年	第5年
方案Ⅰ	投资额	-100000					
	销售收入		80000	80000	80000	80000	80000
	付现成本		30000	30000	30000	30000	30000
	折旧		20000	20000	20000	20000	20000
	税前利润		30000	30000	30000	30000	30000
	所得税		7500	7500	7500	7500	7500
	净利润						
	净现金流量						

	项目	第0年	第1年	第2年	第3年	第4年	第5年
方案Ⅱ	投资额	-120000					
	销售收入		100000	100000	100000	100000	100000
	付现成本		40000	44000	48000	52000	56000
	折旧						
	税前利润						
	所得税						
	净利润						
	营运资本垫支和收回	-30000					30000
	残值收入						20000
	净现金流量						

图 7-6

ABC公司投资项目现金流量估算

	项目	第0年	第1年	第2年	第3年	第4年	第5年
方案Ⅰ	投资额	-100000					
	销售收入		80000	80000	80000	80000	80000
	付现成本		30000	30000	30000	30000	30000
	折旧		20000	20000	20000	20000	20000
	税前利润		30000	30000	30000	30000	30000
	所得税		7500	7500	7500	7500	7500
	净利润		22500	22500	22500	22500	22500
	净现金流量						

	项目	第0年	第1年	第2年	第3年	第4年	第5年
方案Ⅱ	投资额	-120000					
	销售收入		100000	100000	100000	100000	100000
	付现成本		40000	44000	48000	52000	56000
	折旧						
	税前利润						
	所得税						
	净利润						
	营运资本垫支和收回	-30000					30000
	残值收入						20000
	净现金流量						

图 7-7

E7”，可计算出方案Ⅰ第 1 年净现金流量为 42 500 元，然后将鼠标指针移动到 E11 单元格的右下角，当变为“+”时，向右拖动至 I11 单元格，即可计算出方案Ⅰ第 1 年至第 5 年的净现金流量，如图 7-8 所示。

ABC公司投资项目现金流量估算

	项目	第0年	第1年	第2年	第3年	第4年	第5年
方案Ⅰ	投资额	-100000					
	销售收入		80000	80000	80000	80000	80000
	付现成本		30000	30000	30000	30000	30000
	折旧		20000	20000	20000	20000	20000
	税前利润		30000	30000	30000	30000	30000
	所得税		7500	7500	7500	7500	7500
	净利润		22500	22500	22500	22500	22500
	净现金流量	-100000	42500	42500	42500	42500	42500

	项目	第0年	第1年	第2年	第3年	第4年	第5年
方案Ⅱ	投资额	-120000					
	销售收入		100000	100000	100000	100000	100000
	付现成本		40000	44000	48000	52000	56000
	折旧						
	税前利润						
	所得税						
	净利润						
	营运资本垫支和收回	-30000					30000
	残值收入						20000
	净现金流量						

图 7-8

第 7 步，参照方案Ⅰ现金流量估算方法，计算方案Ⅱ各年净现金流量。需要注意的是，方案Ⅱ各年净现金流量的估算与方案Ⅰ有以下不同：

①固定资产有残值 20 000，会影响折旧额和第 5 年净现金流量；

②营运资本垫支金额 30 000 元，支出在第 0 年，收回在第 5 年。

其他估算与方案 1 相同，估算结果如图 7-9、图 7-10 所示。

	项目	第0年	第1年	第2年	第3年	第4年	第5年
方案Ⅰ	投资额	-100000					
	销售收入		80000	80000			
	付现成本		30000	30000			
	折旧		20000	20000			
	税前利润		30000	30000			
	所得税		7500	7500			
	净利润		22500	22500			
	净现金流量	-100000	42500	42500			
方案Ⅱ	投资额	-120000					
	销售收入		100000	100000	100000	100000	100000
	付现成本		40000	44000	48000	52000	56000
	折旧		$I$22,5)	20000	20000	20000	20000
	税前利润						
	所得税						
	净利润						
	营运资本垫支和收回	-30000					30000
	残值收入						20000
	净现金流量						

图 7-9

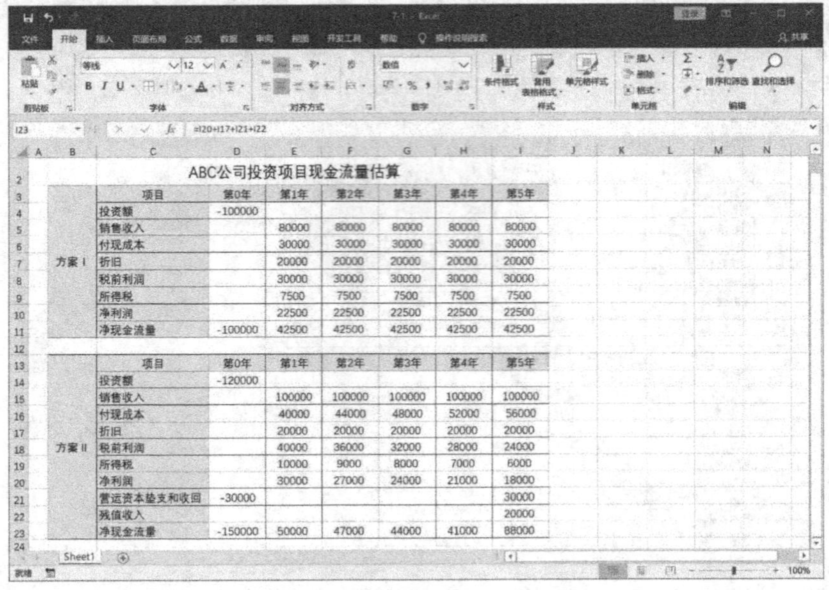

	项目	第0年	第1年	第2年	第3年	第4年	第5年
方案Ⅰ	投资额	-100000					
	销售收入		80000	80000	80000	80000	80000
	付现成本		30000	30000	30000	30000	30000
	折旧		20000	20000	20000	20000	20000
	税前利润		30000	30000	30000	30000	30000
	所得税		7500	7500	7500	7500	7500
	净利润		22500	22500	22500	22500	22500
	净现金流量	-100000	42500	42500	42500	42500	42500
方案Ⅱ	投资额	-120000					
	销售收入		100000	100000	100000	100000	100000
	付现成本		40000	44000	48000	52000	56000
	折旧		20000	20000	20000	20000	20000
	税前利润		40000	36000	32000	28000	24000
	所得税		10000	9000	8000	7000	6000
	净利润		30000	27000	24000	21000	18000
	营运资本垫支和收回	-30000					30000
	残值收入						20000
	净现金流量	-150000	50000	47000	44000	41000	88000

图 7-10

[任务 7-2]投资回收期的估算

根据任务 7-1 数据，计算方案Ⅰ、方案Ⅱ的静态投资回收期。

投资回收期是累计经济效益等于初始投资额所需要的时间，按照是否考虑货币的时间价值，分为静态投资回收期和动态投资回收期，任务 7-1 要求计算的是静态投资回收期。

扫码获取实验素材(见本书“前言”背面二维码)

[实验操作步骤]

第一步，将任务 7-1 中各年净现金流量输入 Excel 工作表，如图 7-11 所示。

ABC公司方案Ⅰ静态投资回收期估算

初始投资（元）	100000		静态投资回收期（年）	
经营期（年）	5			

	第0年	第1年	第2年	第3年	第4年	第5年
净现金流量（元）	-100000	42500	42500	42500	42500	42500
累计净现金流量（元）						

ABC公司方案Ⅱ静态投资回收期估算

初始投资（元）	150000		静态投资回收期（年）	
经营期（年）	5			

	第0年	第1年	第2年	第3年	第4年	第5年
净现金流量（元）	-150000	50000	47000	44000	41000	88000
累计净现金流量（元）						

图 7-11

第二步，计算方案Ⅰ各年累计净现金流量。

选中 C8 单元格，在函数编辑栏输入“=SUM($C$7:C7)”，然后将鼠标指针移动到 C8 单元格的右下角，当变为“+”时，向右拖动至 H8 单元格，即可计算出方案Ⅰ第 1 年至第 5 年的累计净现金流量，如图 7-12 所示。

第三步，计算方案Ⅰ静态投资回收期。

选中 G3 单元格，在函数编辑栏输入“=ROUND(MATCH(0,C8:H8)+ABS(INDEX(C8:H8,MATCH(0,C8:H8)))/INDEX(C7:H7,MATCH(0,C8:H8)+1),2)-1”，即可计算出方案Ⅰ静态投资回收期为 2.35 年。如图 7-13 所示。

计算静态投资回收期需要调用 4 个函数。

①ABS 函数

图 7-12

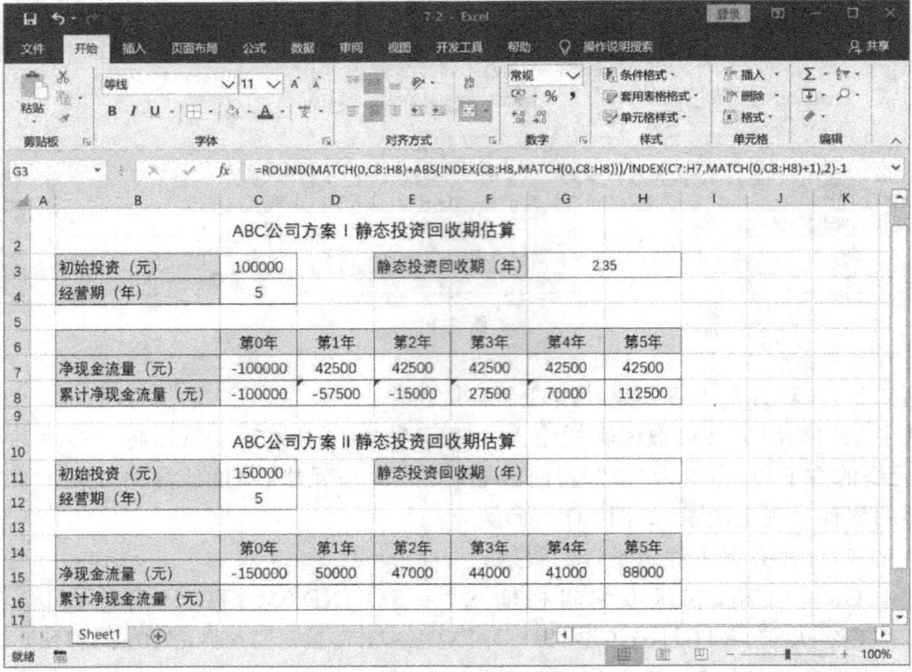

图 7-13

ABS 函数返回数字的绝对值。其语法格式为：

ABS(Number)

参数 Number 必需，表示需要计算其绝对值的实数。

②MATCH 函数

MATCH 函数在范围单元格中搜索特定的项，然后返回该项在此区域中的相对位置。如果需要项目在区域中的位置而非项目本身时，使用 MATCH 而不是 LOOKUP 函数之一。其语法格式为：

MATCH(Lookup_value,Lookup_array,[Match_type])

第 1 参数 Lookup_value 必需，表示要在 Lookup_array 中匹配的值。例如，如果要在电话簿中查找某人的电话号码，则应该将姓名作为查找值，但实际上需要的是电话号码。Lookup_value 参数可以为值(数字、文本或逻辑值)或对数字、文本或逻辑值的单元格引用。

第 2 参数 Lookup_array 必需，表示要搜索的单元格区域。

第 3 参数 Match_type 可选，可以是数字－1、0 或 1。Match_type 参数指定 Excel 如何将 Lookup_value 与 Lookup_array 中的值匹配。此参数的默认值为 1。

需要注意的是，MATCH 返回匹配值在 Lookup_array 中的位置，而非其值本身。例如，MATCH("b",{"a","b","c"},0)返回 2，即"b"在数组{"a","b","c"}中的相对位置。匹配文本值时，MATCH 函数不区分大小写字母。如果 MATCH 函数查找匹配项不成功，它会返回错误值#N/A。如果 Match_type 为 0 且 Lookup_value 为文本字符串，可在 Lookup_value 参数中使用通配符一问号(?)和星号(*)。问号匹配任意单个字符；星号匹配任意一串字符。如果要查找实际的问号或星号，需要在字符前键入波形符(～)。

③INDEX 函数

INDEX 函数返回表格或区域中的值或值的引用。使 INDEX 函数有两种方法：如果想要返回指定单元格或单元格数组的值，是数组形式；如果想要返回对指定单元格的引用，为引用形式。本例中是引用形式，返回指定的行与列交叉处的单元格引用。如果引用由非相邻的选项组成，则可以选择要查找的选择内容。其语法格式为：

INDEX(Reference,Row_num,[Column_num],[Area_num])

第 1 参数参阅 Reference 必需。表示对一个或多个单元格区域的引用。

如果要为引用输入非相邻区域，需将引用括在括号中。如果引用中的每个区域仅包含一行或一列，则 Row_num 或 Column_num 参数分别是可选的。例如，对于单行的引用，可以使用函数 INDEX(Reference,Column_num)。

第 2 参数 Row_num 必需，表示引用中某行的行号，函数从该行返回一个引用。

第 3 参数 Column_num 可选，表示引用中某列的列标，函数从该列返回一个引用。

第 4 参数 Area_num 可选。选择一个引用区域，从该区域中返回 Row_num 和 Column_num 的交集。选择或输入的第一个区域的编号为 1，第二个区域为 2，依此类推。如果省略 Area_num，则 INDEX 使用区域 1。此处列出的区域必须位于一个工作表上。如果指定的区域不在同一工作表上，它将导致#VALUE! 错误。如果需要使用彼此位于不同工作表上的区域，则要使用 INDEX 函数的数组形式，并使用另一个函数计算构成数组的区域。

④ROUND 函数

ROUND 函数将数字四舍五入到指定的位数。函数语法为：

ROUND(Number,Num_digits)

第 1 参数 Number 必需，表示要四舍五入的数字；

第 2 参数 Num_digits 必需，表示要进行四舍五入运算的位数。

需要注意的是，如果 Num_digits 大于 0(零)，则将数字四舍五入到指定的小数位数。如果 Num_digits 等于 0，则将数字四舍五入到最接近的整数；如果 Num_digits 小于 0，则将数字四舍五入到小数点左边的相应位数。

第 4 步，计算方案Ⅱ静态投资回收期。

参照方案Ⅰ静态投资回收期的计算方法，首先计算方案Ⅱ各年累计净现金流量，然后选中 G11 单元格，在函数编辑栏输入“=ROUND(MATCH(0,C16:H16)+ABS(INDEX(C16:H16,MATCH(0,C16:H16)))/INDEX(C15:H15,MATCH(0,C16:H16)+1),2)-1”，即可计算出方案Ⅱ静态投资回收期为 3.22 年。如图 7-14 所示。

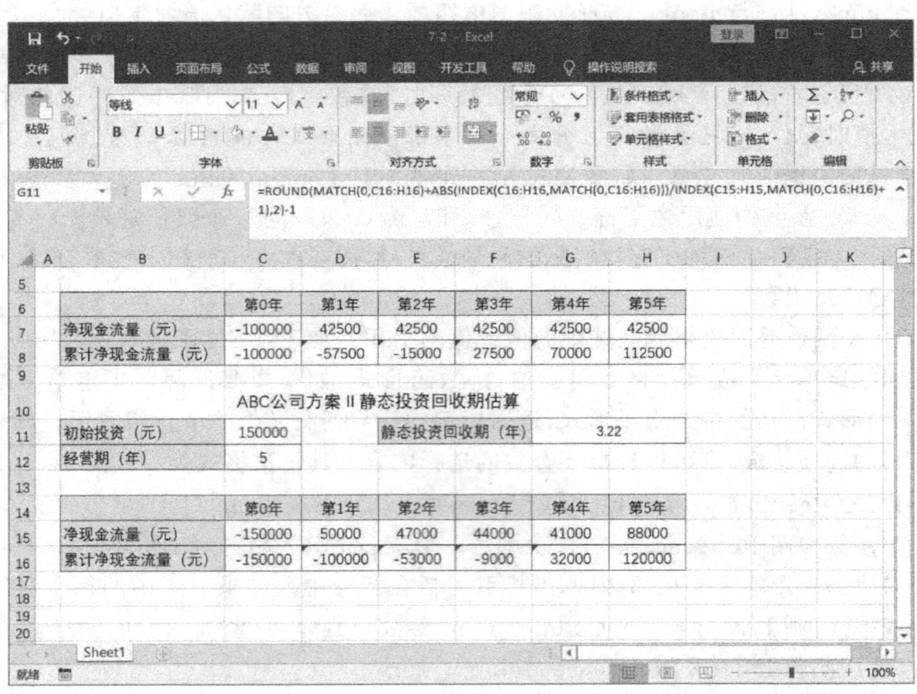

图 7-14

[任务 7-3]平均报酬率的估算

根据任务 7-1 数据，计算方案Ⅰ、方案Ⅱ的平均报酬率。

扫码获取实验素材(见本书“前言”背面二维码)

[实验操作步骤]

第一步，将任务 7-3 中各年净现金流量输入 Excel 工作表，如图 7-15 所示。

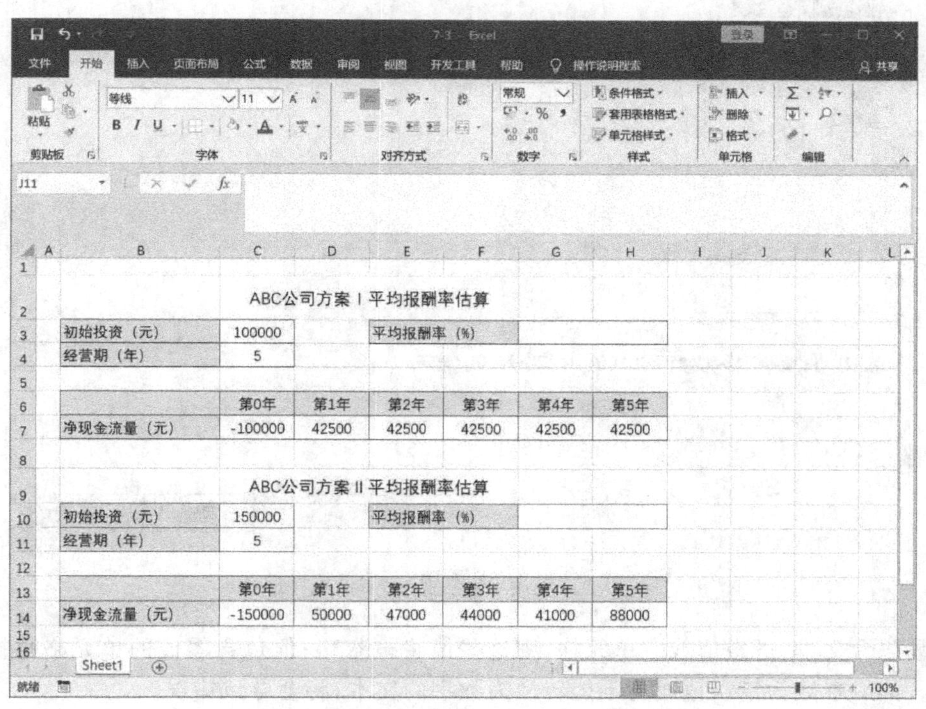

	B	C	D	E	F	G	H
2		ABC公司方案Ⅰ平均报酬率估算					
3	初始投资（元）	100000		平均报酬率（%）			
4	经营期（年）	5					
6		第0年	第1年	第2年	第3年	第4年	第5年
7	净现金流量（元）	-100000	42500	42500	42500	42500	42500
9		ABC公司方案Ⅱ平均报酬率估算					
10	初始投资（元）	150000		平均报酬率（%）			
11	经营期（年）	5					
13		第0年	第1年	第2年	第3年	第4年	第5年
14	净现金流量（元）	-150000	50000	47000	44000	41000	88000

图 7-15

第二步，计算方案Ⅰ平均报酬率。

首先需要对 G3 单元格、G10 单元格设置单元格格式，选择分类为“百分比”，保留 2 位小数，如图 7-16 所示。

计算平均报酬率需要计算各年净现金流量的平均值，应调用 AVERAGE 函数。

AVERAGE 函数返回参数的平均值(算术平均值)。其语法格式为：

AVERAGE(Number1,[Number2],…)

第 1 参数 Number1 必需，表示计算平均值的第一个数字、单元格引用或单元格区域。

第 2 参数 Number2,…可选，表示要计算平均值的其他数字、单元格引用或单元格区域，最多可包含 255 个。

需要注意的是，参数可以是数字或者是包含数字的名称、单元格区域或单元格引用。直接键入到参数列表中的数字的逻辑值和文本表示不会计算在内。如果区域或单元格引

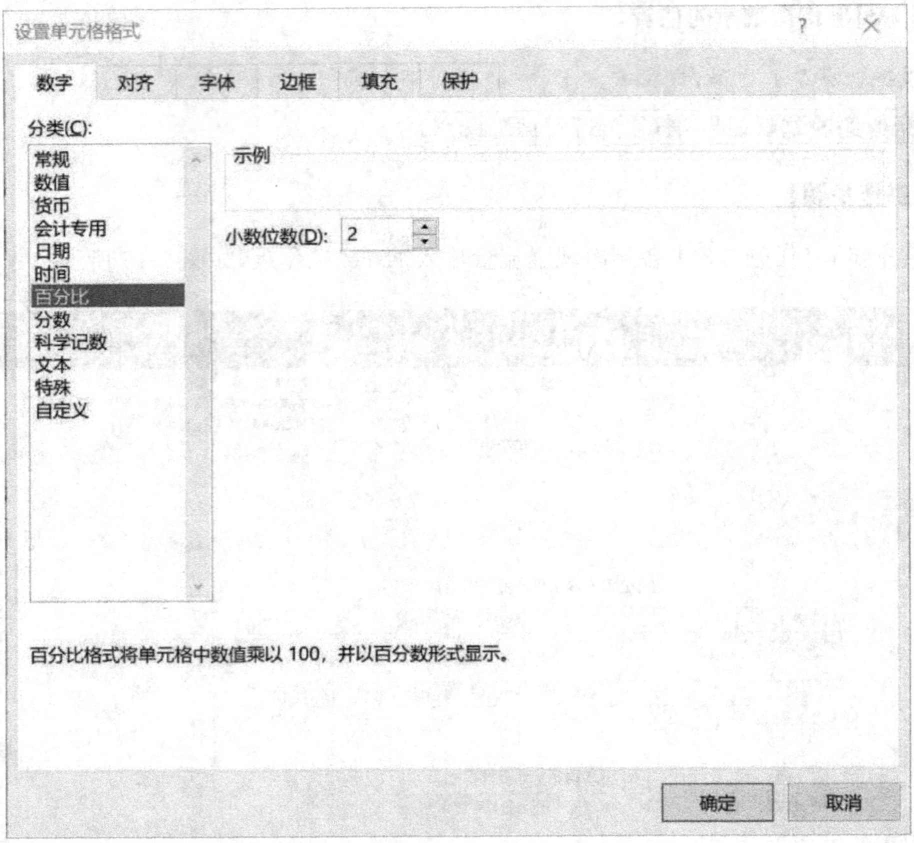

图 7-16

用参数包含文本、逻辑值或空单元格，则这些值将被忽略；但包含零值的单元格将被计算在内。如果参数为错误值或为不能转换为数字的文本，将会导致错误。

选中 G3 单元格，在函数编辑栏输入“=AVERAGE(D7:H7)/C3”，按下“回车”，即可得到方案Ⅰ的平均报酬率为 42.5%，如图 7-17 所示。

第三步，计算方案Ⅱ平均报酬率。

参照第二步，选中 G10 单元格，在函数编辑栏输入“=AVERAGE(D14:H14)/C10”，按下“回车”，即可得到方案Ⅱ的平均报酬率为 36%，如图 7-18 所示。

=AVERAGE(D7:H7)/C3
ABC公司方案 I 平均报酬率估算
初始投资（元） 100000
平均报酬率（%） 42.50%
经营期（年） 5
第0年 第1年 第2年 第3年 第4年 第5年
净现金流量（元） -100000 42500 42500 42500 42500 42500
ABC公司方案 II 平均报酬率估算
初始投资（元） 150000
平均报酬率（%）
经营期（年） 5
第0年 第1年 第2年 第3年 第4年 第5年
净现金流量（元） -150000 50000 47000 44000 41000 88000

图 7-17

=AVERAGE(D14:H14)/C10
ABC公司方案 I 平均报酬率估算
初始投资（元） 100000
平均报酬率（%） 42.50%
经营期（年） 5
第0年 第1年 第2年 第3年 第4年 第5年
净现金流量（元） -100000 42500 42500 42500 42500 42500
ABC公司方案 II 平均报酬率估算
初始投资（元） 150000
平均报酬率（%） 36.00%
经营期（年） 5
第0年 第1年 第2年 第3年 第4年 第5年
净现金流量（元） -150000 50000 47000 44000 41000 88000

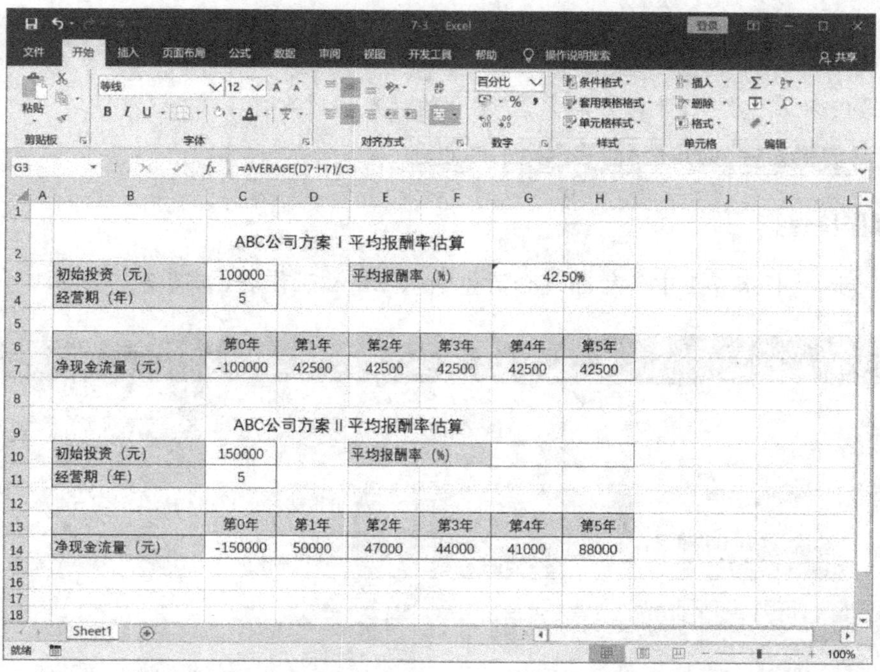

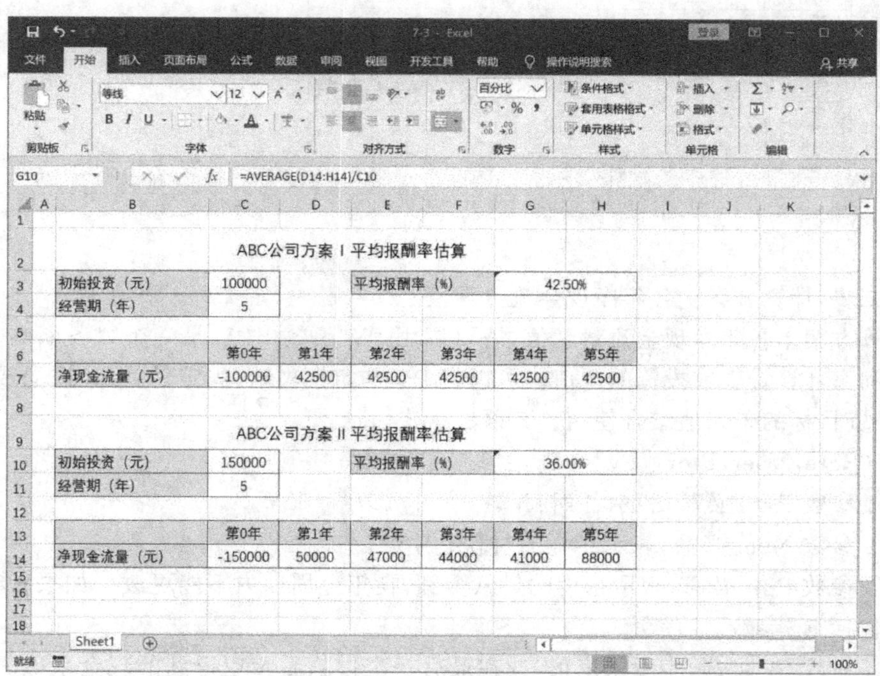

图 7-18

[任务 7-4]动态回收期的估算

根据任务 7-1 数据，计算方案Ⅰ、方案Ⅱ的动态回收期。

扫码获取实验素材(见本书"前言"背面二维码)

[实验操作步骤]

第一步，将任务 7-1 中各年净现金流量输入 Excel 工作表，如图 7-19 所示。

ABC公司方案Ⅰ动态投资回收期估算

初始投资（元）	100000		贴现率（%）		10.00%
经营期（年）	5		动态投资回收期（年）		

	第0年	第1年	第2年	第3年	第4年	第5年
	0	1	2	3	4	5
净现金流量（元）	-100000	42500	42500	42500	42500	42500
净现金流量现值（元）						
累计净现金流量现值（元）						

ABC公司方案Ⅱ动态投资回收期估算

初始投资（元）	150000		贴现率（%）		10.00%
经营期（年）	5		动态投资回收期（年）		

	第0年	第1年	第2年	第3年	第4年	第5年
	0	1	2	3	4	5
净现金流量（元）	-150000	50000	47000	44000	41000	88000
净现金流量现值（元）						
累计净现金流量现值（元）						

图 7-19

第二步，计算方案Ⅰ各年净现金流量现值。

计算方案Ⅰ各年净现金流量现值，需要调用 PV 函数。PV 是一个财务函数，用于根据固定利率计算贷款或投资的现值。可以将 PV 与定期付款、固定付款(如按揭或其他贷款)或投资目标的未来值结合使用。其语法格式为：

PV(Rate,Nper,Pmt,[Fv],[Type])

第 1 参数 Rate 必需，表示各期利率；

第 2 参数 Nper 必需，表示年金的付款总期数；

第 3 参数 Pmt 必需，表示每期的付款金额，在年金周期内不能更改。如果省略 Pmt，则必须包括 Fv 参数。

第 4 参数 Fv 可选，表示未来值，或在最后一次付款后希望得到的现金余额。如果省略 Fv，则假定其值为 0(例如，贷款的未来值是 0)。如果省略 Fv，则必须包括 Pmt 参数。

第 5 参数类型可选。数字 0 或 1，用以指定各期的付款时间是在期初还是期末。

选中 C9 单元格，在函数编辑栏输入"＝PV($G$3,C7,0,－C8)"，然后将鼠标指针移动到 C9 单元格的右下角，当变为“＋”时，向右拖动至 H9 单元格，即可计算出方案Ⅰ第 1 年至第 5 年的净现金流量现值，如图 7-20 所示。

C9　=PV($G$3,C7,0,-C8)

ABC公司方案Ⅰ动态投资回收期估算

初始投资（元）	100000		贴现率（%）	10.00%	
经营期（年）	5		动态投资回收期（年）		

	第0年	第1年	第2年	第3年	第4年	第5年
	0	1	2	3	4	5
净现金流量（元）	-100000	42500	42500	42500	42500	42500
净现金流量现值（元）	(100000.00)	38636.36	35123.97	31930.88	29028.07	26389.16
累计净现金流量现值（元）						

ABC公司方案Ⅱ动态投资回收期估算

初始投资（元）	150000		贴现率（%）	10.00%	
经营期（年）	5		动态投资回收期（年）		

	第0年	第1年	第2年	第3年	第4年	第5年
	0	1	2	3	4	5
净现金流量（元）	-150000	50000	47000	44000	41000	88000
净现金流量现值（元）						
累计净现金流量现值（元）						

图 7-20

第三步，计算方案Ⅰ各年累计净现金流量现值。

选中 C10 单元格，在函数编辑栏输入“＝SUM($C$9:C9)”，然后将鼠标指针移动到 C10 单元格的右下角，当变为“＋”时，向右拖动至 H10 单元格，即可计算出方案Ⅰ第 1 年至第 5 年的累计净现金流量现值，如图 7-21 所示。

第四步，计算方案Ⅰ动态回收期。

选中 G4 单元格，在函数编辑栏输入“＝ROUND(MATCH(0,C10:H10)＋ABS(INDEX(C10:H10,MATCH(0,C10:H10)))/INDEX(C9:H9,MATCH(0,C10:H10)＋1),2)－1”，即可计算出方案Ⅰ动态投资回收期为 2.82 年，如图 7-22 所示。

第五步，计算方案Ⅱ动态投资回收期。

参照方案Ⅰ静态投资回收期的计算方法，首先调用 PV 函数计算方案Ⅱ各年净现金流量现值，如图 7-23 所示。

然后调用 SUM 函数计算累计净现金流量现值，如图 7-24 所示。

最后选中 G14 单元格，在函数编辑栏输入“＝ROUND(MATCH(0,C20:H20)＋ABS(INDEX(C20:H20,MATCH(0,C20:H20)))/INDEX(C19:H19,MATCH(0,C20:H20)＋1),2)－1”，即可计算出方案Ⅱ动态投资回收期为 4.08 年，如图 7-25 所示。

ABC公司方案Ⅰ动态投资回收期估算

初始投资（元）	100000		贴现率（%）		10.00%
经营期（年）	5		动态投资回收期（年）		

	第0年	第1年	第2年	第3年	第4年	第5年
	0	1	2	3	4	5
净现金流量（元）	-100000	42500	42500	42500	42500	42500
净现金流量现值（元）	(100000.00)	38636.36	35123.97	31930.88	29028.07	26389.16
累计净现金流量现值（元）	(100000.00)	(61363.64)	(26239.67)	5691.21	34719.28	61108.44

ABC公司方案Ⅱ动态投资回收期估算

初始投资（元）	150000		贴现率（%）		10.00%
经营期（年）	5		动态投资回收期（年）		

	第0年	第1年	第2年	第3年	第4年	第5年
	0	1	2	3	4	5
净现金流量（元）	-150000	50000	47000	44000	41000	88000
净现金流量现值（元）						
累计净现金流量现值（元）						

图 7-21

ABC公司方案Ⅰ动态投资回收期估算

初始投资（元）	100000		贴现率（%）		10.00%
经营期（年）	5		动态投资回收期（年）		2.82

	第0年	第1年	第2年	第3年	第4年	第5年
	0	1	2	3	4	5
净现金流量（元）	-100000	42500	42500	42500	42500	42500
净现金流量现值（元）	(100000.00)	38636.36	35123.97	31930.88	29028.07	26389.16
累计净现金流量现值（元）	(100000.00)	(61363.64)	(26239.67)	5691.21	34719.28	61108.44

ABC公司方案Ⅱ动态投资回收期估算

初始投资（元）	150000		贴现率（%）		10.00%
经营期（年）	5		动态投资回收期（年）		

	第0年	第1年	第2年	第3年	第4年	第5年
	0	1	2	3	4	5
净现金流量（元）	-150000	50000	47000	44000	41000	88000
净现金流量现值（元）						
累计净现金流量现值（元）						

图 7-22

C19　=PV($G$13,C17,0,-C18)

ABC公司方案 I 动态投资回收期估算

初始投资（元）	100000	贴现率（%）	10.00%
经营期（年）	5	动态投资回收期（年）	2.82

	第0年	第1年	第2年	第3年	第4年	第5年
	0	1	2	3	4	5
净现金流量（元）	-100000	42500	42500	42500	42500	42500
净现金流量现值（元）	(100000.00)	38636.36	35123.97	31930.88	29028.07	26389.16
累计净现金流量现值（元）	(100000.00)	(61363.64)	(26239.67)	5691.21	34719.28	61108.44

ABC公司方案 II 动态投资回收期估算

初始投资（元）	150000	贴现率（%）	10.00%
经营期（年）	5	动态投资回收期（年）	

	第0年	第1年	第2年	第3年	第4年	第5年
	0	1	2	3	4	5
净现金流量（元）	-150000	50000	47000	44000	41000	88000
净现金流量现值（元）	(150000.00)	45454.55	38842.98	33057.85	28003.55	54641.08
累计净现金流量现值（元）						

图 7-23

C20　=SUM($C$19:C19)

ABC公司方案 I 动态投资回收期估算

初始投资（元）	100000	贴现率（%）	10.00%
经营期（年）	5	动态投资回收期（年）	2.82

	第0年	第1年	第2年	第3年	第4年	第5年
	0	1	2	3	4	5
净现金流量（元）	-100000	42500	42500	42500	42500	42500
净现金流量现值（元）	(100000.00)	38636.36	35123.97	31930.88	29028.07	26389.16
累计净现金流量现值（元）	(100000.00)	(61363.64)	(26239.67)	5691.21	34719.28	61108.44

ABC公司方案 II 动态投资回收期估算

初始投资（元）	150000	贴现率（%）	10.00%
经营期（年）	5	动态投资回收期（年）	

	第0年	第1年	第2年	第3年	第4年	第5年
	0	1	2	3	4	5
净现金流量（元）	-150000	50000	47000	44000	41000	88000
净现金流量现值（元）	(150000.00)	45454.55	38842.98	33057.85	28003.55	54641.08
累计净现金流量现值（元）	(150000.00)	(104545.45)	(65702.48)	(32644.63)	(4641.08)	50000.00

图 7-24

G14 =ROUND(MATCH(0,C20:H20)+ABS(INDEX(C20:H20,MATCH(0,C20:H20)))/INDEX(C19:H19,MATCH(0,C20:H20)+1),2)-1

ABC公司方案Ⅰ动态投资回收期估算

初始投资（元）	100000	贴现率（%）	10.00%
经营期（年）	5	动态投资回收期（年）	2.82

	第0年	第1年	第2年	第3年	第4年	第5年
	0	1	2	3	4	5
净现金流量（元）	-100000	42500	42500	42500	42500	42500
净现金流量现值（元）	(100000.00)	38636.36	35123.97	31930.88	29028.07	26389.16
累计净现金流量现值（元）	(100000.00)	(61363.64)	(26239.67)	5691.21	34719.28	61108.44

ABC公司方案Ⅱ动态投资回收期估算

初始投资（元）	150000	贴现率（%）	10.00%
经营期（年）	5	动态投资回收期（年）	4.08

	第0年	第1年	第2年	第3年	第4年	第5年
	0	1	2	3	4	5
净现金流量（元）	-150000	50000	47000	44000	41000	88000
净现金流量现值（元）	(150000.00)	45454.55	38842.98	33057.85	28003.55	54641.08
累计净现金流量现值（元）	(150000.00)	(104545.45)	(65702.48)	(32644.63)	(4641.08)	50000.00

图 7-25

[任务 7-5]净现值的估算

根据任务 7-1 数据，计算方案Ⅰ、方案Ⅱ的净现值并进行项目可行性评价。

扫码获取实验素材(见本书“前言”背面二维码)

计算投资项目的净现值，需要调用 NPV 函数。NPV 函数使用贴现率和一系列未来支出(负值)和收益(正值)来计算一项投资的净现值。其语法格式为：

NPV(Rate,Value1,[Value2],…)

第 1 参数 Rate 必需，表示某一期间的贴现率。

第 2 参数 Value1，Value2，… Value1 必需的，后续值可选，代表支出及收入的 1 到 254 个参数。Value1，Value2，…在时间上必须具有相等间隔，并且都发生在期末。

NPV 使用 Value1，Value2，…的顺序来说明现金流的顺序，因此一定要按正确的顺序输入支出值和收益值。

需要注意的是，NPV 投资开始于 Value1 现金流所在日期的前一期，并以列表中最后一笔现金流为结束。NPV 的计算基于未来的现金流。如果第一笔现金流发生在第一期的期初，则第一笔现金必须添加到 NPV 的结果中，而不应包含在值参数中。

[实验操作步骤]

第一步，输入数据。

将任务 7-1 中各年净现金流量输入 Excel 工作表，如图 7-26 所示。

第二步，调用 NPV 函数，计算方案Ⅰ净现值。

选中 G3 单元格，在函数编辑栏输入“=NPV(C5,D8:H8)+C8”，即可计算出方案Ⅰ

ABC公司方案Ⅰ净现值估算

初始投资（元）	100000		净现值（元）		
经营期（年）	5		方案是否可行		
贴现率（%）	10.00%				
	第0年	第1年	第2年	第3年	第4年	第5年
	0	1	2	3	4	5
净现金流量（元）	-100000	42500	42500	42500	42500	42500

ABC公司方案Ⅱ净现值估算

初始投资（元）	150000		净现值（元）		
经营期（年）	5		方案是否可行		
贴现率（%）	10.00%				
	第0年	第1年	第2年	第3年	第4年	第5年
	0	1	2	3	4	5
净现金流量（元）	-150000	50000	47000	44000	41000	88000

图 7-26

的净现值为 61108.44 元，如图 7-27 所示。

G3　=NPV(C5,D8:H8)+C8

ABC公司方案Ⅰ净现值估算

初始投资（元）	100000		净现值（元）	61108.44	
经营期（年）	5		方案是否可行		
贴现率（%）	10.00%				
	第0年	第1年	第2年	第3年	第4年	第5年
	0	1	2	3	4	5
净现金流量（元）	-100000	42500	42500	42500	42500	42500

ABC公司方案Ⅱ净现值估算

初始投资（元）	150000		净现值（元）		
经营期（年）	5		方案是否可行		
贴现率（%）	10.00%				
	第0年	第1年	第2年	第3年	第4年	第5年
	0	1	2	3	4	5
净现金流量（元）	-150000	50000	47000	44000	41000	88000

图 7-27

第三步，判断方案Ⅰ是否可行。

选中 G4 单元格，在函数编辑栏输入"＝IF(G3＞0,"可行","不可行")"，即可判断出方案Ⅰ是否可行，如图 7-28 所示。

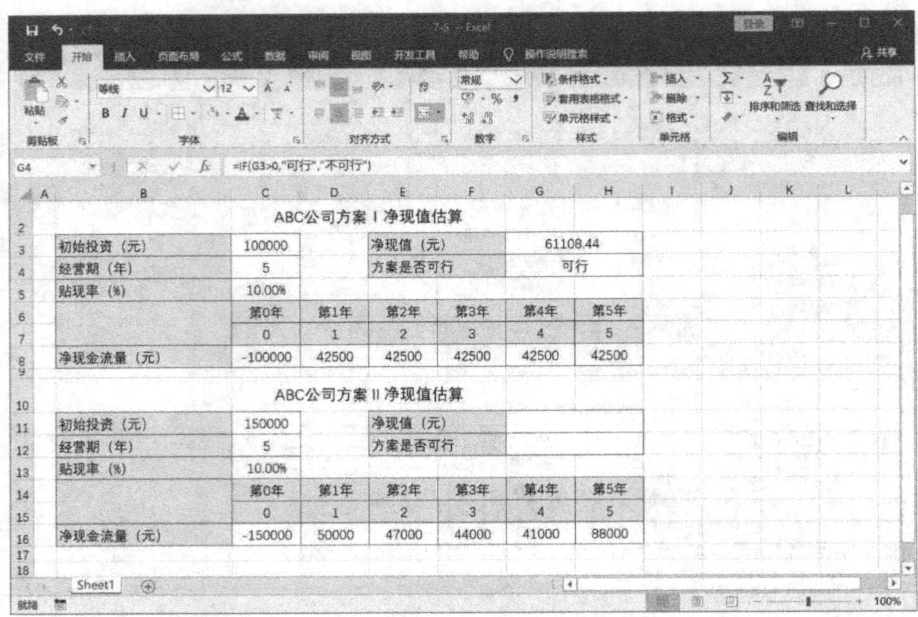

图 7-28

第四步，计算方案Ⅱ净现值并判断是否可行。

参照方案Ⅰ净现值的计算方法，首先调用 NPV 函数，计算方案Ⅱ净现值。

选中 G11 单元格，在函数编辑栏输入“＝NPV(C5，D8：H8)＋C8”，即可计算出方案Ⅱ的净现值为 50 000.00 元，如图 7-29 所示。

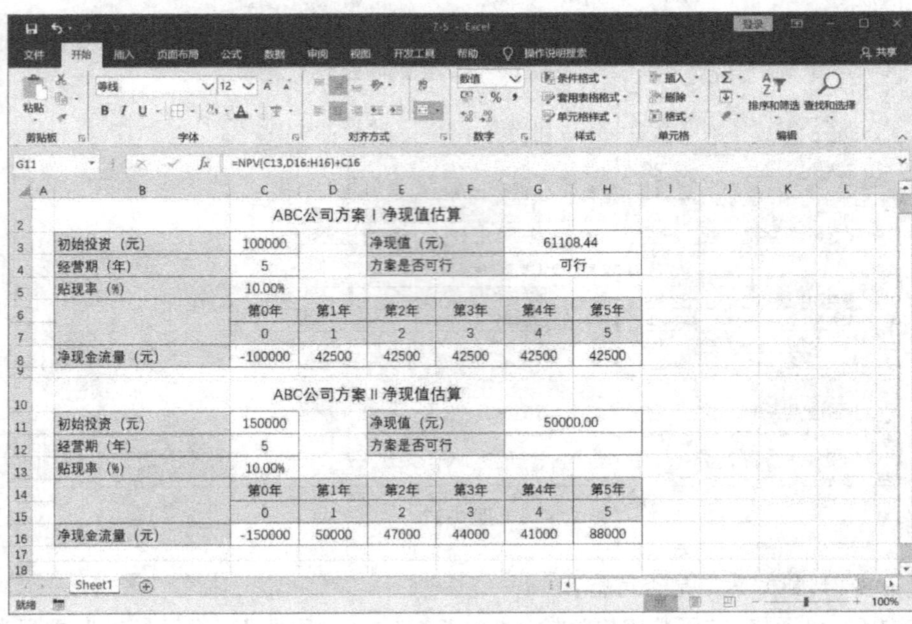

图 7-29

最后调用 IF 函数，判断方案Ⅱ是否可行，如图 7-30 所示。

G12　=IF(G11>0,"可行","不可行")

ABC公司方案Ⅰ净现值估算

初始投资（元）	100000		净现值（元）	61108.44	
经营期（年）	5		方案是否可行	可行	
贴现率（%）	10.00%				
	第0年	第1年	第2年	第3年	第4年	第5年
	0	1	2	3	4	5
净现金流量（元）	-100000	42500	42500	42500	42500	42500

ABC公司方案Ⅱ净现值估算

初始投资（元）	150000		净现值（元）	50000.00	
经营期（年）	5		方案是否可行	可行	
贴现率（%）	10.00%				
	第0年	第1年	第2年	第3年	第4年	第5年
	0	1	2	3	4	5
净现金流量（元）	-150000	50000	47000	44000	41000	88000

图 7-30

[任务 7-6]获利指数的估算

根据任务 7-1 数据，计算方案Ⅰ、方案Ⅱ的获利指数并进行项目可行性评价。

扫码获取实验素材(见本书“前言”背面二维码)

[实验操作步骤]

第一步，输入数据。

将任务 7-1 中各年净现金流量输入 Excel 工作表，如图 7-31 所示。

第二步，调用 NPV 函数，计算方案Ⅰ获利指数。

选中 G3 单元格，在函数编辑栏输入“＝NPV(C5,D8:H8)/－C8”，即可计算出方案Ⅰ的获利指数为 1.61，如图 7-32 所示。

第三步，判断方案Ⅰ是否可行。

选中 G4 单元格，在函数编辑栏输入“＝IF(G3＞1,“可行”,“不可行”)”，即可判断出方案Ⅰ是否可行，如图 7-33 所示。

第四步，计算方案Ⅱ获利指数并判断是否可行。

参照方案Ⅰ获利指数的计算方法，首先调用 NPV 函数，计算方案Ⅱ获利指数。

选中 G11 单元格，在函数编辑栏输入“＝NPV(C13,D16:H16)/－C16”，即可计算出方案Ⅱ的获利指数为 1.33，如图 7-34 所示。

最后调用 IF 函数，判断方案Ⅱ是否可行，如图 7-35 所示。

图 7-31

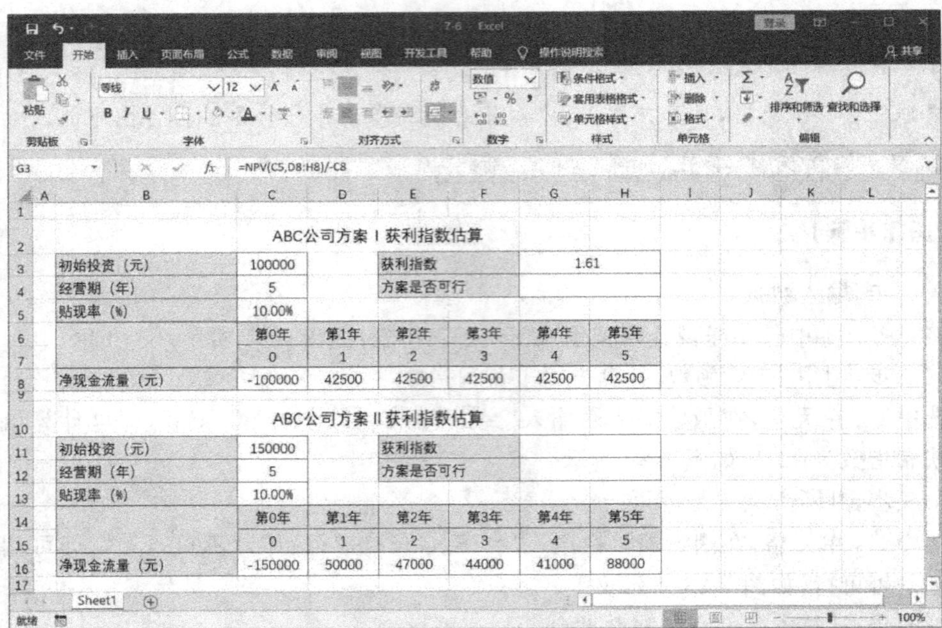

图 7-32

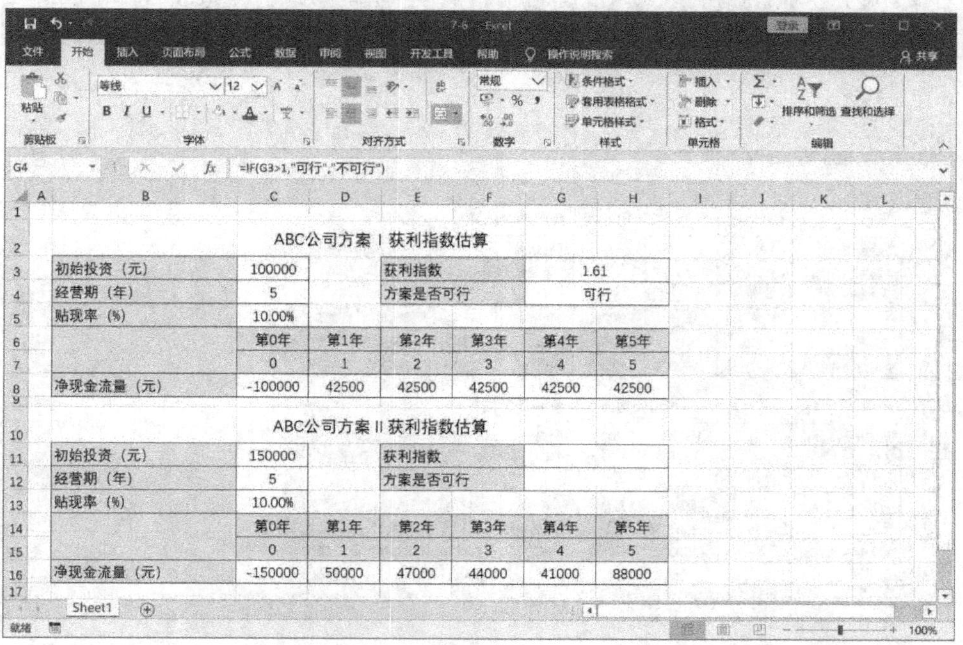

G4　=IF(G3>1,"可行","不可行")

ABC公司方案Ⅰ获利指数估算

初始投资（元）	100000		获利指数		1.61	
经营期（年）	5		方案是否可行		可行	
贴现率（%）	10.00%					
	第0年	第1年	第2年	第3年	第4年	第5年
	0	1	2	3	4	5
净现金流量（元）	-100000	42500	42500	42500	42500	42500

ABC公司方案Ⅱ获利指数估算

初始投资（元）	150000		获利指数			
经营期（年）	5		方案是否可行			
贴现率（%）	10.00%					
	第0年	第1年	第2年	第3年	第4年	第5年
	0	1	2	3	4	5
净现金流量（元）	-150000	50000	47000	44000	41000	88000

图 7-33

G11　=NPV(C13,D16:H16)/-C16

ABC公司方案Ⅰ获利指数估算

初始投资（元）	100000		获利指数		1.61	
经营期（年）	5		方案是否可行		可行	
贴现率（%）	10.00%					
	第0年	第1年	第2年	第3年	第4年	第5年
	0	1	2	3	4	5
净现金流量（元）	-100000	42500	42500	42500	42500	42500

ABC公司方案Ⅱ获利指数估算

初始投资（元）	150000		获利指数		1.33	
经营期（年）	5		方案是否可行			
贴现率（%）	10.00%					
	第0年	第1年	第2年	第3年	第4年	第5年
	0	1	2	3	4	5
净现金流量（元）	-150000	50000	47000	44000	41000	88000

图 7-34

=IF(G11>1,"可行","不可行")

ABC公司方案Ⅰ获利指数估算

初始投资（元）	100000		获利指数		1.61	
经营期（年）	5		方案是否可行		可行	
贴现率（%）	10.00%					
	第0年	第1年	第2年	第3年	第4年	第5年
	0	1	2	3	4	5
净现金流量（元）	-100000	42500	42500	42500	42500	42500

ABC公司方案Ⅱ获利指数估算

初始投资（元）	150000		获利指数		1.33	
经营期（年）	5		方案是否可行		可行	
贴现率（%）	10.00%					
	第0年	第1年	第2年	第3年	第4年	第5年
	0	1	2	3	4	5
净现金流量（元）	-150000	50000	47000	44000	41000	88000

图 7-35

[任务 7-7]内含报酬率的估算

根据任务 7-1 数据，计算方案Ⅰ、方案Ⅱ的内含报酬率。

扫码获取实验素材（见本书“前言”背面二维码）

内含报酬率又称内部收益率，计算的收益率是与 0（零）净现值对应的利率。可调用 IRR 函数计算，函数 IRR 与净现值函数 NPV 密切相关。IRR 函数返回由值中的数字表示的一系列现金流的内部收益率。这些现金流可以为年金，也可以不相等，但是现金流必须定期（如每月或每年）出现。内含报酬率是针对包含付款（负值）和收入（正值）的定期投资收到的利率。

IRR 函数的语法格式为：

IRR(Values,[Guess])

第 1 参数 Values 必需，表示数组或单元格的引用，这些单元格包含用来计算内部收益率的数字。Values 必须包含至少一个正值和一个负值，以计算返回的内部收益率。IRR 使用值的顺序来说明现金流的顺序。一定要按投资项目需要的顺序输入支出值和收益值。如果数组或引用包含文本、逻辑值或空白单元格，这些数值将被忽略。

第 2 参数 Guess 可选，是指对函数 IRR 计算结果的估计值。多数情况下，可不必为 IRR 计算提供 Guess 值。如果省略 Guess，则假定它为 0.1（10%）。

[实验操作步骤]

第一步，输入数据。

将任务 7-1 中各年净现金流量输入 Excel 工作表，如图 7-36 所示。

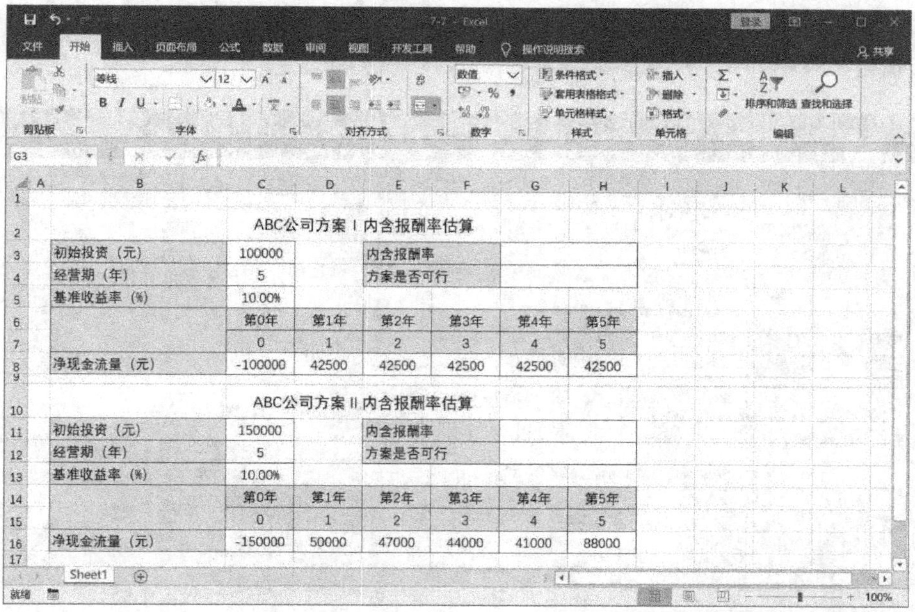

图 7-36

第二步，调用 IRR 函数，计算方案Ⅰ内含报酬率。

用鼠标左键选中 G3 单元格，单击公式编辑栏左侧的插入函数"f_x"按钮，弹出"插入函数"对话框，单击"或选择类别(C)"栏选择"财务"类，在"选择函数(N)"栏选择"IRR"函数名，如图 7-37 所示。

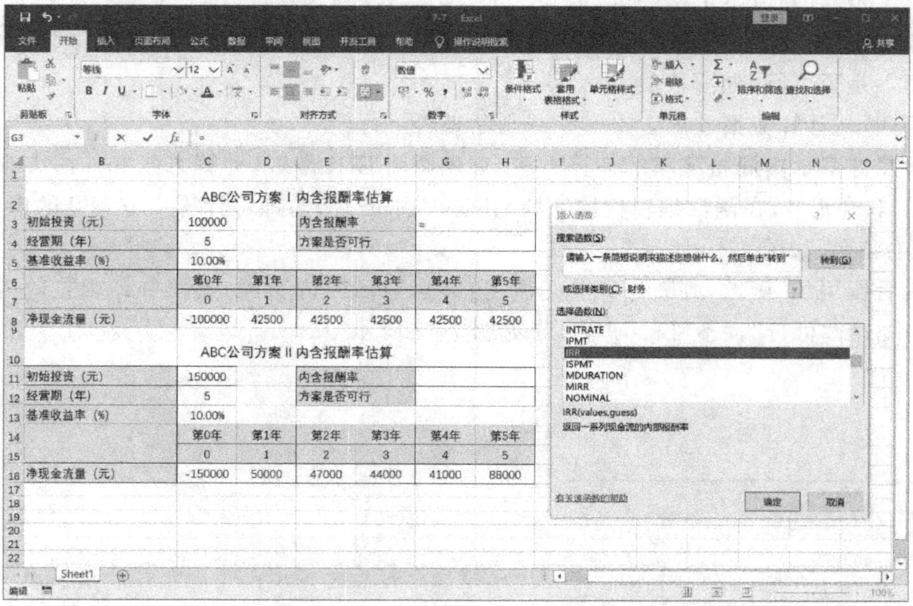

图 7-37

点击“确定”，弹出“函数参数”对话框，在“Values”参数输入“C8:H8”，“Guess”参数可空缺，如图 7-38 所示。

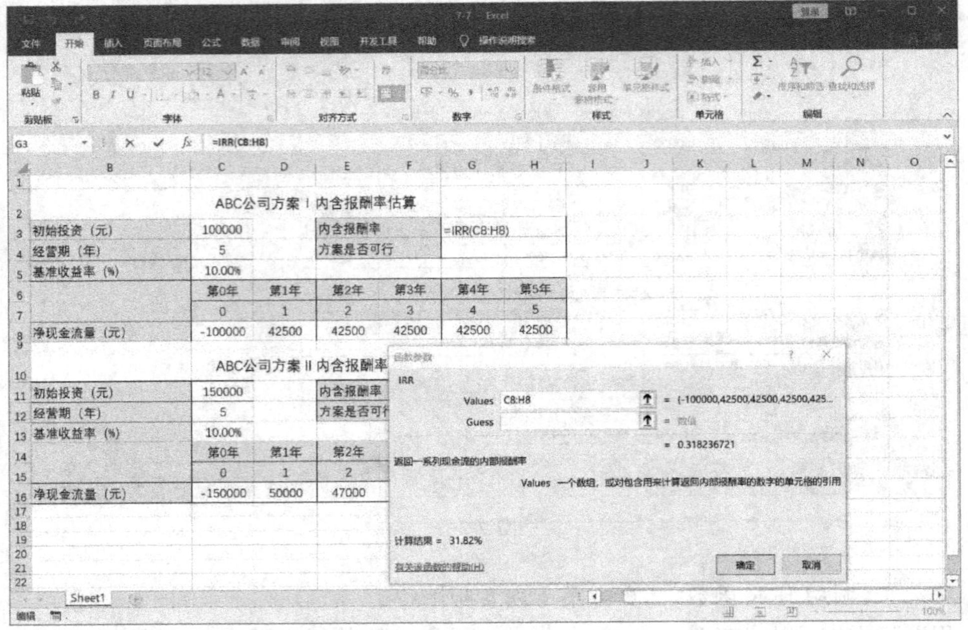

图 7-38

点击“确定”，得到方案Ⅰ的内含报酬率为 31.82%。

第三步，判断方案Ⅰ是否可行。

选中 G4 单元格，在函数编辑栏输入“=IF(G3>C5,“可行”,“不可行”)”，即可判断出方案Ⅰ是否可行，如图 7-39 所示。

第四步，计算方案Ⅱ内含报酬率并判断是否可行。

参照方案Ⅰ内涵报酬率的计算方法，首先调用 IRR 函数，计算方案Ⅱ的内含报酬率。选中 G11 单元格，在函数编辑栏输入“=IRR(C16:H16)”，即可计算出方案Ⅱ的内含报酬率为 21.33%，如图 7-40 所示。

最后调用 IF 函数，判断方案Ⅱ是否可行，选中 G12 单元格，在函数编辑栏输入“=IF(G11>C13,“可行”,“不可行”)”，如果如图 7-41 所示。

G4　=IF(G3>C5,"可行","不可行")

	A	B	C	D	E	F	G	H
1								
2		ABC公司方案Ⅰ内含报酬率估算						
3		初始投资（元）	100000		内含报酬率		31.82%	
4		经营期（年）	5		方案是否可行		可行	
5		基准收益率（%）	10.00%					
6			第0年	第1年	第2年	第3年	第4年	第5年
7			0	1	2	3	4	5
8		净现金流量（元）	-100000	42500	42500	42500	42500	42500
9								
10		ABC公司方案Ⅱ内含报酬率估算						
11		初始投资（元）	150000		内含报酬率			
12		经营期（年）	5		方案是否可行			
13		基准收益率（%）	10.00%					
14			第0年	第1年	第2年	第3年	第4年	第5年
15			0	1	2	3	4	5
16		净现金流量（元）	-150000	50000	47000	44000	41000	88000

图 7-39

G11　=IRR(C16:H16)

	A	B	C	D	E	F	G	H
1								
2		ABC公司方案Ⅰ内含报酬率估算						
3		初始投资（元）	100000		内含报酬率		31.82%	
4		经营期（年）	5		方案是否可行		可行	
5		基准收益率（%）	10.00%					
6			第0年	第1年	第2年	第3年	第4年	第5年
7			0	1	2	3	4	5
8		净现金流量（元）	-100000	42500	42500	42500	42500	42500
9								
10		ABC公司方案Ⅱ内含报酬率估算						
11		初始投资（元）	150000		内含报酬率		21.38%	
12		经营期（年）	5		方案是否可行			
13		基准收益率（%）	10.00%					
14			第0年	第1年	第2年	第3年	第4年	第5年
15			0	1	2	3	4	5
16		净现金流量（元）	-150000	50000	47000	44000	41000	88000

图 7-40

ABC公司方案Ⅰ内含报酬率估算

初始投资（元）	100000		内含报酬率	31.82%	
经营期（年）	5		方案是否可行	可行	
基准收益率（%）	10.00%				
	第0年	第1年	第2年	第3年	第4年	第5年
	0	1	2	3	4	5
净现金流量（元）	-100000	42500	42500	42500	42500	42500

ABC公司方案Ⅱ内含报酬率估算

初始投资（元）	150000		内含报酬率	21.38%	
经营期（年）	5		方案是否可行	可行	
基准收益率（%）	10.00%				
	第0年	第1年	第2年	第3年	第4年	第5年
	0	1	2	3	4	5
净现金流量（元）	-150000	50000	47000	44000	41000	88000

图 7-41

第 8 章　证券投资决策实验

8.1　证券投资决策实验概述

投资是为了将来获得更多现金流入而现在付出现金的行为。证券投资是企业对外投资的重要组成部分，是投资者将资金投资于股票、债券、基金及衍生证券等资产，从而获得收益的一种投资行为。科学地进行证券投资，可以充分地利用企业的闲置资金，增加企业收益，降低风险，有利于实现企业的财务目标。

证券投资和前面讲的项目投资不同：项目投资是购买固定资产等实物资产，直接投资于生产活动，属于直接投资；证券投资是购买金融资产，这些资金转移到企业手中后再投入生产活动，属于间接投资。因此，证券投资与实物投资相比具有如下特征：一是流动性强。证券资产的流动性明显地高于实物投资；二是价格不稳定。证券价格受政治、经济环境等各种因素影响较大；三是交易成本低。证券交易过程快速、简便，成本较低。

8.1.1 证券投资决策实验内容

企业证券投资决策包括证券价值的计算和投资收益率的计算，目的是发现投资机会。本章实验任务包括 10 项：

(1)债券价值的计算实验——定期付息、到期还本债券；
(2)债券价值的计算实验——到期一次还本付息债券；
(3)债券价值的计算实验——无息债券；
(4)债券价值的计算实验——永久债券；
(5)债券收益率的计算实验——定期付息、到期还本债券；
(6)债券收益率的计算实验——一次还本付息债券；
(7)债券收益率的计算实验——折价发行债券；
(8)股票价值的计算实验——普通股；
(9)股票价值的计算实验——优先股；
(10)证券组合期望报酬率的计算实验。

8.1.2 证券投资决策实验基础知识

证券投资决策实验主要涉及证券估值和投资报酬率的计算。主要内容如下：

(1)证券投资的对象与风险

目前我国金融市场上可供企业投资的证券主要有国库券、短期融资券、可转让存单、企业股票与债券、投资基金以及期权、期货等衍生证券。因而证券投资可具体分为证券投资、股票投资、基金投资、期货投资、期权投资和证券组合投资。企业通过证券投资可达到暂时存放闲置资金;与筹集长期资金相配合;满足未来的财务需求;满足季节性经营对现金的需求;获得对相关企业的控制权等目的。

证券投资的风险包括系统性风险和非系统性风险。系统性风险是由于外部经济环境因素变化引起整个证券市场不确定性加强,从而对市场上所有证券都产生影响的共同性风险。系统性风险主要有价格风险、再投资风险和购买力风险。非系统性风险是由于特定经营环境或特定事件变化引起的不确定性,从而对个别证券产生影响的特有性风险。非系统性风险主要包括履约风险、变现风险和破产风险。

(2)债券投资

①债券投资的含义

债券投资是指投资者购买债券以获取资金收益的一种投资活动。债券投资按投资期限长短分为短期债券投资和长期债券投资。企业进行短期债券投资的目的主要是为了配合企业对资金的需求,调节现金余额,使现金余额达到合理水平;企业进行长期债券投资的目的主要是为了获得稳定的收益。与股票投资相比,债权投资具有安全性、流动性和收益性等特点。

②债券价值

债券的价值是发行者按照合同规定从现在至债券到期日所支付的款项的现值。

分期付息、到期还本债券的估值模型为:

$$V=\frac{I_1}{(1+i)^1}+\frac{I_2}{(1+i)^2}+\cdots+\frac{I_n}{(1+i)^n}+\frac{M}{(1+i)^n}$$

式中:V——债券价值

I——债券每年的利息

M——债券的面值

i——估算债券价值所采用的贴现率,一般采用当时的市场利率或投资人要求的必要报酬率。

n——债券到期前的年数

到期一次还本付息债券的估值模型为:

$$V=(M+M\times i\times n)(P/F,i,n)$$

折现发行债券又称零票面利率债券,其估值模型为:

$$V=M(P/F,i,n)$$

③债券收益率

债券的收益率有多个指标,包括持有期收益率和到期收益率等。

持有期收益率指买入债券后持有一段时间,又在债券到期前将其出售而得到的收益率，它包括持有债券期间的利息收入和价差收益，计算公式是：

方法一，典型债券（有固定的票面利率、每期支付利息、到期归还本金）持有期收益率＝｛债券年利息＋（债券卖出价－债券买入价）÷持有年限｝÷债券买入价×100％

方法二，到期一次还本付息债券及折现发行债券持有期收益率＝｛（债券卖出价－债券买入价）÷持有年限｝÷债券买入价×100％

到期收益率是指按特定价格购买债券并持有至到期日，所产生的预期报酬率。它是使未来现金流量等于债券购入价格的折现率。

计算到期收益率的方法是求解含有贴现率的方程：

$$V=I\times(P/A,R,n)+M\times(P/F,R,n)$$

式中：V——债券购进价格；

I——每年利息；

M——债券面值（或转让价格）；

n——到期（或到转让日）的年数；

R——债券收益率（贴现率）。

也可使用每年平均收益除以平均资本占用的简化公式估算债券到期收益率近似值：

$$R=\frac{I+(M-P)\div N}{(M+P)\div 2}\times 100\%$$

式中：I——每年利息；

M——债券面值（或转让价格）；

P——债券购进价格；

N——到期（或到转让日）的年数。

（3）股票投资

股票投资是权益性投资，风险较大、预期收益高且估值波动较大，企业进行股票投资主要是为了获利或控股。

①股票价值

股票的价值应是各期股利按照必要报酬率计算的现值。基本模型为：

$$V=\frac{D_1}{(1+R_S)^1}+\frac{D_2}{(1+R_S)^2}+\cdots+\frac{D_n}{(1+R_S)^n}=\sum_{t=1}^{\infty}\frac{D_t}{(1+R_S)^t}$$

式中：V——股票价值；

D_t（t 为期数）——某股票未来各期股利；

R_S——估值所采用的贴现率即所期望的必要报酬率。

股利固定增长的股票估值模型为：

$$V=\frac{D_0(1+g)}{R_S-g}=\frac{D_1}{R_S-g}$$

式中：V——股票价值；

D_0——公司本期的股利；

g——股利增长率；

R_S——估值所采用的贴现率即所期望的必要报酬率。

零成长的股票估值模型为：

$$V=D\div R_S$$

式中：V——股票价值；

D——公司股利；

R_S——估值所采用的贴现率即所期望的必要报酬率。

阶段性成长的股票，需要分段计算各年股利现值并且求和，才能确定股票的价值。

②股票投资的收益率

股票的收益率，是在股票投资上未来现金流量贴现值等于目前的购买价格时的贴现率。股票的收益率高于投资者所要求的最低报酬率时，投资者才愿意购买该股票。如在固定成长股票估值模型中，股票投资收益率计算公司为：

$$R_s=\frac{D_1}{P_0}+g$$

式中：R_S——股票投资收益率；

D_1——股票预计下一年股利；

P_0——股票的购买价格；

g——股利增长率。

8.2 证券投资决策实验任务

[任务 8-1]债券价值的计算——定期付息、到期还本债券

资料：XYZ 公司于 2020 年 1 月 1 日发行面额为 100 元的债券，票面利率 8%，期限 10 年，每年 12 月 31 日付息，于 2030 年 1 月 1 日到期。假定必要报酬率为 10%。

要求：试计算该债券价值。

扫码获取实验素材(见本书“前言”背面二维码)

计算定期付息债券价值，可调用 PRICE 函数，该函数返回定期付息的面值￥100 的有价证券的价格。PRICE 函数的语法格式为：

PRICE(Settlement，Maturity，Rate，Yld，Redemption，Frequency，[Basis])

第 1 参数 Settlement 必需，表示有价证券的结算日。有价证券结算日是在发行日之后，有价证券卖给购买者的日期。

第 2 参数 Maturity 必需，表示有价证券的到期日。到期日是有价证券有效期截止时的日期。

需要注意的是，第 1 参数和第 2 参数应使用 DATE 函数输入日期，或者将日期作为其他公式或函数的结果输入。如使用函数 DATE(2018，5，23)输入 2018 年 5 月 23 日。

如果日期以文本形式输入，则会出现问题。

第 3 参数 Rate 必需，表示有价证券的年息票利率。

第 4 参数 Yld 必需，表示有价证券的年收益率。

第 5 参数 Redemption 必需，表示面值￥100 的有价证券的清偿价值。

第 6 参数 Frequency 必需，表示年付息次数。如果按年支付，Frequency＝1；按半年期支付，Frequency＝2；按季支付，Frequency＝4。

第 7 参数 Basis 可选，表示要使用的日计数基准类型。一般选择 2(实际/360)或 3(实际/365)。

PRICE 函数在输入参数时需要注意：

如果 Settlement 或 Maturity 不是有效日期，则 PRICE 返回错误值＃VALUE!。

如果 Yld＜0 或 Rate＜0，则 PRICE 返回错误值＃NUM!。

如果 Redemption≤0，则 PRICE 返回错误值＃NUM!。

如果 Frequency 不为数字 1、2 或 4，则 PRICE 返回错误值＃NUM!。

如果 Basis＜0 或 Basis＞4，则 PRICE 返回错误值＃NUM!。

如果 Settlement≥Maturity，则 PRICE 返回错误值＃NUM!。

[实验操作步骤]

第一步，将任务 8-1 中的数据输入 Excel 工作表，如图 8-1 所示。

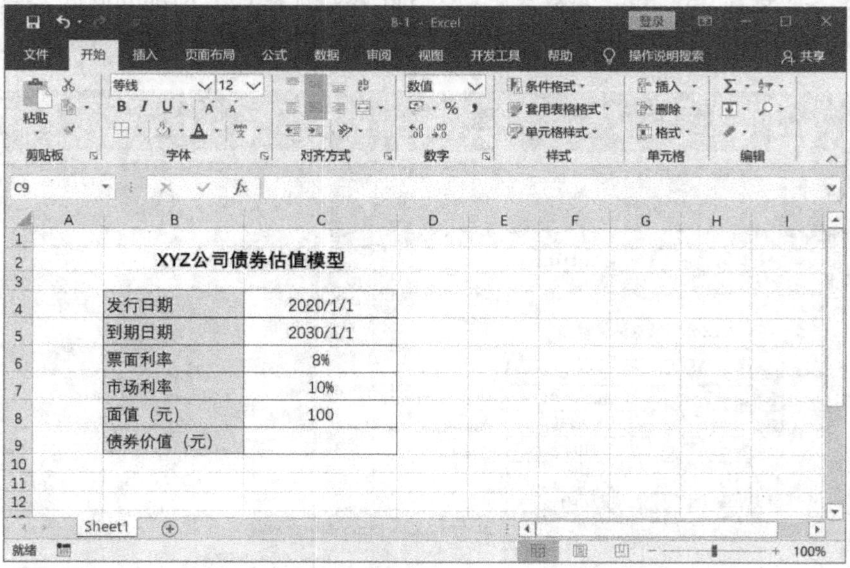

	A	B	C	D	E	F	G	H	I
1									
2		XYZ公司债券估值模型							
3									
4		发行日期	2020/1/1						
5		到期日期	2030/1/1						
6		票面利率	8%						
7		市场利率	10%						
8		面值（元）	100						
9		债券价值（元）							
10									
11									
12									

图 8-1

第二步，调用 PRICE 函数，输入函数参数。

用鼠标单击 C9 单元格，单击公式编辑栏左侧的插入函数“f_x”按钮，弹出“插入函数”对话框，单击“或选择类别(C)”栏选择“财务”类，在“选择函数(N)”栏选择“PRICE”函数名。如图 8-2 所示。

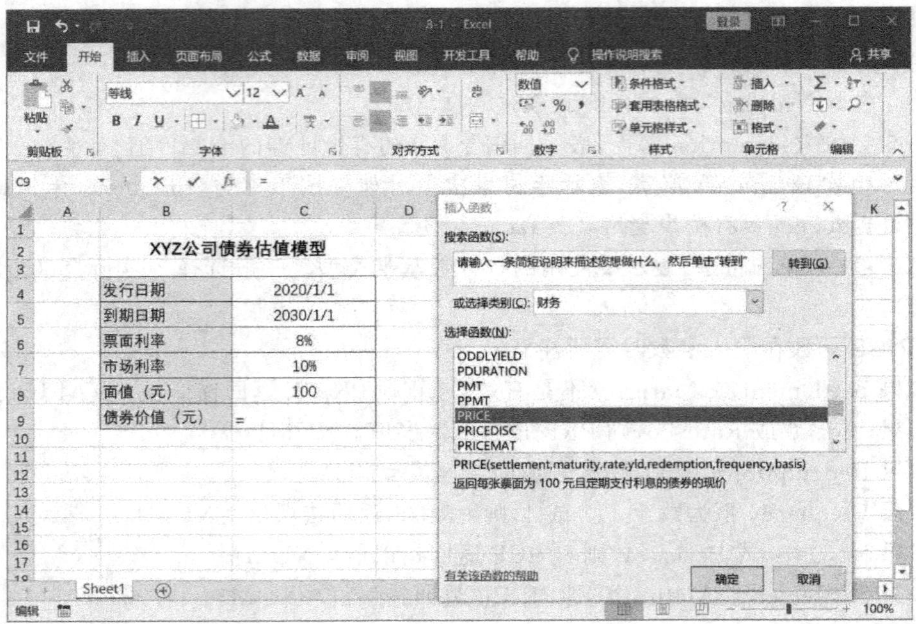

图 8-2

点击“确定”按钮，弹出计算债券价值的“函数参数”对话框。“Settlement”栏输入“C4”；“Maturity”参数选择 C5；“Rate”参数选择 C6；“Yld”参数选择 C7；“Redemption”参数选择 C8；“Frequency”参数输入 1；“Frequency”参数输入 1；“Basis”参数输入 3，如图 8-3 所示。

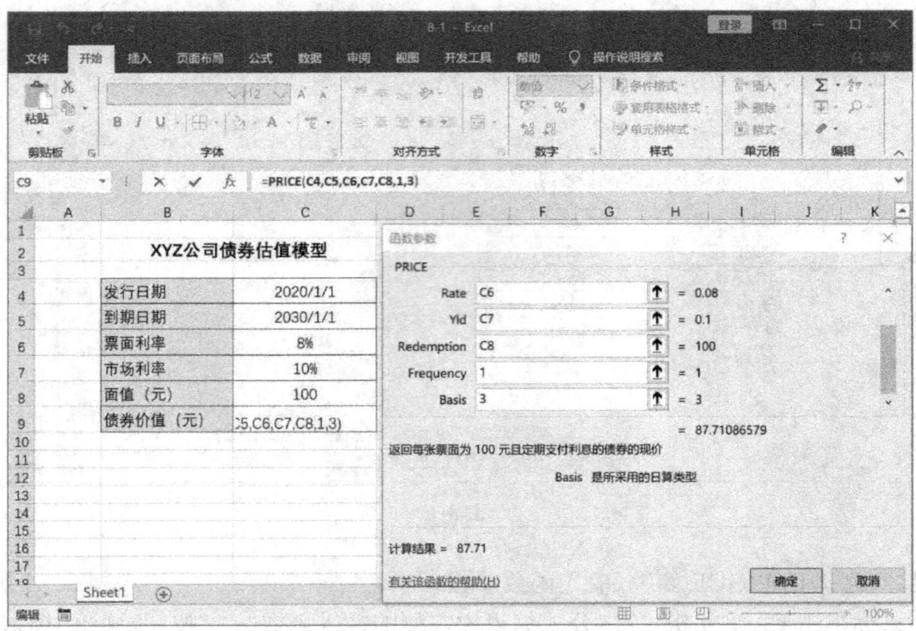

图 8-3

第三步，计算债券价值。

点击“确定”按钮，在 C9 单元格就显示出 XYZ 公司债券价值为 87.71 元，如图 8-4 所示。

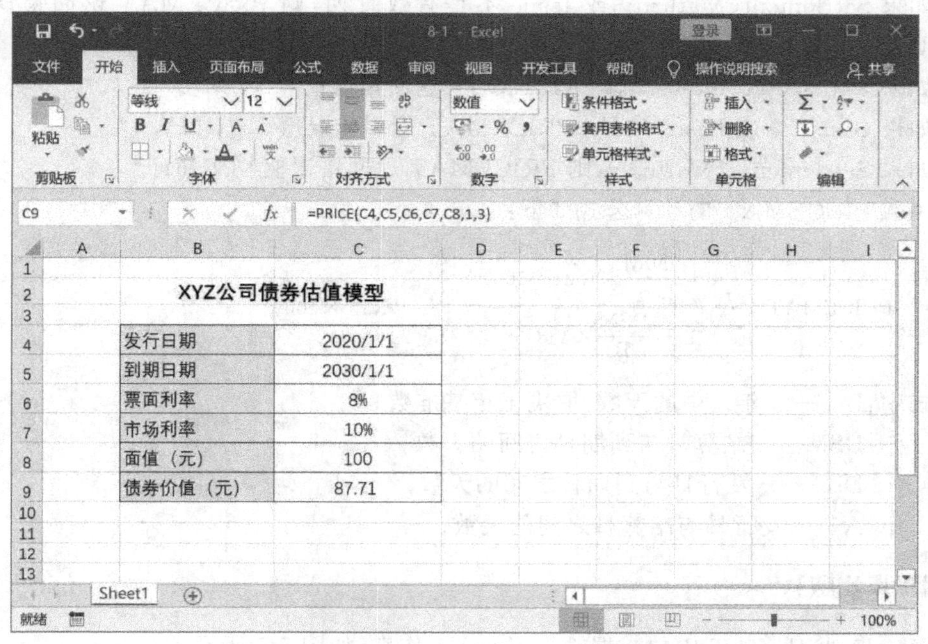

图 8-4

[任务 8-2]债券价值的计算——到期一次还本付息债券

资料：ABC 公司在 2020 年 1 月 31 日购买了 XYZ 公司于 2020 年 1 月 1 日发行的面值为 100 元的债券，票面利率为 8%，期限 10 年，于 2030 年 1 月 1 日到期，到期支付面值 100 元和 10 年利息（单利计息）。假定必要报酬率为 10%。

要求：试计算该债券价值。

扫码获取实验素材（见本书“前言”背面二维码）

计算定期付息债券价值，可调用 PRICEMAT 函数，该函数返回到期付息的面值￥100 的有价证券的价格。PRICEMAT 函数的语法格式为：

PRICEMAT(Settlement,Maturity,Issue,Rate,Yld,[Basis])

第 1 参数 Settlement 必需，表示有价证券的结算日。有价证券结算日是在发行日之后，有价证券卖给购买者的日期。

第 2 参数 Maturity 必需，表示有价证券的到期日。到期日是有价证券有效期截止时的日期。

第 3 参数 Issue 必需，表示有价证券的发行日，以时间序列号表示。

第 4 参数 Rate 必需，表示有价证券在发行日的利率。

第 5 参数 Yld 必需，表示有价证券的年收益率。

第 6 参数 Basis 可选，表示要使用的日计数基准类型。

PRICEMAT 函数在输入参数时需要注意：

Settlement、Maturity、Issue 和 Basis 将被截尾取整。

如果 Settlement、Maturity 或 Issue 不是有效日期，则 PRICEMAT 返回错误值＃VALUE!。

如果 Rate＜0 或 Yld＜0，则 PRICEMAT 返回错误值＃NUM!。

如果 Basis＜0 或 Basis＞4，则 PRICEMAT 返回错误值＃NUM!。

如果 Settlement≥Maturity，则 PRICEMAT 返回错误值＃NUM!。

函数 PRICEMAT 的计算公式如下：

$$\text{PRICEMAT}=\frac{100+\left(\frac{\text{DIM}}{\text{B}}\times \text{Rate}\times 100\right)}{1+\left(\frac{\text{DSM}}{\text{B}}\times \text{Yld}\right)}-\left(\frac{\text{A}}{\text{B}}\times \text{Rate}\times 100\right)$$

式中：B——一年之中的天数，取决于年基准数；

DSM——结算日与到期日之间的天数；

DIM——发行日与到期日之间的天数；

A——发行日与结算日之间的天数。

[实验操作步骤]

第一步，将任务 8-2 中的数据输入 Excel 工作表，如图 8-5 所示。

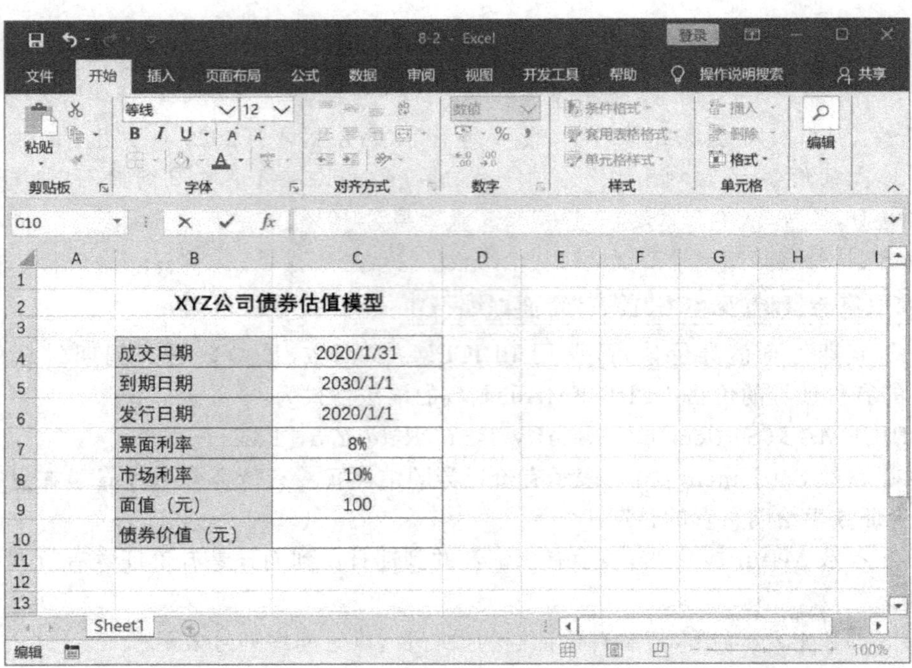

XYZ公司债券估值模型

成交日期	2020/1/31
到期日期	2030/1/1
发行日期	2020/1/1
票面利率	8%
市场利率	10%
面值（元）	100
债券价值（元）	

图 8-5

第二步，调用 PRICEMAT 函数，输入函数参数。

用鼠标单击 C10 单元格，单击公式编辑栏左侧的插入函数“f_x”按钮，弹出“插入函数”对话框，单击“或选择类别(C)”栏选择“财务”类，在“选择函数(N)”栏选择“PRICEMAT”函数名。如图 8-6 所示。

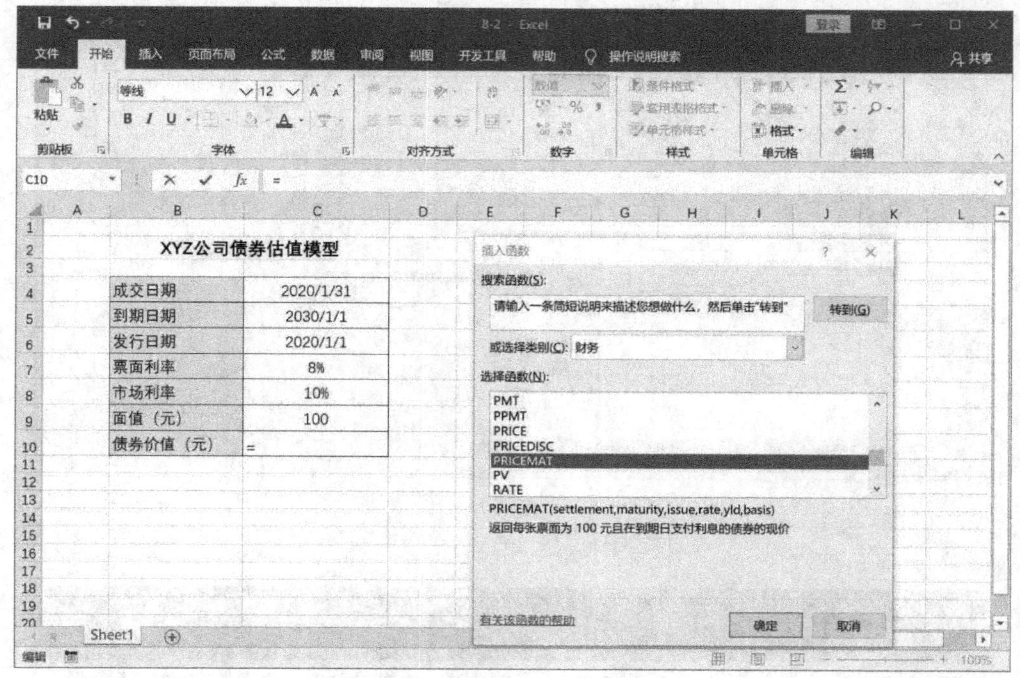

图 8-6

点击“确定”按钮，弹出计算债券价值的“函数参数”对话框。“Settlement”参数选择 C4；“Maturity”参数选择 C5；“Issue”参数选择 C6；“Rate”参数选择 C7；“Yld”参数选择 C8；“Basis”参数输入 3，如图 8-7 所示。

第三步，计算债券价值。

点击“确定”按钮，在 C10 单元格就显示出 XYZ 公司债券价值为 89.71 元，如图 8-8 所示。

=PRICEMAT(C4,C5,C6,C7,C8,3)
XYZ公司债券估值模型
成交日期 2020/1/31
到期日期 2030/1/1
发行日期 2020/1/1
票面利率 8%
市场利率 10%
面值（元） 100
债券价值（元）
PRICEMAT
Maturity C5 = 47484
Issue C6 = 43831
Rate C7 = 0.08
Yld C8 = 0.1
Basis 3 = 3
= 89.70957699
返回每张票面为 100 元且在到期日支付利息的债券的现价
Basis 是所采用的日算类型
计算结果 = 89.71
确定
取消

图 8-7

=PRICEMAT(C4,C5,C6,C7,C8,3)
XYZ公司债券估值模型
成交日期 2020/1/31
到期日期 2030/1/1
发行日期 2020/1/1
票面利率 8%
市场利率 10%
面值（元） 100
债券价值（元） 89.71

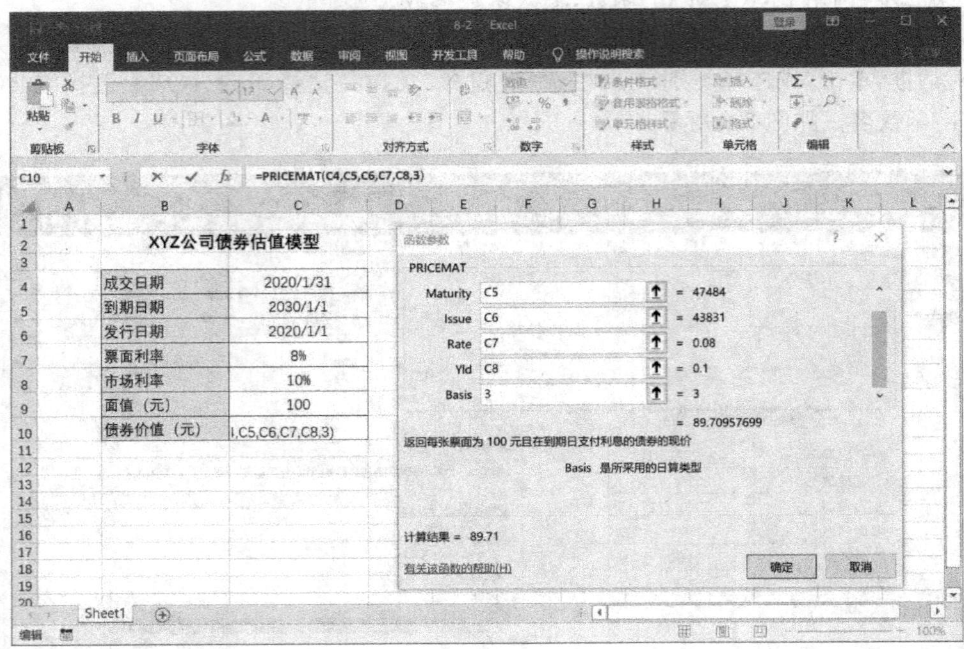

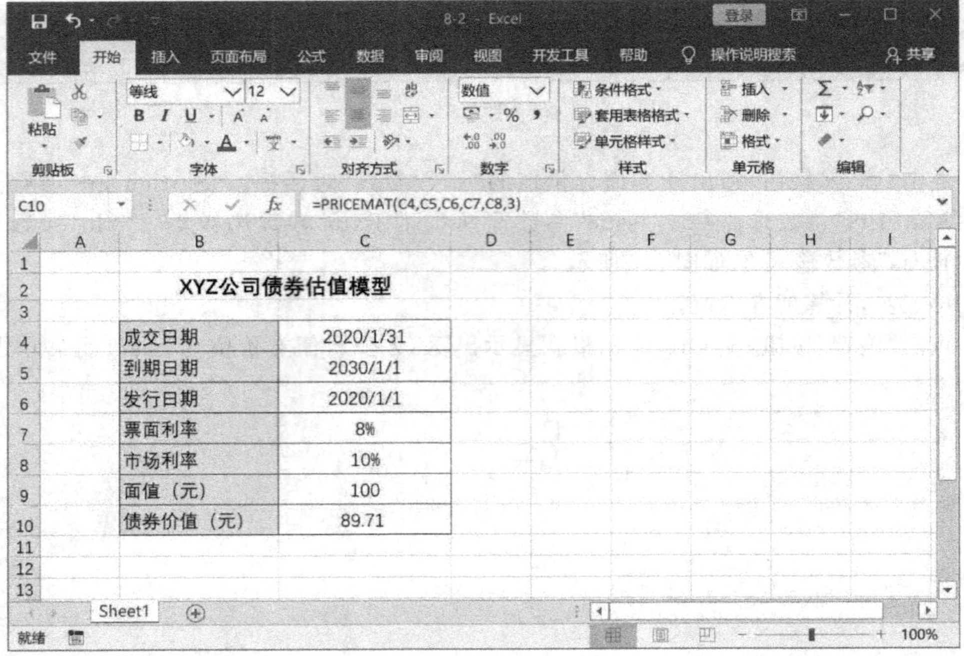

图 8-8

[任务 8-3]债券价值的计算——无息债券

资料：XYZ 公司于 2020 年 1 月 1 日发行面值为 100 元的债券，无利息，期限 10 年，于 2023 年 1 月 1 日到期，到期 XYZ 公司支付面值 100 元。假定必要报酬率为 10%。

要求：试计算该债券价值。

扫码获取实验素材(见本书“前言”背面二维码)

计算定期付息债券价值，可调用 PRICEDISC 函数返回折价发行的面值￥100 的有价证券的价格。该函数的语法格式为：

PRICEDISC(Settlement，Maturity，Discount，Redemption，[Basis])

第 1 参数 Settlement 必需，表示有价证券的结算日。有价证券结算日是在发行日之后，有价证券卖给购买者的日期。

第 2 参数 Maturity 必需，表示有价证券的到期日。到期日是有价证券有效期截止时的日期。

第 3 参数 Discount 必需，表示有价证券的贴现率。

第 4 参数 Redemption 必需，表示面值￥100 的有价证券的清偿价值。

第 5 参数 Basis 可选，表示要使用的日计数基准类型。

[实验操作步骤]

第一步，将任务 8-3 中的数据输入 Excel 工作表，如图 8-9 所示。

XYZ公司债券估值模型

发行日期	2020/1/1
到期日期	2023/1/1
市场利率	10%
面值（元）	100
债券价值（元）	

图 8-9

第二步，调用 PRICEMAT 函数，输入函数参数。

用鼠标单击 C10 单元格，单击公式编辑栏左侧的插入函数“f_x”按钮，弹出“插入函数”对话框，单击“或选择类别(C)”栏选择“财务”类，在“选择函数(N)”栏选择“PRICEDISC”函数名。如图 8-10 所示。

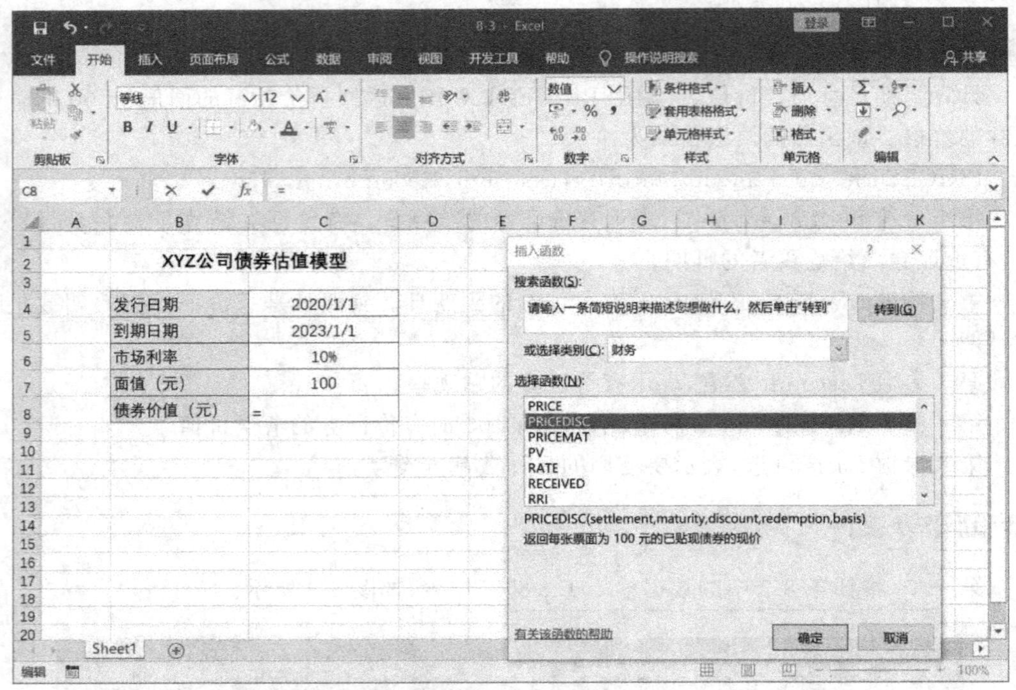

图 8-10

点击“确定”按钮，弹出计算债券价值的“函数参数”对话框。“Settlement”参数选择 C4；“Maturity”参数选择 C5；“Discount”参数选择 C6；“Redemption”参数选择 C7；“Basis”参数输入 3，如图 8-11 所示。

第三步，计算债券价值。

点击“确定”按钮，在 C8 单元格就显现出 XYZ 公司债券价值为 69.97 元，如图 8-12 所示。

XYZ公司债券估值模型
发行日期
2020/1/1
到期日期
2023/1/1
市场利率
10%
面值（元）
100
债券价值（元）
=PRICEDISC(C4,C5,C6,C7,3)
函数参数
PRICEDISC
Settlement C4 = 43831
Maturity C5 = 44927
Discount C6 = 0.1
Redemption C7 = 100
Basis 3 = 3
= 69.97260274
返回每张票面为 100 元的已贴现债券的现价
Basis 是所采用的日算类型
计算结果 = 69.97
确定
取消

图 8-11

=PRICEDISC(C4,C5,C6,C7,3)
XYZ公司债券估值模型
发行日期
2020/1/1
到期日期
2023/1/1
市场利率
10%
面值（元）
100
债券价值（元）
69.97

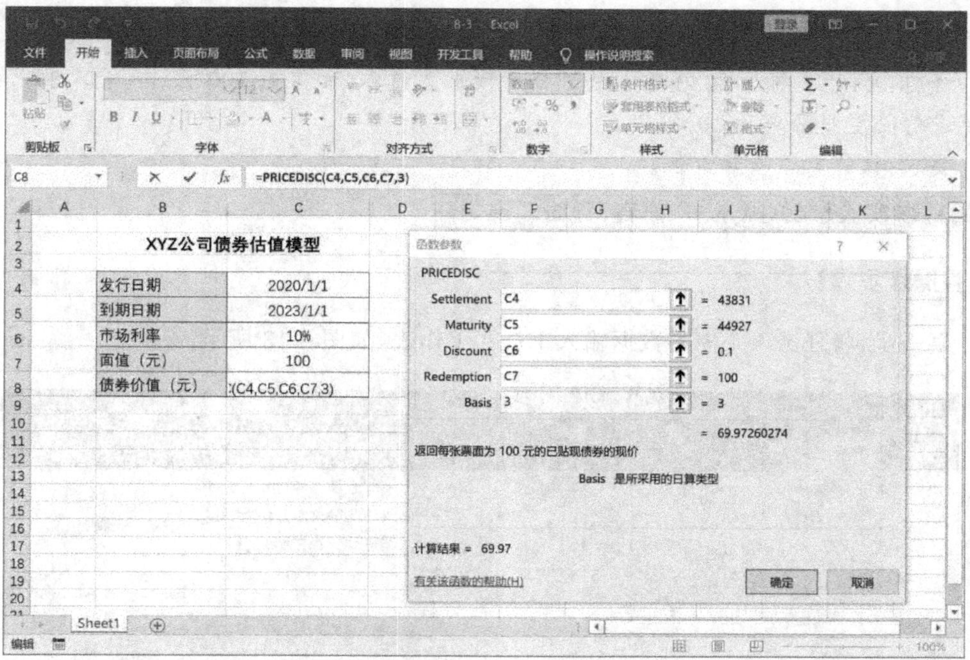

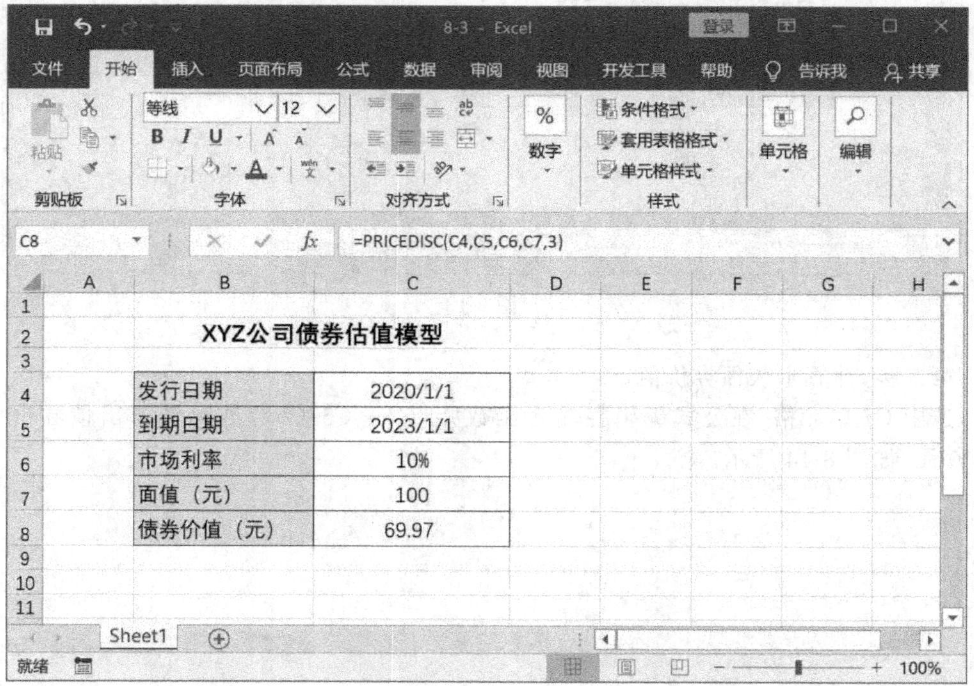

图 8-12

[任务 8-4]债券价值的计算——永久债券

资料:XYZ 公司于 2020 年 1 月 1 日发行永久债券,面值为 100 元,年利率 8%,投资者要求的必要报酬率为 10%。

要求:试计算该债券价值。

扫码获取实验素材(见本书“前言”背面二维码)

[实验操作步骤]

第一步,将任务 8-4 中的数据输入 Excel 工作表,如图 8-13 所示。

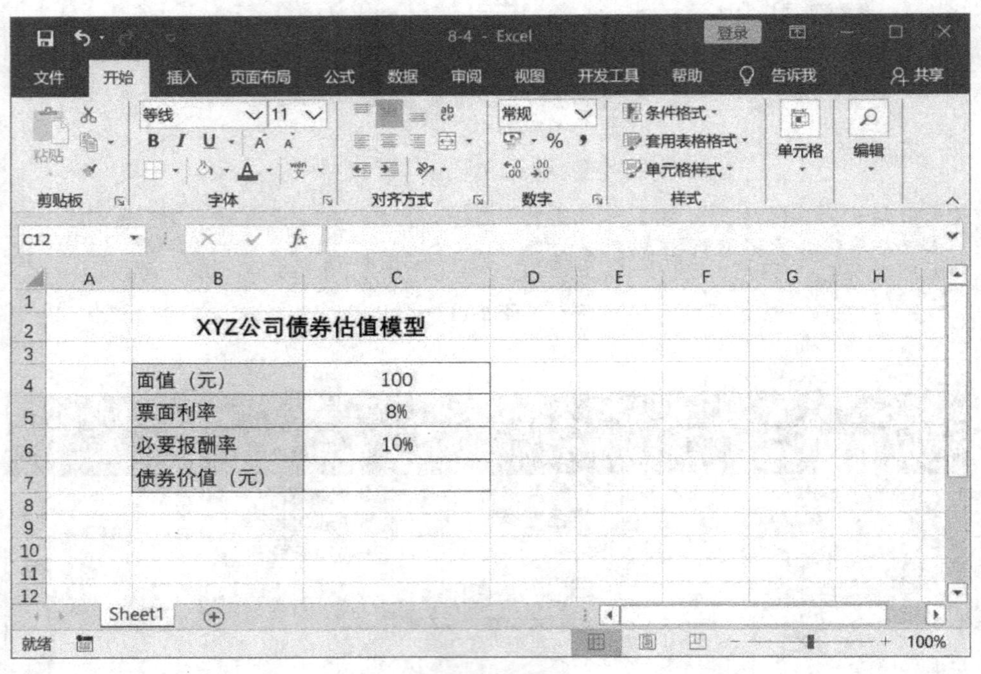

图 8-13

第二步,计算永久债券价值。

选中 C7 单元格,在公式编辑栏输入函数“=C4 * C5/C6”,即可计算出债券价值为 80.00 元,如图 8-14 所示。

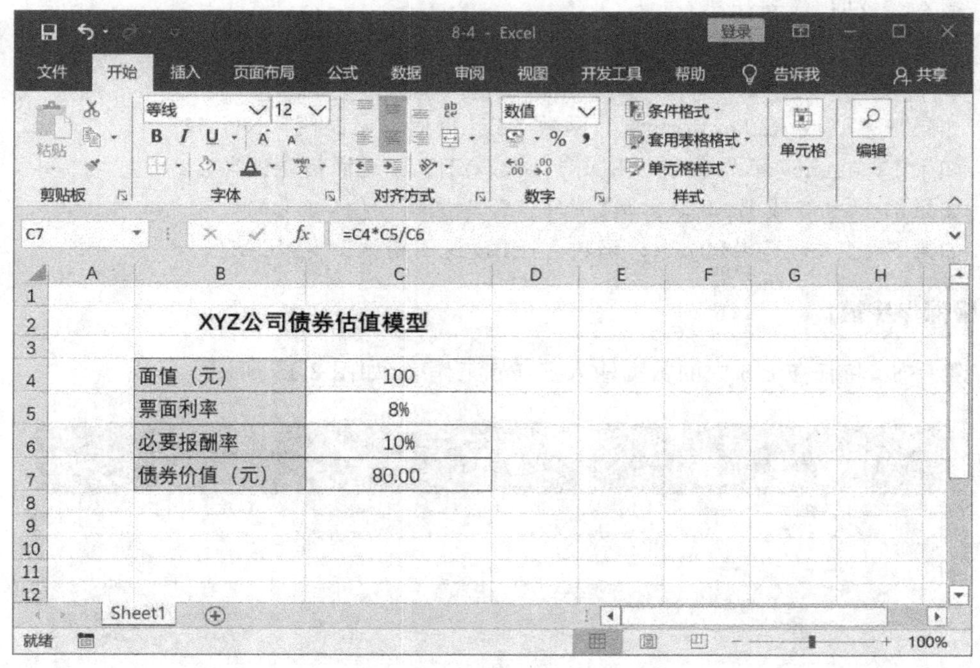

图 8-14

[任务 8-5]债券收益率的计算——定期付息、到期还本债券

资料：ABC 公司在 2020 年 2 月 1 日以 98.5 元购买了 XYZ 公司发行的债券，面值为 100 元，年利率 8%，债券到期日为 2025 年 1 月 1 日，每年末支付利息。

要求：试计算 ABC 公司投资于该债券的收益率。

扫码获取实验素材(见本书“前言”背面二维码)

计算定期付息、到期还本债券的收益率，应调用 YIELD 函数，该返回定期支付利息的债券的收益。该函数的语法格式为：

YIELD(Settlement，Maturity，Rate，Pr，Redemption，Frequency，[Basis])

第 1 参数 Settlement 必需，表示有价证券的结算日。有价证券结算日是在发行日之后，有价证券卖给购买者的日期。

第 2 参数 Maturity 必需，表示有价证券的到期日。到期日是有价证券有效期截止时的日期。

第 3 参数 Rate 必需，表示有价证券的年息票利率。

第 4 参数 Pr 必需，表示有价证券的价格(按面值为￥100 计算)。

第 5 参数 Redemption 必需，表示面值￥100 的有价证券的清偿价值。

第 6 参数 Frequency 必需，表示年付息次数。如果按年支付，Frequency＝1；按半年期支付，Frequency＝2；按季支付，Frequency＝4。

第 7 参数 Basis 可选，表示要使用的日计数基准类型。

输入参数时,需要注意:

如果 Settlement 或 Maturity 不是有效日期,函数 YIELD 返回错误值#VALUE!。

如果 Rate<0,函数 YIELD 返回错误值#NUM!。

如果 Pr≤0 或 Redemption≤0,函数 YIELD 返回错误值#NUM!。

如果 Frequency 不为数字 1、2 或 4,函数 YIELD 返回错误值#NUM!。

如果 Basis<0 或 Basis>4,函数 YIELD 返回错误值#NUM!。

如果 Settlement≥Maturity,函数 YIELD 返回错误值#NUM!。

[实验操作步骤]

第一步,将任务 8-5 中的数据输入 Excel 工作表,如图 8-15 所示。

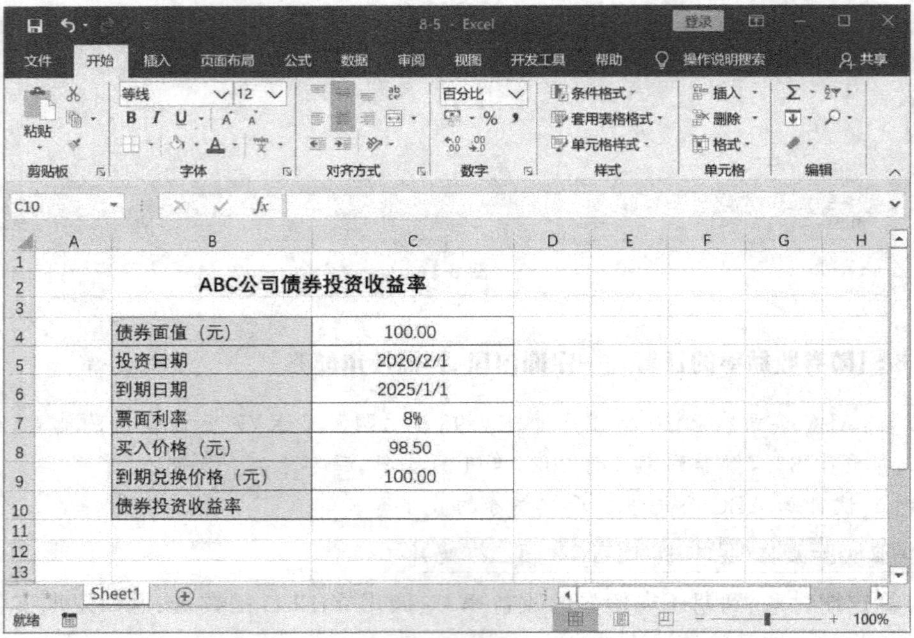

ABC公司债券投资收益率

债券面值(元)	100.00
投资日期	2020/2/1
到期日期	2025/1/1
票面利率	8%
买入价格(元)	98.50
到期兑换价格(元)	100.00
债券投资收益率	

图 8-15

第二步,调用 YIELD 函数,输入函数参数。

用鼠标单击 C10 单元格,单击公式编辑栏左侧的插入函数"f_x"按钮,弹出"插入函数"对话框,单击"或选择类别(C)"栏选择"财务"类,在"选择函数(N)"栏选择"YIELD 函数"函数名,如图 8-16 所示。

点击"确定"按钮,弹出计算债券价值的"函数参数"对话框。"Settlement"参数选择 C5;"Maturity"参数选择 C6;"Rate"参数选择 C7;"Pr"参数选择 C8;"Redemption"参数选择 C9;"Frequency"参数输入 1;"Basis"参数输入 3,如图 8-17 所示。

第三步,计算债券收益率。

点击"确定"按钮,在 C10 单元格就显示出 ABC 公司债券投资收益率为 8.38%,如图 8-18 所示。

ABC公司债券投资收益率
债券面值（元） 100.00
投资日期 2020/2/1
到期日期 2025/1/1
票面利率 8%
买入价格（元） 98.50
到期兑换价格（元） 100.00
债券投资收益率 =
插入函数
搜索函数(S):
请输入一条简短说明来描述您想做什么，然后单击"转到"
转到(G)
或选择类别(C): 财务
选择函数(N):
VDB
XIRR
XNPV
YIELD
YIELDDISC
YIELDMAT
YIELD(settlement,maturity,rate,pr,redemption,frequency,basis)
返回定期支付利息的债券的收益
有关该函数的帮助
确定
取消

图 8-16

=YIELD(C5,C6,C7,C8,C9,1,3)
ABC公司债券投资收益率
债券面值（元） 100.00
投资日期 2020/2/1
到期日期 2025/1/1
票面利率 8%
买入价格（元） 98.50
到期兑换价格（元） 100.00
债券投资收益率
函数参数
YIELD
Settlement C5 = 43862
Maturity C6 = 45658
Rate C7 = 0.08
Pr C8 = 98.5
Redemption C9 = 100
= 0.083784221
返回定期支付利息的债券的收益
Redemption 是每张票面为 100 元的债券的赎回值
计算结果 = 8.38%
有关该函数的帮助(H)
确定
取消

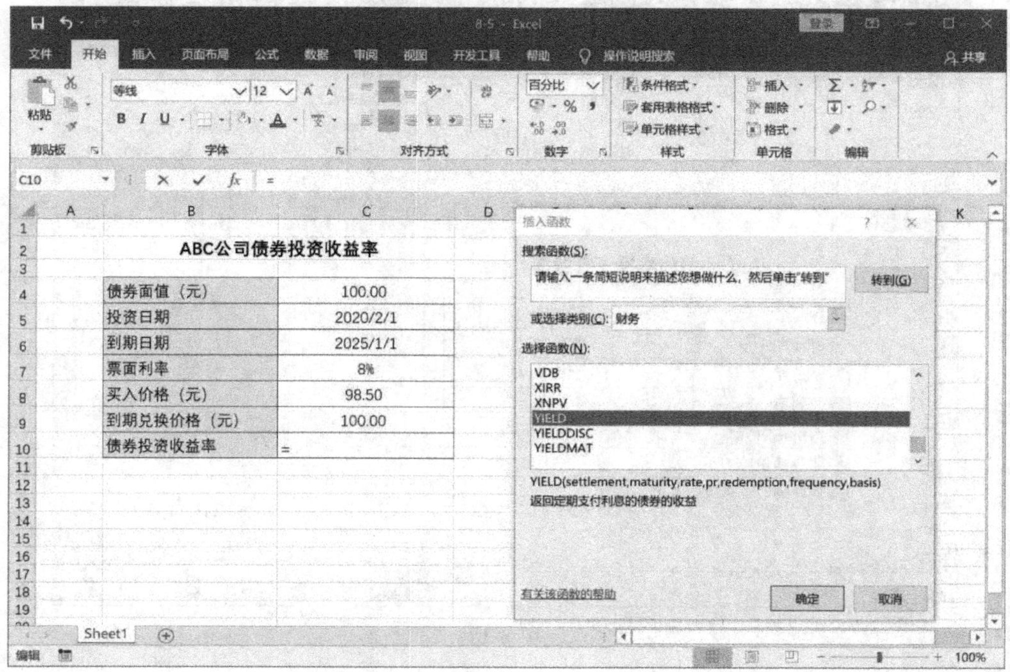

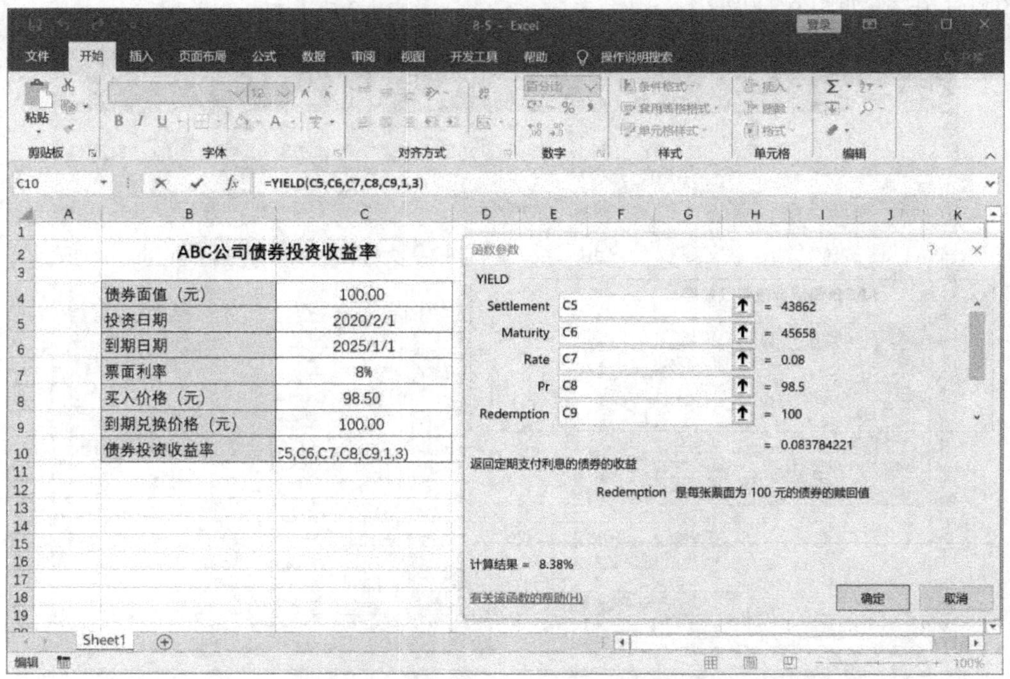

图 8-17

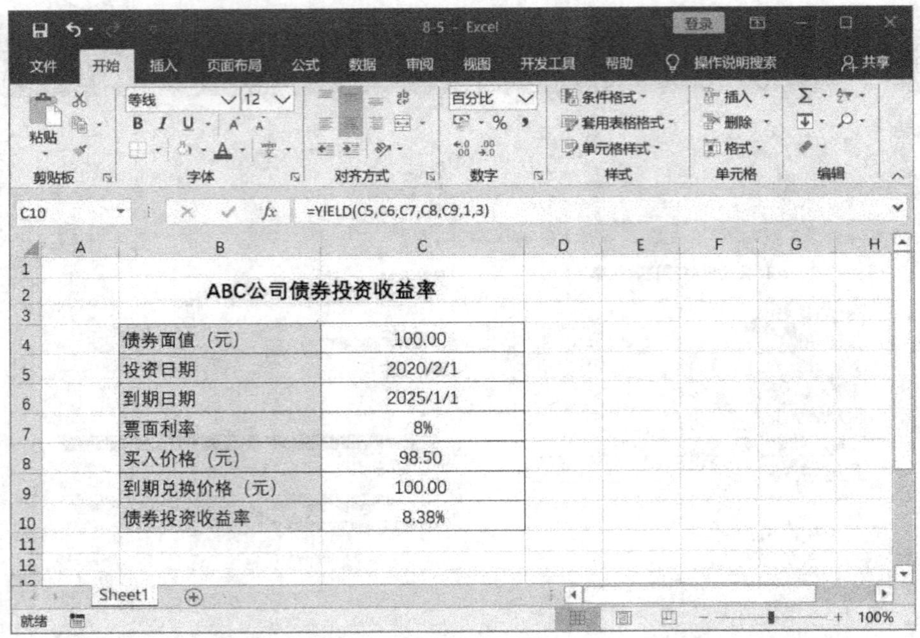

图 8-18

此外，也可以调用 IRR 函数计算该项债券投资收益率。首先将债券投资数据输入 Excel 工作表，如图 8-19 所示。

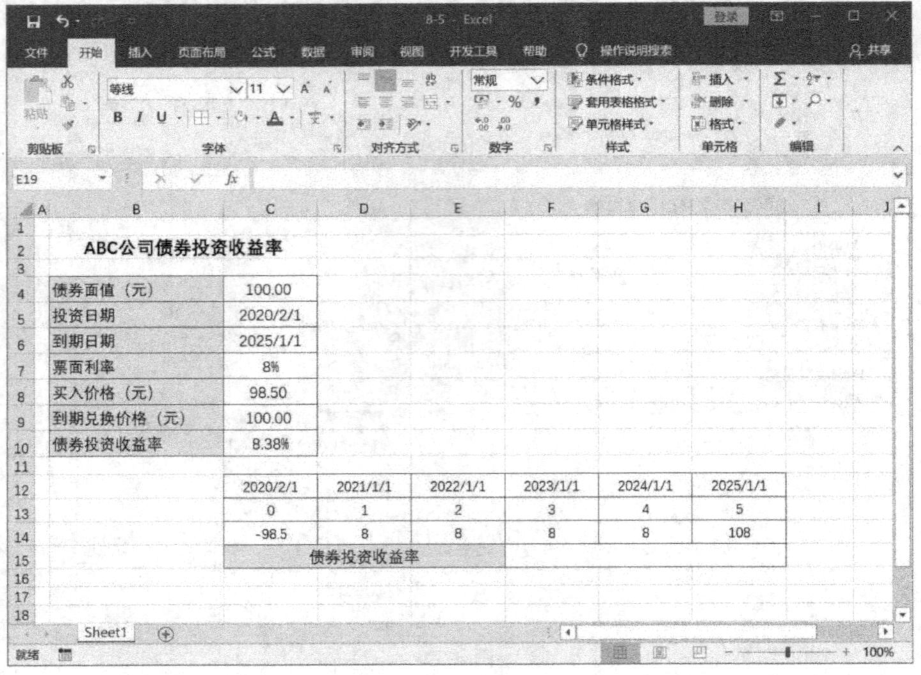

图 8-19

第 14 行的数据是 ABC 公司投资债券的现金流量，买价 98.5 元是现金流出量，从 2020 年末开始，每年末可获得 8 元的利息(100 * 8%)，在 2025 年 1 月 1 日可获得 8 元利息和 100 元本金。

选中 F15 单元格，在公式编辑栏输入函数"=IRR(C14:H14)"，即可计算出投资该债券的内含报酬率(即投资收益率)为 8.38%，如图 8-20 所示。

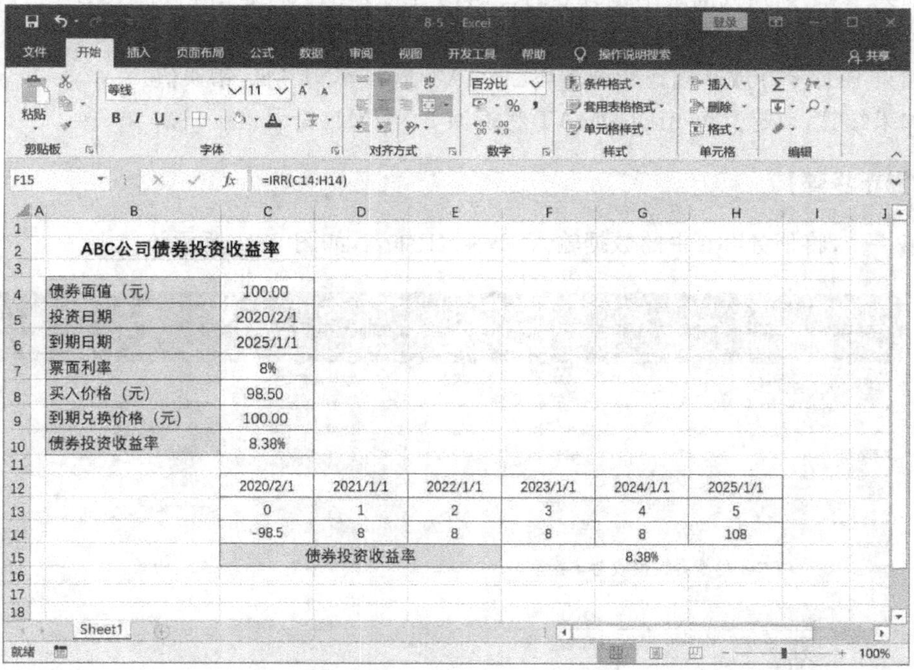

F15　=IRR(C14:H14)

ABC公司债券投资收益率

债券面值（元）	100.00
投资日期	2020/2/1
到期日期	2025/1/1
票面利率	8%
买入价格（元）	98.50
到期兑换价格（元）	100.00
债券投资收益率	8.38%

2020/2/1	2021/1/1	2022/1/1	2023/1/1	2024/1/1	2025/1/1
0	1	2	3	4	5
-98.5	8	8	8	8	108
债券投资收益率			8.38%		

图 8-20

[任务 8-6]债券收益率的计算——一次还本付息债券

资料：ABC 公司在 2020 年 2 月 1 日以 96.5 元购买了 XYZ 公司在 2019 年 1 月 1 日发行的债券，面值为 100 元，年利率 8%，债券到期日为 2025 年 1 月 1 日，到期一次还本付息。

要求：试计算 ABC 公司投资于该债券的收益率。

扫码获取实验素材(见本书"前言"背面二维码)

计算一次还本付息债券的收益率，应调用 YIELDMAT 函数，该函数返回到期付息的有价证券的年收益率。YIELDMAT 函数的语法格式为：

YIELDMAT(Settlement，Maturity，Issue，Rate，Pr，[Basis])

第 1 参数 Settlement 必需，表示有价证券的结算日。有价证券结算日是在发行日之后，有价证券卖给购买者的日期。

第 2 参数 Maturity 必需，表示有价证券的到期日。到期日是有价证券有效期截止时的日期。

第 3 参数 Issue 必需，表示有价证券的发行日，以时间序列号表示。

第 4 参数 Rate 必需，表示有价证券在发行日的利率。

第 5 参数 Pr 必需，表示有价证券的价格（按面值为￥100 计算）。

第 6 参数 Basis 可选，表示要使用的日计数基准类型。

在输入参数时，需要注意：

Settlement、Maturity、Issue 和 Basis 将被截尾取整。

如果结算、到期或问题不是有效的日期，YIELDMAT 将返回＃VALUE！错误值。

如果 Rate＜0 或 Pr≤0，YIELDMAT 返回＃NUM！错误值。

如果 Basis＜0 或基础＞4，则 YIELDMAT 返回＃NUM！错误值。

如果结算≥成熟度，YIELDMAT 将返回＃NUM！错误值。

[实验操作步骤]

第一步，将任务 8-6 中的数据输入 Excel 工作表，如图 8-21 所示。

ABC公司债券投资收益率模型

面值（元）	100.00
投资日期	2020/2/1
到期日期	2025/1/1
发行日期	2019/1/1
票面利率	8%
买入价格	96.50
收益率	

图 8-21

第二步，调用 YIELDMAT 函数，输入函数参数。

用鼠标单击 C10 单元格，单击公式编辑栏左侧的插入函数“f_x”按钮，弹出“插入函数”对话框，单击“或选择类别(C)”栏选择“财务”类，在“选择函数(N)”栏选择“YIELDMAT”函数名。如图 8-22 所示。

点击“确定”按钮，弹出计算债券价值的“函数参数”对话框。“Settlement”参数选择 C5；“Maturity”参数选择 C6；“Issue”参数选择 C7；“Rate”参数选择 C8；“Pr”参数选择 C9；“Basis”参数输入 3，如图 8-23 所示。

8-6 - Excel
ABC公司债券投资收益率模型
面值（元）
100.00
投资日期
2020/2/1
到期日期
2025/1/1
发行日期
2019/1/1
票面利率
8%
买入价格
96.50
收益率
插入函数
搜索函数(S):
请输入一条简短说明来描述您想做什么，然后单击"转到"
转到(G)
或选择类别(C): 财务
选择函数(N):
VDB
XIRR
XNPV
YIELD
YIELDDISC
YIELDMAT
YIELDMAT(settlement,maturity,issue,rate,pr,basis)
返回在到期日支付利息的债券的年收益
有关该函数的帮助
确定
取消

图 8-22

8-6 - Excel
=YIELDMAT(C5,C6,C7,C8,C9,3)
ABC公司债券投资收益率模型
面值（元）
100.00
投资日期
2020/2/1
到期日期
2025/1/1
发行日期
2019/1/1
票面利率
8%
买入价格
96.50
收益率
函数参数
YIELDMAT
Settlement C5 = 43862
Maturity C6 = 45658
Issue C7 = 43466
Rate C8 = 0.08
Pr C9 = 96.5
= 0.082823239
返回在到期日支付利息的债券的年收益
Pr 是每张票面为 100 元的债券的现价
计算结果 = 8.28%
有关该函数的帮助(H)
确定
取消

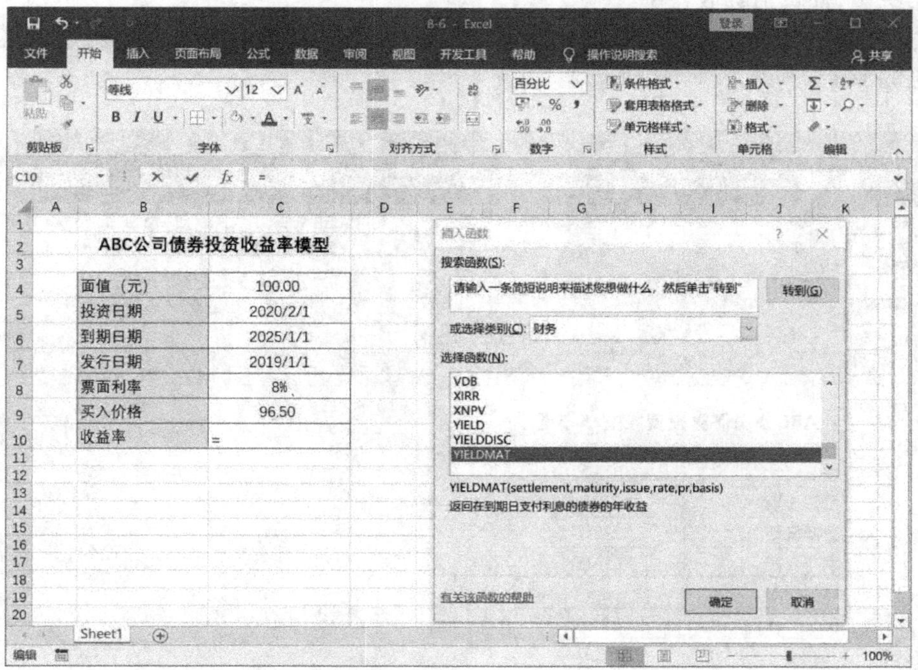

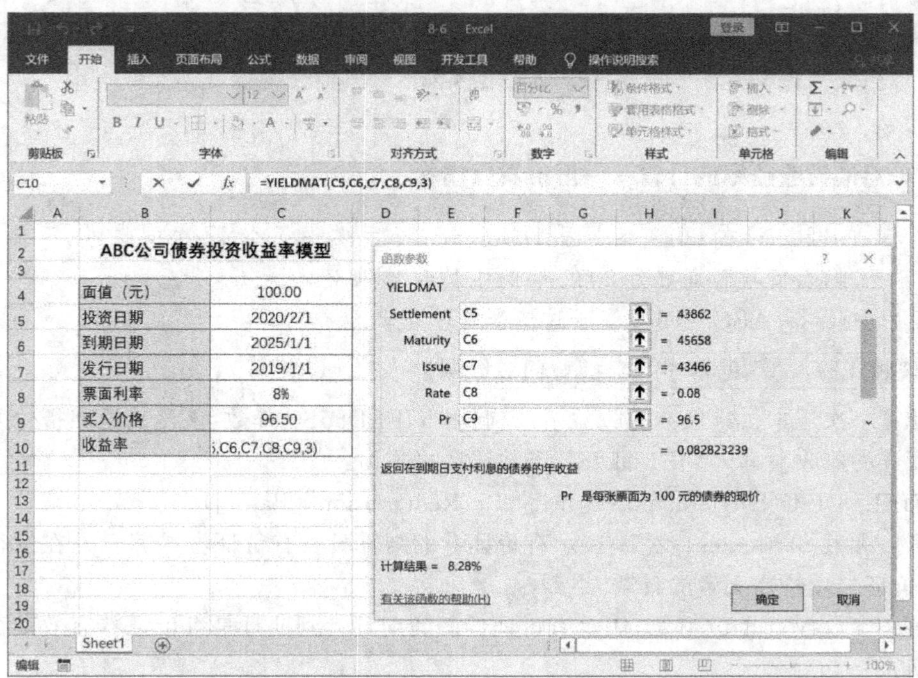

图 8-23

第三步，计算债券收益率。

点击“确定”按钮，在C10单元格就显示出ABC公司债券投资收益率为8.28%，如图8-24所示。

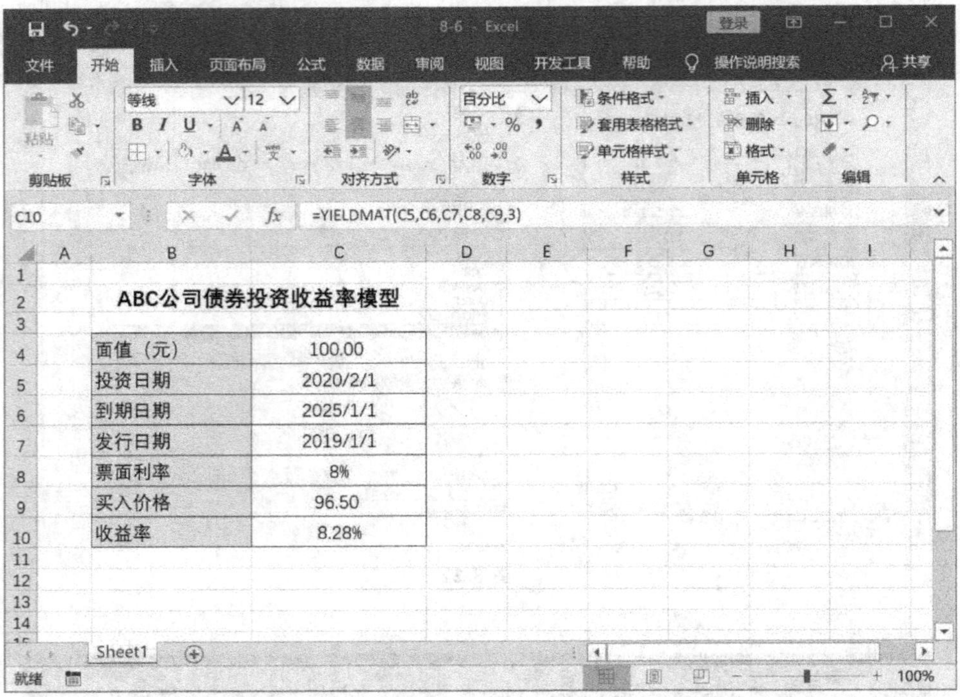

	A	B	C
2		ABC公司债券投资收益率模型	
4		面值（元）	100.00
5		投资日期	2020/2/1
6		到期日期	2025/1/1
7		发行日期	2019/1/1
8		票面利率	8%
9		买入价格	96.50
10		收益率	8.28%

C10　=YIELDMAT(C5,C6,C7,C8,C9,3)

图 8-24

[任务 8-7]债券收益率的计算——折价发行债券

资料：ABC公司在2020年2月1日以88.50元购买了XYZ公司债券，面值为100元，债券无利息，债券到期日为2022年1月1日，到期还本。

要求：试计算ABC公司投资于该债券的收益率。

扫码获取实验素材（见本书“前言”背面二维码）

计算一次还本付息债券的收益率，应调用YIELDDISC函数，该函数返回折价发行的有价证券的年收益率。YIELDDISC函数语法格式为：

YIELDDISC(Settlement,Maturity,Pr,Redemption,[Basis])

第1参数Settlement必需，表示有价证券的结算日。有价证券结算日是在发行日之后，有价证券卖给购买者的日期。

第2参数Maturity必需，表示有价证券的到期日。到期日是有价证券有效期截止时的日期。

第3参数Pr必需，表示有价证券的价格(按面值为￥100计算)。

第4参数Redemption必需，表示面值￥100的有价证券的清偿价值。

第 5 参数 Basis 可选，表示要使用的日计数基准类型。

在输入参数时，需要注意：

Settlement、Maturity、Issue 和 Basis 将被截尾取整。

如果 Settlement 或 Maturity 不是有效日期，函数 YIELDDISC 返回错误值＃VALUE!。

如果 Pr≤0 或 Redemption≤0，函数 YIELDDISC 返回错误值＃NUM!。

如果 Basis<0 或 Basis>4，函数 YIELDDISC 返回错误值＃NUM!。

如果 Settlement≥Maturity，函数 YIELDDISC 返回错误值＃NUM!。

[实验操作步骤]

第一步，将任务 8-7 中的数据输入 Excel 工作表，如图 8-25 所示。

ABC公司债券投资收益率模型

面值（元）	100.00
投资日期	2020/2/1
到期日期	2022/1/1
买入价格（元）	88.50
清偿价格（元）	100.00
收益率	

图 8-25

第二步，调用 YIELDDISC 函数，输入函数参数。

用鼠标单击 C9 单元格，单击公式编辑栏左侧的插入函数“f_x”按钮，弹出“插入函数”对话框，单击“或选择类别(C)”栏选择“财务”类，在“选择函数(N)”栏选择“YIELDDISC”函数名，如图 8-26 所示。

点击“确定”按钮，弹出计算债券价值的“函数参数”对话框。“Settlement”参数选择 C5；“Maturity”参数选择 C6；“Pr”参数选择 C7；“Redemption”参数选择 C8；“Basis”参数输入 3，如图 8-27 所示。

第三步，计算债券收益率。

8-7 - Excel
C9
=
ABC公司债券投资收益率模型
面值（元） 100.00
投资日期 2020/2/1
到期日期 2022/1/1
买入价格（元） 88.50
清偿价格（元） 100.00
收益率 =
插入函数
搜索函数(S):
请输入一条简短说明来描述您想做什么，然后单击"转到"
转到(G)
或选择类别(C): 财务
选择函数(N):
VDB
XIRR
XNPV
YIELD
YIELDDISC
YIELDMAT
YIELDDISC(settlement,maturity,pr,redemption,basis)
返回已贴现债券的年收益，如短期国库券
有关该函数的帮助
确定
取消

图 8-26

8-7 - Excel
C9
=YIELDDISC(C5,C6,C7,C8,3)
ABC公司债券投资收益率模型
面值（元） 100.00
投资日期 2020/2/1
到期日期 2022/1/1
买入价格（元） 88.50
清偿价格（元） 100.00
收益率 :(C5,C6,C7,C8,3)
函数参数
YIELDDISC
Settlement C5 = 43862
Maturity C6 = 44562
Pr C7 = 88.5
Redemption C8 = 100
Basis 3 = 3
= 0.067756255
返回已贴现债券的年收益，如短期国库券
Basis 是所采用的日算类型
计算结果 = 6.78%
有关该函数的帮助(H)
确定
取消

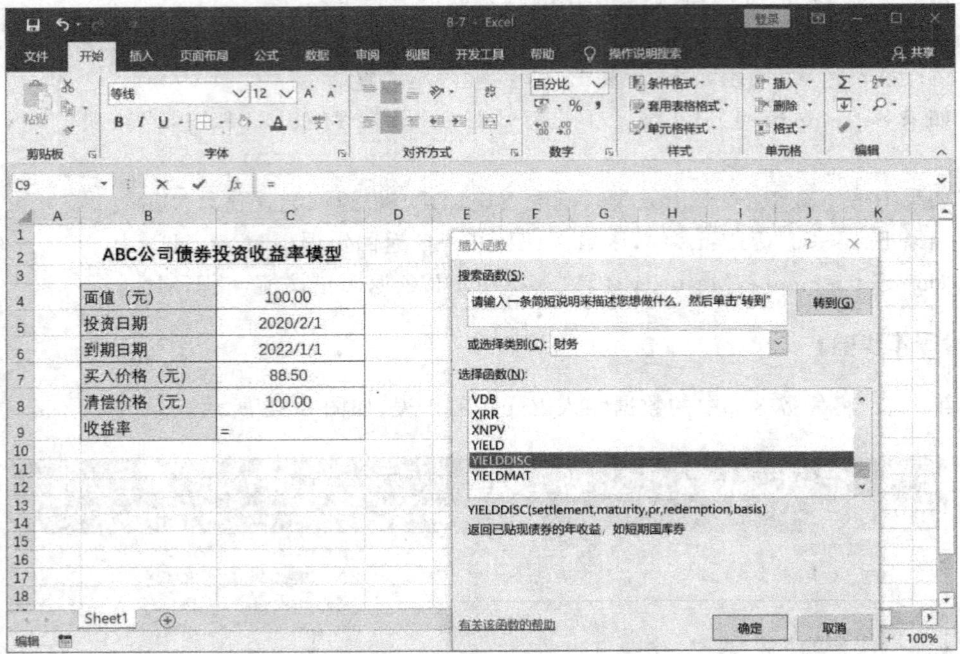

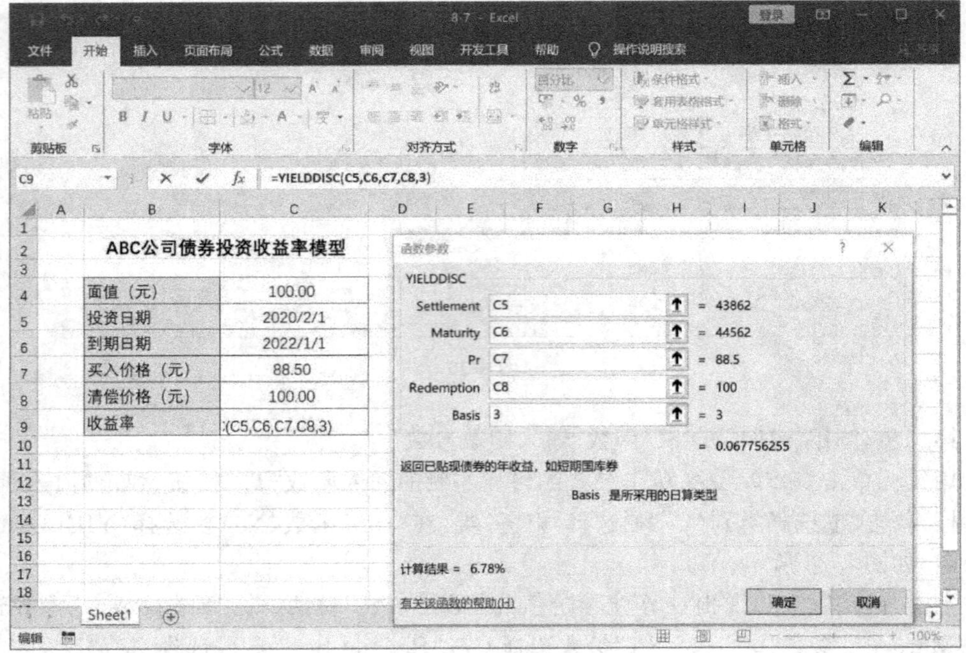

图 8-27

点击“确定”按钮，在 C9 单元格就显示出 ABC 公司债券投资收益率为 6.78%，如图 8-28 所示。

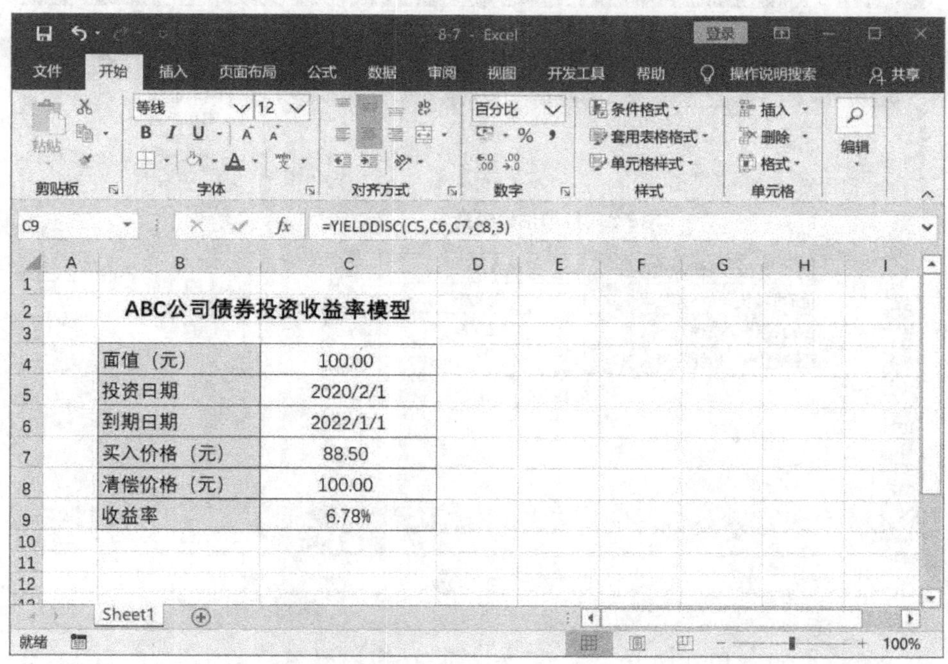

图 8-28

[任务 8-8]股票价值的计算——普通股

资料：ABC 公司拟投资 XYZ 公司的股票，要求达到 12%的收益率，XYZ 公司今年每股股利 0.8 元，预计未来股利会以 9%的速度增长。

要求：试计算 XYZ 公司的股票价值。

扫码获取实验素材(见本书“前言”背面二维码)

[实验操作步骤]

第一步，将任务 8-8 中的数据输入 Excel 工作表，如图 8-29 所示。

第二步，计算 XYZ 公司股票价值。

选中 C7 单元格，在公式编辑栏输入函数“＝C4 * (1＋C5)/(C6－C5)”，即可计算出 XYZ 公司股票价值为 29.07 元/股，如图 8-30 所示。

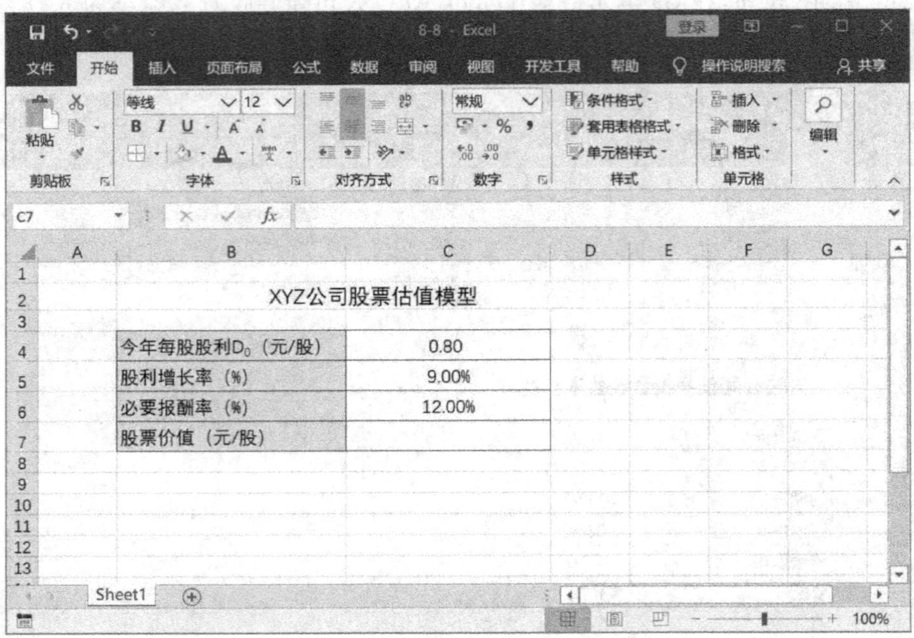

今年每股股利D_0（元/股）	0.80
股利增长率（%）	9.00%
必要报酬率（%）	12.00%
股票价值（元/股）	

图 8-29

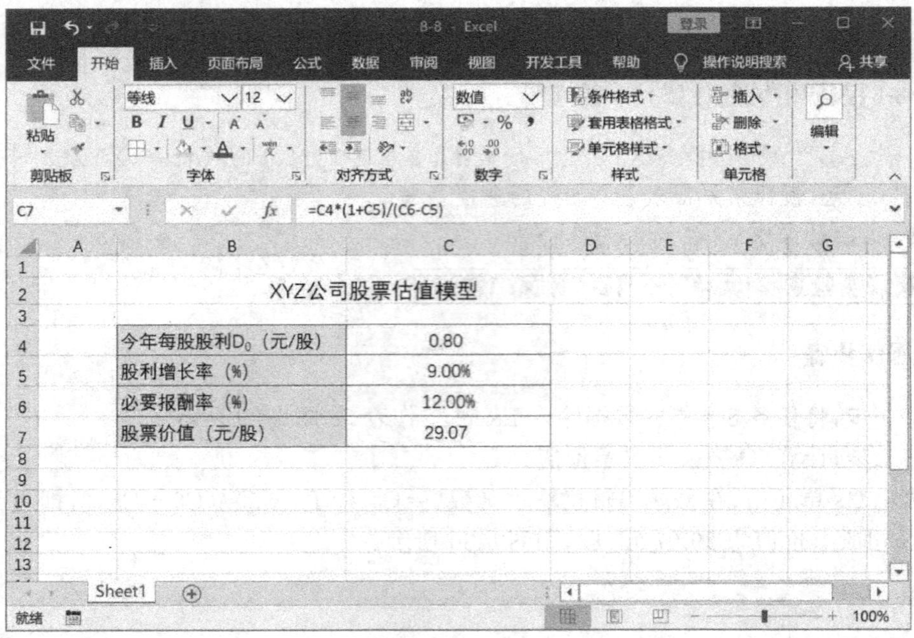

今年每股股利D_0（元/股）	0.80
股利增长率（%）	9.00%
必要报酬率（%）	12.00%
股票价值（元/股）	29.07

图 8-30

[任务 8-9]股票价值的计算——优先股

资料：ABC 公司拟投资 XYZ 公司的股票，要求达到 10%的收益率，XYZ 公司优先股每股股利为 4 元，每年末支付，20 年后 XYZ 公司将以 50 元/股的价格回购优先股。

要求：试计算 XYZ 公司的优先股价值。

扫码获取实验素材(见本书“前言”背面二维码)

[实验操作步骤]

第一步，将任务 8-9 中的数据输入 Excel 工作表，如图 8-31 所示。

XYZ公司股票估值模型

必要报酬率（%）	10.00%
期数（年）	20.00
优先股股利（元/股）	4.00
回购价格（元/股）	50.00
优先股价值（元/股）	

图 8-31

第二步，调用 PV 函数，输入函数参数。

用鼠标单击 C9 单元格，单击公式编辑栏左侧的插入函数“f_x”按钮，弹出“插入函数”对话框，单击“或选择类别(C)”栏选择“财务”类，在“选择函数(N)”栏选择“PV”函数名，如图 8-32 所示。

点击“确定”按钮，弹出计算现值的“函数参数”对话框。“Rate”参数选择 C5；“Nper”参数选择 C6；“Pmt”参数选择 C7；“Fv”参数选择 C8；“Type”参数忽略，如图 8-33 所示。

第三步，计算优先股价值。

点击“确定”按钮，在 C9 单元格就显示出 XYZ 公司优先股价值为 41.49 元/股，如图 8-34 所示。

8-9 - Excel
文件 开始 插入 页面布局 公式 数据 审阅 视图 开发工具 帮助 操作说明搜索
C9
=
XYZ公司股票估值模型
必要报酬率（%） 10.00%
期数（年） 20.00
优先股股利（元/股） 4.00
回购价格（元/股） 50.00
优先股价值（元/股） =
插入函数
搜索函数(S):
请输入一条简短说明来描述您想做什么，然后单击"转到"
转到(G)
或选择类别(C): 财务
选择函数(N):
PPMT
PRICE
PRICEDISC
PRICEMAT
PV
RATE
RECEIVED
PV(rate,nper,pmt,fv,type)
返回某项投资的一系列将来偿还额的当前总值(或一次性偿还额的现值)
有关该函数的帮助
确定
取消
Sheet1

图 8-32

8-9 - Excel
C8
=PV(C5,C6,C7,C8)
XYZ公司股票估值模型
必要报酬率（%） 10.00%
期数（年） 20.00
优先股股利（元/股） 4.00
回购价格（元/股） 50.00
优先股价值（元/股） =PV(C5,C6,C7,C8)
函数参数
PV
Rate C5 = 0.1
Nper C6 = 20
Pmt C7 = 4
Fv C8 = 50
Type = 数值
= -41.48643628
返回某项投资的一系列将来偿还额的当前总值(或一次性偿还额的现值)
Fv 未来值，或在最后一次付款期后获得的一次性偿还额
计算结果 = -41.49
有关该函数的帮助(H)
确定
取消
Sheet1

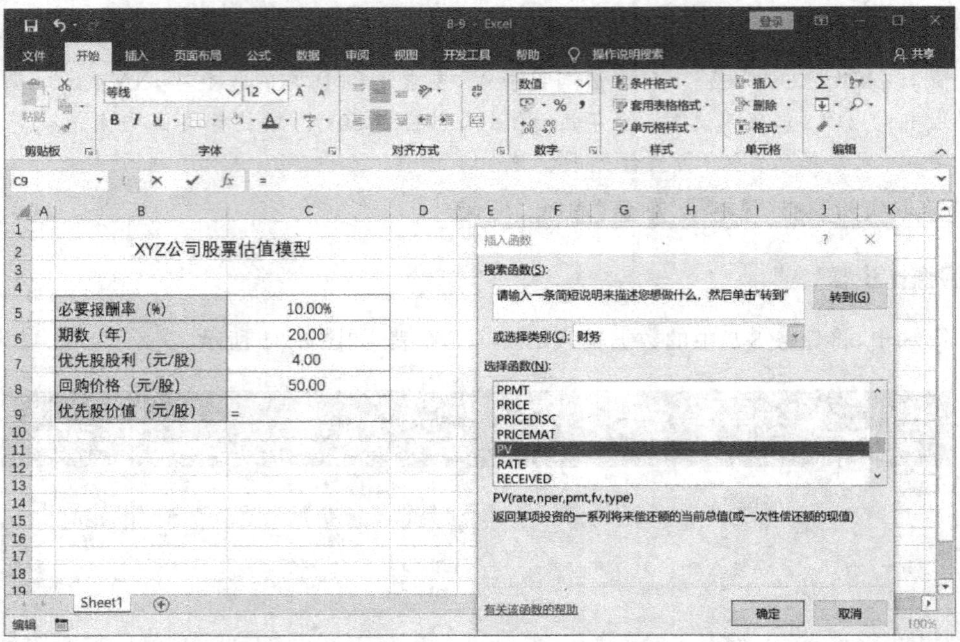

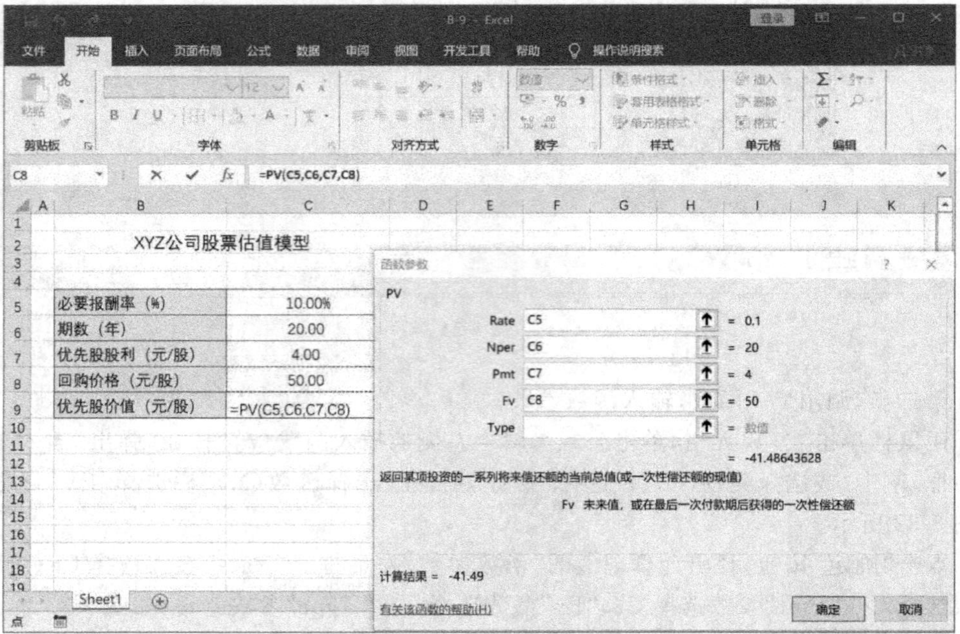

图 8-33

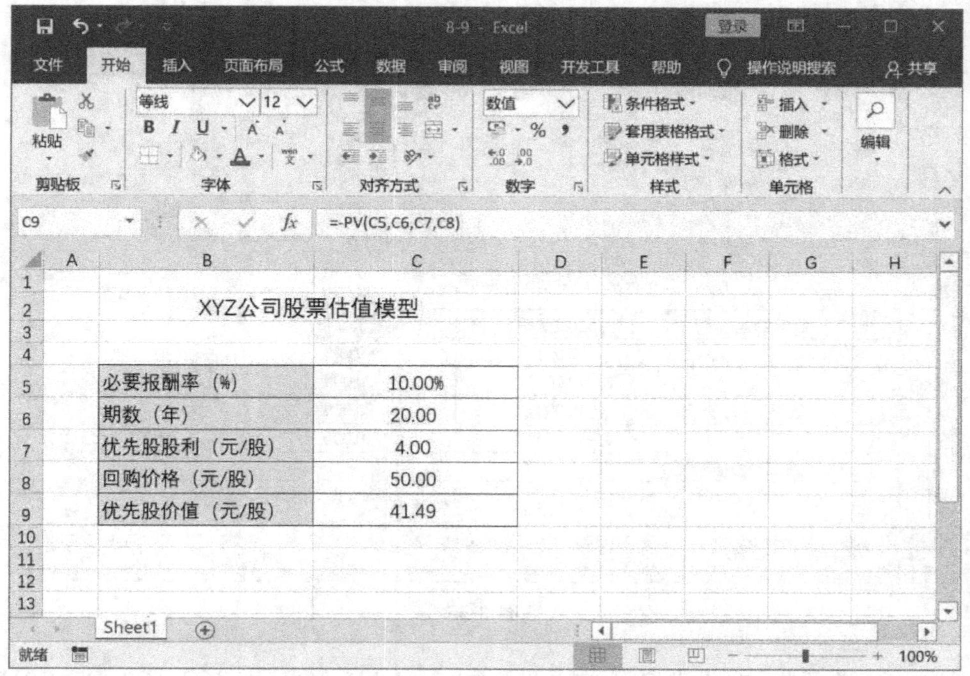

图 8-34

[任务 8-10]证券组合期望报酬率的计算

资料：ABC 公司拟投资甲、乙、丙、丁四只股票组成价值为 200 万元的证券投资组合，期望报酬率和投资比例如表 8-1 所示。

表 8-1

股票名称	期望报酬率	投资比例
甲	21%	40%
乙	18%	30%
丙	15%	20%
丁	12%	10%

要求：试计算 ABC 公司证券投资组合的期望报酬率。

扫码获取实验素材(见本书“前言”背面二维码)

[实验操作步骤]

第一步，将任务 8-10 中的数据输入 Excel 工作表，如图 8-35 所示。

第二步，计算证券投资组合的期望报酬率。

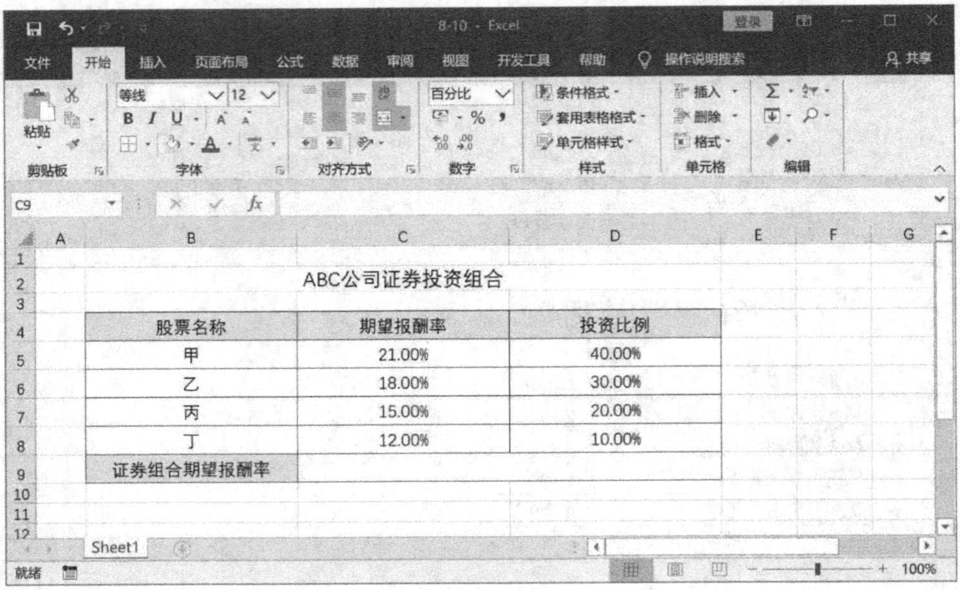

图 8-35

选中 C9 单元格，在公式编辑栏输入函数“=SUMPRODUCT(C5:C8,D5:D8)”，即可计算出 ABC 公司证券组合的期望报酬率为 18%，如图 8-36 所示。

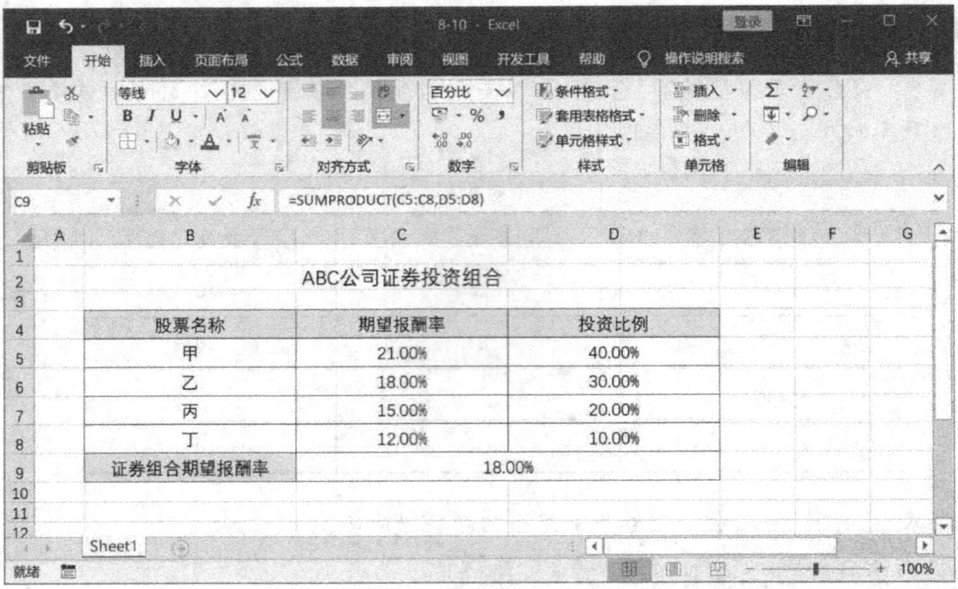

图 8-36

第 9 章　营运资本管理实验

9.1　营运资本管理实验概述

在企业中营运资本管理包括流动资产与流动负债的管理问题。流动资产具有投资回收期短、流动性强，且具有并存性、波动性等特点；流动负债具有融资速度快、弹性高、成本低、风险大等特点。

9.1.1 营运资本管理实验内容

流动资产的主要项目是现金、应收账款和存货，它们占用了绝大部分的营运资本，因此营运资本管理主要决策是以最低的成本满足生产经营周转的需要。由于流动负债筹资实验已在第五章、第六章涉及，因此本章实验任务主要是流动资产相关决策实验，包括以下 8 项：

(1)最佳现金持有量的确定——成本分析模式实验；

(2)最佳现金持有量的确定——存货模式实验；

(3)最佳现金持有量的确定——现金周转模式实验；

(4)最佳现金持有量的确定——随机模式实验；

(5)应收账款日常管理——统计客户应收款项实验；

(6)应收账款信用政策决策实验；

(7)存货管理——经济批量基本模型实验；

(8)存货管理——经济批量模型绘图实验。

9.1.2 营运资本管理实验基础知识

营运资本管理主要涉及现金管理、应收账款管理、存货管理和流动负债管理等内容。

(1)现金管理

现金是指企业以各种货币形态占用的资产，包括库存现金、银行存款和其他货币资金。现金的管理目标是在流动性和收益性之间做出权衡，在保证正常经营的前提下，尽量减少资金占用，降低闲置现金的数量，提高资金收益率。企业置存现金的原因，主要是满足交易性需要、预防性需要和投机性需要，但现金基本上是一种非盈利性资产，过多地持有现金势必会造成资源浪费，尽量减少现金的占用，需要确定最佳现金持有量。最佳现金持有量的确定方法主要成本分析模式、存货模式和随机模式三种。

①成本分析模式

成本分析模式是根据现金有关成本，分析预测总成本最低时现金持有量的一种方法。在成本分析模式下，确定现金最佳持有量应考虑的相关成本有：机会成本、短缺成本和管理成本。运用成本分析模型确定现金最佳持有量的步骤是：第一步，根据不同现金持有量测算并确定有关成本数值；第二步，按照不同现金持有量及有关成本资料编制最佳现金持有量测算表；第三步，在测算表中找出总成本最低时的现金持有量，即最佳现金持有量。

②存货模式

现金持有量的存货模式是建立在以下假定基础上：

第一，企业所需要的现金可通过证券变现取得，且证券变现的不确定性很小；

第二，企业预算期内现金需要总量可以预测；

第三，现金的支出过程比较稳定，波动性较小，且每当现金余额降至零时，均可以通过部分证券变现得以补充；

第四，证券的利率或报酬率以及每次固定交易费用可以获悉。

在存货模式中，最佳现金持有量计算公式如下：

$$c=\sqrt{\frac{2\times T\times \mathrm{F}}{K}}$$

$$\text{总成本}=\text{机会成本}+\text{交易成本}=\frac{C}{2}\times K+\frac{T}{C}\times F$$

式中：C——最佳现金持有量；

T——一定期间内的现金需求量；

F——每次出售有价证券以补充现金所需的交易成本；

K——持有现金的机会成本，即有价证券的利率。

③随机模式

随机模式是在现金需求量难以预知的情况下确定最佳现金持有量的一种方法。对企业来讲，虽然现金需求量往往波动大且难以预知，但企业可以根据历史经验和现实需要，测算出一个现金持有量的控制范围，即制定出现金持有量的上限和下限，将现金控制在上限和下限之内。当现金量达到控制上限时，用现金购入有价证券，使现金持有量下降；当现金量下降到控制下限时，则抛售有价证券换回现金，使现金持有量回升。若现金量在控制的上限和下限之内，就不必进行现金与有价证券的转换，保持它们各自的现有存量。现金持有上限 H、目标控制线 R 可按下列公式计算：

$$R=\frac{\sqrt[3]{3b\delta^{2}}}{\sqrt[3]{4i}}+L$$

$$H=3R-2L$$

式中：b——每次有价证券的固定转换成本；

i——有价证券的日利息率；

δ——预期每日现金余额变化的标准差；

L——现金持有量的下限。

而公式中下限 L 的确定，则会受到企业每日的最低现金需要、管理人员的风险承受能力等因素的影响。

(2)应收账款管理

应收账款是企业因对外销售产品、材料、供应劳务及其他原因，应向购货单位或接受劳务的单位及其他单位收取的款项，包括应收销售款、其他应收款、应收票据等。应收账款是企业为了扩大销售和盈利而进行的一项资金投放，其管理的目标就是追求利润，但是需要在应收账款信用政策所增加的盈利和这种政策的成本之间做出权衡。只有前者大于后者时，才应当实施应收账款赊销；如果应收账款赊销有着良好的盈利前景，就应当放宽信用条件增加赊销量。

信用条件是企业接受客户信用订单时所提出的付款要求。主要包括信用期间、折扣期限和现金折扣率等要素。信用条件的基本表达方式如“2/10，n/30”，该信用条件的信用期限为 30 天，折扣期限为 10 天，现金折扣率为 2%，即：若客户能够在发票开出后 10 日内付款，就可以享受 2%的现金折扣；如果客户放弃折扣优惠，全部货款必须在 30 日内付清。

①信用期间。信用期间是企业允许客户从购货到付款之间的时间。

②现金折扣。现金折扣是企业对客户在商品价格上所做的扣减，主要目的在于吸引客户为享受优惠而提前付款，缩短企业的平均收款期。

在信用政策是否改变的决策中，企业需要在改变信用政策增加的收益与增加的成本之间进行权衡，应收账款的成本包括机会成本、管理成本和坏账成本。计算方法如下：

机会成本是指因资金投放在应收账款上而丧失的其他收入。机会成本的高低与应收账款占用资金、资金成本率或有价证券的利息率有关。其计算公式为：

应收账款机会成本＝应收账款占用资金×资金成本率

其中：

应收账款占用资金＝应收账款平均余额×变动成本率

应收账款平均余额＝平均每日赊销额×平均收现期

管理成本是指企业对应收账款进行日常管理而耗费的开支，是应收账款成本的重要组成部分，主要包括收账费用、客户的资信调查、应收账款账簿记录费用等。

坏账成本指基于商业信用产生的应收账款存在无法收回的可能性给企业带来的损失。坏账成本一般与应收账款同方向变动，即应收账款越多，坏账成本也就越高。因此，为了规避坏账成本给企业生产经营活动的稳定性带来不利影响，企业应合理提取坏账准备。

③应收账款的日常管理—账龄分析

企业已发生的应收账款时间有长有短，有的尚未超过收款期，有的则超过了收款期。一般来讲，拖欠时间越长，款项收回的可能性越小，形成坏账的可能性越大。对此，企业应实施严密的监督，随时掌握回收情况。实施对应收账款回收情况的监督，可以通过账龄分析进行。应收账款账龄分析又称应收账款结构分析。所谓账龄结构是指各账龄应收账款的余额占应收账款总计余额的比重。

(3)存货管理

存货是指企业在生产经营过程中为销售或耗用而储备的物资,包括材料、燃料、低值易耗品、在产品、半产品、产成品、商品等。企业存货管理的目标就要在各种存货成本与存货效益之间做出权衡,达到两者的最佳结合。

①基本经济批量模型

基本经济批量模型是设立在以下假设条件:能够及时补充存货;能集中到货,而不是陆续入库;不允许缺货;需求量稳定,并且能预测,即 D 为已知常量;存货单价不变,不考虑现金折扣;企业现金充足,不会因现金短缺而影响进货;所需存货市场供应充足,不会因买不到需要的存货而影响其他。

经济订货量基本模型为:

$$Q^*=\sqrt{\frac{2KD}{K_c}}$$

每年最佳订货次数:

$$N^*=\frac{D}{Q^*}=\frac{D}{\sqrt{\frac{2KD}{K_c}}}=\sqrt{\frac{DK_c}{2K}}$$

与批量有关的存货总成本:

$$TC(Q^*)=\frac{KD}{\sqrt{\frac{2KD}{K_c}}}+\frac{\sqrt{\frac{2KD}{K_c}}}{2}\times K_c=\sqrt{2KDK_c}$$

最佳订货周期:

$$t^*=\frac{1}{N^*}=\frac{1}{\sqrt{\frac{DK_c}{2K}}}$$

经济订货量占用资金:

$$I^*=\frac{Q^*}{2}\times U=\frac{\sqrt{\frac{2KD}{\mathrm{K}_c}}}{2}\times U=\sqrt{\frac{KD}{2K_c}}\times U$$

式中:K——每次订货成本;

D——存货全年需求量;

K_c——单位储存成本;

Q——每批订货数量;

U——采购单价。

②基本模型的扩展。

在提前订货的情况下,企业再次发出订货单时,尚有存货的库存量,称为再订货点,计算方法如下：

$$R=L\times d$$

式中：R——再订货点；

L——交货时间；

d——每日平均需用量。

如果各批存货可能陆续入库，使存量陆续增加。此时经济订货量公式为：

$$Q^{*}=\sqrt{\frac{2KD}{K_c}\left(\frac{P}{P-d}\right)}$$

经济订货量总成本公式：

$$TC(Q^{*})=\sqrt{2KDK_c\left(1-\frac{d}{P}\right)}$$

式中：Q——每批订货数量；

P——每日送货量；

d——每日平均需用量。

为防止由缺货或供货中断造成的损失，多储备一些存货以备应急之需，称为保险储备。建立保险储备，可以使企业避免存货或供应中断造成的损失，却会使储备成本升高。研究保险储备的目的，就是要找出合理的保险储备量，是缺货或供应中断损失和储备成本之和最小。方法上可先计算出各不同保险储备量的总成本，然后再对总成本进行比较，选中其中最低的。

如果设与此有关的总成本为 TC(S、B)，缺货成本为 C_s，保险储备成本为 C_b，则：

$$TC(S、B)=C_s+C_b$$

设单位缺货成本为 K_u，一次订货缺货量为 S，年订货次数为 N，保险储备量为 B，单位存货成本为 K_c，则：

$$C_s=K_u\times S\times N \qquad C_b=B\times K_c$$

$$TC(S、B)=K_u\times S\times N+B\times K_c$$

现实中，缺货量 S 具有概率性，其概率可根据历史经验估计得出；保险储备量 B 可选择而定。

9.2　营运资本管理实验任务

[任务 9-1]最佳现金持有量的确定——成本分析模式

资料：ABC 公司有四种现金持有方案，有关成本资料如表 9-1 所示，公司资本收益率为 10%（即机会成本率为 10%）。

表 9-1　现金持有量备选方案表

单位:元

方案	A	B	C	D
现金持有量	250 000	500 000	750 000	1 000 000
管理成本	55 000	55 000	55 000	55 000
短缺成本	120 000	67 500	22 000	

要求:运用成本分析模型确定 ABC 公司最佳现金持有量。

扫码获取实验素材(见本书"前言"背面二维码)

[实验操作步骤]

第一步,将任务 9-1 中的数据输入 Excel 工作表,如图 9-1 所示。

由于四个方案的管理成本均为 55 000 元,属于固定成本,与现金持有量无关,因此在模型中未考虑。

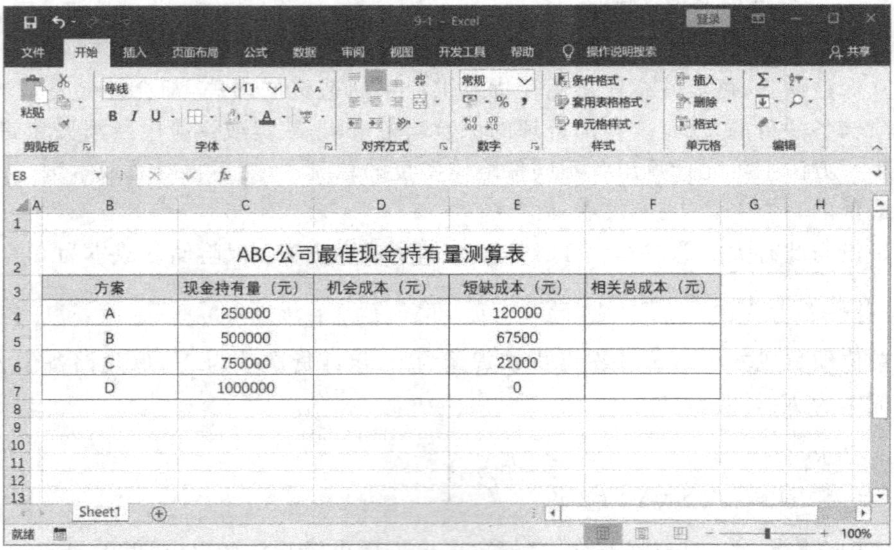

ABC公司最佳现金持有量测算表

方案	现金持有量（元）	机会成本（元）	短缺成本（元）	相关总成本（元）
A	250000		120000	
B	500000		67500	
C	750000		22000	
D	1000000		0	

图 9-1

第二步,计算各方案机会成本。

选中 D4 单元格,在公式编辑栏输入函数"=C4 * 10%",即可计算出方案 A 的机会成本为 25 000 元,选中 D4 单元格,然后将鼠标指针移动到 D4 单元格的右下角,当变为"+"时,向下拖动至 D7,即可计算出四个方案的机会成本,如图 9-2 所示。

第三步,计算各方案相关总成本。

选中 F4 单元格,在公式编辑栏输入函数"=SUM(D4:E4)",即可计算出方案 A 的相关总成本为 25 000 元,选中 F4 单元格,然后将鼠标指针移动到 F4 单元格的右下角,当变为"+"时,向下拖动至 F7,即可计算出四个方案的相关总成本,如图 9-3 所示。

D4　=C4*10%

ABC公司最佳现金持有量测算表

方案	现金持有量（元）	机会成本（元）	短缺成本（元）	相关总成本（元）
A	250000	25000	120000	
B	500000	50000	67500	
C	750000	75000	22000	
D	1000000	100000	0	

图 9-2

F4　=SUM(D4:E4)

ABC公司最佳现金持有量测算表

方案	现金持有量（元）	机会成本（元）	短缺成本（元）	相关总成本（元）
A	250000	25000	120000	145000
B	500000	50000	67500	117500
C	750000	75000	22000	97000
D	1000000	100000	0	100000

图 9-3

第四步，选择最佳现金持有量。

通过分析比较图 9-3 中各方案的总成本可知，方案 C 的相关总成本最低，即企业持有 750 000 元现金时最佳。但是当方案众多时，可调用 MIN 函数和 HLOOKUP 函数标识最佳方案。

MIN 函数返回一组值中的最小值。其语法格式为：

MIN(Number1,[Number2],…)

参数 Number1，Number2，…Number1 是可选的，后续数字是可选的。要从中查找最小值的 1 到 255 个数字。

参数可以是数字或者是包含数字的名称、数组或引用。逻辑值和直接键入到参数列表中代表数字的文本被计算在内。如果参数是一个数组或引用，则只使用其中的数字。数组或引用中的空白单元格、逻辑值或文本将被忽略。如果参数不包含任何数字，则 MIN 返回 0。如果参数为错误值或为不能转换为数字的文本，将会导致错误。如果需要在引用中将逻辑值和数字的文本表示形式作为计算的一部分包括，则使用 MINA 函数。

VLOOKUP 函数应用于在表格或区域中按行查找项目时。该函数的语法格式为：

VLOOKUP[查阅值、包含查阅值的区域、包含返回值的区域中的列号、近似匹配(TRUE)或完全匹配(FALSE)]。

第 1 参数要查找的值，也被称为查阅值。

第 2 参数查阅值所在的区域。查阅值应该始终位于所在区域的第一列，VLOOKUP 才能正常工作。

第 3 参数区域中包含返回值的列号。例如，如果指定 B2:D11 作为区域，则应将 B 作为第一列，将 C 作为第二列进行计数，依此类推。

第 4 参数可选，如果需要返回值的近似匹配，可以指定 TRUE；如果需要返回值的精确匹配，则指定 FALSE。如果没有指定任何内容，默认值将始终为 TRUE 或近似匹配。

操作步骤如下：

用鼠标左键选中 D9 单元格，在公式编辑栏输入函数“=MIN(F4:F7)”，即可计算出 ABC 公司四个现金持有量方案中，相关总成本最小值为 97 000 元，如图 9-4 所示。

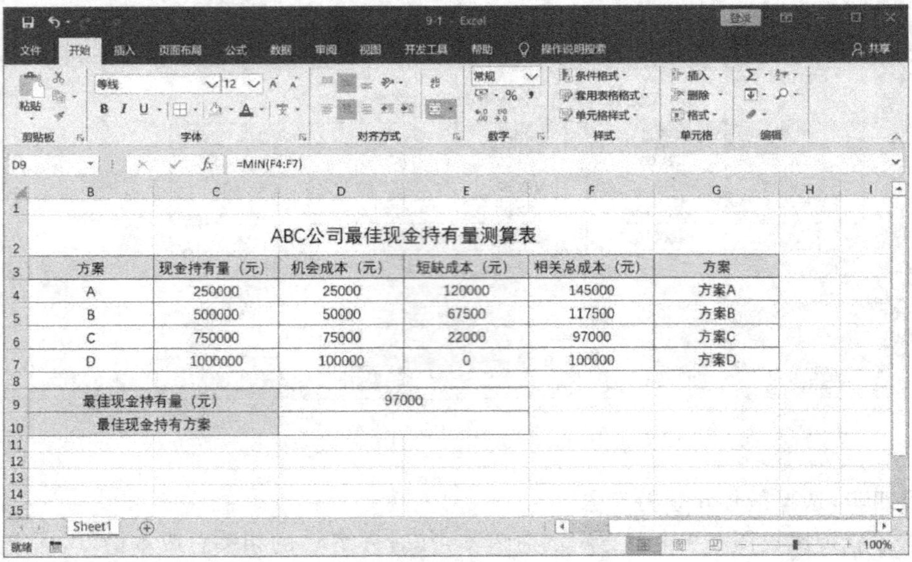

ABC公司最佳现金持有量测算表

方案	现金持有量（元）	机会成本（元）	短缺成本（元）	相关总成本（元）	方案
A	250000	25000	120000	145000	方案A
B	500000	50000	67500	117500	方案B
C	750000	75000	22000	97000	方案C
D	1000000	100000	0	100000	方案D
最佳现金持有量（元）		97000			
最佳现金持有方案					

图 9-4

用鼠标左键选中 D10 单元格，单击公式编辑栏左侧的插入函数“f_x”按钮，弹出“插入函数”对话框，单击“或选择类别(C)”栏选择“查找与引用”类，在“选择函数(N)”栏选择“VLOOKUP”函数名，如图 9-5 所示。

图 9-5

点击“确定”，弹出“函数参数”对话框，在“Lookup_value”参数输入 D9，“Table_array”参数，应选中 F4∶G7 单元格区域，“Col_index_num”参数输入 2，“Range_lookup”参数输入 0，如图 9-6 所示。

=VLOOKUP(D9,F4:G7,2,0)

ABC公司最佳现金持有量测算表

方案	现金持有量（元）	机会成本（元）	短缺成本（元）	相关总成本（元）	方案
A	250000	25000	120000	145000	方案A
B	500000	50000	67500	117500	方案B
C	750000	75000	22000	97000	方案C
D	1000000	100000	0	100000	方案D
最佳现金持有量（元）		97000			
最佳现金持有方案		=VLOOKUP(D9,F4:G7,2,0)			

函数参数

VLOOKUP

Lookup_value D9 = 97000

Table_array F4:G7 = {145000,"方案A";117500,"方案B";97

Col_index_num 2 = 2

Range_lookup 0 = FALSE

= "方案C"

计算结果 = 方案C

确定　取消

图 9-6

点击“确定”，得到方案 C 是最佳现金持有量方案。也可在选中 D10 单元格后，在函数编辑栏输入“=VLOOKUP(D9,F4:G7,2,0)”，也可计算出同样的结果，如图 9-7 所示。

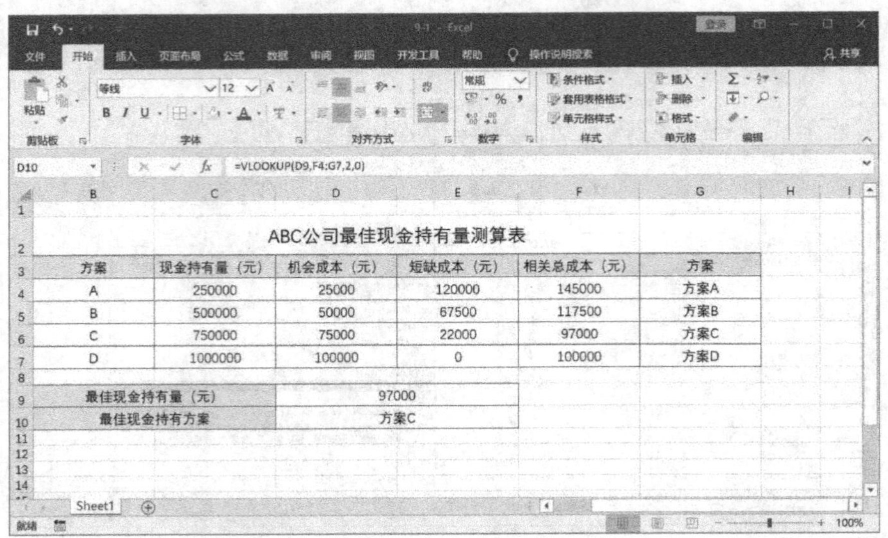

ABC公司最佳现金持有量测算表

方案	现金持有量（元）	机会成本（元）	短缺成本（元）	相关总成本（元）	方案
A	250000	25000	120000	145000	方案A
B	500000	50000	67500	117500	方案B
C	750000	75000	22000	97000	方案C
D	1000000	100000	0	100000	方案D
最佳现金持有量（元）		97000			
最佳现金持有方案		方案C			

图 9-7

[任务 9-2]最佳现金持有量的确定——存货模式

资料：ABC 公司预计平均每周的现金净流出量为 100 000 元，现金与有价证券的每次转换成本为 1 000 元，该公司的资本收益率为 10%。

要求：运用存货模式确定 ABC 公司的最佳现金持有量。

扫码获取实验素材(见本书“前言”背面二维码)

任务 9-2 需要调用 SQRT 函数和 PRODUCT 函数。

SQRT 函数返回正的平方根。其语法格式为：

SQRT(Number)

参数 Number 必需，表示要计算其平方根的数字。

如果 Number 为负数，则 SQRT 返回 #NUM! 错误值。

PRODUCT 函数将以参数形式给出的所有数字相乘，并返回该结果。如果单元格 A1 和 A2 包含数字，则可以使用公式=PRODUCT(A1,A2)将这两个数字相乘。也可以通过使用乘法(*)数学运算符执行相同的操作。例如，=A1*A2。当需要将多个单元格相乘时，PRODUCT 函数非常有用。例如，公式=PRODUCT(A1:A3,C1:C3)等效于=A1*A2*A3*C1*C2*C3。

PRODUCT 函数的语法格式为：

PRODUCT(Number1,[Number2],…)

第 1 参数 Number1 必需，表示要相乘的第一个数字或范围。

第 2 参数 Number2,…可选，表示要相乘的其他数字或单元格区域，最多可以使用 255 个参数。

需要注意的是：如果参数是一个数组或引用，则只使用其中的数字相乘。数组或引用中的空白单元格、逻辑值和文本将被忽略。

[实验操作步骤]

第一步，将任务 9-2 中的数据输入 Excel 工作表，如图 9-8 所示。

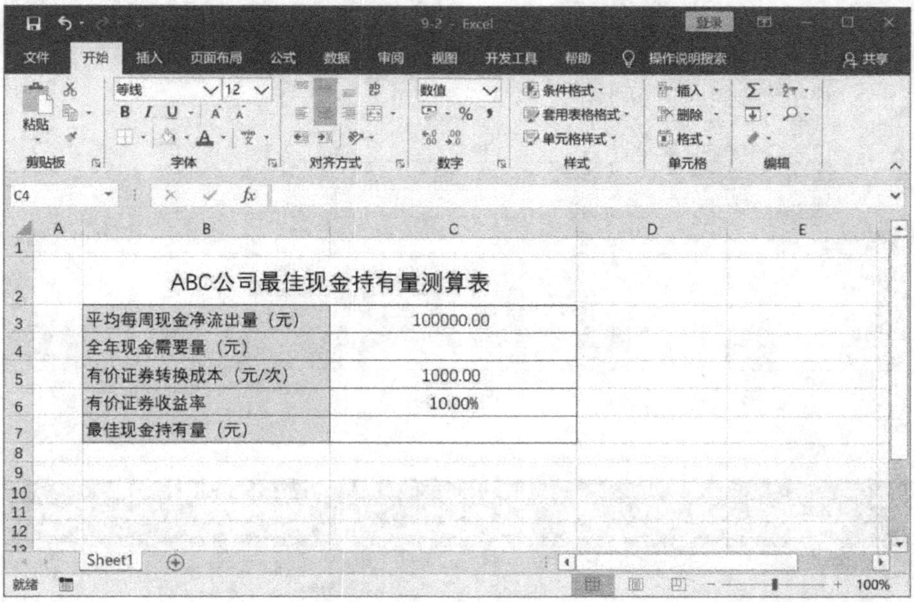

ABC公司最佳现金持有量测算表

项目	数值
平均每周现金净流出量（元）	100000.00
全年现金需要量（元）	
有价证券转换成本（元/次）	1000.00
有价证券收益率	10.00%
最佳现金持有量（元）	

图 9-8

第二步，计算全年现金需要量。

选中 C4 单元格，在公式编辑栏输入函数"＝C3 * 52"，即可计算出 ABC 公司全年现金需要量为 5 200 000 元，如图 9-9 所示。

第三步，计算最佳现金持有量。

选中 C7 单元格，在公式编辑栏输入函数"＝SQRT(PRODUCT(C4,C5,2)/C6)"，即可计算出 ABC 公司最佳现金持有量为 322 490.31 元，如图 9-10 所示。

Excel 2016 还可使用图表功能直观的表示 ABC 公司不同现金持有量时的总成本，计算及绘制图形需要调用 ROW 函数。ROW 函数返回引用的行号，该函数语法格式为：

ROW([Reference])

参数 Reference 可选，表示需要得到其行号的单元格或单元格区域。

如果省略 Reference，则假定是对函数 ROW 所在单元格的引用。如果 Reference 为一个单元格区域，并且 ROW 作为垂直数组输入，则 ROW 将以垂直数组的形式返回 Reference 的行号。Reference 不能引用多个区域。

[实验操作步骤]

第一步，构建现金持有量与总成本模型。

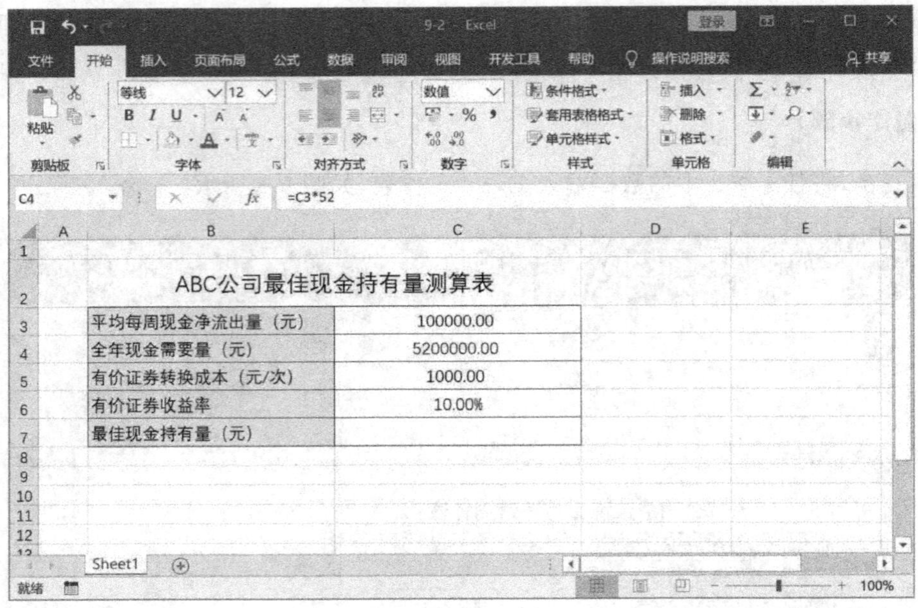

图 9-9

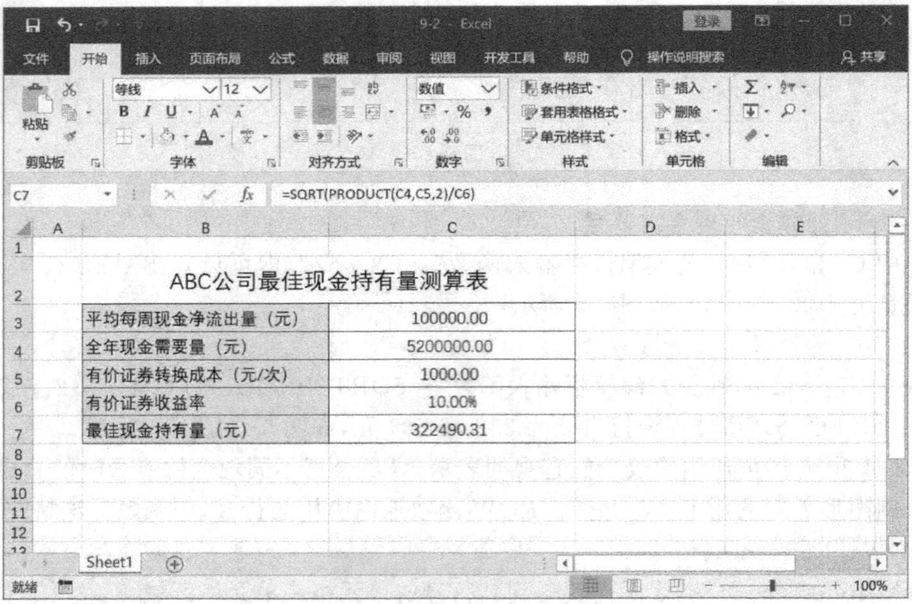

C7　=SQRT(PRODUCT(C4,C5,2)/C6)

ABC公司最佳现金持有量测算表	
平均每周现金净流出量（元）	100000.00
全年现金需要量（元）	5200000.00
有价证券转换成本（元/次）	1000.00
有价证券收益率	10.00%
最佳现金持有量（元）	322490.31

图 9-10

在 Excel 工作表中建立现金持有量与总成本模型框架，如图 9-11 所示。

第二步，计算不同规模现金持有量水平。

本任务拟计算 0.5 倍至 1.5 倍最佳现金持有量水平下对应的总成本，因此应首先计算 0.5 倍至 1.5 倍最佳现金持有量水平。选中 B10 单元格，在公式编辑栏输入函数“＝ROW

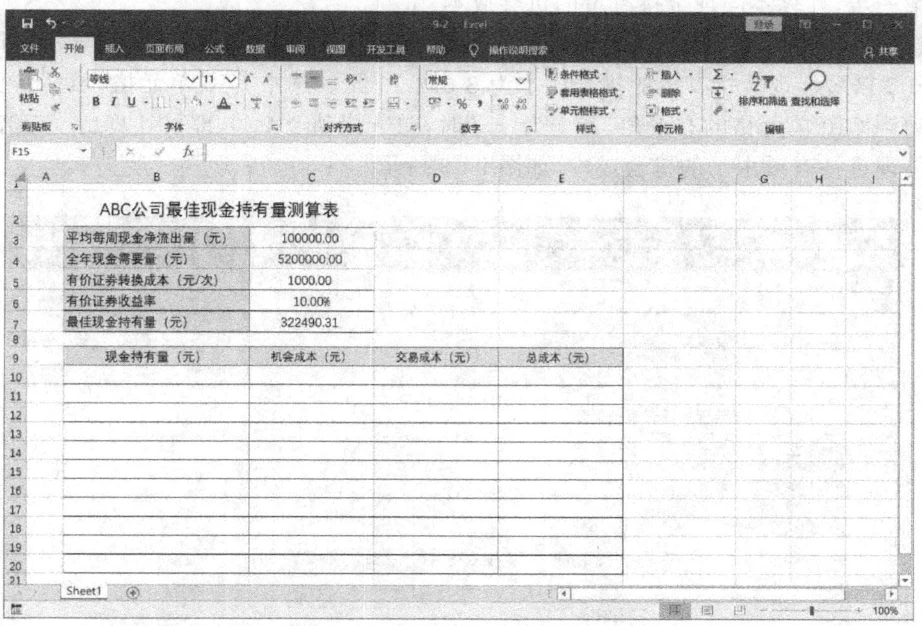

图 9-11

(B5)/10 * $C$7",按"回车"键,即可计算出 0.5 倍最佳现金持有量为 161 245.15 元。选中 B10 单元格,然后将鼠标指针移动到 B10 单元格的右下角,当变为"+"时,向下拖动至 B20,即可计算出 0.5 倍至 1.5 倍最佳现金持有量水平,如图 9-12 所示。

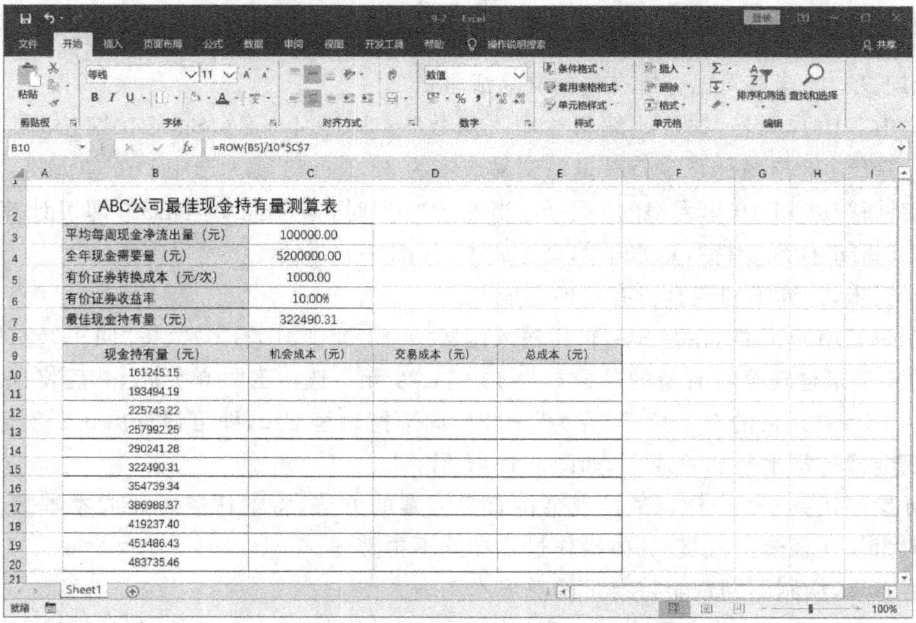

B10　=ROW(B5)/10*$C$7

ABC公司最佳现金持有量测算表

项目	数值
平均每周现金净流出量（元）	100000.00
全年现金需要量（元）	5200000.00
有价证券转换成本（元/次）	1000.00
有价证券收益率	10.00%
最佳现金持有量（元）	322490.31

现金持有量（元）	机会成本（元）	交易成本（元）	总成本（元）
161245.15			
193494.19			
225743.22			
257992.25			
290241.28			
322490.31			
354739.34			
386988.37			
419237.40			
451486.43			
483735.46			

图 9-12

第三步，计算不同现金持有量的机会成本。

选中 C10 单元格，在公式编辑栏输入函数“=B10 * $C$6/2”，按“回车”键，即可计算出 0.5 倍最佳现金持有量的机会成本为 8 062.26 元。选中 C10 单元格，然后将鼠标指针移动到 C10 单元格的右下角，当变为“+”时，向下拖动至 C20，即可计算出 0.5 倍至 1.5 倍最佳现金持有量水平的机会成本，如图 9-13 所示。

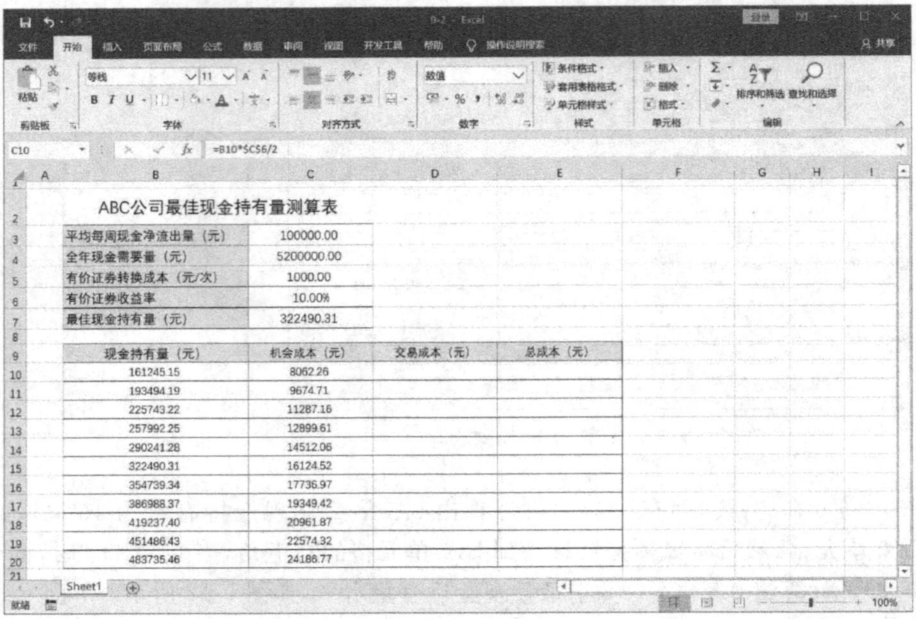

图 9-13

第四步，计算不同现金持有量的交易成本。

选中 D10 单元格，在公式编辑栏输入函数“= $C$4 * $C$5/B10”，按“回车”键，即可计算出 0.5 倍最佳现金持有量的交易成本为 32 249.03 元。选中 D10 单元格，然后将鼠标指针移动到 D10 单元格的右下角，当变为“+”时，向下拖动至 D20，即可计算出 0.5 倍至 1.5 倍最佳现金持有量水平的交易成本，如图 9-14 所示。

第五步，计算不同现金持有量的总成本。

选中 E10 单元格，在公式编辑栏输入函数“=SUM(C10:D10)”，按“回车”键，即可计算出 0.5 倍最佳现金持有量的总成本为 40 311.29 元。选中 E10 单元格，然后将鼠标指针移动到 E10 单元格的右下角，当变为“+”时，向下拖动至 E20，即可计算出 0.5 倍至 1.5 倍最佳现金持有量水平的总成本，如图 9-15 所示。

可参照任务 9-1 中标识最佳现金持有量方案的方法，将本任务中总成本本最低的方案标识为最佳现金持有量，具体操作过程在此不再赘述。

第六步，绘制不同现金持有量的总成本图表。

选中 C9:E20 单元格区域，在“插入”选项卡单击“图表”命令组的“折线图”下拉按钮，选择“带数据标记的折线图”，如图 9-16 所示。

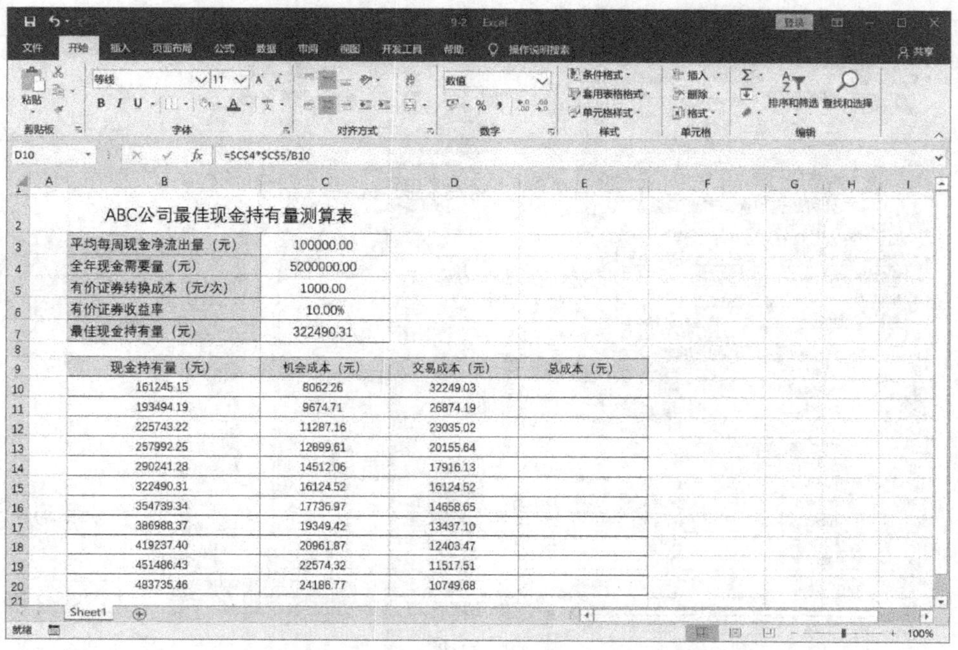

D10 =$C$4*$C$5/B10

ABC公司最佳现金持有量测算表

项目	数值
平均每周现金净流出量（元）	100000.00
全年现金需要量（元）	5200000.00
有价证券转换成本（元/次）	1000.00
有价证券收益率	10.00%
最佳现金持有量（元）	322490.31

现金持有量（元）	机会成本（元）	交易成本（元）	总成本（元）
161245.15	8062.26	32249.03	
193494.19	9674.71	26874.19	
225743.22	11287.16	23035.02	
257992.25	12899.61	20155.64	
290241.28	14512.06	17916.13	
322490.31	16124.52	16124.52	
354739.34	17736.97	14658.65	
386988.37	19349.42	13437.10	
419237.40	20961.87	12403.47	
451486.43	22574.32	11517.51	
483735.46	24186.77	10749.68	

图 9-14

E10 =SUM(C10:D10)

ABC公司最佳现金持有量测算表

项目	数值
平均每周现金净流出量（元）	100000.00
全年现金需要量（元）	5200000.00
有价证券转换成本（元/次）	1000.00
有价证券收益率	10.00%
最佳现金持有量（元）	322490.31

现金持有量（元）	机会成本（元）	交易成本（元）	总成本（元）
161245.15	8062.26	32249.03	40311.29
193494.19	9674.71	26874.19	36548.90
225743.22	11287.16	23035.02	34322.18
257992.25	12899.61	20155.64	33055.26
290241.28	14512.06	17916.13	32428.19
322490.31	16124.52	16124.52	32249.03
354739.34	17736.97	14658.65	32395.62
386988.37	19349.42	13437.10	32786.51
419237.40	20961.87	12403.47	33365.34
451486.43	22574.32	11517.51	34091.83
483735.46	24186.77	10749.68	34936.45

图 9-15

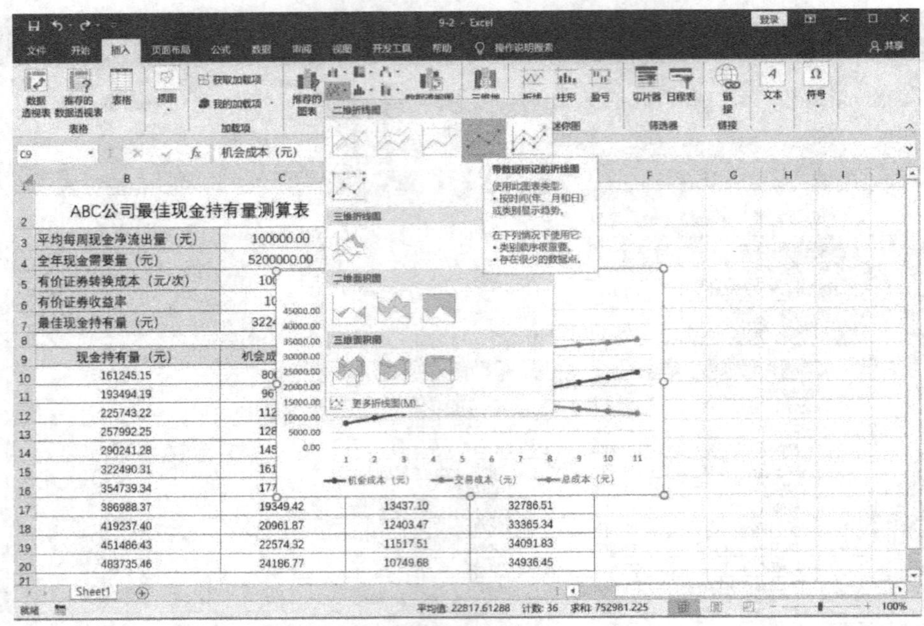

图 9-16

此时图表会显示在工作表中，用鼠标左键选中图表，在“设计”选项卡选择“选择数据”选项，弹出“选择数据源”对话框，如图 9-17 所示。

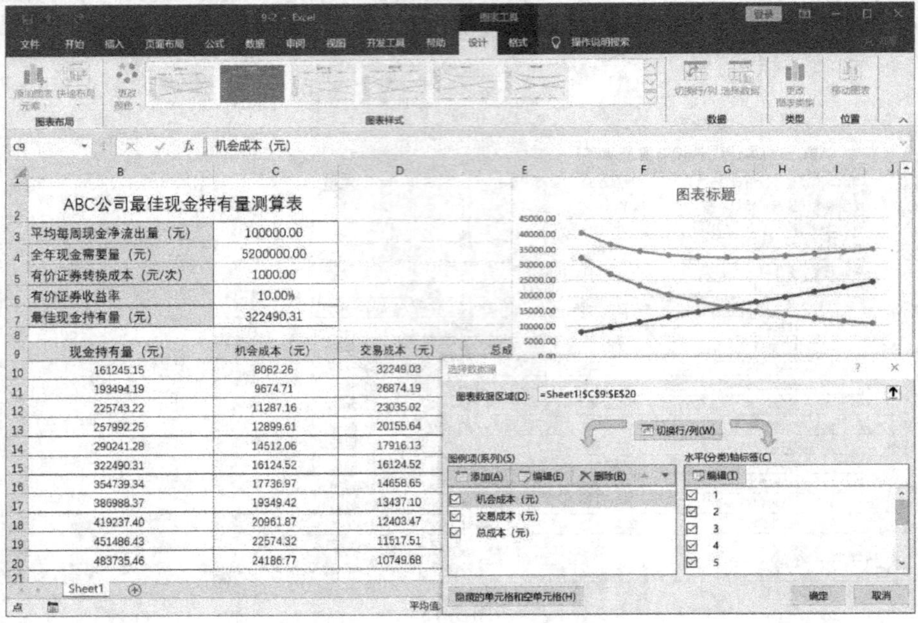

图 9-17

单击“水平(分类)轴标签”下的“编辑”按钮，选中 B10:B20 单元格区域，如图 9-18 所示。

ABC公司最佳现金持有量测算表

项目	数值
平均每周现金净流出量（元）	100000.00
全年现金需要量（元）	5200000.00
有价证券转换成本（元/次）	1000.00
有价证券收益率	10.00%
最佳现金持有量（元）	322490.31

现金持有量（元）	机会成本（元）	交易成本（元）	总成本（元）
161245.15	8062.26	32249.03	40
193494.19	9674.71	26874.19	36
225743.22	11287.16	23035.02	34322.18
257992.25	12899.61	20155.64	33055.26
290241.28	14512.06	17916.13	32428.19
322490.31	16124.52	16124.52	32249.03
354739.34	17736.97	14658.65	32395.62
386988.37	19349.42	13437.10	32786.51
419237.40	20961.87	12403.47	33365.34
451486.43	22574.32	11517.51	34091.83
483735.46	24186.77	10749.68	34936.45

图表标题

轴标签

轴标签区域(A):

=Sheet1!$B$10:$B$20　= 161245.15，1

确定　取消

图 9-18

依次点击“确定”，即可显示不同现金持有量的总成本图表，最后修改图表名称，即完成图表绘制，如图 9-19 所示。

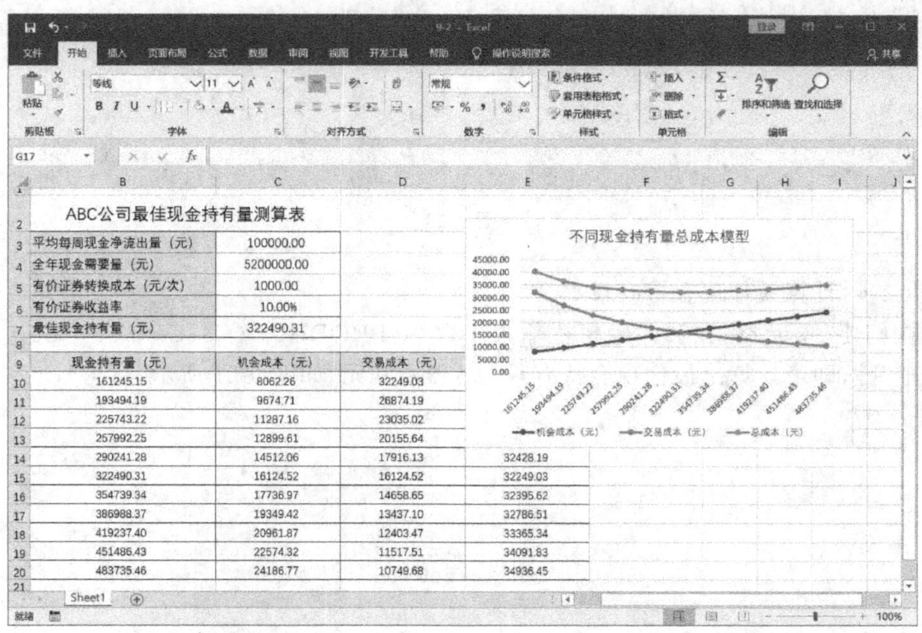

ABC公司最佳现金持有量测算表

项目	数值
平均每周现金净流出量（元）	100000.00
全年现金需要量（元）	5200000.00
有价证券转换成本（元/次）	1000.00
有价证券收益率	10.00%
最佳现金持有量（元）	322490.31

现金持有量（元）	机会成本（元）	交易成本（元）	总成本（元）
161245.15	8062.26	32249.03	
193494.19	9674.71	26874.19	
225743.22	11287.16	23035.02	
257992.25	12899.61	20155.64	
290241.28	14512.06	17916.13	32428.19
322490.31	16124.52	16124.52	32249.03
354739.34	17736.97	14658.65	32395.62
386988.37	19349.42	13437.10	32786.51
419237.40	20961.87	12403.47	33365.34
451486.43	22574.32	11517.51	34091.83
483735.46	24186.77	10749.68	34936.45

图 9-19

[任务 9-3]最佳现金持有量的确定——现金周转模式

资料：ABC 公司预计全年需要现金 520 万元，存货周转期为 40 天，应收账款周转期为 30 天，应付账款周转期为 25 天。

要求：运用现金周转模式确定 ABC 公司的最佳现金持有量。

扫码获取实验素材(见本书“前言”背面二维码)

[实验操作步骤]

第一步，将任务 9-3 中的数据输入 Excel 工作表，如图 9-20 所示。

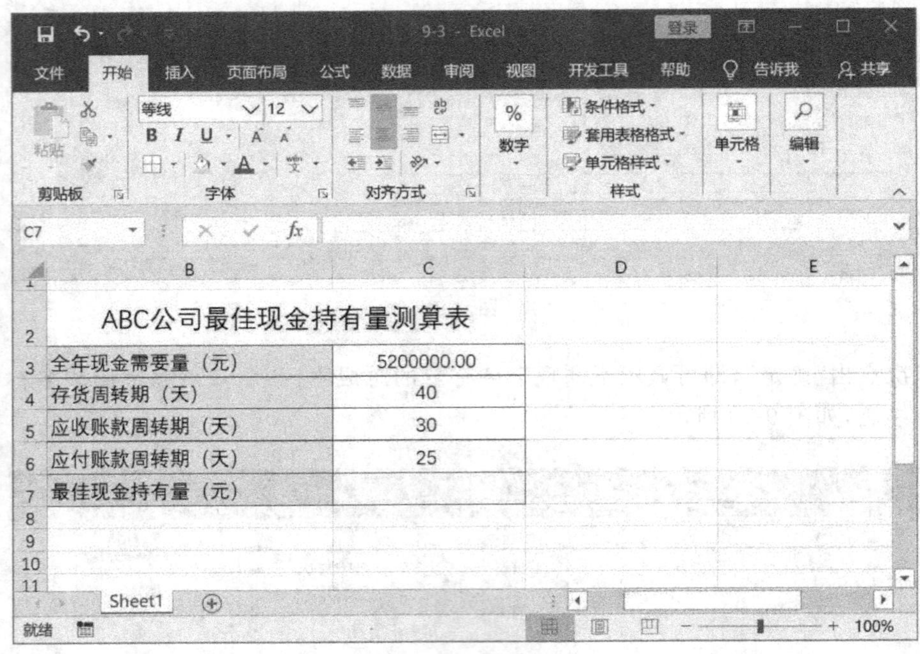

ABC公司最佳现金持有量测算表

全年现金需要量（元）	5200000.00
存货周转期（天）	40
应收账款周转期（天）	30
应付账款周转期（天）	25
最佳现金持有量（元）	

图 9-20

第二步，计算最佳现金持有量。

选中 E10 单元格，在公式编辑栏输入函数“=PRODUCT(C3,C4+C5-C6)/360”，按“回车”键，即可计算出最佳现金持有量为 650 000 元，如图 9-21 所示。

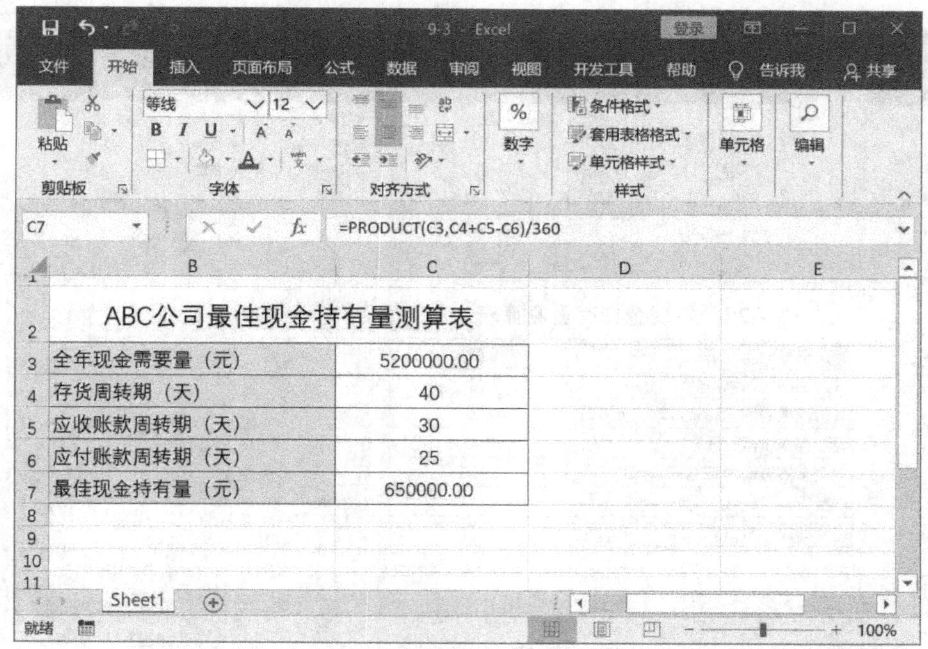

图 9-21

[任务 9-4]最佳现金持有量的确定——随机模式

资料：ABC 公司有价证券的年利率为 9.48%，每次固定转换成本为 120 元；该公司认为任何时候其银行活期存款及库存现金余额均不能低于 50 000 元，根据以往经验算出现金余额波动的标准差为 5 800 元。

要求：运用随机模式确定 ABC 公司的现金持有量的定目标控制线 R、现金控制上限 H。

扫码获取实验素材(见本书“前言”背面二维码)

[实验操作步骤]

第一步，将任务 9-4 中的数据输入 Excel 工作表，如图 9-22 所示。

第二步，计算有价证券日利率。

选中 C4 单元格，在公式编辑栏输入函数“=C3/365”，按“回车”键，即可计算出有价证券日利率为 0.03%，如图 9-23 所示。

第三步，计算现金目标控制线 R。

选中 C8 单元格，在公式编辑栏输入函数“=C6+(3 * C5 * C7^2/(4 * C4))^(1/3)”，按“回车”键，即可计算出现金目标控制线为 72 673.98 元，如图 9-24 所示。

第四步，计算现金存量上限 H。

选中 C9 单元格，在公式编辑栏输入函数“=3 * C8－2 * C6”，按“回车”键，即可计算出现金存量上限为 118 021.93 元，如图 9-25 所示。

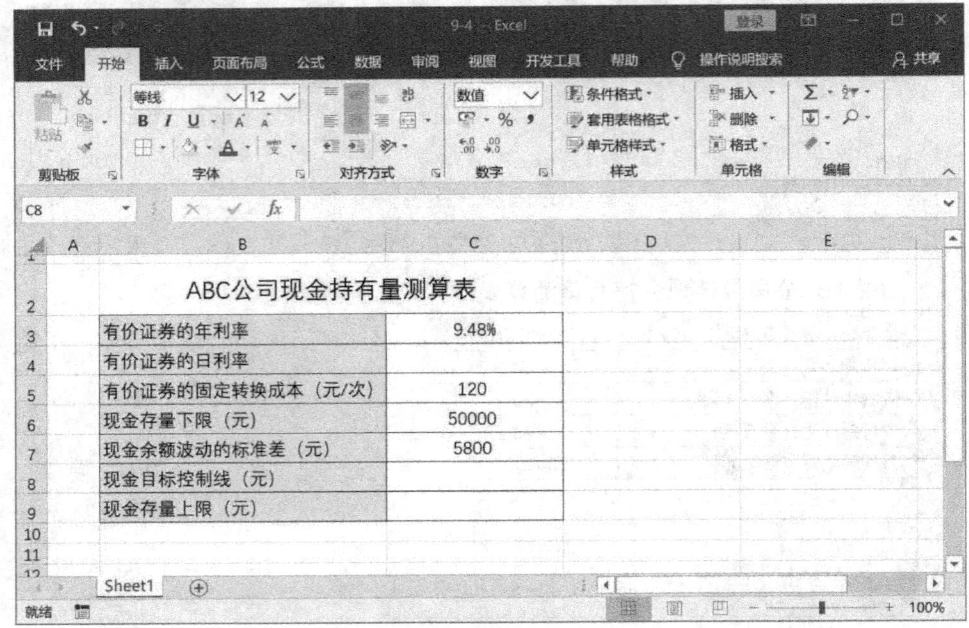

ABC公司现金持有量测算表

项目	数值
有价证券的年利率	9.48%
有价证券的日利率	
有价证券的固定转换成本（元/次）	120
现金存量下限（元）	50000
现金余额波动的标准差（元）	5800
现金目标控制线（元）	
现金存量上限（元）	

图 9-22

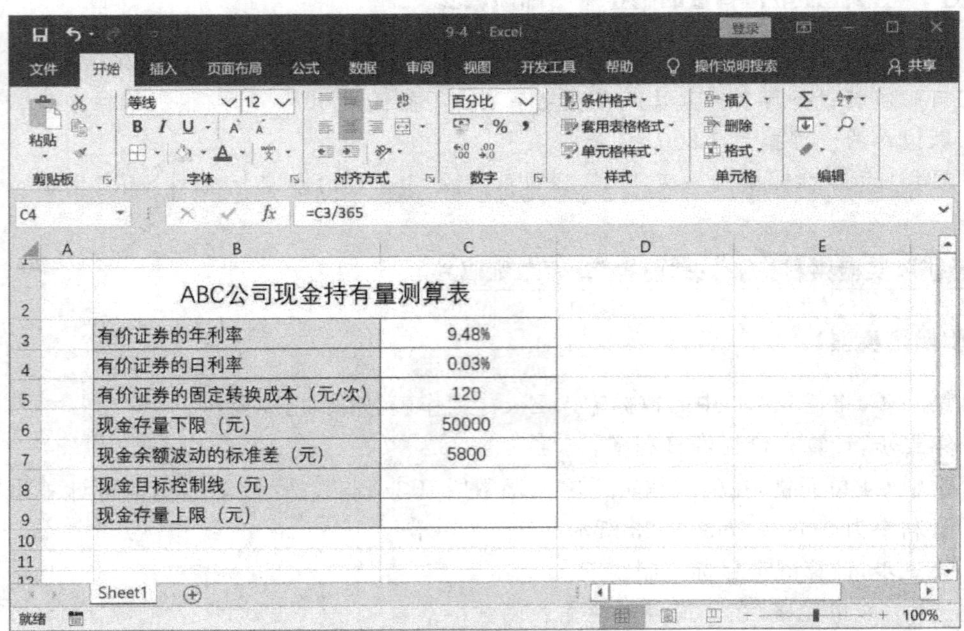

=C3/365

ABC公司现金持有量测算表

项目	数值
有价证券的年利率	9.48%
有价证券的日利率	0.03%
有价证券的固定转换成本（元/次）	120
现金存量下限（元）	50000
现金余额波动的标准差（元）	5800
现金目标控制线（元）	
现金存量上限（元）	

图 9-23

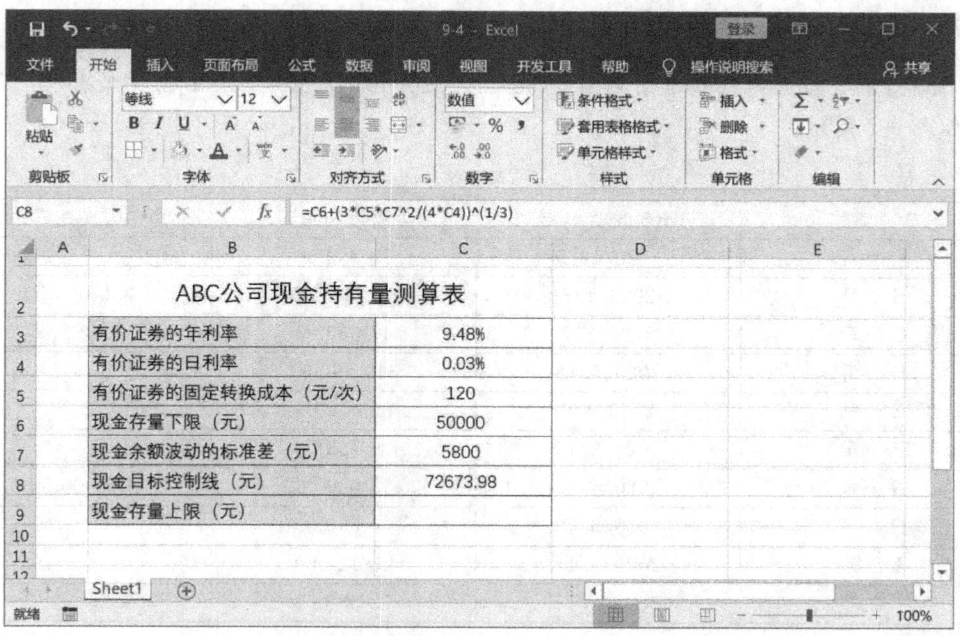

ABC公司现金持有量测算表

项目	数值
有价证券的年利率	9.48%
有价证券的日利率	0.03%
有价证券的固定转换成本（元/次）	120
现金存量下限（元）	50000
现金余额波动的标准差（元）	5800
现金目标控制线（元）	72673.98
现金存量上限（元）	

图 9-24

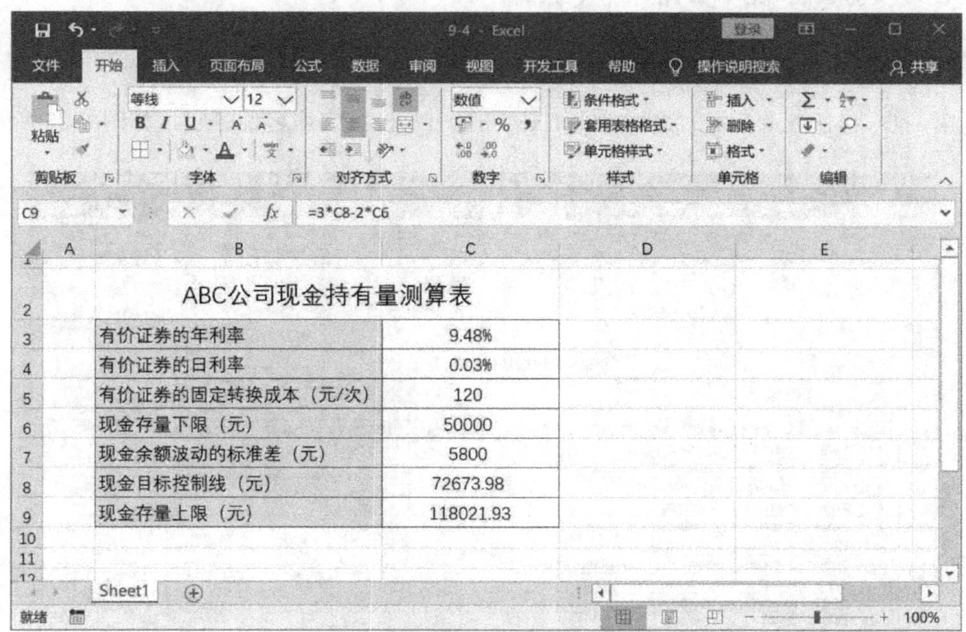

ABC公司现金持有量测算表

项目	数值
有价证券的年利率	9.48%
有价证券的日利率	0.03%
有价证券的固定转换成本（元/次）	120
现金存量下限（元）	50000
现金余额波动的标准差（元）	5800
现金目标控制线（元）	72673.98
现金存量上限（元）	118021.93

图 9-25

[任务 9-5]应收账款日常管理——统计客户应收款项

资料：甲公司应收账款信用期限为 30 天，2020 年 6 月 20 日账面应收账款有以下 10 项，如表 9-2 所示。

表 9-2

客户姓名	账款发生日期	应收款项金额	已收金额
A 公司	2020/1/15	57 389.00	
B 公司	2020/1/6	832 654.00	300 000.00
C 公司	2020/3/7	47 680.00	
D 公司	2020/6/18	319 890.00	
E 公司	2020/4/9	36 450.00	
F 公司	2020/2/15	36 758.00	
G 公司	2020/4/29	98 000.00	15 000.00
H 公司	2020/5/12	66 000.00	
I 公司	2020/3/13	43 120.00	
J 公司	2020/6/14	78 988.00	

要求：统计甲公司客户应收款项。

扫码获取实验素材(见本书"前言"背面二维码)

[实验操作步骤]

第一步，将任务 9-5 中的数据输入 Excel 工作表，设置表格名称、项目，如图 9-26 所示。

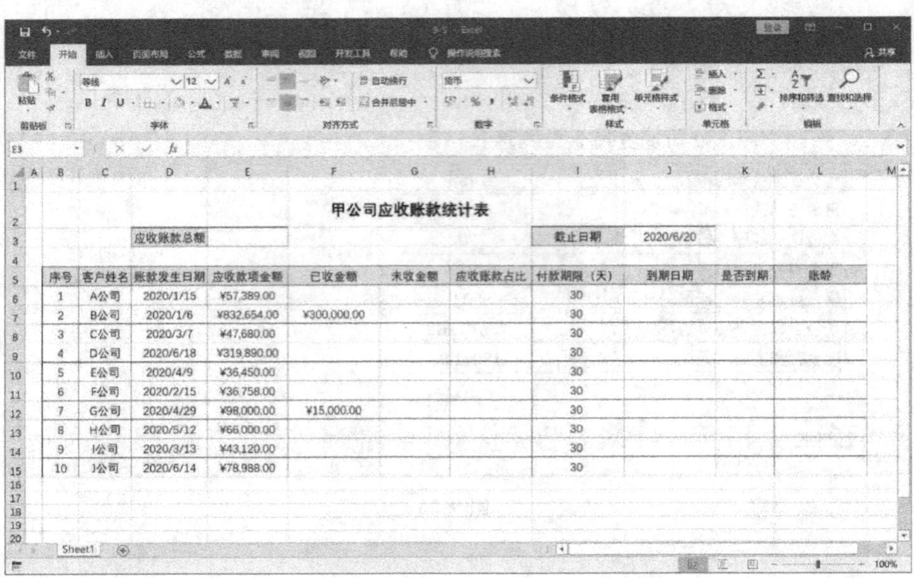

图 9-26

第二步，计算各公司应收账款未收金额。

选中 G6 单元格，在公式编辑栏输入函数"＝E6－F6"，按"回车"键，即可计算出应收 A 公司账款为 57 389.00 元。选中 G6 单元格，然后将鼠标指针移动到 G6 单元格的右下角，当变为"＋"时，向下拖动至 G15，即可计算出应收 10 家公司账款金额，如图 9-27 所示。

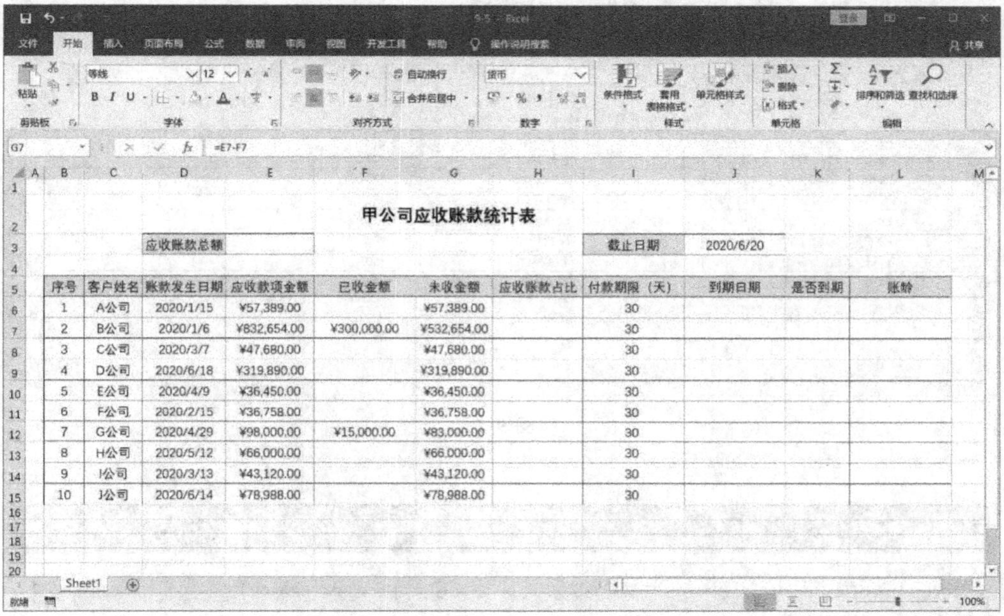

G7　=E7-F7

甲公司应收账款统计表

应收账款总额　　　　截止日期　2020/6/20

序号	客户姓名	账款发生日期	应收款项金额	已收金额	未收金额	应收账款占比	付款期限（天）	到期日期	是否到期	账龄
1	A公司	2020/1/15	¥57,389.00		¥57,389.00		30			
2	B公司	2020/1/6	¥832,654.00	¥300,000.00	¥532,654.00		30			
3	C公司	2020/3/7	¥47,680.00		¥47,680.00		30			
4	D公司	2020/6/18	¥319,890.00		¥319,890.00		30			
5	E公司	2020/4/9	¥36,450.00		¥36,450.00		30			
6	F公司	2020/2/15	¥36,758.00		¥36,758.00		30			
7	G公司	2020/4/29	¥98,000.00	¥15,000.00	¥83,000.00		30			
8	H公司	2020/5/12	¥66,000.00		¥66,000.00		30			
9	I公司	2020/3/13	¥43,120.00		¥43,120.00		30			
10	J公司	2020/6/14	¥78,988.00		¥78,988.00		30			

图 9-27

第三步，计算甲公司应收账款总额。

选中 E3 单元格，在公式编辑栏输入函数"＝SUM(G6:G15)"，按"回车"键，即可计算出甲公司应收账款总额为 1 301 929.00 元，如图 9-28 所示。

第四步，计算各公司应收账款占比。

选中 H6 单元格，在公式编辑栏输入函数"＝G6/＄E＄3"，按"回车"键，即可计算出应收 A 公司账款占甲公司全部应收账款的比重为 4.41％。选中 H6 单元格，然后将鼠标指针移动到 H6 单元格的右下角，当变为"＋"时，向下拖动至 H15，即可计算出 10 家公司应收账款占比，如图 9-29 所示。

第五步，标记应收账款占比前三名的记录。

为了方便查看应收账款占比较大的客户即账款信息，可使用"条件格式"标记应收账款占比前三名的记录。选中 H6:H15 单元格区域，在"开始"选项卡"样式"组中单击"条件格式"按钮，在下拉菜单中选择"新建规则"如图 9-30 所示。

在弹出的"新建格式规则"对话框中，在"选择规则类型(S)"列表中选择"仅对排名靠前或靠后的数值设置格式"，在"编辑规则说明(E)"中，"对以下排列的数值设置格式(O)"选择"最高"且在参数中输入 3，如图 9-31 所示。

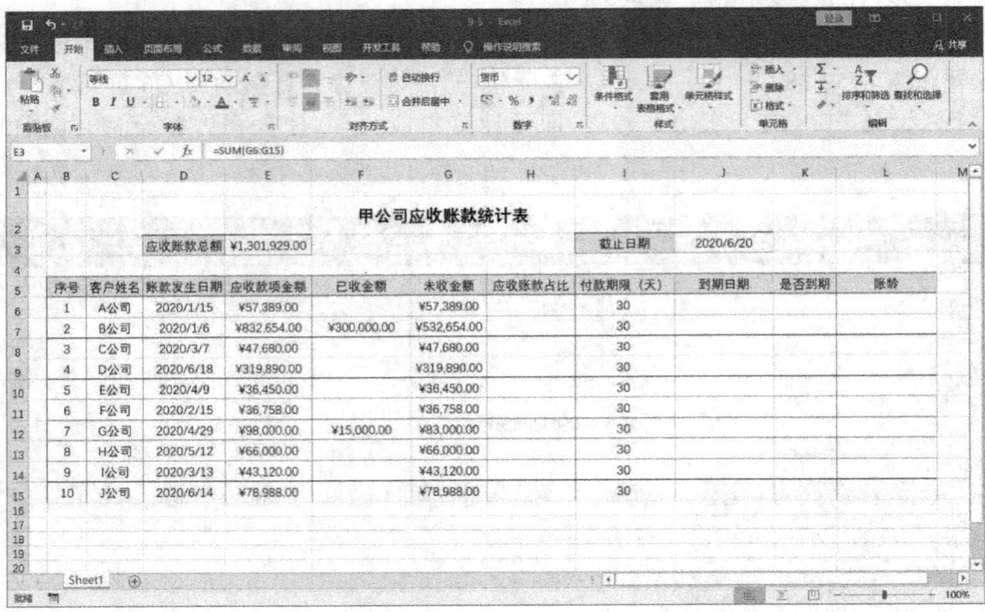

甲公司应收账款统计表

应收账款总额 ¥1,301,929.00　　截止日期 2020/6/20

序号	客户姓名	账款发生日期	应收款项金额	已收金额	未收金额	应收账款占比	付款期限（天）	到期日期	是否到期	账龄
1	A公司	2020/1/15	¥57,389.00		¥57,389.00		30			
2	B公司	2020/1/6	¥832,654.00	¥300,000.00	¥532,654.00		30			
3	C公司	2020/3/7	¥47,680.00		¥47,680.00		30			
4	D公司	2020/6/18	¥319,890.00		¥319,890.00		30			
5	E公司	2020/4/9	¥36,450.00		¥36,450.00		30			
6	F公司	2020/2/15	¥36,758.00		¥36,758.00		30			
7	G公司	2020/4/29	¥98,000.00	¥15,000.00	¥83,000.00		30			
8	H公司	2020/5/12	¥66,000.00		¥66,000.00		30			
9	I公司	2020/3/13	¥43,120.00		¥43,120.00		30			
10	J公司	2020/6/14	¥78,988.00		¥78,988.00		30			

图 9-28

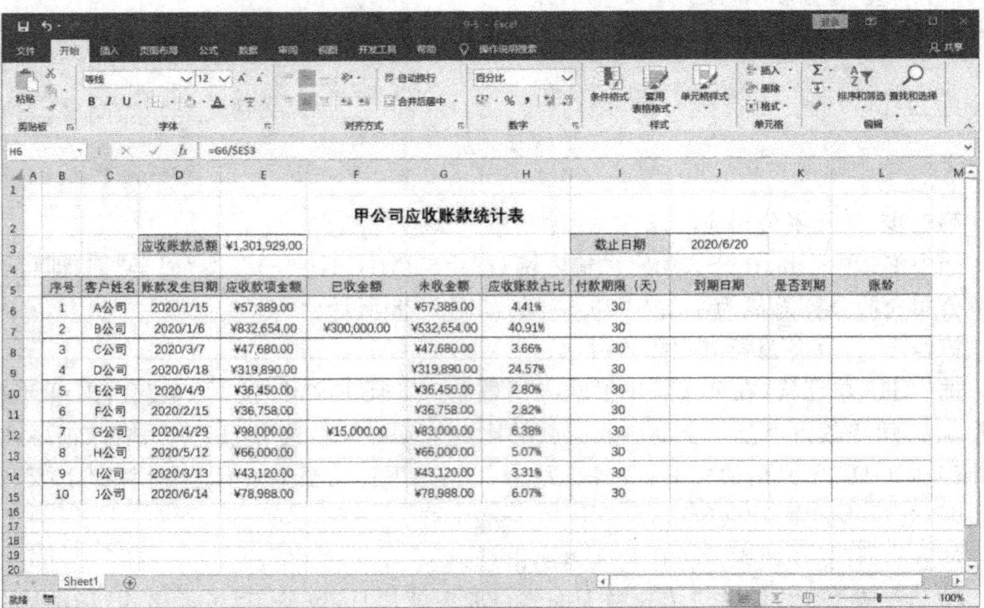

甲公司应收账款统计表

应收账款总额 ¥1,301,929.00　　截止日期 2020/6/20

序号	客户姓名	账款发生日期	应收款项金额	已收金额	未收金额	应收账款占比	付款期限（天）	到期日期	是否到期	账龄
1	A公司	2020/1/15	¥57,389.00		¥57,389.00	4.41%	30			
2	B公司	2020/1/6	¥832,654.00	¥300,000.00	¥532,654.00	40.91%	30			
3	C公司	2020/3/7	¥47,680.00		¥47,680.00	3.66%	30			
4	D公司	2020/6/18	¥319,890.00		¥319,890.00	24.57%	30			
5	E公司	2020/4/9	¥36,450.00		¥36,450.00	2.80%	30			
6	F公司	2020/2/15	¥36,758.00		¥36,758.00	2.82%	30			
7	G公司	2020/4/29	¥98,000.00	¥15,000.00	¥83,000.00	6.38%	30			
8	H公司	2020/5/12	¥66,000.00		¥66,000.00	5.07%	30			
9	I公司	2020/3/13	¥43,120.00		¥43,120.00	3.31%	30			
10	J公司	2020/6/14	¥78,988.00		¥78,988.00	6.07%	30			

图 9-29

9-5 - Excel
文件 开始 插入 页面布局 公式 数据 审阅 视图 开发工具 帮助 操作说明搜索
条件格式 套用表格格式 单元格样式
H6 =G6/$E$3
甲公司应收账款统计表
应收账款总额 ¥1,301,929.00
序号 客户姓名 账款发生日期 应收款项金额 已收金额 未收金额 应收账款占比 是否到期 账龄
1 A公司 2020/1/15 ¥57,389.00 ¥57,389.00 4.41%
2 B公司 2020/1/6 ¥832,654.00 ¥300,000.00 ¥532,654.00 40.91%
3 C公司 2020/3/7 ¥47,680.00 ¥47,680.00 3.66%
4 D公司 2020/6/18 ¥319,890.00 ¥319,890.00 24.57% 30
5 E公司 2020/4/9 ¥36,450.00 ¥36,450.00 2.80% 30
6 F公司 2020/2/15 ¥36,758.00 ¥36,758.00 2.82% 30
7 G公司 2020/4/29 ¥98,000.00 ¥15,000.00 ¥83,000.00 6.38% 30
8 H公司 2020/5/12 ¥66,000.00 ¥66,000.00 5.07% 30
9 I公司 2020/3/13 ¥43,120.00 ¥43,120.00 3.31% 30
10 J公司 2020/6/14 ¥78,988.00 ¥78,988.00 6.07% 30
突出显示单元格规则(H)
最前/最后规则(T)
数据条(D)
色阶(S)
图标集(I)
新建规则(N)...
清除规则(C)
管理规则(R)...
Sheet1
平均值: 10.00% 计数: 10 求和: 100.00%

图 9-30

甲公司应收账款统计表
新建格式规则
选择规则类型(S):
► 基于各自值设置所有单元格的格式
► 只为包含以下内容的单元格设置格式
► 仅对排名靠前或靠后的数值设置格式
► 仅对高于或低于平均值的数值设置格式
► 仅对唯一值或重复值设置格式
► 使用公式确定要设置格式的单元格
编辑规则说明(E):
对以下排列的数值设置格式(O):
最高 3 所选范围的百分比(G)
预览: 未设定格式 格式(F)...
确定 取消

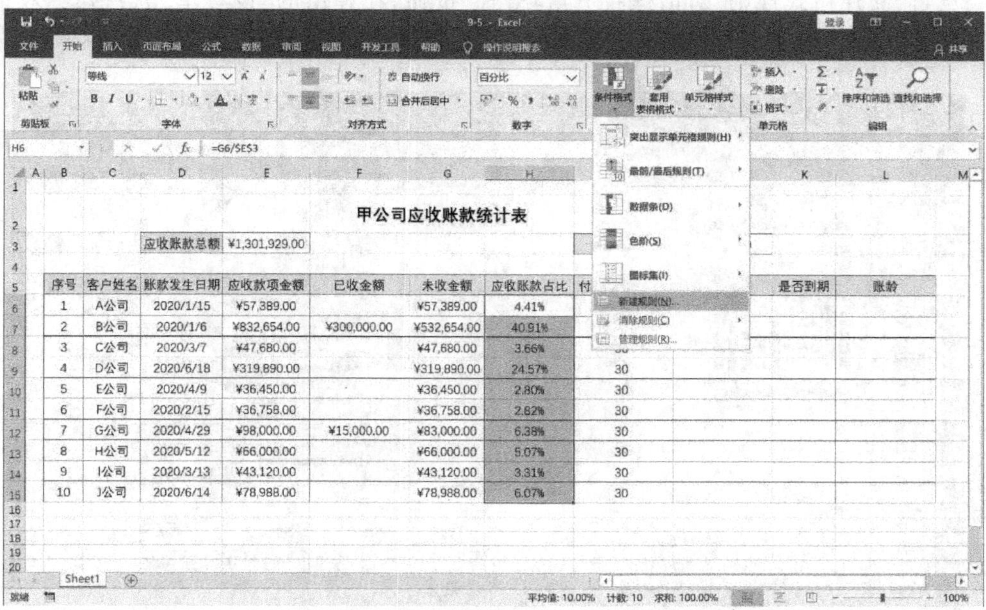

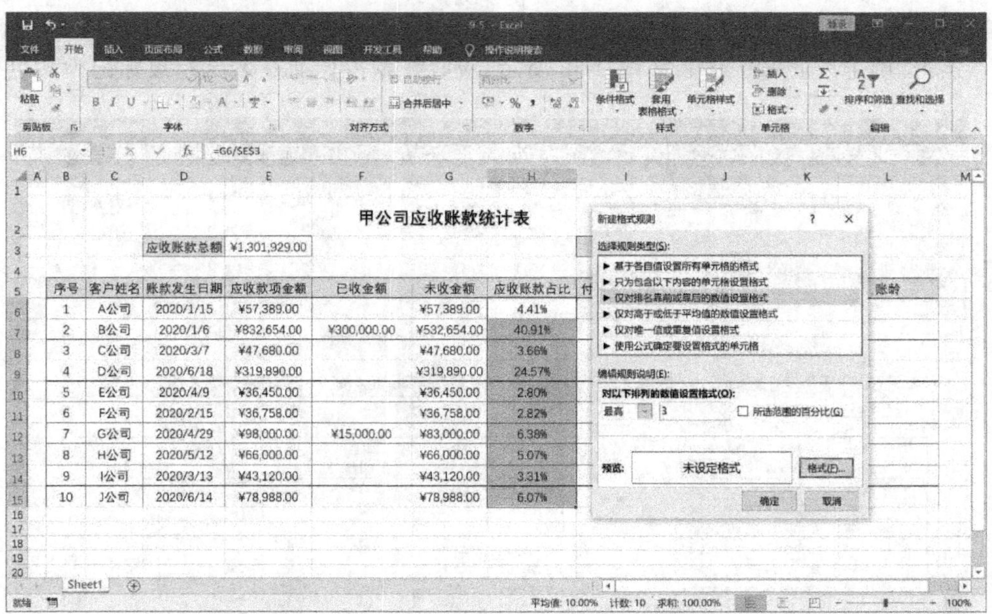

图 9-31

点击“新建格式规则”对话框右下角“格式”按钮，在弹出的“设置单元格格式”对话框中切换至“填充”选项卡，设置为黄色，如图 9-32 所示。

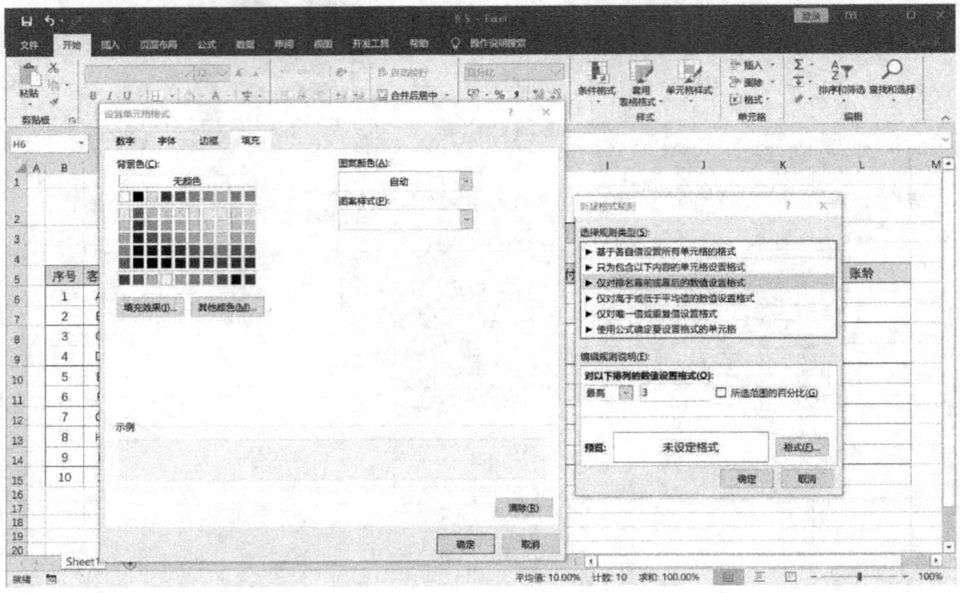

图 9-32

点击“确定”，此时工作表如图 9-33 所示，应收账款占比前三名已经被标记为黄色。

甲公司应收账款统计表

应收账款总额	¥1,301,929.00	截止日期	2020/6/20

序号	客户姓名	账款发生日期	应收款项金额	已收金额	未收金额	应收账款占比	付款期限（天）	到期日期	是否到期	账龄
1	A公司	2020/1/15	¥57,389.00		¥57,389.00	4.41%	30			
2	B公司	2020/1/6	¥832,654.00	¥300,000.00	¥532,654.00	40.91%	30			
3	C公司	2020/3/7	¥47,680.00		¥47,680.00	3.66%	30			
4	D公司	2020/6/18	¥319,890.00		¥319,890.00	24.57%	30			
5	E公司	2020/4/9	¥36,450.00		¥36,450.00	2.80%	30			
6	F公司	2020/2/15	¥36,758.00		¥36,758.00	2.82%	30			
7	G公司	2020/4/29	¥98,000.00	¥15,000.00	¥83,000.00	6.38%	30			
8	H公司	2020/5/12	¥66,000.00		¥66,000.00	5.07%	30			
9	I公司	2020/3/13	¥43,120.00		¥43,120.00	3.31%	30			
10	J公司	2020/6/14	¥78,988.00		¥78,988.00	6.07%	30			

图 9-33

第六步，计算应收账款到期日期。

选中 J6 单元格，在公式编辑栏输入函数“＝D6＋I6”，按“回车”键，即可计算出应收 A 公司账款到期日为 2020 年 2 月 14 日。选中 J6 单元格，然后将鼠标指针移动到 J6 单元格的右下角，当变为“＋”时，向下拖动至 J15，即可计算出 10 家公司应收账款到期日期，如图 9-34 所示。

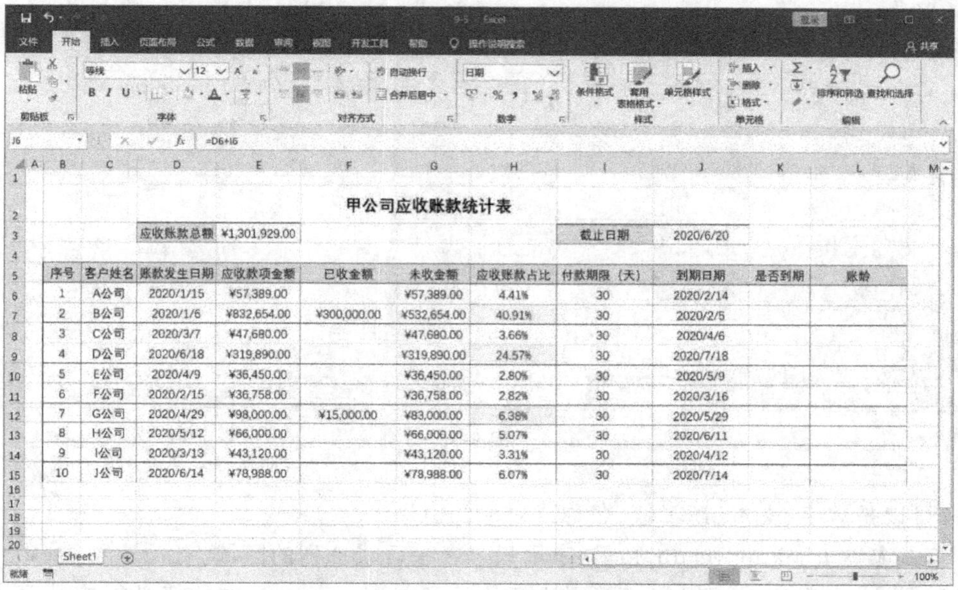

J6　=D6+I6

甲公司应收账款统计表

应收账款总额	¥1,301,929.00	截止日期	2020/6/20

序号	客户姓名	账款发生日期	应收款项金额	已收金额	未收金额	应收账款占比	付款期限（天）	到期日期	是否到期	账龄
1	A公司	2020/1/15	¥57,389.00		¥57,389.00	4.41%	30	2020/2/14		
2	B公司	2020/1/6	¥832,654.00	¥300,000.00	¥532,654.00	40.91%	30	2020/2/5		
3	C公司	2020/3/7	¥47,680.00		¥47,680.00	3.66%	30	2020/4/6		
4	D公司	2020/6/18	¥319,890.00		¥319,890.00	24.57%	30	2020/7/18		
5	E公司	2020/4/9	¥36,450.00		¥36,450.00	2.80%	30	2020/5/9		
6	F公司	2020/2/15	¥36,758.00		¥36,758.00	2.82%	30	2020/3/16		
7	G公司	2020/4/29	¥98,000.00	¥15,000.00	¥83,000.00	6.38%	30	2020/5/29		
8	H公司	2020/5/12	¥66,000.00		¥66,000.00	5.07%	30	2020/6/11		
9	I公司	2020/3/13	¥43,120.00		¥43,120.00	3.31%	30	2020/4/12		
10	J公司	2020/6/14	¥78,988.00		¥78,988.00	6.07%	30	2020/7/14		

图 9-34

第七步，判断应收账款是否到期。

如应收账款尚未到期，应显示“正常”，如已到期则显示“超期”，操作方法为：选中 K6 单元格，在公式编辑栏输入函数“＝IF(D6＋I6＜＝$J$3，“超期”，“正常”)”，按“回车”键，即可计算出应收 A 公司账款超期。选中 K6 单元格，然后将鼠标指针移动到 K6 单元格的右下角，当变为“＋”时，向下拖动至 K15，即可计算出 10 家公司应收账款是否到期，如图 9-35 所示。

第八步，计算应收账款账龄。

账龄是指应收账款自发生日至统计日经历的时间，对于尚未收回的应收账款，需要计算账龄并加以分析。通常情况下，企业将应收账款到期之后的天数分成四个级别加以汇总，以便进一步催收并提取坏账准备。本步骤需要调用 LOOKUP 函数。

LOOKUP 函数可用于查询一行或一列并查找另一行或列中的相同位置的值，LOOKUP 有两种使用方式：向量形式和数组形式，此处需调用向量形式，在单行区域或单列区域（称为“向量”）中查找值，然后返回第二个单行区域或单列区域中相同位置的值。LOOKUP 函数的语法格式为：

LOOKUP(Lookup_value，Lookup_vector，[Result_vector])

第 1 参数 Lookup_value 必需，表示 LOOKUP 在第一个向量中搜索的值。Lookup_

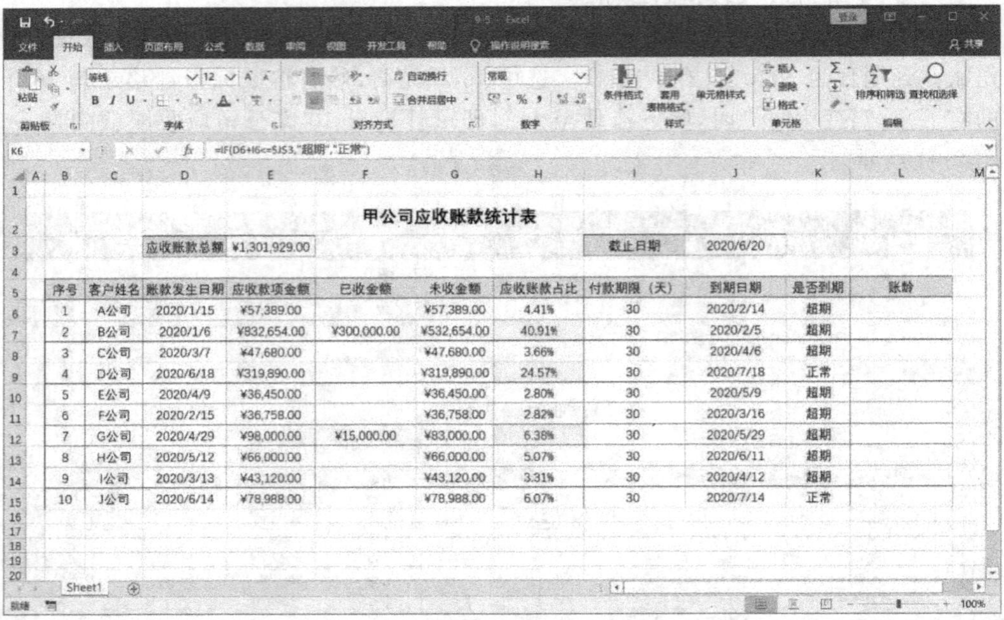

K6 =IF(D6+I6<=$J$3,"超期","正常")

甲公司应收账款统计表

应收账款总额 ¥1,301,929.00　　截止日期 2020/6/20

序号	客户姓名	账款发生日期	应收款项金额	已收金额	未收金额	应收账款占比	付款期限（天）	到期日期	是否到期	账龄
1	A公司	2020/1/15	¥57,389.00		¥57,389.00	4.41%	30	2020/2/14	超期	
2	B公司	2020/1/6	¥832,654.00	¥300,000.00	¥532,654.00	40.91%	30	2020/2/5	超期	
3	C公司	2020/3/7	¥47,680.00		¥47,680.00	3.66%	30	2020/4/6	超期	
4	D公司	2020/6/18	¥319,890.00		¥319,890.00	24.57%	30	2020/7/18	正常	
5	E公司	2020/4/9	¥36,450.00		¥36,450.00	2.80%	30	2020/5/9	超期	
6	F公司	2020/2/15	¥36,758.00		¥36,758.00	2.82%	30	2020/3/16	超期	
7	G公司	2020/4/29	¥98,000.00	¥15,000.00	¥83,000.00	6.38%	30	2020/5/29	超期	
8	H公司	2020/5/12	¥66,000.00		¥66,000.00	5.07%	30	2020/6/11	超期	
9	I公司	2020/3/13	¥43,120.00		¥43,120.00	3.31%	30	2020/4/12	超期	
10	J公司	2020/6/14	¥78,988.00		¥78,988.00	6.07%	30	2020/7/14	正常	

图 9-35

value 可以是数字、文本、逻辑值、名称或对值的引用。

第 2 参数 Lookup_vector 必需，表示只包含一行或一列的区域。Lookup_vector 中的值可以是文本、数字或逻辑值。需要注意的是：Lookup_vector 中的值必须按升序排列：…，－2，－1，0，1，2，…，A－Z，FALSE，TRUE；否则，LOOKUP 可能无法返回正确的值。文本不区分大小写。

第 3 参数 Result_vector 可选，表示只包含一行或一列的区域。Result_vector 参数必须与 Lookup_vector 参数大小相同，其大小必须相同。

如果 LOOKUP 函数找不到 Lookup_value，则该函数会与 Lookup_vector 中小于或等于 Lookup_value 的最大值进行匹配。如果 Lookup_value 小于 Lookup_vector 中的最小值，则 LOOKUP 会返回＃N/A 错误值。

选中 L6 单元格，在公式编辑栏输入函数“＝LOOKUP(“2020－6－20”－J6，{－999，0，30，60，120}，{“未到期”，“30 天以内”，“60 天以内”，“60～120 天”，“120 天以上”})”，按“回车”键，即可计算出应收 A 公司账款已到期 120 天以上。选中 L6 单元格，然后将鼠标指针移动到 L6 单元格的右下角，当变为“＋”时，向下拖动至 L6，即可计算出 10 家公司应收账款是否到期及已到期天数，如图 9-36 所示。

第九步，编制账龄分析表。

选中 B5：L15 单元格区域，单击“插入”选项卡“表格”组中的“数据透视表”按钮，如图 9-37 所示。

在弹出的对话框中在“选择放置数据透视表的位置”中选择“新工作表”，如图 9-38 所示。

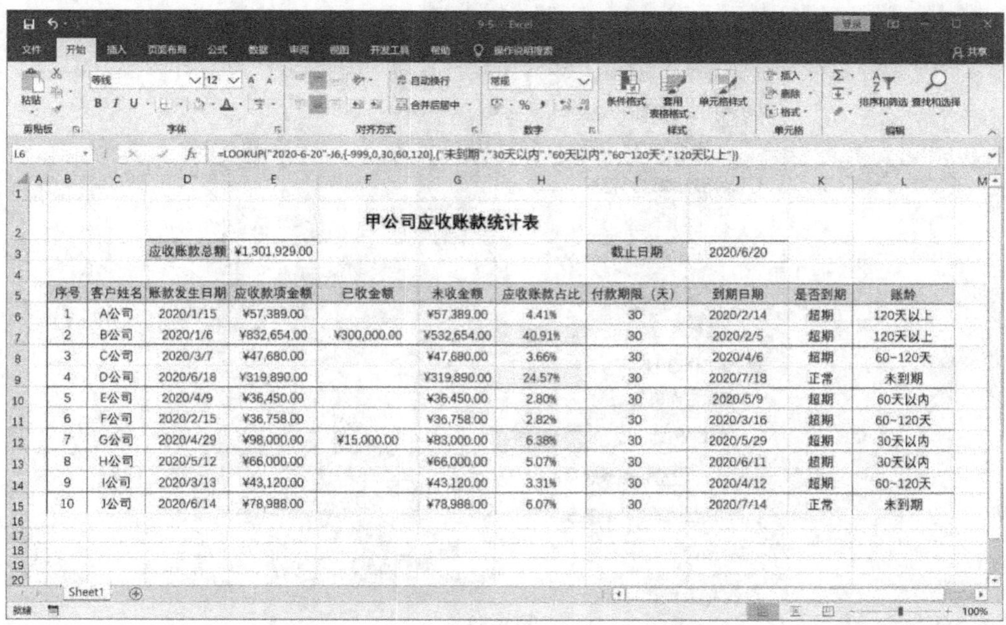

甲公司应收账款统计表

应收账款总额	¥1,301,929.00	截止日期	2020/6/20

序号	客户姓名	账款发生日期	应收款项金额	已收金额	未收金额	应收账款占比	付款期限（天）	到期日期	是否到期	账龄
1	A公司	2020/1/15	¥57,389.00		¥57,389.00	4.41%	30	2020/2/14	超期	120天以上
2	B公司	2020/1/6	¥832,654.00	¥300,000.00	¥532,654.00	40.91%	30	2020/2/5	超期	120天以上
3	C公司	2020/3/7	¥47,680.00		¥47,680.00	3.66%	30	2020/4/6	超期	60~120天
4	D公司	2020/6/18	¥319,890.00		¥319,890.00	24.57%	30	2020/7/18	正常	未到期
5	E公司	2020/4/9	¥36,450.00		¥36,450.00	2.80%	30	2020/5/9	超期	60天以内
6	F公司	2020/2/15	¥36,758.00		¥36,758.00	2.82%	30	2020/3/16	超期	60~120天
7	G公司	2020/4/29	¥98,000.00	¥15,000.00	¥83,000.00	6.38%	30	2020/5/29	超期	30天以内
8	H公司	2020/5/12	¥66,000.00		¥66,000.00	5.07%	30	2020/6/11	超期	30天以内
9	I公司	2020/3/13	¥43,120.00		¥43,120.00	3.31%	30	2020/4/12	超期	60~120天
10	J公司	2020/6/14	¥78,988.00		¥78,988.00	6.07%	30	2020/7/14	正常	未到期

图 9-36

甲公司应收账款统计表

应收账款总额	¥1,301,929.00	截止日期	2020/6/20

序号	客户姓名	账款发生日期	应收款项金额	已收金额	未收金额	应收账款占比	付款期限（天）	到期日期	是否到期	账龄
1	A公司	2020/1/15	¥57,389.00		¥57,389.00	4.41%	30	2020/2/14	超期	120天以上
2	B公司	2020/1/6	¥832,654.00	¥300,000.00	¥532,654.00	40.91%	30	2020/2/5	超期	120天以上
3	C公司	2020/3/7	¥47,680.00		¥47,680.00	3.66%	30	2020/4/6	超期	60~120天
4	D公司	2020/6/18	¥319,890.00		¥319,890.00	24.57%	30	2020/7/18	正常	未到期
5	E公司	2020/4/9	¥36,450.00		¥36,450.00	2.80%	30	2020/5/9	超期	60天以内
6	F公司	2020/2/15	¥36,758.00		¥36,758.00	2.82%	30	2020/3/16	超期	60~120天
7	G公司	2020/4/29	¥98,000.00	¥15,000.00	¥83,000.00	6.38%	30	2020/5/29	超期	30天以内
8	H公司	2020/5/12	¥66,000.00		¥66,000.00	5.07%	30	2020/6/11	超期	30天以内
9	I公司	2020/3/13	¥43,120.00		¥43,120.00	3.31%	30	2020/4/12	超期	60~120天
10	J公司	2020/6/14	¥78,988.00		¥78,988.00	6.07%	30	2020/7/14	正常	未到期

图 9-37

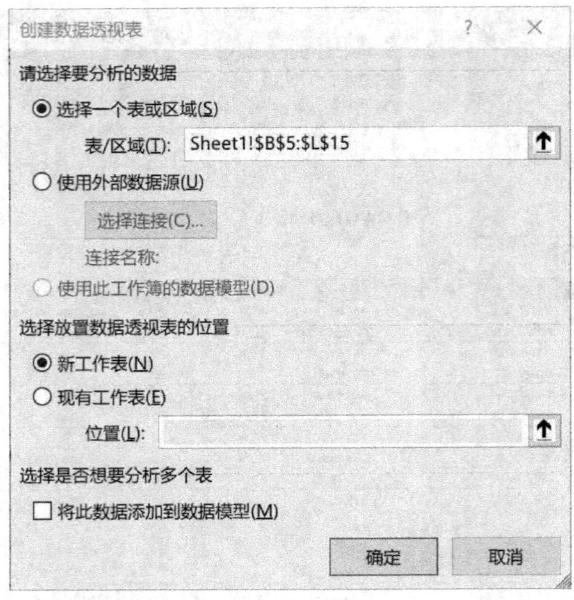

图 9-38

点击“确定”,即可新建一个工作表,用于创建数据透视表。在表格右侧“数据透视表字段”区域,将“客户姓名”拖动至“行”区域,将“账龄”拖动至“列”区域,将“未收回金额”拖动至“∑值”区域。修改、调整表格格式,即可得到甲公司账龄分析表,如图 9-39 所示。

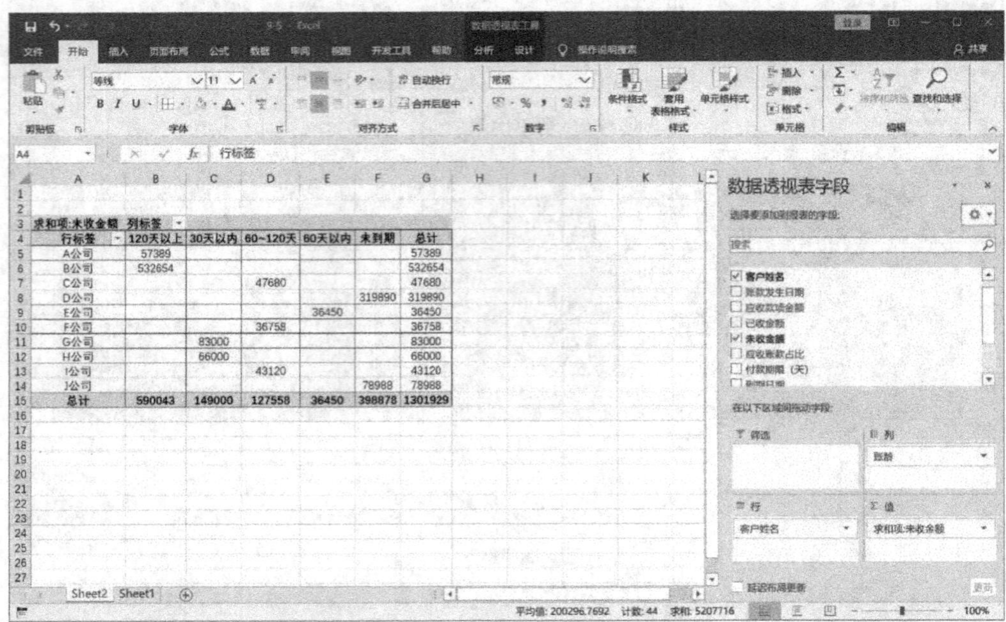

求和项:未收金额	列标签					
行标签	120天以上	30天以内	60~120天	60天以内	未到期	总计
A公司	57389					57389
B公司	532654					532654
C公司			47680			47680
D公司					319890	319890
E公司				36450		36450
F公司			36758			36758
G公司		83000				83000
H公司		66000				66000
I公司			43120			43120
J公司					78988	78988
总计	590043	149000	127558	36450	398878	1301929

图 9-39

第十步，计算坏账准备金额。

在会计期末，企业需要检查应收账款可收回情况，按照应收账款逾期的天数，估算坏账损失百分比并统计坏账损失。甲公司根据历史经验估算，应收账款的账龄与坏账可能性如下：

逾期 30 天以内的应收账款发生坏账的可能性为 1%；

逾期 30～60 天的应收账款发生坏账的可能性为 5%；

逾期 60～120 天的应收账款发生坏账的可能性为 10%；

逾期 120 天以上的应收账款发生坏账的可能性为 15%。

首先创建新工作表，将第九步账龄分析表汇总数据复制至新工作表，如图 9-40 所示。

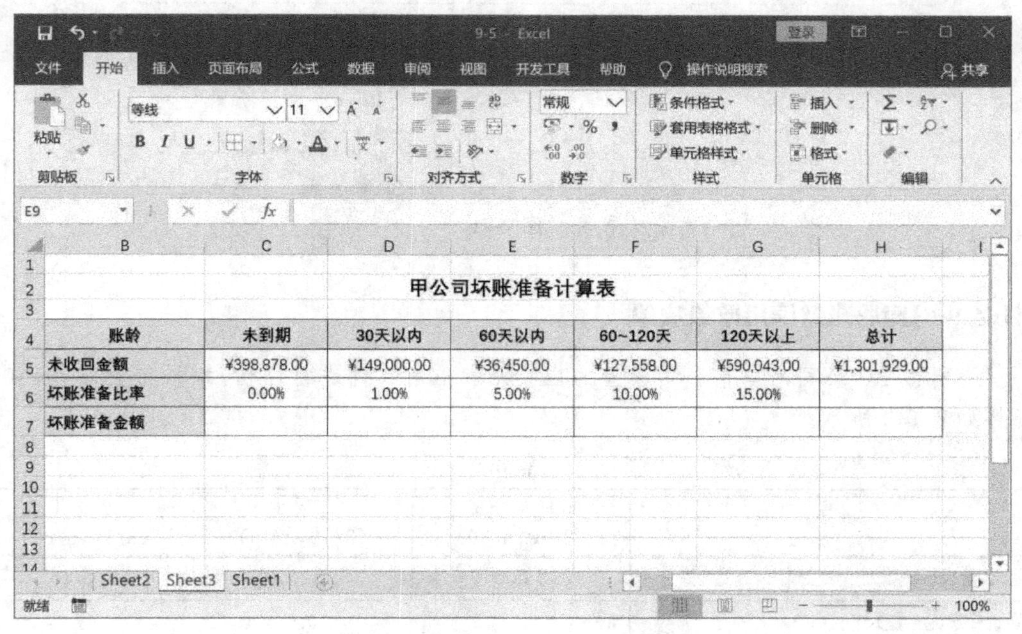

甲公司坏账准备计算表

账龄	未到期	30天以内	60天以内	60~120天	120天以上	总计
未收回金额	¥398,878.00	¥149,000.00	¥36,450.00	¥127,558.00	¥590,043.00	¥1,301,929.00
坏账准备比率	0.00%	1.00%	5.00%	10.00%	15.00%	
坏账准备金额						

图 9-40

选中 C7 单元格，在公式编辑栏输入函数“＝C5 * C6”，按“回车”键，即可计算出未到期应收账款坏账准备金额为 0。选中 C7 单元格，然后将鼠标指针移动到 C7 单元格的右下角，当变为“＋”时，向右拖动至 G7 单元格，即可计算出甲公司应收账款坏账准备金额，利用 SUM 函数和计算出合计数，如图 9-41 所示。

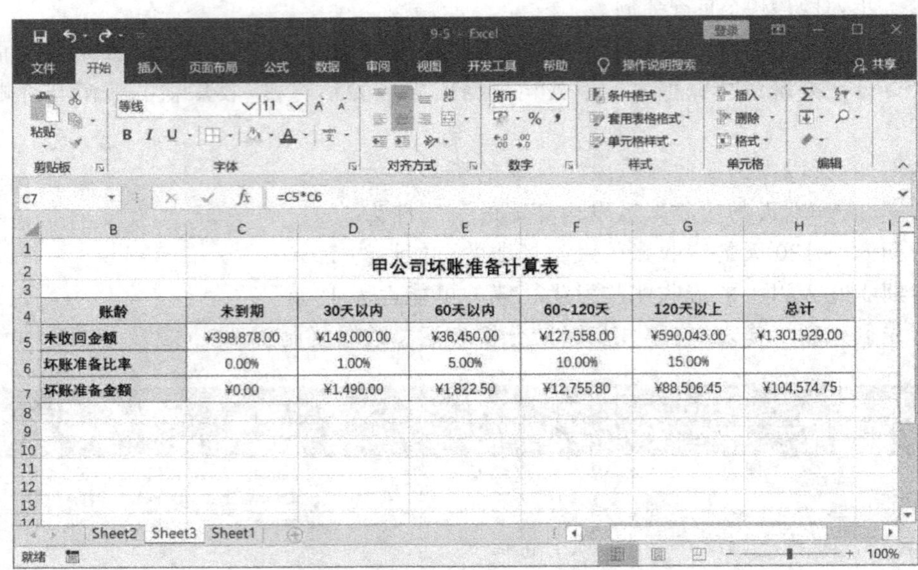

账龄	未到期	30天以内	60天以内	60~120天	120天以上	总计
未收回金额	¥398,878.00	¥149,000.00	¥36,450.00	¥127,558.00	¥590,043.00	¥1,301,929.00
坏账准备比率	0.00%	1.00%	5.00%	10.00%	15.00%	
坏账准备金额	¥0.00	¥1,490.00	¥1,822.50	¥12,755.80	¥88,506.45	¥104,574.75

图 9-41

[任务 9-6]应收账款信用政策决策

资料:ABC 公司对当前公司设置的应收账款信用条件进行评估,拟做相应调整,有关资料如表 9-3 所示。

表 9-3

项目	目前的信用条件(2/10,n/30)	方案Ⅰ(3/10,n/45)	方案Ⅱ(3/10,n/60)
销售量(套)	2 000	2 200	2 500
单价(万元/套)	0.8		
单位变动成本	0.5(万元/套)		
固定成本(万元)	200		
赊销比例	35%	50%	60%
享受现金折扣的销售额占赊销额比例	80%		
坏账损失占赊销额比例	3%	4%	5%
收账费用(万元)	2	3	5

各方案的固定成本总额均不包括坏账损失、收账费用以及现金折扣,公司要求的最低报酬率为 10%。

要求:判断 ABC 公司是否应改变目前的信用条件。

扫码获取实验素材(见本书"前言"背面二维码)

[实验操作步骤]

第一步，将任务 9-6 中的数据输入 Excel 工作表，设置表格名称、项目，如图 9-42 所示。

ABC公司应收账款信用条件模型		资本成本率	10.00%
信用条件	目前的信用条件 (2/10, n/30)	方案Ⅰ (3/10,n/45)	方案Ⅱ (3/10,n/60)
销售量（套）	2000	2200	2500
单价（万元/套）	0.8	0.8	0.8
销售收入（万元）			
单位变动成本（万元/套）	0.5	0.5	0.5
固定成本（万元）	200	200	200
赊销比例	35%	50%	60%
享受现金折扣的销售额占赊销额比例	80%	80%	80%
坏账损失占赊销额比例	3%	4%	5%
收账费用（万元）	2	3	5
信用成本前收益（万元）			
变动成本率			
平均收现期（天）			
应收账款机会成本（万元）			
现金折扣（万元）			
坏账损失（万元）			
收账费用（万元）			
信用成本后收益（万元）			
应选择方案			

图 9-42

第二步，计算各方案销售收入。

选中 C6 单元格，在公式编辑栏输入函数"=C4 * C5"，按"回车"键，即可计算出目前信用条件下销售收入为 1 600 万元。选中 C6 单元格，然后将鼠标指针移动到 C6 单元格的右下角，当变为"+"时，向右拖动至 E6 单元格，即可计算出方案Ⅰ、方案Ⅱ的销售收入，如图 9-43 所示。

第三步，计算各方案变动成本率。

选中 C14 单元格，在公式编辑栏输入函数"=C7/C5"，按"回车"键，即可计算出目前信用条件下变动成本率为 62.50%。选中 C14 单元格，然后将鼠标指针移动到 C14 单元格的右下角，当变为"+"时，向右拖动至 E14 单元格，即可计算出方案Ⅰ、方案Ⅱ的变动成本率，如图 9-44 所示。

第四步，计算各方案信用成本前收益。

选中 C13 单元格，在公式编辑栏输入函数"=C6 * (1−C14)−C8"，按"回车"键，即可计算出目前信用条件下信用成本前收益为 400 万元。选中 C13 单元格，然后将鼠标指针移动到 C13 单元格的右下角，当变为"+"时，向右拖动至 E13 单元格，即可计算出方案Ⅰ、方案Ⅱ的信用成本前收益，如图 9-45 所示。

第五步，计算各方案平均收现期。

选中 C15 单元格，在公式编辑栏输入函数"=10 * C10+30 * (1−C10)"，按"回车"

	B	C	D	E
1	ABC公司应收账款信用条件模型		资本成本率	10.00%
2	信用条件	目前的信用条件	方案Ⅰ	方案Ⅱ
3		(2/10，n/30)	(3/10,n/45)	(3/10,n/60)
4	销售量（套）	2000	2200	2500
5	单价（万元/套）	0.8	0.8	0.8
6	销售收入（万元）	1600	1760	2000
7	单位变动成本（万元/套）	0.5	0.5	0.5
8	固定成本（万元）	200	200	200
9	赊销比例	35%	50%	60%
10	享受现金折扣的销售额占赊销额比例	80%	80%	80%
11	坏账损失占赊销额比例	3%	4%	5%
12	收账费用（万元）	2	3	5
13	信用成本前收益（万元）			
14	变动成本率			
15	平均收现期（天）			
16	应收账款机会成本（万元）			
17	现金折扣（万元）			
18	坏账损失（万元）			
19	收账费用（万元）			
20	信用成本后收益（万元）			
21	应选择方案			

图 9-43

	B	C	D	E
1	ABC公司应收账款信用条件模型		资本成本率	10.00%
2	信用条件	目前的信用条件	方案Ⅰ	方案Ⅱ
3		(2/10，n/30)	(3/10,n/45)	(3/10,n/60)
4	销售量（套）	2000	2200	2500
5	单价（万元/套）	0.8	0.8	0.8
6	销售收入（万元）	1600	1760	2000
7	单位变动成本（万元/套）	0.5	0.5	0.5
8	固定成本（万元）	200	200	200
9	赊销比例	35%	50%	60%
10	享受现金折扣的销售额占赊销额比例	80%	80%	80%
11	坏账损失占赊销额比例	3%	4%	5%
12	收账费用（万元）	2	3	5
13	信用成本前收益（万元）			
14	变动成本率	62.50%	62.50%	62.50%
15	平均收现期（天）			
16	应收账款机会成本（万元）			
17	现金折扣（万元）			
18	坏账损失（万元）			
19	收账费用（万元）			
20	信用成本后收益（万元）			
21	应选择方案			

图 9-44

C13　=C6*(1-C14)-C8

ABC公司应收账款信用条件模型		资本成本率	10.00%
信用条件	目前的信用条件	方案Ⅰ	方案Ⅱ
	(2/10，n/30)	(3/10,n/45)	(3/10,n/60)
销售量（套）	2000	2200	2500
单价（万元/套）	0.8	0.8	0.8
销售收入（万元）	1600	1760	2000
单位变动成本（万元/套）	0.5	0.5	0.5
固定成本（万元）	200	200	200
赊销比例	35%	50%	60%
享受现金折扣的销售额占赊销额比例	80%	80%	80%
坏账损失占赊销额比例	3%	4%	5%
收账费用（万元）	2	3	5
信用成本前收益（万元）	400	460	550
变动成本率	62.50%	62.50%	62.50%
平均收现期（天）			
应收账款机会成本（万元）			
现金折扣（万元）			
坏账损失（万元）			
收账费用（万元）			
信用成本后收益（万元）			
应选择方案			

图 9-45

键，即可计算出目前信用条件下平均收现期为 14 天。选中 D15 单元格，在公式编辑栏输入函数“＝10＊D10＋45＊(1－D10)”，按“回车”键可计算出方案Ⅰ的平均收现期为 17 天；选中 E15 单元格，在公式编辑栏输入函数“＝10＊E10＋60＊(1－E10)”，按“回车”键可计算出方案Ⅱ的平均收现期为 20 天，如图 9-46 所示。

C15　=10*C10+30*(1-C10)

ABC公司应收账款信用条件模型		资本成本率	10.00%
信用条件	目前的信用条件	方案Ⅰ	方案Ⅱ
	(2/10，n/30)	(3/10,n/45)	(3/10,n/60)
销售量（套）	2000	2200	2500
单价（万元/套）	0.8	0.8	0.8
销售收入（万元）	1600	1760	2000
单位变动成本（万元/套）	0.5	0.5	0.5
固定成本（万元）	200	200	200
赊销比例	35%	50%	60%
享受现金折扣的销售额占赊销额比例	80%	80%	80%
坏账损失占赊销额比例	3%	4%	5%
收账费用（万元）	2	3	5
信用成本前收益（万元）	400	460	550
变动成本率	62.50%	62.50%	62.50%
平均收现期（天）	14	17	20
应收账款机会成本（万元）			
现金折扣（万元）			
坏账损失（万元）			
收账费用（万元）			
信用成本后收益（万元）			
应选择方案			

图 9-46

第六步，计算各方案应收账款机会成本。

选中 C16 单元格，在公式编辑栏输入函数“=C6＊C9/360＊C15＊C14＊ $E$1”，按“回车”键，即可计算出目前信用条件下应收账款机会成本为 1.36 万元。选中 C16 单元格，然后将鼠标指针移动到 C16 单元格的右下角，当变为“+”时，向右拖动至 E16 单元格，即可计算出方案Ⅰ、方案Ⅱ的应收账款机会成本，如图 9-47 所示。

C16 =C6*C9/360*C15*C14*$E$1

ABC公司应收账款信用条件模型		资本成本率	10.00%
信用条件	目前的信用条件	方案Ⅰ	方案Ⅱ
	(2/10，n/30)	(3/10,n/45)	(3/10,n/60)
销售量（套）	2000	2200	2500
单价（万元/套）	0.8	0.8	0.8
销售收入（万元）	1600	1760	2000
单位变动成本（万元/套）	0.5	0.5	0.5
固定成本（万元）	200	200	200
赊销比例	35%	50%	60%
享受现金折扣的销售额占赊销额比例	80%	80%	80%
坏账损失占赊销额比例	3%	4%	5%
收账费用（万元）	2	3	5
信用成本前收益（万元）	400	460	550
变动成本率	62.50%	62.50%	62.50%
平均收现期（天）	14	17	20
应收账款机会成本（万元）	1.36	2.60	4.17
现金折扣（万元）			
坏账损失（万元）			
收账费用（万元）			
信用成本后收益（万元）			
应选择方案			

图 9-47

第七步，计算各方案现金折扣。

选中 C17 单元格，在公式编辑栏输入函数“=C6＊C9＊C10＊2%”，按“回车”键，即可计算出目前信用条件下现金折扣成本为 8.96 万元。选中 D17 单元格，在公式编辑栏输入函数“=D6＊D9＊D10＊0.03”，按“回车”键可计算出方案Ⅰ的现金折扣成本为 21.12 万元；选中 E17 单元格，在公式编辑栏输入函数“=E6＊E9＊E10＊3%”，按“回车”键可计算出方案Ⅱ的现金折扣成本为 28.80 万元，如图 9-48 所示。

第八步，计算各方案坏账损失。

选中 C18 单元格，在公式编辑栏输入函数“=C6＊C9＊C11”，按“回车”键，即可计算出目前信用条件下应收账款坏账损失为 16.80 万元。选中 C18 单元格，然后将鼠标指针移动到 C18 单元格的右下角，当变为“+”时，向右拖动至 E18 单元格，即可计算出方案Ⅰ、方案Ⅱ的应收账款坏账损失，如图 9-49 所示。

第九步，计算各方案信用成本后收益。

选中 C20 单元格，在公式编辑栏输入函数“=C13－C16－C17－C18－C19”，按“回车”键，即可计算出目前信用条件下信用成本后收益 370.88 万元。选中 C20 单元格，然后将鼠标指针移动到 C20 单元格的右下角，当变为“+”时，向右拖动至 E20 单元格，即可计

C17　=C6*C9*C10*2%

ABC公司应收账款信用条件模型		资本成本率	10.00%
信用条件	目前的信用条件	方案Ⅰ	方案Ⅱ
	(2/10，n/30)	(3/10,n/45)	(3/10,n/60)
销售量（套）	2000	2200	2500
单价（万元/套）	0.8	0.8	0.8
销售收入（万元）	1600	1760	2000
单位变动成本（万元/套）	0.5	0.5	0.5
固定成本（万元）	200	200	200
赊销比例	35%	50%	60%
享受现金折扣的销售额占赊销额比例	80%	80%	80%
坏账损失占赊销额比例	3%	4%	5%
收账费用（万元）	2	3	5
信用成本前收益（万元）	400	460	550
变动成本率	62.50%	62.50%	62.50%
平均收现期（天）	14	17	20
应收账款机会成本（万元）	1.36	2.60	4.17
现金折扣（万元）	8.96	21.12	28.8
坏账损失（万元）			
收账费用（万元）			
信用成本后收益（万元）			
应选择方案			

图 9-48

C18　=C6*C9*C11

ABC公司应收账款信用条件模型		资本成本率	10.00%
信用条件	目前的信用条件	方案Ⅰ	方案Ⅱ
	(2/10，n/30)	(3/10,n/45)	(3/10,n/60)
销售量（套）	2000	2200	2500
单价（万元/套）	0.8	0.8	0.8
销售收入（万元）	1600	1760	2000
单位变动成本（万元/套）	0.5	0.5	0.5
固定成本（万元）	200	200	200
赊销比例	35%	50%	60%
享受现金折扣的销售额占赊销额比例	80%	80%	80%
坏账损失占赊销额比例	3%	4%	5%
收账费用（万元）	2	3	5
信用成本前收益（万元）	400	460	550
变动成本率	62.50%	62.50%	62.50%
平均收现期（天）	14	17	20
应收账款机会成本（万元）	1.36	2.60	4.17
现金折扣（万元）	8.96	21.12	28.8
坏账损失（万元）	16.80	35.20	60.00
收账费用（万元）			
信用成本后收益（万元）			
应选择方案			

图 9-49

算出方案Ⅰ、方案Ⅱ的信用成本后收益，如图 9-50 所示。

第十步，选择方案。

由于方案Ⅰ、方案Ⅱ的信用成本后收益均大于目前信用条件，因此，选中 C21 单元

C20 =C13-C16-C17-C18-C19

ABC公司应收账款信用条件模型		资本成本率	10.00%
信用条件	目前的信用条件	方案Ⅰ	方案Ⅱ
	(2/10，n/30)	(3/10,n/45)	(3/10,n/60)
销售量（套）	2000	2200	2500
单价（万元/套）	0.8	0.8	0.8
销售收入（万元）	1600	1760	2000
单位变动成本（万元/套）	0.5	0.5	0.5
固定成本（万元）	200	200	200
赊销比例	35%	50%	60%
享受现金折扣的销售额占赊销额比例	80%	80%	80%
坏账损失占赊销额比例	3%	4%	5%
收账费用（万元）	2	3	5
信用成本前收益（万元）	400	460	550
变动成本率	62.50%	62.50%	62.50%
平均收现期（天）	14	17	20
应收账款机会成本（万元）	1.36	2.60	4.17
现金折扣（万元）	8.96	21.12	28.8
坏账损失（万元）	16.80	35.20	60.00
收账费用（万元）	2	3	5
信用成本后收益（万元）	370.88	398.08	452.03
应选择方案			

图 9-50

格，在公式编辑栏输入函数"＝IF(D20＞＝E20,D2,E2)"，按"回车"键，即可显示企业应选择方案Ⅱ，如图 9-51 所示。

C21 =IF(D20>=E20,D2,E2)

ABC公司应收账款信用条件模型		资本成本率	10.00%
信用条件	目前的信用条件	方案Ⅰ	方案Ⅱ
	(2/10，n/30)	(3/10,n/45)	(3/10,n/60)
销售量（套）	2000	2200	2500
单价（万元/套）	0.8	0.8	0.8
销售收入（万元）	1600	1760	2000
单位变动成本（万元/套）	0.5	0.5	0.5
固定成本（万元）	200	200	200
赊销比例	35%	50%	60%
享受现金折扣的销售额占赊销额比例	80%	80%	80%
坏账损失占赊销额比例	3%	4%	5%
收账费用（万元）	2	3	5
信用成本前收益（万元）	400	460	550
变动成本率	62.50%	62.50%	62.50%
平均收现期（天）	14	17	20
应收账款机会成本（万元）	1.36	2.60	4.17
现金折扣（万元）	8.96	21.12	28.8
坏账损失（万元）	16.80	35.20	60.00
收账费用（万元）	2	3	5
信用成本后收益（万元）	370.88	398.08	452.03
应选择方案		方案Ⅱ	

图 9-51

[任务 9-7]存货管理——经济批量基本模型

资料：ABC 公司每年需要甲材料 9 000 千克，该材料单位成本 30 元，单位存储成本为 2 元，一次订货成本 40 元。

要求：建立经济批量基本模型，分别计算经济订货量、每年最佳订货次数、经济订货量占用资金、最佳订货周期。

扫码获取实验素材(见本书“前言”背面二维码)

[实验操作步骤]

第一步，将任务 9-7 中的数据输入 Excel 工作表，设置表格名称、项目，如图 9-52 所示。

ABC公司存货的经济批量基本模型	
年度存货需要量（千克）	9000
材料单位成本（元/千克）	¥30.00
一次订货成本（元）	¥40.00
单位存储成本（元/千克）	¥2.00
经济订货批量（千克）	
相关总成本（元）	
最佳进货次数（次）	
存货占用资金（元）	
最佳订货周期（天）	

图 9-52

第二步，计算存货的经济批量。

选中 C6 单元格，在公式编辑栏输入函数“=SQRT(PRODUCT(2,C2,C4)/C5)”，按“回车”键，即可显示存货的经济批量为 600 千克，如图 9-53 所示。

第三步，计算存货相关成本。

选中 C7 单元格，在公式编辑栏输入函数“=SQRT(PRODUCT(2,C4,C2,C5))”，按“回车”键，即可显示存货的相关总成本为 1 200 元，如图 9-54 所示。

第四步，计算最佳订货次数。

选中 C8 单元格，在公式编辑栏输入函数“=C2/C6”，按“回车”键，即可计算出存货最佳订货次数为 15 次，如图 9-55 所示。

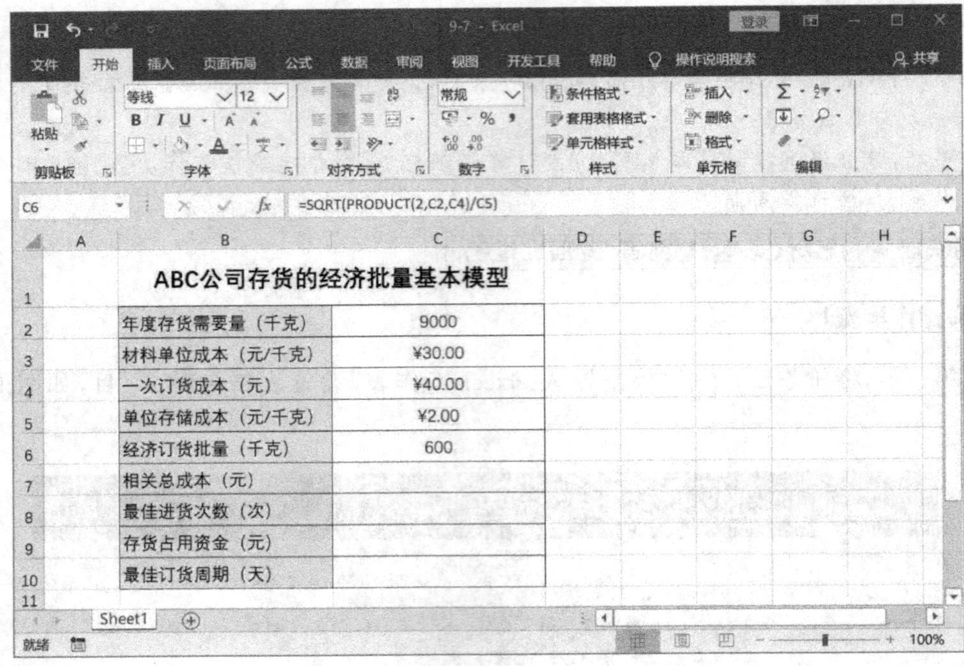

ABC公司存货的经济批量基本模型	
年度存货需要量（千克）	9000
材料单位成本（元/千克）	¥30.00
一次订货成本（元）	¥40.00
单位存储成本（元/千克）	¥2.00
经济订货批量（千克）	600
相关总成本（元）	
最佳进货次数（次）	
存货占用资金（元）	
最佳订货周期（天）	

图 9-53

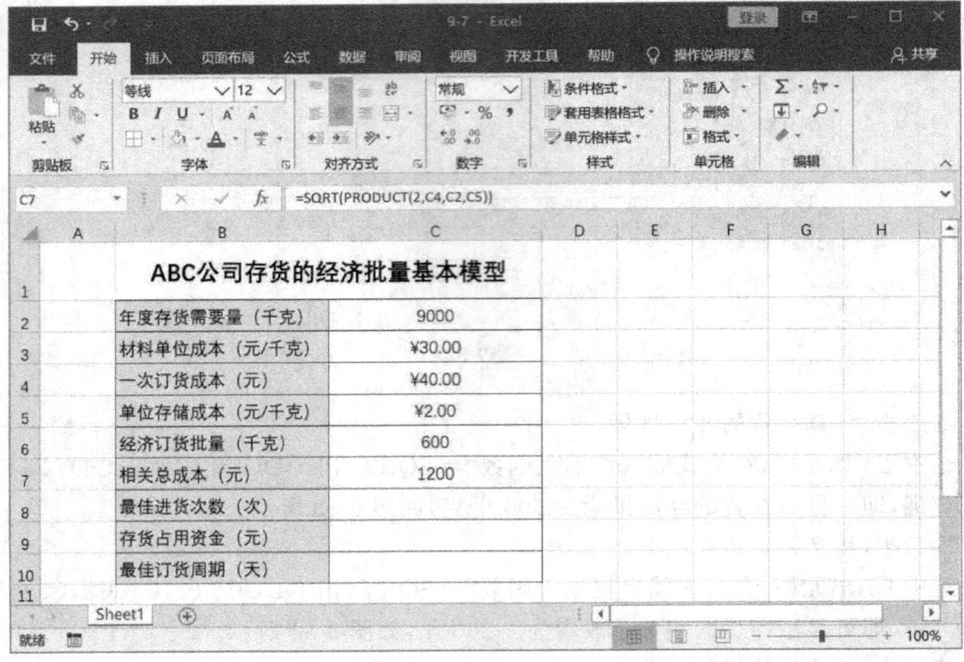

ABC公司存货的经济批量基本模型	
年度存货需要量（千克）	9000
材料单位成本（元/千克）	¥30.00
一次订货成本（元）	¥40.00
单位存储成本（元/千克）	¥2.00
经济订货批量（千克）	600
相关总成本（元）	1200
最佳进货次数（次）	
存货占用资金（元）	
最佳订货周期（天）	

图 9-54

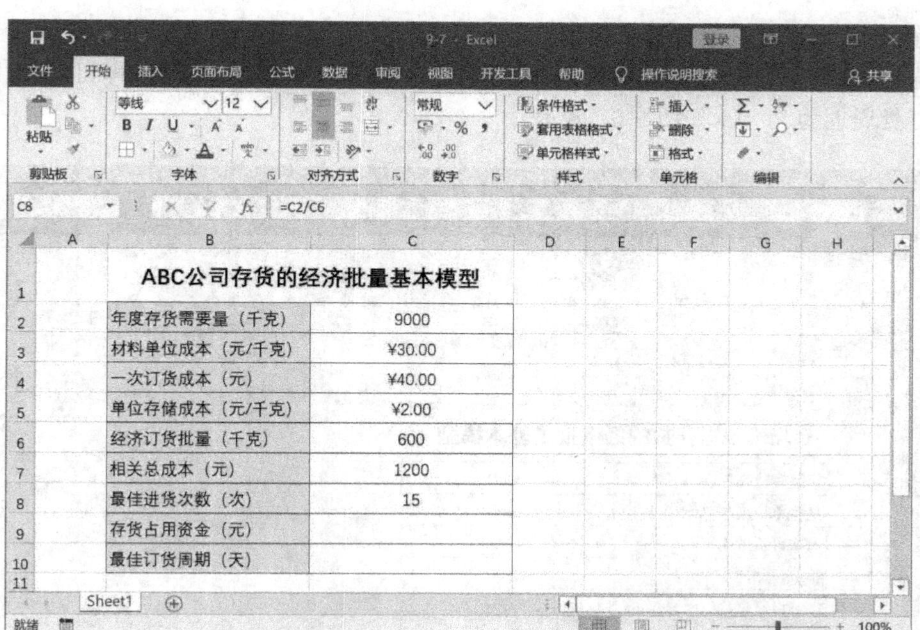

ABC公司存货的经济批量基本模型

项目	数值
年度存货需要量（千克）	9000
材料单位成本（元/千克）	¥30.00
一次订货成本（元）	¥40.00
单位存储成本（元/千克）	¥2.00
经济订货批量（千克）	600
相关总成本（元）	1200
最佳进货次数（次）	15
存货占用资金（元）	
最佳订货周期（天）	

图 9-55

第五步，计算存货占用资金。

选中 C9 单元格，在公式编辑栏输入函数“＝C6 ＊ C3/2”，按“回车”键，即可计算出存货占用资金为 9 000 元，如图 9-56 所示。

ABC公司存货的经济批量基本模型

项目	数值
年度存货需要量（千克）	9000
材料单位成本（元/千克）	¥30.00
一次订货成本（元）	¥40.00
单位存储成本（元/千克）	¥2.00
经济订货批量（千克）	600
相关总成本（元）	1200
最佳进货次数（次）	15
存货占用资金（元）	¥9,000.00
最佳订货周期（天）	

图 9-56

第六步，计算存货最佳订货周期。

选中 C10 单元格，在公式编辑栏输入函数"=365/C8"，按"回车"键，即可计算出存货最佳订货周期为 24 天，如图 9-57 所示。

ABC公司存货的经济批量基本模型

项目	数值
年度存货需要量（千克）	9000
材料单位成本（元/千克）	¥30.00
一次订货成本（元）	¥40.00
单位存储成本（元/千克）	¥2.00
经济订货批量（千克）	600
相关总成本（元）	1200
最佳进货次数（次）	15
存货占用资金（元）	¥9,000.00
最佳订货周期（天）	24

图 9-57

[任务 9-8]存货管理——经济批量模型绘图

资料：任务 9-7 数据资料。

要求：建立经济批量模型，绘制当一年订货次数为 5～25 次时订货成本线、储存成本线和总成本线。

扫码获取实验素材(见本书"前言"背面二维码)

[实验操作步骤]

第一步，将任务 9-7 中的数据输入 Excel 工作表，设置表格名称、项目，如图 9-58 所示。

第二步，计算不同采购批次下每次采购数量。

选中 C6 单元格，在公式编辑栏输入函数"=$C$2/B6"，按"回车"键，即可计算出当年采购次数为 5 次时每次采购数量为 1 800 千克。选中 C6 单元格，然后将鼠标指针移动到 C6 单元格的右下角，当变为"+"时，向下拖动至 C26 单元格，即可计算出不同采购批次下每次采购数量，如图 9-59 所示。

第三步，计算不同采购批次下平均库存量。

ABC公司存货的经济批量基本模型

年度存货需要量（千克）	9000	一次订货成本（元）	¥40.00
材料单位成本（元/千克）	¥30.00	单位储存成本（元/千克）	¥2.00

年采购批次	每次采购数量（千克）	平均库存量（千克）	订货成本（元）	储存成本（元）	存货总成本（元）
5					
6					
7					
8					
9					
10					
11					
12					
13					
14					
15					
16					
17					
18					
19					
20					
21					
22					
23					
24					
25					

图 9-58

C6 =$C$2/B6

ABC公司存货的经济批量基本模型

年度存货需要量（千克）	9000	一次订货成本（元）	¥40.00
材料单位成本（元/千克）	¥30.00	单位储存成本（元/千克）	¥2.00

年采购批次	每次采购数量（千克）	平均库存量（千克）	订货成本（元）	储存成本（元）	存货总成本（元）
5	1800				
6	1500				
7	1286				
8	1125				
9	1000				
10	900				
11	818				
12	750				
13	692				
14	643				
15	600				
16	563				
17	529				
18	500				
19	474				
20	450				
21	429				
22	409				
23	391				
24	375				
25	360				

图 9-59

选中 D6 单元格,在公式编辑栏输入函数"＝C6/2",按"回车"键,即可计算出当年采购次数为 5 次时平均库存量为 900 千克。选中 D6 单元格,然后将鼠标指针移动到 D6 单元格的右下角,当变为"＋"时,向下拖动至 D26 单元格,即可计算出不同采购批次下平均库存量,如图 9-60 所示。

D6 =C6/2

ABC公司存货的经济批量基本模型

年度存货需要量（千克）	9000	一次订货成本（元）	¥40.00
材料单位成本（元/千克）	¥30.00	单位储存成本（元/千克）	¥2.00

年采购批次	每次采购数量（千克）	平均库存量（千克）	订货成本（元）	储存成本（元）	存货总成本（元）
5	1800	900			
6	1500	750			
7	1286	643			
8	1125	563			
9	1000	500			
10	900	450			
11	818	409			
12	750	375			
13	692	346			
14	643	321			
15	600	300			
16	563	281			
17	529	265			
18	500	250			
19	474	237			
20	450	225			
21	429	214			
22	409	205			
23	391	196			
24	375	188			
25	360	180			

图 9-60

第四步,计算不同采购批次下订货成本。

选中 E6 单元格,在公式编辑栏输入函数"＝B6 ∗ ＄E＄2",按"回车"键,即可计算出当年采购次数为 5 次时订货成本为 200 元。选中 E6 单元格,然后将鼠标指针移动到 E6 单元格的右下角,当变为"＋"时,向下拖动至 E26 单元格,即可计算出不同采购批次下订货成本,如图 9-61 所示。

第五步,计算不同采购批次下储存成本。

选中 F6 单元格,在公式编辑栏输入函数"＝D6 ∗ ＄E＄3",按"回车"键,即可计算出当年采购次数为 5 次时储存成本为 1 800 元。选中 F6 单元格,然后将鼠标指针移动到 F6 单元格的右下角,当变为"＋"时,向下拖动至 F26 单元格,即可计算出不同采购批次下储存成本,如图 9-62 所示。

第六步,计算不同采购批次下总成本。

选中 G6 单元格,在公式编辑栏输入函数"＝SUM(E6:F6)",按"回车"键,即可计算出当年采购次数为 5 次时总成本为 2 000 元。选中 G6 单元格,然后将鼠标指针移动到 G6 单元格的右下角,当变为"＋"时,向下拖动至 G6 单元格,即可计算出不同采购批次下总成本,如图 9-63 所示。

E6 =B6*$E$2

ABC公司存货的经济批量基本模型

年度存货需要量（千克）	9000	一次订货成本（元）	¥40.00
材料单位成本（元/千克）	¥30.00	单位储存成本（元/千克）	¥2.00

年采购批次	每次采购数量（千克）	平均库存量（千克）	订货成本（元）	储存成本（元）	存货总成本（元）
5	1800	900	¥200.00		
6	1500	750	¥240.00		
7	1286	643	¥280.00		
8	1125	563	¥320.00		
9	1000	500	¥360.00		
10	900	450	¥400.00		
11	818	409	¥440.00		
12	750	375	¥480.00		
13	692	346	¥520.00		
14	643	321	¥560.00		
15	600	300	¥600.00		
16	563	281	¥640.00		
17	529	265	¥680.00		
18	500	250	¥720.00		
19	474	237	¥760.00		
20	450	225	¥800.00		
21	429	214	¥840.00		
22	409	205	¥880.00		
23	391	196	¥920.00		
24	375	188	¥960.00		
25	360	180	¥1,000.00		

图 9-61

F6 =D6*$E$3

ABC公司存货的经济批量基本模型

年度存货需要量（千克）	9000	一次订货成本（元）	¥40.00
材料单位成本（元/千克）	¥30.00	单位储存成本（元/千克）	¥2.00

年采购批次	每次采购数量（千克）	平均库存量（千克）	订货成本（元）	储存成本（元）	存货总成本（元）
5	1800	900	¥200.00	¥1,800.00	
6	1500	750	¥240.00	¥1,500.00	
7	1286	643	¥280.00	¥1,285.71	
8	1125	563	¥320.00	¥1,125.00	
9	1000	500	¥360.00	¥1,000.00	
10	900	450	¥400.00	¥900.00	
11	818	409	¥440.00	¥818.18	
12	750	375	¥480.00	¥750.00	
13	692	346	¥520.00	¥692.31	
14	643	321	¥560.00	¥642.86	
15	600	300	¥600.00	¥600.00	
16	563	281	¥640.00	¥562.50	
17	529	265	¥680.00	¥529.41	
18	500	250	¥720.00	¥500.00	
19	474	237	¥760.00	¥473.68	
20	450	225	¥800.00	¥450.00	
21	429	214	¥840.00	¥428.57	
22	409	205	¥880.00	¥409.09	
23	391	196	¥920.00	¥391.30	
24	375	188	¥960.00	¥375.00	
25	360	180	¥1,000.00	¥360.00	

图 9-62

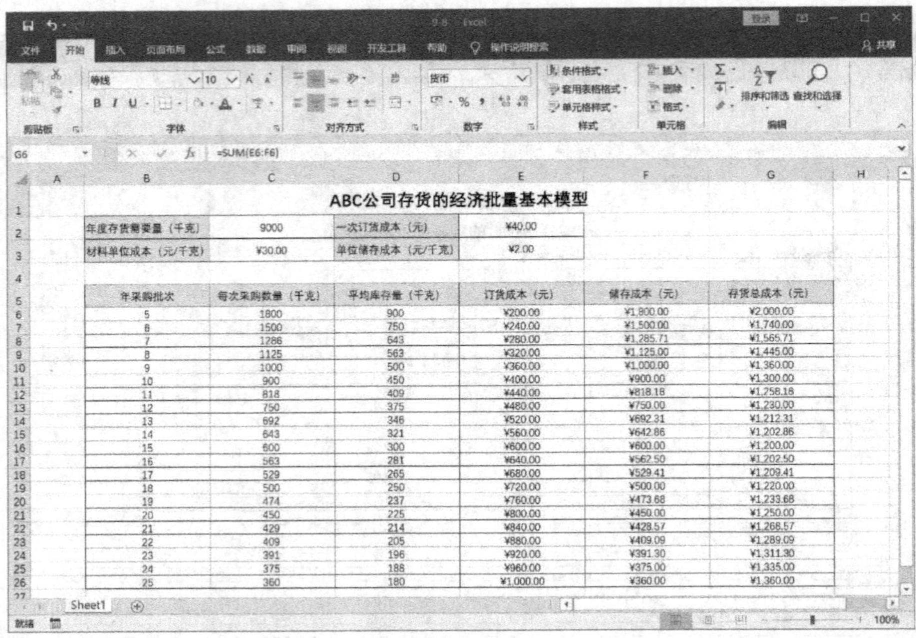

ABC公司存货的经济批量基本模型

年度存货需要量（千克）	9000	一次订货成本（元）	¥40.00
材料单位成本（元/千克）	¥30.00	单位储存成本（元/千克）	¥2.00

年采购批次	每次采购数量（千克）	平均库存量（千克）	订货成本（元）	储存成本（元）	存货总成本（元）
5	1800	900	¥200.00	¥1,800.00	¥2,000.00
6	1500	750	¥240.00	¥1,500.00	¥1,740.00
7	1286	643	¥280.00	¥1,285.71	¥1,565.71
8	1125	563	¥320.00	¥1,125.00	¥1,445.00
9	1000	500	¥360.00	¥1,000.00	¥1,360.00
10	900	450	¥400.00	¥900.00	¥1,300.00
11	818	409	¥440.00	¥818.18	¥1,258.18
12	750	375	¥480.00	¥750.00	¥1,230.00
13	692	346	¥520.00	¥692.31	¥1,212.31
14	643	321	¥560.00	¥642.86	¥1,202.86
15	600	300	¥600.00	¥600.00	¥1,200.00
16	563	281	¥640.00	¥562.50	¥1,202.50
17	529	265	¥680.00	¥529.41	¥1,209.41
18	500	250	¥720.00	¥500.00	¥1,220.00
19	474	237	¥760.00	¥473.68	¥1,233.68
20	450	225	¥800.00	¥450.00	¥1,250.00
21	429	214	¥840.00	¥428.57	¥1,268.57
22	409	205	¥880.00	¥409.09	¥1,289.09
23	391	196	¥920.00	¥391.30	¥1,311.30
24	375	188	¥960.00	¥375.00	¥1,335.00
25	360	180	¥1,000.00	¥360.00	¥1,360.00

图 9-63

第七步，绘制订货成本线、储存成本线和总成本线

选中 E5:G26 单元格区域，在“插入”选项卡单击“图表”命令组的“折线图”下拉按钮，选择“带数据标记的折线图”，如图 9-64 所示。

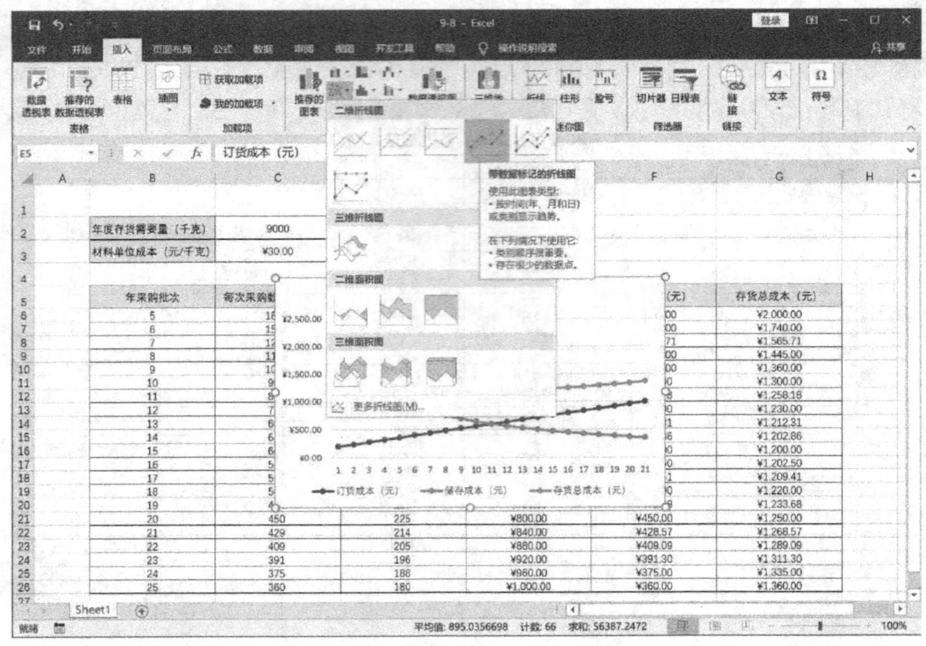

图 9-64

此时图表会显示在工作表中,用鼠标左键选中图表,在“设计”选项卡选择“选择数据”选项,弹出“选择数据源”对话框,如图 9-65 所示。

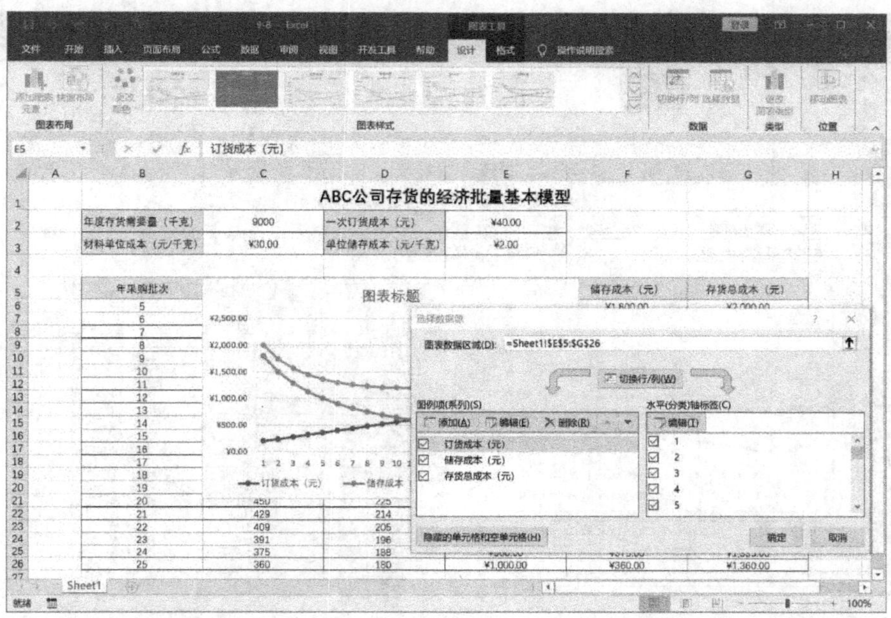

图 9-65

单击“水平(分类)轴标签”下的“编辑”按钮,选中 B5:B25 单元格区域,如图 9-66 所示。

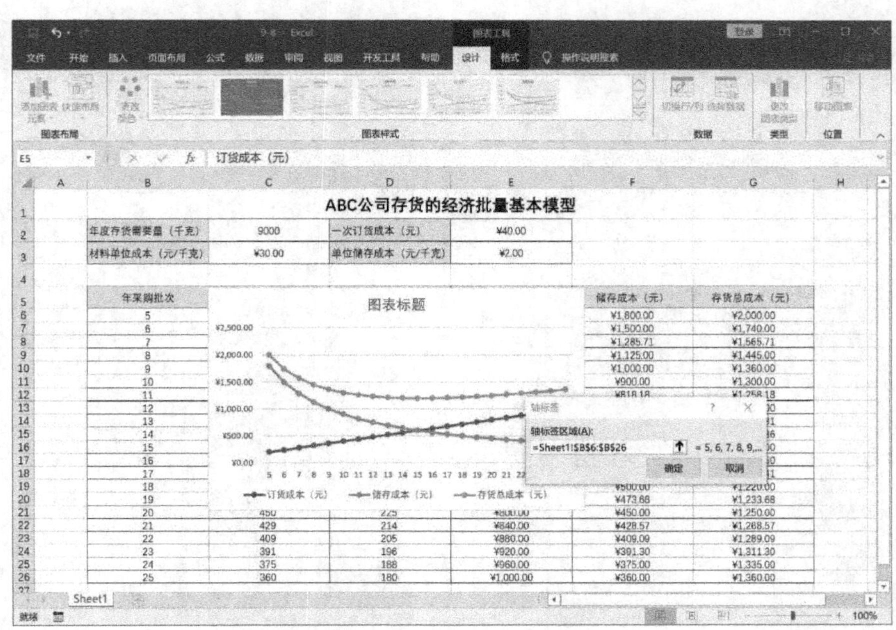

图 9-66

依次点击“确定”，即可显示不同采购批次(采购量)下订货成本线、储存成本线和总成本线，最后修改图表名称，即完成图表绘制，如图 9-67 所示。

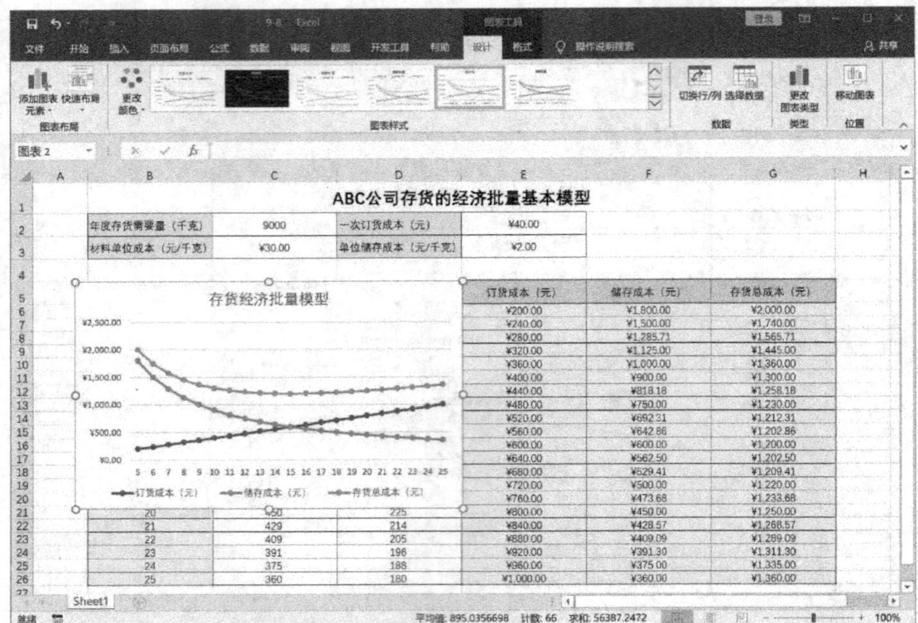

图 9-67